密教経典

大日経・理趣経・大日経疏・理趣釈

訳注
宮坂宥勝

講談社学術文庫

目次

密教経典

大日経　住心品……………………11

凡例

一、本書は、密教の代表的な経典として、『大日経《だいにちきょう》』の教相を説く冒頭の一章「住心品《じゅうしんぼん》」と、真言宗などで読誦《どくじゅ》される『理趣経《りしゅきょう》』を選び、ならびにそれらの注釈書である、『大日経疏《しょ》』巻第一～三と、『理趣釈』とをあわせて、最初に原文を掲げ、次にその書き下し文と現代語訳、および語釈を付したものである。

一、これらの経疏の原文は、いずれも『大正新脩大蔵経』所収のものを底本としたが、訳者の判断で、適宜、字句を改めたところもある。

一、『大日経疏』は長大なため、紙数の関係で要所を抄出してある。

一、本文はいずれも内容に即して段落を分け、ゴチック体で訳者が小見出しを設けて、内容構成が知られるよう配慮した。

一、現代語訳の中で（　）で囲んだ語句は、原文に相当する文句はないが、文脈を取りやすくするため訳者が補ったものであり、〔　〕で囲んだ言葉は、逆に原文中に相当する原語を示したものである。

密教経典

大日経・理趣経・大日経疏・理趣釈

大日経　住心品

大毘盧遮那成仏神変加持経巻第一

大唐天竺三蔵善無畏共沙門一行訳

入真言門住心品第一

〔一〕真理の教えを説く場

如是我聞。一時薄伽梵、住如来加持広大金剛法界宮。一切持金剛者皆悉集会。如来信解遊戯神変生大楼閣宝王、高無中辺。諸大妙宝王種種間飾、菩薩之身為師子座。

かくの如く我れ聞けり。一時、薄伽梵《ばがぼん》は如来の加持《かじ》する広大金剛法界宮《こうだいこんごうほっかいぐう》に住《じゅう》したもう。一切《いっさい》の持金剛者《じこんごうしゃ》は皆悉《みなことごと》く集会《しゅうえ》す。如来の信解遊戯神変《しんげゆげじんべん》より生ずる大楼閣宝王《だいろうかくほうおう》は、高くして中辺《ちゅうへん》なし。諸《もろもろ》の大妙宝王《だいみょうほうおう》をもって種々に間飾《けんじき》し、菩薩《ぼさつ》の身《しん》をもって師子座《ししざ》となす。

このように、わたくしは伝え聞いている。

永劫《えいごう》のある時、尊き師（大日如来）である如来《ほとけ》は不可思議な力のはたらきを加えて、広大にして金剛のように堅固不壊《ふえ》なる真理の世界の宮殿に住しておられた。すべての金剛杵《こんごうしょ》を手に持つ者は、皆、残らず集まり会った。如来がさとりに至るまでを確信し、自由自在に超人的な能力をはたらかすことによって生ずるところの（如来の智慧という）すばらしい財宝の王がおさめられている楼閣は、高くて無限であるから、その中間がない。さまざまな大きくて妙《たえ》なる財宝の王をもっていろいろに美しく飾り、菩薩の身体を師子座とされている。

大毘盧遮那……　大毘盧遮那《だいびるしゃな》の成仏神変加持《じょうぶつじんべんかじ》の経《きょう》（大毘盧遮那如来が成仏《さとり》を得て、さまざまな姿をとって現われ、不可思議な力のはたらきを加えたもうことを説いた経典）巻第一／大唐天竺三蔵善無畏《だいとうてんじくさんぞうぜんむい》、沙門一行《しゃもんいちぎょう》と共に訳す／入真言門住心品《にゅうしんごんもんじゅうしんぼん》（真言の門戸に入る心のあり方の章）第一。略称『大日経』。経題の語義については『大日経疏』（本書一七五頁以下）に詳しい。

大唐天竺三蔵善無畏……　善無畏（六三七〜七三五）は来唐して中唐の時代に活動した密教家なので大唐を冠する。天竺はインドの呼称。インド出身の三蔵。三蔵は経・律・論の三蔵に通暁した者で、大翻訳家に与えられた尊称。善無畏のインド名はシュバカラシンハ。訳、浄師子。密教の伝持《でんじ》の八祖のうちの第四祖とされ、中インドの王家の出身。十三歳で即位し、後まもなく退いてナーランダーでダルマグプタから密教を学び奥義を極める。七一六年（開元四）長安に来て、玄宗の帰依を受け、密典の翻訳に従事する。『大日経』『蘇悉地経《そしつじ》』など多数の訳経があり、七三五年（開元二三）十月十七日、九十九歳で入寂。

一行　鉅鹿《きょろく》の出身。姓は張、名は遂。尊称、一行阿《あ》闍梨《じゃり》、一行禅師。二十歳のとき嵩山《すうざん》で普寂《ふじゃく》に禅を学び、のち各地で律を学び、天文・算道・暦法に精通する。七一五年（開元三）、玄宗の知遇を得る。善無畏が来唐するや、密教の蘊奥を極め、『大日経疏』二十巻を筆受し、撰する。また、来唐した金剛智より灌頂を受け、密教を学ぶ。七二七年（開元一五）、勅命によって『大衍暦《だいえんれき》』五十二巻を著わす。この年十月八日、華厳寺で入寂。四十五歳。大慧禅師の諡号をおくられる。密教関係の多数の著作のほか、天文暦学に関する著述も多い。中国では革命直後、毛沢東は民族の生んだ偉大な英雄として、一行の肖像画の切手を発行した。

入真言門住心品　この品名には修真言行品と入真言門住心品との二つの名称がある。『大日経疏』では、入住には修行の意味もふくまれるので、後者を採る、という。品は章の意。真言はマントラの訳で、真語・如語・不妄語・不異語の意味があるという。真言門には身密門（身体の秘密のはたらきの部門）・語密門（言葉の秘密のはたらきの部門）・心密門（心の秘密のはたらきの部門）の三密《さんみつ》の部門がある。住心は、修行の初めからさとりに至るまで、その心は連続して止まることがなく、その心に住する、の意。真言門に入るところのその心に住する章が、入真言門住心品で、略称、住心品という。チベット語訳『大日経』では「心の区別の章」となっている。

如是我聞　evaṃ mayā śrutam（エーヴァム・マヤー・シュルタム）の訳で、経典冒頭の常套句。「我」は大日如来が真理の教えを説く相手であって、金剛薩埵《さつた》だとされている。

薄伽梵　バガヴァットの単数・主格であるバガヴァーンの音写。訳、世尊。尊き師の意。

如来加持　『大日経疏』によれば、如来は大日如来（本地《ほんじ》法身《ほっしん》・無相法身）が不可思議な力のはたらきを加える仏身（加持身）として現ずる意に解する。その仏身が住する広大金剛法界宮は、さとりの楽しみを享受する仏身（受用身《じゆゆうしん》）として解する。

広大金剛法界宮　金剛は、加持身のもつ堅固不壊《ふえ》の智慧を喩える。世間の金剛に三つの意味があることは、一九五頁以下参照。法界は、広大にして金剛のような智慧の本体をさし、真理の世界のこと。この智慧は、あらゆるものを導いて救うはたらきの徳をもつ。宮は宮殿で、心の本体である大日如来のいます所。

持金剛者　ヴァジュラ・ダラの訳で、金剛杵を持つ者。持金剛は旧訳では執金剛。金剛杵は古代インドの武器で、雷霆《らいてい》神インドラの持物《じもつ》。毘沙門天《びしやもんてん》の随伴者である夜叉《やしゃ》衆も持つ。持金剛者に浅い解釈（浅略《せんりやく》釈）と深い解釈（深秘釈《じんぴ》）がある。前者は、釈尊が常に五百の持金剛者に守護されていたという。後者は密教の解釈で、これにおよそ二つある。(1)金剛とは如来の金剛智印、すなわち金剛のように堅牢な智慧のしるしで、この智慧のしるしを持つ者が持金剛者。(2)大日如来を心の本体（心王《しんおう》）とすると、持金剛者は心のはたらき（心数《しんじゅ》）とよばれる。無数の諸尊は、大日如来の内なるさとりの功徳である差別智印、すなわち（諸尊の）無数の金剛智印となる。

信解　信解行地《しんげぎょうじ》の略。さとりを求める心（菩提心《ぼだいしん》）を起こしてから、さとりを得るまでの修行の間を信解地という。チベット語訳『大日経広釈』では、ブッダグヒヤは喜び願い求めるのが、信解だという。後述のように、信解行地は菩薩の十種の修行段階（十地《じゅうじ》）のことであるとする。三〇三頁参照。

遊戯神変……　遊戯はヴィクルヴィタの訳。勇躍とも訳す。おどり上がる意。おどり上がり舞って人びとを喜ばせるように、菩薩（さとりを求める者）の自由自在のはたらきをいう。神変は超自然的な力のはたらき。大日如来が修行の階位にいて、かつて菩薩としてのあらゆる実践を完成した結果、真理の世界を象徴するところの宝で飾られた宮殿（法界楼観）が得られたとする。宝王の「王」とはその報いが最高にして絶対であること。

菩薩之身為師子座　如来は菩薩として修行の階程をすすんできて、さとりを得たから、菩薩の身体をもととしている意味で、これを師子座とする。如来は百獣の王のライオンに喩えられるので、如来を人師《にんじ》子《し》といい、その坐するところを師子座という。

〔二〕　集合する諸尊——十九の金剛杵を持つ者たち

其金剛名曰虚空無垢執金剛、虚空遊歩執金剛、虚空生執金剛、被雑色衣執金剛、善行歩執金剛、住一切法平等執金剛、哀愍無量衆生界執金剛、那羅延力執金剛、大那羅延力執金剛、妙執金剛、勝迅執金剛、無垢執金剛、刃迅執金剛、如来甲執金剛、如来句生執金剛、住無戯論執金剛、如来十力生執金剛、無垢眼執金剛、金剛手秘密主。如是上首、十仏刹微塵数等持金剛衆倶。

その金剛を名づけて、虚空無垢執金剛《こくうむくしゅうこんごう》、虚空遊歩《ゆぶ》執金剛、虚空生《しょう》執金剛、被雑色衣《ひぞうしきえ》執金剛、善行歩《ぜんぎょうぶ》執金剛、住一切法平等《じゅういっさいほうびょうどう》執金剛、哀愍無量衆生界《あいみんむりょうしゅじょうかい》執金剛、那羅延力《ならえんりき》執金剛、大那羅延力執金剛、妙《みょう》執金剛、勝迅《しょうじん》執金剛、無垢執金剛、刃迅《にんじん》執金剛、如来甲《こう》執金剛、如来句生《くしょう》執金剛、住無戯論《じゅうむけろん》執金剛、如来十力生《じゅうりきしょう》執金剛、無垢眼《げん》執金剛、金剛手秘密主《こんごうしゅひみつしゅ》という。是《か》くの如きを上首《じょうしゅ》として、十仏刹微塵数《じゅうぶつせつみじんじゅ》等の持金剛衆《じこんごうしゅ》と倶《とも》なりき。

その金剛杵を持つ者を名づけて、虚空無垢という名の金剛杵を持つ者、虚空遊歩《ゆぶ》という名の金剛杵を持つ者、虚空生という名の金剛杵を持つ者、被雑色衣《ひぞうしきえ》という名の金剛杵を持つ者、善行歩《ぜんぎょうぶ》という名の金剛杵を持つ者、住一切法平等という名の金剛杵を持つ者、哀愍無量《あいみんむりょう》衆生界《しゅじょうかい》という名の金剛杵を持つ者、那羅延力《ならえんりき》という名の金剛杵を持つ者、大那羅延力という名の金剛杵を持つ者、妙という名の金剛杵を持つ者、勝迅という名の金剛杵を持つ者、無垢という名の金剛杵を持つ者、刃迅という名の金剛杵を持つ者、如来甲という名の金剛杵を持つ者、如来句生という名の金剛杵を持つ者、住無戯論という名の金剛杵を持つ者、如来十力生という名の金剛杵を持つ者、無垢眼という名の金剛杵を持つ者、金剛杵を手に持つ秘密主という。

このような者たちを主要なものとして、十の仏国土をこなごなにしたほどの無数の金剛杵を持つ者たちと、ごいっしょであった。

虚空無垢執金剛　虚空無垢は大空《おおぞら》が垢《けが》れのないように、さとりを求める心の本体は何ものにも垢されないこと。執金剛は真言を実践する菩薩の称で、以下の執金剛（計十九）の場合も同じ。

虚空遊歩執金剛　虚空遊歩は垢されぬ広大無辺な大空を行くように自由自在であること。遊歩には不住・勝進・神変の三つの意味があるとされる。清らかなさとりを求める心は、すべてのものに止まって執《とら》われず（不住）、あらゆる菩薩の実践を進んでつとめ（勝進）、不可思議な超自然的な力のはたらきを起こす（神変）ものである。

虚空生執金剛　虚空生は大空の生のこと。さとりを求める心が芽ばえて、何ものにも執われぬ自由の境地である空《くう》を手だてとし、慈悲にもとづくあらゆる実践行によって真実の生が得られる、これが虚空生だとする。

被雑色衣執金剛　被雑色衣は、植物が生長し、茎・葉・花・果実となるように、真理の世界の色がさとりを求める心をさまざまに彩り、美しい大悲曼荼羅《だいひまんだら》を成立させること。

善行歩執金剛　善行歩は諸仏の立ち居振るまいで、そのときどきのさまざまな機縁や人びとの素質などに応じて、たくみに利他《りた》の実践をなすこと。

住一切法平等執金剛　住一切法平等は、あらゆる存在するところのものの平等性に住することで、そうした智慧のしるしを持つ者の意。

哀愍無量衆生界執金剛　哀愍無量衆生界は量り知れないほどの無数の生きとし生けるものの世界に住するものをいたみあわれむこと。

那羅延力執金剛　那羅延はナーラーヤナの音写。釈尊の一々の毛穴にはナーラーヤナ神にも等しい強い力があるといわれ、そのような力をもつのが那羅延力で、慈悲の力のはたらきを喩える。

大那羅延力執金剛　大那羅延力は、如来が大那羅延

のような力によって、いかなる人びとをも救い、強健ならしめるような、そうした力をもつこと。

妙執金剛　妙は醍醐の美味に喩えられ、如来の慈悲のはたらきは他に比すべきものがなく、これ以上のものがないこと。

勝迅執金剛　勝は大空の意。大空とは、あまねくすべてのところにゆきわたる意味であるから、そのような身体によって、思うところにはどこへでも到達できる。初めてさとりを求める心を起こした時点で、正しいさとりを得、迷いの世界さながらにさとりの世界に直ちに到る意。

無垢執金剛　無垢とは、金鉱がこれに手を加えて垢れなき純金となるように、修行の結果、さとりを求める心が清らかに自ら現成すること。

刃迅執金剛　刃迅とは、金剛のようにするどい智慧によって断ち切りがたいすべての惑いを速かに断つこと。

如来甲執金剛　如来甲は、如来が身につける甲冑で、如来の大なる慈悲を象徴する。

如来句生執金剛　如来句とは梵字の阿（𑖀）字をさし、阿字の大空より生ずるのが如来句生。句はパダの訳で、住所を意味する。如来は垢れなき清らかな大空に住し、その自らのさとりの功徳は如来の本性である大空より生ずるので、如来句生という。

住無戯論執金剛　あらゆる差別的な見解は無益な議論によるものであるから、正しい見解はすべての無益な議論を滅したものでなければならない。これを住無戯論という。

如来十力生執金剛　如来の十種の智慧の力（十力）より生ずること。十力とは、処非処智力・業異熟《ごういじゅく》智力・静慮《じょうりょ》解脱等持《とうじ》等至《とうし》智力・根上下智力・種種勝解《しょうげ》智力・種種界智力・遍趣行智力・宿住随念智力・死生智力・漏尽智力。

無垢眼執金剛　無垢眼とは如来の垢れなき眼で、肉眼・天眼・慧眼・法眼・仏眼の五眼をいう。また如来は全智をもってすべてをみてさとり、さまたげがないから無垢眼という。

金剛手秘密主　金剛手は五鈷《ごこ》金剛杵を手にする者で、五鈷は如来の五つの智慧（法界体性智・大円鏡智・平等性智・妙観察智・成所作智）を象徴する。秘密主はグヒヤパティの訳で、夜叉のことであるが、密教の解釈では、夜叉は如来のみが知るさとりの教えを知る者の意。以上にあげた十九執金剛のうちの首位の者であるから、大日如来の教えを直接に聞く立場にある。別名、金剛薩埵ともいう。

十仏刹微塵数　如来の差別智印が無数であることを示す。刹は刹土（クシェートラの梵漢合釈語）の略。訳、国土。十の仏国土をこなごなにしたほどの限りない数。

〔三〕集合する諸尊——四大菩薩

及普賢菩薩、慈氏菩薩、妙吉祥菩薩、除一切蓋障菩薩等諸大菩薩、前後囲繞而演説法。

及び普賢《ふげん》菩薩、慈氏《じし》菩薩、妙吉祥《みょうきつしょう》菩薩、除一切蓋障《じょいっさいがいしょう》菩薩等の諸《もろもろ》の大菩薩、前後を囲繞《いにょう》して、（如来は）法を演説したまえり。

および普賢《ふげん》菩薩・弥勒《みろく》菩薩・文殊《もんじゅ》菩薩・除一切蓋障菩薩などのさまざまの偉大な菩薩が前後をとりかこんで、尊き師は真理の教えを説きたもうた。

普賢菩薩　普はすべてのところにあまねき意。賢は最も妙《たえ》にして善なる意。さとりを求める心より起こる誓願と修行、および身体・言葉・意《こころ》のはたらきが全宇宙に遍満し、みごとなもので、さまざまな徳を具《そな》えているので、この菩薩の称がある。如来の内なるさとりの徳を表わす。

慈氏菩薩　弥勒菩薩のこと。慈は如来の四無量心《しむりょうしん》（慈・悲・喜・捨）の慈をとって、他を兼ねたもの。この菩薩は四無量心によってすべての生きとし生けるものを導き救うので、如来の教え導く徳を表わす。

妙吉祥菩薩　文殊菩薩のことで、妙吉祥はマンジュシュリーの訳。この菩薩をマンジュゴーシャともいうので、これを妙徳・妙音などと訳す。ここでは如来の妙なる真理の教えを説く声の徳を表わす。

除一切蓋障菩薩　蓋障は人びとの心の垢、煩悩で、そのすべてを除く徳を表わす。如来の瞑想（禅定）の徳を表わす。

諸大菩薩　菩薩は菩提薩埵《ぼだいさった》の略称で、『大智度論』巻第四（大正二五・八五上〜下）に詳細な説明がある。

以上の叙述のうち、『大智度論』巻第三十三の所説に準《よ》れば、十九執金剛は如来の内なる随伴者（内眷属）であり、普賢以下の四菩薩は如来の偉大な随伴者（大眷属）である。

〔四〕真理の教えを説く時

所謂越三時如来之日、加持故、身語意平等句法門。

いわゆる三時を越えたる如来の日、加持《かじ》したもうが故に、身語意《しんごい》平等句の法門なり。

いうところの過去・未来・現在の三時を越えている如来の日は、不可思議な力のはたらきを加えたもうから、身体・言葉・意《こころ》のはたらきが全く平等である処に住して、真言の実践者は不可思議な力のはたらきを加えて真理の教えを享受せしめる仏身（加持受用身《かじじゅゆうしん》）を体得できるところの真理の教えの門戸である。

如来之日　大日如来の原語マハーヴァイローチャナは「偉大なる遍ねく光り輝くもの」を意味するので、わずかに世間の日（太陽）に喩えたもの。

身語意平等句法門　如来の身体と言葉と意《こころ》のはたらきは、身体は言葉に、言葉は意に全く等しく、あたかも大海の塩味が同一のように全く平等である。句はパダの訳で、パダには句のほかに、足跡・進行・住所などの意味もある。

〔五〕奇瑞の相

時彼菩薩普賢為上首、諸執金剛秘密主為上首、毘盧遮那如来加持故、奮迅示現身無尽荘厳蔵。如是奮迅示現語意平等無尽荘厳蔵。非従毘盧遮那仏身或語或意生。一切処起滅辺際不可得。而毘盧遮那一切身業、一切語業、一切意業、一切処一切時、於有情界宣説真言道句法。又現執金剛普賢蓮華手菩薩等像貌、普於十方、宣説真言道清浄句法。所謂初発心、乃至十地次第此生満足。縁業生増長有情類業寿種除、復有牙種生起。

時に、彼《か》の菩薩は普賢《ふげん》を上首《じょうしゅ》となし、諸《もろもろ》の執金剛《しゅうこんごう》は秘密主《ひみつしゅ》を上首となして、毘盧遮那《びるしゃな》如《によ》来《らい》、加持したもうが故に、身無尽荘厳蔵《しんむじんしょうごんぞう》を奮迅示現《ふんじんじげん》したもう。かくの如く語意平等無尽荘厳蔵を奮迅示現したもう。毘盧遮那仏の身、或いは語、或いは意より生ずるにあらず。一切処《いっさいしょ》に起滅辺際不可得《きめつへんざいふかとく》なり。しかも毘盧遮那の一切身業《しんごう》、一切語業《ごごう》、一切意業《いごう》は、一切処一切時に、有情界《うじょうかい》に於いて真言道句《しんごんどうく》の法を宣説《せんぜつ》したもう。また執金剛普賢蓮華手《れんげしゅ》菩薩等の像貌《ぞうみょう》を現じて、普《あまね》く十方に於いて、真言道清浄句《しょうじょうく》の法を宣説したもう。いわゆる初発心《しょほっしん》より、乃《いま》し十地《じゅうじ》に至るまでの次第をこの生に満足す。縁と業《ごう》とより生じて増長《ぞうじょう》する有情類《うじょう》の業寿《ごうじゅ》の種を除いて、また牙種《げしゅ》の生起《しょうき》することあり。

その時に、かの菩薩たちは普賢菩薩を主とし、さまざまな金剛杵を持つ者たちは秘密主を主として、毘盧遮那如来は不可思議な力のはたらきを加えたもうから、身無尽荘厳蔵《しんむじんしょうごんぞう》を奮い立たせて加持身《かじしん》を示し現わしたもう。このように語意平等無尽荘厳蔵を奮い立たせて加持身を示し現わしたもう。毘盧遮那仏の身体、または言葉、または意《こころ》から生ずるのではない。あらゆるところに（厳《おごそ》かな飾りのすがたは）現われるときも依って来たるところがなく、隠れるときも去るところがない。しかも毘盧遮那仏のすべての身体のはたらき、すべての言葉のはたらき、すべての意《こころ》のはたらきは、あらゆるところ、あらゆるときに、生きとし生けるものの世界において、真言を得る道を説く言葉の法をお説きになられる。また金剛杵を持つ者（金剛薩埵）・普賢菩薩・蓮華手菩薩（観自在菩薩）などの姿かたちを現わして、ひろく十方において、真言を得る道を説く清らかな言葉の法をお説きになられる。いうところの、初めてさとりを求める心を起こしてから、中略、菩薩の十種の修行段階に至るまでの順序過程をこの現世の生において完成する。（心の暗い愚かさと貪りとの）たより（によって、身体・言葉・意の虚妄のはたらきを起こし、その）はたらき（の力）より生じて増大する生きとし生けるものの類いの定まった命の（未来の生を受ける）可能力〔種〕を取り除いて、また（仏となる）可能力〔牙種〕が発芽することがある。

普賢為上首……　普賢は四菩薩（普賢・文殊・観自在・慈氏）の首たるものであり、秘密主すなわち金剛薩埵は十九執金剛を代表する。しかし、『金剛頂経』系では普賢と金剛薩埵とは同体とみる。たとえば『理趣釈』巻上に「一切義成就《いっさいぎじょうじゅ》とは、普賢菩薩の異名なり。『金剛手菩薩摩訶薩《まかさつ》』とは、この菩薩は本《もと》これ普賢にして、毘盧遮那仏の二手の掌より親《まのあた》り五智《ごち》金剛杵を受け、すなわち灌頂《かんじょう》を与う。これを名づけて金剛手となす」（本書三五四頁）とある。

無尽荘厳蔵　身体よりあらゆる動作、口よりあらゆる音声、意《こころ》よりあらゆる加持身《かじしん》（一五頁注参照）を現出し、しかもこれらが宇宙万有を厳かに飾るのが無尽荘厳であり、そのさまが無限定であるのが無尽、そこにはあらゆる善を生ずるもとと功徳とを蔵しているのが蔵である、とされる。

執金剛普賢蓮華手菩薩等　大日如来が真理の教えを説く相手（対告衆《たいごうしゅ》）の代表として、執金剛・普賢菩薩・観自在菩薩をあげたもので、それぞれに、制伏するはたらき（降伏《ごうぶく》）・さまざまな障害を消滅させるはたらき（寂災《じゃくさい》）・幸福をもたらすはたらき（増益《ぞうやく》）を表わす。「等」は諸天・天竜八部《てんりゅうはちぶ》・五通仙人などの外金剛部《げこんごうぶ》のすべての諸尊をふくむ。

清浄句　清らかな語句とは、真実の知見から生ずるもので、外金剛部の諸尊に至るまで、すべて大日如来の分身顕現であるから、それらのものは如来の清らかな知見を開示しているとみる。

〔六〕三句についての金剛薩埵の問い（一）

爾時執金剛秘密主、於彼衆会中坐白仏言、世尊云何如来応供正遍知、得一切智智。彼得一切智智、為無量衆生、広演分布。随種種趣種種性欲、種種方便道、宣説一切智智。或声聞乗道、或縁覚乗道、或大乗道、或五通智道、或願生天、或生人中及竜夜叉乾闥婆、乃至説生摩睺羅伽法。若有衆生応仏度者、即現仏身、或現声聞身、或現縁覚身、或菩薩身、或梵天身、或那羅延毘沙門身、乃至摩睺羅伽人非人等身、各各同彼言音、住種種威儀。而此一切智智道一味。所謂如来解脱味。

その時、執金剛秘密主は、彼《か》の衆会《しゅえ》の中に於いて、坐して仏に白《もう》して言《もう》さく、世尊《せそん》、云何《いかん》が如来応供正遍知《おうぐしょうへんち》は、一切智《いっさいち》智《ち》を得たもう。彼れ一切智智を得て、無量の衆生のために、広《こう》演《えん》し分布《ぶんぷ》したもう。種々の趣《しゅ》、種々の性欲《しょうよく》、種々の方便道《ほうべんどう》に随《したが》って、一切智智を宣説《せんぜつ》したもう。或いは声聞乗道《しょうもんじょうどう》、或いは縁覚《えんがく》乗道、或いは大乗《だいじょう》道、或いは五通《ごつう》智道、或いは願って天に生じ、或いは人中《にんじゅう》及び竜・夜叉《やしゃ》・乾闥婆《けんだつば》、乃至《ないし》摩睺羅伽《まごらか》に生ずる法を説きたもう。もし衆生あって、仏をもって度《ど》すべき者あらば、すなわち仏身《ぶっしん》を現じ、或いは声聞身を現じ、或いは縁覚身、或いは菩薩身、或いは梵天身《ぼんてんしん》、或いは那羅延《ならえん》・毘沙門身《びしゃもんしん》、乃至《ないし》摩睺羅伽・人《にん》・非《ぴ》人《にん》等の身を現じ、各々彼《か》の言音《ごんのん》に同《どう》じ、種々の威儀に住したもう。しかもこの一切智智の道は一味なり。いわゆる如来の解脱味《げだつみ》なり。

その時に、金剛杵を持つ秘密主は、かの菩薩たちの集まりのなかで、坐って仏に申しあげていうのに、

「尊き師よ。どのようにして如来であり聖者であり正しいさとりを得たものは、すべての智慧のなかの智慧を得ておられるのか。かの如来はすべての智慧のなかの智慧を得て、量り知れぬほど数多くの人びとのために、広く説き、分けひろげたもうている。さまざまな迷いの

世界、さまざまな個人の素質傾向や意志、さまざまな手段・方法にしたがって、すべての智慧のなかの智慧を説き述べたもうている。あるいは声聞《しょうもん》の道、あるいは縁覚《えんがく》の道、あるいは大乗の道、あるいは五通智《ごつうち》の道、あるいは願って天界に生ずる法《わけ》、あるいは人間に、また竜・夜叉・乾闥婆《けんだつば》、中略、摩睺羅伽《まごらか》に生ずる法《わけ》を説きたもうている。

もしも人びとにして仏によって救うべき者であれば、そのまま仏身を現わし、または（声聞によって救うべき者であれば）声聞の身体を現わし、または（縁覚によって救うべき者であれば）縁覚の身体を現わし、（同様に）また菩薩の身体、または梵天の身体、または那羅《なら》延《えん》・毘沙門の身体、もしくは摩睺羅伽・人・非人などの身体を現わし、それぞれそれらのことばの音声と同じ音声で（真理の教えを説き）、さまざまのふるまいをなしたもうている。しかも、このすべての智慧のなかの智慧の道は（海水が同じ塩味であるように）一味すなわち無差別である。いうところの如来の解脱《さとり》の味が、それである。

如来応供正遍知　如来はタターガタの訳。その如くに（タター）来たれるもの（アーガタ）の意。過去の諸仏がさとりを得たように、現在および未来の仏もそのようにやって来てさとりを得る意、また絶対真理の世界からそのとおりに来たれる者の意。修行を完成した者、宗教的人格の完成者。応供はアルハットの訳。人間や神がみの尊敬を受け、供養されるにあたいする者。宗教的な聖者の称。正遍知はサムヤク・サンブッダの訳。正しく完全にさとれる者、完全に真理を実現した者の意。

一切智智　一切智者、すなわちすべてを知る者（仏）の智慧（チベット語 thams cad mkhyen pa'i ye śes）。あらゆる智慧のなかで、もっともすぐれた智慧。

声聞乗道　如来の真理の教えを聞いてさとりを得る者の教え（乗りもの）による実践（道）。声聞は、もとはひろく釈尊の弟子（道・俗を問わず）をさした語。

縁覚乗道　ひとりでさとりを開いた者の教え（乗りもの）によってゆく道。声聞は四諦《したい》（苦《く》・集《じゅう》・滅《めつ》・道《どう》の四つの真理）を観じ、縁覚は十二因縁を観じてさとる者、とされる。

大乗道　偉大なる教えの道の意で、あらゆるものを救い導びく菩薩の実践（道）。

五通智道　両足は大地をふまずに行き、人のもって生まれた明らかな智慧を知り、いかなる遠方も見え、名をよべばどこにも行き、石壁なども自由に往来するという五つの超能力をそなえた者の道。

人中……　人中は人間のうち。竜は仏法を守護する八種の神がみである八部衆の一。夜叉はヤクシャの音写で、一種の鬼神。八部衆の一。乾闥婆はガンダルヴァの音写で、天上界の音楽神。八部衆の一。

摩睺羅伽　マホーラガの音写。大いなるはらばうものの意。蛇神。八部衆の一。

梵天身　梵天の身（すがた）。梵天はブラフマーで、ヒンドゥー教の最高神。仏教では仏法の守護神となる。

那羅延　ナーラーヤナの音写。ヒンドゥー教の最高神ヴィシュヌの別名。仏教では金剛力士などともいうように、力強い者をいう。

毘沙門身　毘沙門の身（すがた）。毘沙門はヴァイシュラマナの音写。北方を守護する神。多聞天《たもんてん》。仏教では護法と施福の神になる。

人非人　人は人間、非人は人間ならざるもので、必ず人間以上のもの、すなわち超人的な神がみ、または神に準ずるほどのもの、半神をさす。

〔七〕三句についての金剛薩埵の問い（二）

世尊、譬如虚空界離一切分別、無分別無無分別。如是一切智智離一切分別、無分別無無分別。世尊、譬如大地一切衆生依、如是一切智智、天人阿脩羅依。世尊、譬如火界焼一切薪無厭足、如是一切智智、焼一切無智薪無厭足。世尊、譬如風界除一切塵、如是一切智智、除去一切諸煩悩塵。世尊、喩如水界一切衆生依之歓楽、如是一切智智、為諸天世人利楽。世尊、如是智慧、以何為因、云何為根、云何究竟。

世尊よ、譬《たと》えば虚空界《こくうかい》は一切の分別を離れて、分別もなく、無分別もなし。かくの如く、一切智智も一切の分別を離れて、分別もなく無分別もなし。

世尊よ、譬えば大地は一切の衆生の依《え》たるが如く、かくの如く、一切智智は天・人・阿修《あしゅ》羅《ら》の依たり。

世尊よ、譬えば火界は一切の薪を焼くに厭足《えんそく》あることなきが如く、かくの如く一切智智も、一切無智の薪を焼くに厭足なし。

世尊よ、譬えば風界は一切の塵を除くが如く、かくの如く一切智智も、一切の諸《もろもろ》の煩悩の塵を除去す。

世尊よ、喩えば水界は、一切衆生はこれによって歓楽するが如く、かくの如く一切智智も、諸天・世人の利楽《りらく》をなす。

世尊よ、かくの如くの智慧は、何を以てか因《いん》となし、云何《いかん》が根《こん》とし、云何が究竟《くきょう》とするや、と。

尊き師よ。喩えば大空の領域（宇宙空間）はすべての思慮を離れて、思慮もなく無思慮もない。そのように、すべての智慧のなかの智慧もまたすべての思慮を離れて、思慮もなく無思慮もない。

尊き師よ。喩えば大地はすべての人びとの依りどころであるように、そのように、すべての智慧のなかの智慧は、神〔天〕・人間・阿修羅の依りどころである。

尊き師よ。喩えば火の領域は、すべての薪を焼いてもなお厭《あ》き足りることがないように、そのように、すべての智慧のなかの智慧もまた、すべての無智という薪を焼いてもなお厭き足りることがない。

尊き師よ。喩えば風の領域は、すべての塵を吹き払うように、そのように、すべての智慧のなかの智慧もまた、すべてのさまざまな煩悩の塵を除き去る。

尊き師よ。喩えば水の領域は、すべての人びとがこれによって歓び楽しむように、そのように、すべての智慧のなかの智慧は、諸天や世間の人を利益《りやく》し安楽ならしめる。

尊き師よ。このような智慧は、何を原因とし、何が根であり、何が究極的なものであるか」と。

阿脩羅　アスラの音写。古代ペルシャのアフラ・マズダ（最高神、善神）に起源する。インドでは神がみの敵対者とされたが、仏教では守護神となり、八部衆の一。

〔八〕三句についての如来の答え（一）

如是説已、毘盧遮那仏、告持金剛秘密主言、善哉善哉執金剛、善哉金剛手。汝問吾如是義。汝当諦聴、極善作意、吾今説之。金剛手言、如是世尊、願楽欲聞。仏言菩提心為因、大悲為根、方便為究竟。

かくの如く説きおわって、毘盧遮那仏《びるしやなぶつ》は持金剛《じこんごう》秘密主に告げて言《のたま》わく、善い哉《かな》、善い哉、執金剛。善い哉、金剛手。汝は吾《われ》にかくの如き義を問えり。汝はまさに諦《あきら》かに聴き、極めて善く作意《さい》すべし、吾、今、これを説かん、と。

金剛手の言わく、かくの如し、世尊よ、願わくは聞かんと楽欲《ねが》う、と。

仏の言わく、菩提心を因《いん》とし、大悲《だいひ》を根《こん》とし、方便を究竟《くきよう》とす、と。

（秘密主が）こう説いてから、毘盧遮那仏は金剛杵を持つ秘密主に申されていうのには、「善いかな、善いかな。金剛杵を持つ者よ。善いかな、金剛杵を手にする者よ。そなたはわたしに、このようなことを問うた。そなたは、まさしく明らかに聴き、極めてよく心をむけるがよい。わたしは、今、これについて説くであろう」と。

金剛杵を手にする者は、お答えして申しあげた。

「その通りであります。尊き師よ。どうかお聞かせ願います」と。

仏がおっしゃるのには、

「さとりを求める心〔菩提心〕を原因とし、大いなるあわれみ〔大悲〕を根とし、手だて〔方便〕を究極的なものとするのである」と。

菩提心為因……　古来、これを因・根・究竟の「三句の法門」といい、『大日経』の要旨はこの三句にことごとく含まれているとみられる。すなわち、『大日経疏』第一にも「この三句の義のうちに、悉《ことごと》く一切の仏法、秘密神力、甚深《じんじん》の事を摂《しょう》す」とある。因・根・究竟は植物などの種子が地・水・火・風という四つの粗大な原質を条件として根をはり、生育して、やがて果実をむすぶ過程に喩えられる。

まず、智慧の原因の菩提心は種子に喩えられる。菩提心はわれわれの立場からすれば、さとりを求める心で、仏性《ぶっしょう》・如来蔵《にょらいぞう》などとよばれ、仏の側からすれば、さとりの心、さとりそのものを意味する。『大日経疏』巻第一（大正三九・五八六下）によれば、菩提心とは「白浄信心《びゃくじょうしんじん》」（白く清らかな信じて疑わない心）である、とする。

このような特殊な意義を有する点については、『大日経疏』（前掲）で、『大智度論《だいちどろん》』巻第一（大正二五・六三上）を引用している。すなわち、「仏法の大海には信を能入《のうにゅう》とす。梵天王の転法輪《てんぼうりん》を請いし時、仏は偈《げ》を説いて言うが如し。『我れ今、甘露味門を開かん。もし信を生ずる者あらば、歓喜を得ん』と。この偈のうちには、施・戒・多聞《たもん》・忍・進・禅・慧の人、よく歓喜を得《う》とは言わず、独り信《しん》人《にん》をのみ説けり。仏意、かくの如し。我が第一甚深《じんじん》の法は、微妙《みみょう》にして無量無数・不可思議なり。不動・不倚《ふい》・不著《ふじゃく》にして、無所得の法なり。一切智人にあらずんば、すなわち解《げ》すること能《あた》わず。故に信《しん》力《りき》を以て初めとし、慧等によって、しかも初めて仏法に入るにはあらず」。なお、ここにいう仏の偈は『ヴィナヤ・大品』（Vinaya, mahāvagga. PTS., 1.5参照）の引用。

大悲はマハーカルナーの訳で、『大日経疏』巻第一（大正三九・五八七上）には、次のように語分解して語義を示し、またこの語には大慈（マハーマイトリー）をも含めるとする。さらに、「（大悲は）一切の苦を抜き、（大慈は）無量の楽を施す」ともいう。「梵音には悲を迦盧拏（karuṇā）と謂《い》う。迦（ka）はこれ苦の義なり、盧那（ruṇā）はこれ剪除《せんじょ》の義なり。慈は広く嘉苗《かびょう》を植うるが如く、悲は草穢《そうえ》を芸除《うんじょ》するが如し。（中略）行者は無住《むじゅう》の心を以て、修する所の万行《まんぎょう》に随《したが》って、すなわち大悲の地界に執持《しゅうじ》せらるるによるが故に、大悲の火界に温育せらるるが故に、大悲の水界に滋潤《じじゅん》せらるるが故に、大悲の風界に開発《かいほつ》せられて生ずるが故に、大悲の虚空に障礙《しょうげ》せられざるが故に、その時に、無量の度門《どもん》は任運《にんうん》に開発すること、由《なお》し芽茎枝葉の次第に荘厳《しょうごん》するが如し」。

方便について『大日経疏』巻第一（大正三九・五八七上）には「かの万行所成《しょじょう》の一切智智の果」であると規定し、方便のはたらきは他を利益すること（利他）であると説く。ブッダグヒヤのチベット語訳『大日経広釈』によれば、「布施（波羅蜜）など」とあるから、具体的には六波羅蜜《ろくはらみつ》（布施・持戒・忍辱《にんにく》・精進・禅定・智慧）をはじめ、四摂法《ししょうぼう》（布施・愛語・利行・同事）などをさすと思われる。

〔九〕三句についての如来の答え（二）

秘密主、云何菩提、謂如実知自心。秘密主、是阿耨多羅三藐三菩提、乃至彼法少分無有可得。

秘密主よ、云何《いかん》が菩提《ぼだい》とならば、いわく、実の如く自心を知るなり。秘密主よ、この阿耨《あのく》多羅《たら》三藐三菩提《さんみゃくさんぼだい》は、乃至《ないし》、彼《か》の法としては、少分《しょうぶん》も得べきことあることなし。

「秘密主よ。さとりを求める心〔菩提心〕とは何か、というならば、ありのままに（ことごとく）自らの心を知ること（如実知自心）である。

秘密主よ。このこの上なく正しく完全なさとりは、中略、そのものとしては、（すなわち、かたちなきさとりを求める心を離れて、この上なく正しく完全なさとりというものは）全く得られないのである。

如実知自心　『大日経』のみならず密教の核心ともいえる語句。『大日経疏』には「もし実の如く自ら知るものは、すなわちこれ初発心《しょほっしん》のときに、すなわち正覚《しょうがく》を成《じょう》ず。譬えば長者の家の窮子《ぐうし》の如し。もし自ら父を識《し》るとき、豈《あ》にまた、これ客作《きゃくさ》の賤人ならんや」（大正三九・五八七中）と説き、長者窮子の喩えは『法華経』巻第二信解品《しんげぼん》第四（大正九・一六上～下）にみえる。ブッダグヒヤは、「ありのままに悉く自らの心を知る」とは、認識主観と認識対象を離れることを前提とすること、さらには世俗と第一義のものが、すべての識のかたち（行相）において空であること、という二つの解釈を示す。

阿耨多羅三藐三菩提　アヌッタラ・サムヤク・サンボーディの音写。訳、無上正等覚。この上ない、正しい完全なさとり。

彼法少分無有可得　『大日経疏』では、少分は阿耨であるという。阿耨はアヌの音写で、極めて小さいものの単位である微塵のこと。さとりを求める心というかたちなきものを離れて、他には一つとしてものはない意。ブッダグヒヤは、さとりにはさまざまな存在の構成要素、認識の主客といったもののそれ自体の本性は微塵もないから、さとりそのものは認識主体として能動するものもなく、したがって認識対象となるものもないから、客観の世界そのものもないとする。

〔一〇〕 さとりを求める心は、かたちなきものである

何以故、虚空相是菩提。無知解者、亦無開暁。何以故、菩提無相故。秘密主、諸法無相、謂虚空相。

何を以ての故に、虚空の相はこれ菩提なり。知解《ちげ》の者もなく、また開暁《かいぎょう》もなし。何を以ての故に、菩提は無相なるが故に。秘密主よ、諸法は無相なり、いわく虚空相なり。

なぜかというのに、大空のかたちはとりもなおさず、さとり（のすがた）である。（大空のかたちはかたちなきものであって、無益な議論や思慮を遠ざかり離れているから、それについて普通の知識で理解する者もなければ、それについての知識を完全にすることもないのと同様に、さとりのすがたもまた、（それを）普通の知識で理解する者もなければ、（それについて）知識を完全にすることもない。なぜかというと、さとりというものはすがたがないからである。

秘密主よ。さまざまな存在するところのものはかたちなきものであって、（あたかも、それは）大空のかたちなき（かたち）と同じである」。

〔一一〕 全智とは自らの心そのもののことである

爾時金剛手復白仏言、世尊誰尋求一切智、誰為菩提成正覚者、誰発起彼一切智智。仏言秘密

主、自心尋求菩提及一切智。何以故、本性清浄故。

その時、金剛手はまた仏に白《もう》して言《もう》さく、世尊よ、誰か一切智を尋求《じんぐ》するや、誰か菩提のために正覚《しょうがく》を成ずるや、誰か彼《か》の一切智智《いっさいちち》を発起《ほっき》するや、と。

仏の言《のたま》わく、秘密主よ、自心に菩提と及び一切智とを尋求す。何を以ての故にとならば、本性《ほんしょう》は清浄《しょうじょう》なるが故に。

そのときに、金剛杵を手にする者はまた、仏に申しあげていった。

「尊き師よ。全智（すなわち、この上なく正しく完全なさとり）をたずね求めるのは誰でございますか。さとりのために、正しいさとりを成就するのは誰でございますか。かのすべての智慧のなかの智慧を得ようと決意するのは誰でございますか」と。

仏のおっしゃられるのには、

「秘密主よ。自らの心に、さとりと全智とをたずね求めるのである。なぜであるかというならば、（人は誰であっても、自らの心というものの）本来の性質は清らかなものであるからである。

〔三〕心の実相は認得することができない

心不在内不在外、及両中間心不可得。秘密主、如来応正等覚、非青非黄、非赤非白、非紅紫非水精色。非長非短、非円非方、非明非暗、非男非女非不男女。

心は内に在《あ》らず、外《げ》に在らず、及び両中間《ちゅうげん》にも心は不可得《ふかとく》なり。

秘密主よ、如来応正等覚《おうしょうとうがく》は、青《しょう》にあらず黄《おう》にあらず、赤《しゃく》にあらず白《びゃく》にあらず、紅紫《こうし》にあらず水精色《すいしょうじき》にあらず、長《じょう》にあらず短にあらず、円にあらず方《ほう》にあらず、明《みょう》にあらず暗にあらず、男《なん》にあらず女《にょ》にあらず不男女《ふなんにょ》にあらず。

心というものは内（なる眼・耳・鼻・舌・身・意）にもなく、外（なる色《しき》・声《しょう》・香・味・触《そく》・法）にもなく、また内外の中間にも心は認得することができないものである。

秘密主よ。如来であり聖者であり正しい完全なさとりを得たもの（すなわち内なる心の偉大な自我）は、青色でもなければ黄色でもない、赤色でもなければ白色でもない、紅紫色でもなければ水精色でもない、長くもなければ短かくもない、円くもなければ四角でもない、明るいものでもなければ暗いものでもない、男性でもなければ女性でもなく、男性でも女性でもないものでもない。

心不在内不在外　内は六内処（内六入）で、眼・耳・鼻・舌・身・意という六つの対象を捉える場（領域）。外は六外処（外六入）で、認識の対象となる色・声・香・味・触・法。中間は、内外いずれでもないもの。ブッダグヒヤは、内は認識主観、外は認識対象とする。これらはすべての存在するところのものについて、心の実相を明らかにしたものである。

如来応正等覚、非青非黄……　以下は、真実の自我について心の実相を明らかにしたもの。『大日経』では心そのものを如来応供正等覚という宗教的人格体とみなす。内心の大我といわれ、いわば無限定なるものである。しかし、仏教以外の諸思想では心をさまざまに限定して実体化しているので、それを論破するわけである。

秘密主、心非欲界同性、非色界同性、非無色界同性、非天竜夜叉乾闥婆阿脩羅迦楼羅緊那羅摩睺羅伽人非人趣同性。

秘密主よ、心は欲界《よくかい》と同性《どうしょう》にあらず、色界《しきかい》と同性にあらず、無色界《むしきかい》と同性にあらず。天・竜・夜叉《やしゃ》・乾闥婆《けんだつば》・阿修羅《あしゅら》・迦楼羅《かるら》・緊那羅《きんなら》・摩睺羅伽《まごらが》・人《にん》・非人趣《ひにんしゅ》と同性にあらず。

秘密主よ。心というものは、欲望の世界と同一の性質のものでもなく、物質世界と同一の性質のものでもなく、精神世界と同一の性質のものでもない。天・竜・夜叉・乾闥婆・阿修羅・迦楼羅・緊那羅・摩睺羅伽・人・人ならざるもの（すなわち神や半神）のおもむき住む所と同一の性質のものでもない。

天竜……　天から摩睺羅伽までは、いわゆる天竜八部衆で、仏法を守護する霊的な存在者。天は天上界の神。迦楼羅はガルダの音写で、訳は金翅鳥《こんじちょう》など。インド神話にみえる架空の霊的な大鳥。密教ではヒンドゥー教の影響を受けて、大自在天や梵天が人びとを救うために鳥の姿をとって現われたという。緊那羅はキンナラの音写、美声で舞踊をする霊的な音楽神。

人非人　二七頁注参照。

趣　ガティの訳。文字どおり、おもむく所、輪廻転生してそれぞれに生まれ変わっている場所。

秘密主、心不住眼界、不住耳鼻舌身意界、非見非顕現。何以故。虚空相心、離諸分別無分別。所以者何、性同虚空即同於心、性同於心即同菩提。

秘密主よ。心は眼界《げんかい》に住《じゅう》さず、耳《に》・鼻《び》・舌《ぜっ》・身《しん》・意《に》界に住さず、見《けん》にあらず、顕現《けんげん》にあらず。何を以ての故に。虚空相の心は、もろもろの分別と無分別とを離れたり。所以《ゆえ》何《いか》んとならば、性《しょう》は虚空に同《どう》なれば、すなわち心に同なり、性は心に同なれば、すなわち菩提《ぼだい》に同なり。

秘密主よ。心というものは視覚のはたらく世界に（あって目に見えるもので）あることもなく、聴覚・嗅覚・味覚・触覚・思考器官のはたらく世界に（おいて認識されるもので）あることもない。見ることのできないものであり、そこにかたちをとって現われているものでもない。なぜかというと、大空のかたち（と同様）の心は、さまざまな思慮や思慮なきものを離れているからである。

そのわけはどうかというならば、性質の点では（心は）大空と同じであるから、そのまま（大空のかたちは）心と同じである（つまり、心はすがたなきこと大空がかたちがないようなものである）。（大空の）性質は心と同じであるから、（すがたなき心は）そのまま（すがたなき）さとりと同じである。

心不住眼界　眼界以下、いわゆる六界で、眼識・耳識・鼻識・舌識・身識・意識の六つの認識作用。
非見非顕現　さとりを求める心がもしも見ることができたり顕現すべきものであれば、かたちあるものとなり、したがってそれは虚妄なものだから、それを否定していう。

如是秘密主、心虚空界菩提三種無二。此等悲為根本、方便波羅蜜満足。

かくの如く、秘密主よ。心と虚空界と菩提との三種は無二《むに》なり。これらは悲《ひ》を根本《こんぽん》として、方便波羅蜜《ほうべんはらみつ》を満足す。

このように、秘密主よ。心と大空の領域とさとりとの三種のものは、分かちがたいものである。これら（のさとりと全智と）はあわれみ〔悲〕を根本として、手だての完成〔方便波羅蜜〕を成就する。

如是　前述の「心不在内云々」で明らかにしたように、心の実相はそれ自体の本性がないことをいう。

此等　心と虚空界と菩提とであるが、これらは等式で結ばれるので、結局、菩提すなわちさとりの智慧をさす。

悲為根本、方便波羅蜜満足　前述の三句の法の「大悲為根、方便為究竟」と同様の表現である。方便波羅蜜は、救いの手だての完成の意で、十波羅蜜（六《ろく》波羅蜜《はらみつ》に方便・願・力・智の四波羅蜜を加えたもの）の一。

是故秘密主、我説諸法如是、令彼諸菩薩衆、菩提心清浄知識其心。秘密主、若族姓男族姓女、欲識知菩提、当如是識知自心。

この故に秘密主よ。我れ諸法を説くことかくの如し。彼《か》の諸《もろもろ》の菩薩衆《しゅ》をして、菩提心清《しょう》浄《じょう》にしてその心を知識《ちしき》せしむ。秘密主よ。もし族姓男《ぞくしょうなん》・族姓女《ぞくしょうにょ》にして、菩提を識知せんと欲《ねが》わば、まさにかくの如く自心を識知すべし。

だからして、秘密主よ。わたしがさまざまな存在するところのものを説くのは、右にのべたとおりである。かのさまざまな菩薩たちのさとりを求める心を清らかにし、その心というものが何であるかということをよく知らさせるのである。

秘密主よ。もしも善良にして正しい信仰をもつ男子または女子であって、さとりというものをよく知ろうと願うならば、まさしくこのように自らの心をよく知るがよい。

我説諸法如是　『大日経疏』巻第一（大正三九・五八九上）に、「仏、すでに浄菩提心《じょうぼだいしん》を開示したもうに、略して三句の大宗を明かしおわんぬ」とあるように、三句の法門を説いたむすびの語句である。

菩提心清浄　いわゆる浄菩提心であるが、前述（三一頁）のように、菩提心を善無畏は『大日経疏』で白浄信心《びゃくじょうしんじん》といっているのを参考にされたい。

族姓男族姓女　もと家柄が立派で素性の正しい男女。善良にして正しい信仰をもつ男子・婦人のこと。

秘密主、云何自知心。謂若分段或顕色或形色、或境界、若色若受想行識、若我若我所、若能執若所執、若清浄若界若処、乃至一切分段中求不可得。

秘密主よ。云何《いかん》が自ら心を知るや。いわく、もしは分段《ぶんだん》、或いは顕色《けんじき》、或いは形色《ぎょうしき》、或いは境界、もしは色《しき》、もしは受《じゅ》・想《そう》・行《ぎょう》・識《しき》、もしは我《が》、もしは我所《がしょ》、もしは能執《のうしゅう》、もしは所《しょ》執《しゅう》、もしは清浄《しょうじょう》、もしは界、もしは処《しょ》、乃至《ないし》、一切分段中に求むるに不可得《ふかとく》なり。

秘密主よ。どのようにして自ら心を知るのであるか。それは、次のとおりである。もしくは区別の相、または色彩、または形態、または（色・声・香・味・触《そく》・法の）領域、または色、または受・想・行・識、または自我、または自己所有の観念、または認識主観、または認識対象、または清らかなもの、または（十八の）界域、または（十二の）感覚領域、中略、すべての区別の相のうちに（心を）求めても、（心というものの実相は）認得することができないのである。

分段　善無畏の講述を筆受した一行は差別の相とし、ブッダグヒヤは外見、見せかけのかたちとして現われたもの、形の意味に解する。

或顕色或形色　世親《せしん》は『倶舎論《くしゃろん》』で色（ルーパ）を二つに分け、色彩（ヴァルナ）と形態（サンスターナ）とする。玄奘《げんじょう》訳では前者が顕色、後者が形色である。顕色は青・黄・赤など、形色は方・円・三角など。

境界　眼・耳・鼻・舌・身・意の六つの認識器官の対象となるもので、それぞれ色・声・香・味・触・法（思考の対象）。

若色若受想行識　色・受・想・行・識の五蘊《ごうん》で、存在を構成している五つの要素。色は存在一般、もの。受は感受のはたらき。想は表象作用。行は意志もしくは潜在的な構想力。識は統合的な認識作用。

若我若我所……　我・我所・能執・所執・清浄はいずれも自我の別名であって、仏教以外の諸派で説く。我は実体的自我、我所は自己所有の観念で、ヴェーダーンタ哲学を除いて、インドのほとんどすべての哲学学派で説く。能執は認識するものの意で、認識の主体。ある一派は能執者が識心（心）とは別に身体にあって、身体や口や意をはたらかせ、これが真実の自我だとする。所執は認識されるものの意で、認識の対象。この認識対象が客観的に実在すると主張するのは唯物論学派（順世外道）やヴァイシェーシカ学派など。また初期仏典にみえる長爪梵志《ちょうそうぼんし》（ディーガナカ）などはすべてのものを受けないのを清浄であると主張した。

界　十八界のこと。人間存在を構成する十八の要素。眼・耳・鼻・舌・身・意の六つの知覚の器官（六根）と色・声・香・味・触・法の六つの認識対象（六境）と眼識・耳識・鼻識・舌識・身識・意識の六つの認識作用（六識）を合わせたものの総称。

処　十二処のこと。十八界から六識を除いたもの。処はアーヤタナの訳で、感覚・知覚の領域を意味する。前述の六つの知覚の器官と六つの認識の対象。

〔三〕最初の修行段階におけるさとりを求める心のすがた

秘密主、此菩薩浄菩提心門、名初法明道。菩薩住此修学、不久勤苦、便得除一切蓋障三昧。若得此者則与諸仏菩薩同等住。当発五神通、獲無量語言音陀羅尼、知衆生心行、諸仏護持、雖処生死而無染著、為法界衆生不辞労倦。成就住無為戒、離於邪見通達正見。

秘密主よ。この菩薩の浄菩提心門《じょうぼだいしんもん》を初法明道《しょほうみょうどう》と名づく。菩薩はこれに住して修学《しゅがく》すれば、久しく勤苦《ごんく》せずして、すなわち除一切蓋障三昧《じょいっさいがいしょうざんまい》を得《う》。もしこれを得つれば、すなわち諸仏菩薩と同等に住す。まさに五神通《ごじんずう》を発《おこ》し、無量の語言音陀羅尼《ごごんのんだらに》を獲《え》、衆生《しゅじょう》の心行《しんぎょう》を知り、諸仏に護持《ごじ》せられ、生死《しょうじ》に処すと雖《いえど》も、しかも染著《せんじゃく》なく、法界《ほっかい》の衆生の為に労倦《ろうけん》を辞せず。住無《じゅうむ》為戒《いかい》を成就し、邪見を離れ正見《しょうけん》に通達《つうだつ》すべし。

秘密主よ。この菩薩の清らかなさとりを求める心の部門を、最初に真理を明らかにする道と名づける。

菩薩は、ここに住して仏道を修め学ぶならば、長い間つとめなくて、そのまますべての障害を取り除くという瞑想の境地〔除一切蓋障三昧〕を得る。もしもこの瞑想の境地を得たならば、とりもなおさず、さまざまな仏・菩薩として（仏・菩薩と）一様に等しいものになる。まさしく五種の超人的能力を発揮し、量り知れないほどの数多くのあらゆるものの言語・音声を解する心の力を得、人びとの心のはたらきを知り、さまざまな仏にまもられ、迷いの世界のうちにあっても、しかも染まって離れないことがなく、現実のありのままの世界

〔法界〕の生きとし生けるもののために労して倦《う》むことがない。住無為戒を成就し、邪悪の見解を離れ、正しい見解によく達するであろう。

浄菩提心門　さとりの世界に入るのには限りない門戸があるが、『大日経』の教えによれば、清らかなさとりを求める心をもって、その入門とする。

初法明道　心が清らかなさとりを求めるとき、初めて大きな智慧の光が生じ、諸仏が行ずる道を照明する、その道のこと。ブッダグヒヤはさとりの世界（涅槃）のことである、という。

除一切蓋障三昧　(1)煩悩障《ぼんのうしょう》、(2)業障《ごっしょう》、(3)生障《しょうしょう》、(4)法障《ほっしょう》、(5)所知障《しょちしょう》と呼ばれる修道上の五つの障害を取り除く瞑想。法明道を得た次の段階で、この瞑想が実現され、諸仏と同等に住することができるとされる。

五神通　五種の超自然的能力で、(1)天眼通は一般の人の見えないものが見えるはたらき、(2)天耳通は同じく聞くことのできぬ音声を聞くはたらき、(3)他心通は他人の心を知るはたらき、(4)宿命通は過去のあらゆる出来事を知るはたらき、(5)如意通はどこへでも自由に往来できるはたらき。

無量語言音陀羅尼　陀羅尼はダーラニーの音写。『大智度論』巻第五（大正二五・九五下）に、「陀羅尼とは、秦《しん》には能持《のうじ》といい、あるいは能遮《のうしゃ》という」とあり、一般に総持《そうじ》と訳す。ここでは、記憶して心にとどめ忘れないようにする心のはたらき、心の力をいう。いわゆる真言《しんごん》陀羅尼の陀羅尼とは異なる。『大日経疏』第一（大正三九・五九〇中）に、「また、意根浄《きよ》きによるが故に、次に無量の語言音を解《げ》するもろもろの陀羅尼（心力）を得《う》」とある。

知衆生心行　菩薩は道種智《どうしゅち》（すべての実践を学んで人びとを救済する智慧。一切智・道種智・一切種智の三智の一）を得ることによって人びとの心のありさまを知る。道種智については『大智度論』巻第八十六（大正二五・六六二下）参照。

無為戒　人びとが生まれながらに具《そな》えている本性にしたがう戒で、一切除蓋障三昧を得るときに、その本性が現われる。本性とは清らかなさとりを求める心である。戒は清涼と訳し、煩悩の熱悩がなくなったことの意と解される（一行の注解）。ブッダグヒヤは、空性によく通達して空性戒を完成することで、三聚浄戒《さんじゅじょうかい》（摂律儀《しょうりつぎ》戒・摂善法戒・摂衆生戒）などの世俗（顕教）の戒とは異なり、密教の三昧耶《さんまや》戒と同じに解する。

復次秘密主、住此除一切蓋障菩薩、信解力故、不久勤修、満足一切仏法。秘密主以要言之、是善男子善女人、無量功徳皆得成就。

また次に、秘密主よ。この除一切蓋障に住する菩薩は、信解《しんげ》力《りき》の故に、久しく勤修《ごんじゅ》せずして、一切の仏法を満足す。秘密主よ。要を以てこれを言わば、この善男子《ぜんなんし》善女人《ぜんにょにん》は、無量の功徳《くどく》を皆《みな》成就することを得《う》。

また次に、秘密主よ。このすべての障害を取り除くこと（という瞑想の境地）に住する菩薩は、自らの心の実相を知る正しい知見をもつから、長い間、つとめ修めなくて、すべての仏の真理の教えを成就する。

秘密主よ。要約してこれをいえば、この善良な正しい信仰をもつ男子または女子は、量り知れないほどの功徳を皆成就することができるのである」。

除一切蓋障　除一切蓋障三昧の略。

善男子善女人　族姓男族姓女に同じ。四一頁注参照。

〔四〕さとりを求める心の出生（一）

爾時執金剛秘密主、復以偈問仏、
云何世尊説　此心菩提生
復以云何相　知発菩提心
願識心心勝　自然智生説
大勤勇幾何　次第心続生
心諸相与時　願仏広開演
功徳聚亦然　及彼行修行
心心有殊異　唯大牟尼説

その時、執金剛秘密主は、また偈《げ》を以て仏に問いたてまつる。
云何《いかん》が世尊よ、この心に、菩提が生ずることを説きたもうや
また云何《いか》なる相を以てか、菩提心を発《おこ》すことを知るや
願わくは識心《しきしん》と心と勝れたる自然智《じねんち》との生ずるを説きたまえ
大勤勇《だいごんにゅう》に幾何《いくばく》の次第ありてか、心は続生《ぞくしょう》するや
心の諸相と時とを、願わくは、仏よ、広く開演したまえ
功徳聚《くどくじゅ》もまた然《しか》なり

及び彼《か》の行《ぎょう》を修行すると、心と心に殊異《しゅい》あることを
ただ大牟尼《だいむに》よ、説きたまえかし

そのときに、金剛杵を持つ秘密主は、詩偈で仏に問いたてまつったのである。
「尊き師よ。どのようにして、この心にさとりが生ずることをお説きになられますか。
また、どのようなかたちによって、さとりを発《おこ》すことをお知りになられますか。
どうか心の自覚の智慧と心の実相と勝れた（如来の）自然に本来そなわっている智慧
〔自然智〕とが、どのように顕現するかをお説き下さい。
（智慧より出生した）偉大なるつとめ励む者には、どれだけの順序があって、（さとりを
求める）心は出生を続けるのですか。
心のさまざまなすがたと（さとりを求める心を得る）時とを、どうか仏よ、ひろく説き
明かして下さい。
（この心の）功徳の集まりもまたそのように（ひろくお説き下さい）。
またどのようなつとめを修行して（この上なき不可思議な効験を得るか）、（人びとの善
悪の結果としてもたらされる）心と、（密教の瞑想の実践者の）異なった心とを、
どうか、大牟尼よ、お説き下さい」。

此心　真言の実践者の常に悪しき念慮がめぐり虚妄の想念が起こる平生の心。この心にどうしてさとり

が得られるかという問いに対する答えは、後に「百六十心を越えて　広大なる功徳を生ず」とあるのが、それである（五〇頁参照）。

識心心　識心は梵語チッタの訳で、慮知心と意訳し、知るはたらきの側の心、すなわち自覚の意。心は同じくフリダヤの訳で、処中心と意訳し、知られる側の心、すなわち心の実相。識心は現象学でいうノエシス、心はノエマに相当する。

自然智生　自然智は如来が本来具えている智慧で、同時にこれは人びとが常に有しているという。生は出生の意ではなく、顕現を意味する。以上、識心と心と自然智との三者は、一心の三つのかたちにすぎない。

大勤勇　偉大なるつとめ励む者で、如来の異称。釈尊が菩提樹下で魔王を降《くだ》し伏した故事による。

幾何次第心続生　後文の「心続生《しんぞくしょう》の相とは諸仏の大秘密にして」といい、「世間の三妄執《さんもうじゅう》を越えて、出《しゅっ》世間《せけん》の心生ず」というのが、その答えである。

心諸相与時　心の諸相は後出の百六十心、同じく時は三劫《さんごう》の箇所（八二頁以下）で説かれる。

功徳聚　真言を実践する菩薩の清らかなさとりを求める心のこと。この心はあらゆる善や実践の功徳のあつまりだからである。

亦然　功徳聚は六無畏《ろくむい》のところ（九四頁以下）で説かれるが、詳しくは本経の説菩提性品第二十四、三三昧耶品第二十五で説かれる。

及彼行修行　何が行で、修行とはどのようなものかについて十種の修行段階に到達する以前（地前《じぜん》）の菩薩と、そうした修行段階以上の境地（地上《じじょう》）にある菩薩とに分けられる。地前の菩薩の修行段階は後述の六無畏で説かれ、その修行の相は本経の具縁品第二に詳しく説かれる。地上の菩薩は十地《じゅうじ》、すなわち信解行地《しんげぎょうじ》の位を説くところで修行の位が明らかにされ、その修行の相は同じく秘密曼荼羅品第十一で説かれる。

心心有殊異　最初の心は、迷いの世界にある凡庸な者（凡夫《ぼんぷ》）が前の生涯の行為の報いとして受けている現在の心（異熟識《いじゅくしき》）である。次の心は密教の瞑想の実践者（瑜伽者）の瞑想中に現われる特殊のすぐれた心。後の心は百字果相応品第二十に詳しく説かれる。

大牟尼　牟尼はムニの音写。訳、寂黙。煩悩・迷妄の想念がなくなった者の意で、大牟尼はここでは大日如来をさす。以上の偈頌では、九句をもって金剛薩埵が大日如来に問いたてまつっている。その答えが以下の『大日経』の全巻を構成している。九句を要約すると、次のとおりである。

(1)　どのようにしてこの心にさとりの種子が現われるか。

(2)　さとりを求める心が現われるとき、それはどのようなかたちのものであるか。

(3)　さとりを求める心はどんなプロセスをへて得られるか。

(4)　さとりを求める心の区別のさまざまなかたち。

(5)　どのくらいの時をへて究極的な清らかなさとりを求める心を得ることができるか。

(6)　この心の功徳のあつまりとはどのようなものであるか。

(7)　どのような実践修行によって無上の不可思議な効験が得られるか。

(8)　人びとの行為の結果得られる心とはどのようなものか。

(9)　密教の瞑想者（瑜伽者）の特殊な心とは、どのようなものか。

〔一五〕さとりを求める心の出生（二）

如是説已、摩訶毘盧遮那世尊、告金剛手言、

善哉仏真子　広大心利益
勝上大乗句　心続生之相
諸仏大秘密　外道不能識
我今悉開示　一心応諦聴
越百六十心　生広大功徳
其性常堅固　知彼菩提生

無量如虚空　不染汚常住
諸法不能動　本来寂無相
無量智成就　正等覚顕現
供養行修行　従是初発心

かくの如く説きおわって、摩訶毘盧遮那世尊《まかびるしゃなせそん》は、金剛手《こんごうしゅ》に告げて言《のたま》わく、
善い哉《かな》、仏の真子《しんし》よ　広大心をもって利益《りやく》す
勝上《しょうじょう》の大乗の句と　心続生《しんぞくしょう》の相とは
諸仏の大秘密にして　外道《げどう》は識《し》る能《あた》わず
我れ今悉《ことごと》く開示せん　一心にまさに諦聴《たいちょう》すべし
百六十心を越えて　広大なる功徳を生ず
その性《しょう》は常に堅固なり　彼れ菩提を生ずと知るべし
無量なること虚空の如し　染汚《ぜんま》せずして常住《じょうじゅう》なり
諸法も動ずること能《あた》わず　本《もと》より寂《じゃく》にして無相なり
無量の智を成就し　正等覚《しょうとうがく》は顕現《けんげん》す
供養行《くようぎょう》を修行して　これより初めて発心《ほっしん》す

このようにお説きになってから、摩訶毘盧遮那なる尊き師は、金剛杵を手にする者に、お

告げになって申されるのには、

「善いかな、仏の真実の子よ、（そなたは九句の問いを発し、人びとを）広大なる心をもって利益する。

最勝にして無上の偉大な教え〔大乗〕の句と、心の連続のすがたとは、もろもろの仏の大なる秘密であり、仏教以外の者はこれを知ることができない。

わたしは今、残らずこれを開き示そう、ひたすらにまさしく明らかに聴くがよい。

百六十の心を越えて、広大なる功徳を生ずる。

その本性は常に堅固である、かのさとりが現われることを知るがよい。

量り知れないことは大空のようである、（大空のように）汚染することなく永遠である。

さまざまな存在するところのものもこれを動かすことはできない、もともと本来静まっていて、かたちなきものである。

量り知れない智慧が完成して、正しく完全なさとりが現われる。

供養の行《おこな》為を修行して、これによって初めてさとりを求める心が発現する。

仏真子　五鈷《ごこ》金剛杵を手にする秘密主。秘密主は如来の系統から出生し、仏の身体・言葉・意《こころ》から生じたものだから、仏の真実の子と称する。ブッダグヒヤは真理の世界（法界）から生まれたものだから、という。

勝上　声聞《しょうもん》・縁覚《えんがく》の二乗と大乗とを区別するために、大乗を形容した語。

大乗句　大乗は大きな乗物、すなわち偉大な教え。

大には七つの意味があると、『大日経疏』にある。⑴法大、⑵発心大、⑶信解大、⑷性大、⑸依止大、⑹時大、⑺智大。句はパダの訳語で、パダには場所の意味があるので、止息する処と解される。

心続生之相　最低の次元の異生羝羊心《いしょうていようしん》から最高次元の秘密荘厳心《ひみつしょうごんしん》に至るまでの、心の向上発達するありさま。

諸仏大秘密　『大日経疏』によれば、心は条件によって起こるから、不生にして生ずるものであり、生じてしかも生じないものであるという。

百六十心　後述される（八二〜八四頁参照）。

供養行　『大日経』第七巻で詳述する。

〔一六〕 諸宗教・哲学諸派の自我説を論破する

秘密主、無始生死愚童凡夫、執著我名我有、分別無量我分。秘密主、若彼不観我之自性、則我我所生。余復計有時、地等変化、瑜伽我、建立浄、不建立無浄、若自在天、若流出及時、若尊貴若自然、若内我若人量、若遍厳若寿者、若補特伽羅、若識、若阿頼耶、知者、見者、能執、所執、内知、外知、社怛梵、意生、儒童、常定生、声非声。秘密主、如是等我分、自昔以来分別相応、希求順理解脱。

秘密主よ、無始生死《むししょうじ》の愚童凡夫《ぐどうぼんぶ》は、我名《がみょう》と我有《がう》とに執著《しゅうじゃく》して、無量の我分《がぶん》を分別す。秘密主よ、もし彼れ我《が》の自性《じしょう》を観ぜざれば、すなわち我と我所《がしょ》とを生ず。余はまた時《じ》と、地等の変化《へんげ》と、瑜伽《ゆが》の我と、建立《こんりゅう》の浄と、不建立の無浄《むじょう》と、もしは自在天と、もしは流出《るしゅつ》と及び時《じ》と、もしは尊貴と、もしは自然《じねん》と、もしは内我と、もしは人量《にんりょう》と、もしは遍厳《へんごん》と、もしは寿者《じゅしゃ》と、もしは補特伽羅《ふとがら》と、もしは識と、もしは阿頼耶《あらや》と、知者と見者《けんじゃ》と能執《のうしゅう》と所執《しょしゅう》と内知と外知《げち》と社怛梵《しゃとぼん》と意生《いしょう》と儒童《じゅどう》と常定生《じょうじょうしょう》と声《しょう》と非声《ひしょう》とありと計す。秘密主よ。かくの如き等の我分は、昔より以来《このかた》、分別と相応して、理に順じて解脱することを希求《きぐ》す。

秘密主よ。その始めも分からない過去から流転する生死のうちにある、子供にも等しい愚かで凡庸な者は、自我の名と自己の所有欲とに執《と》われて、量り知れないほど数多くの自我の差別を区別して説いている。

秘密主よ。もしもその者が自我のそれ自体の本性をよく見なければ、すなわち自我（が実在すると考える立場）と我がものという観念（に対する執われ）とを生ずるのである。その他はまた、⑴（宇宙の根本原理としての）時、⑵地等の変化、⑶瑜伽の我、⑷建立の浄、⑸不建立の無浄、⑹自在天、⑺流出《るしゅつ》、⑻（主宰神の補助因としての）時、⑼尊貴、⑽自然《じねん》、⑾内我、⑿人量、⒀遍厳、⒁寿者、⒂補特伽羅《ふとがら》、⒃識、⒄阿頼耶《あらや》、⒅知者、⒆見者、⒇能執、(21)所執、(22)内知、(23)外知《げち》、(24)社怛梵《しゃとぼん》、(25)意生《いしょう》、(26)儒童、(27)常定生《じょうじょうしょう》、(28)声顕《こえけん》、(29)声生《こえしょう》、(30)非声があると思いこんでいる。

秘密主よ。このような多くの自我の差別は、太古の昔から迷妄の思慮と結びついて、（しかも）道理にしたがって、（すなわち、昔、瞑想をおこなった修行者の実践にならって）さとりをこい求めているのである。

愚童凡夫　原意は単に愚かな者の意（チベット語訳　byis pa = bāla）。凡夫はなみの、凡庸の者であるが、さまざまな世界に生まれて、それぞれ異なったかたちの生を得る者が原意。

時　時間を宇宙万有の根本原理とする時間哲学。時間論者の所説は古く『アタルヴァ・ヴェーダ』にみえ、『大智度論』、『プラサンナパダー』の時間の考察の章などに断片が認められる。『大日経疏』巻第一（大正三九・五九二下）にも引用文がある。

時来たれば衆生熟し　時至ればすなわち催促す
時はよく人を覚悟せしむ　是の故に時を因となす

仏教の立場では、時間は仮《かり》に立てたもので、存在しないとする。

地等変化　地等は地・水・火・風の四つ、または地・水・火・風・空の五つの粗大な原質（五大）。変化は現象している万有一切。これらの原質の一つを物質世界の根本原理とするのと、これらのすべてによって物質世界が構成されているとみる見方とが可能である。

瑜伽我　瞑想を修める者が、その内心に相応する理法を真実の自我とするもの。

建立浄　さまざまなものをたてて、それにしたがって修行するのが、清らかな実践であるとするもの。

不建立無浄　さまざまなものをたてるのは人為で真実ではないから、ありのままの自然が真実の自我であり、故意に清らかな実践につとめるのは人間の本性に反するので、それから離れるのが無浄である。

自在天　ヒンドゥー教のイーシュヴァラ、すなわちシヴァ神。創造神として信仰される。

流出　陶師が土からさまざまの形の器をつくるように、手のはたらきであらゆる物を作り出すこと。

時　イーシュヴァラ神を奉ずる一派の説で、イーシュヴァラの宇宙創造の補助因として時間の存在を説くもの。

尊貴　ナーラーヤナ神の別名、またヴィシュヌ神の別名ともいう。神がみのなかの最高のものであるから、尊貴という。尊貴は地・水・火・風・空のすべてに遍在するとされるから、一種の汎神論的思想である。

自然　サンスクリット語スヴァヤンブーの訳。万有一切は自然のままに成立し、創造主などが作ったものではないとする。

内我　身体のなかに心とは別に自我が存在し、これがあらゆる動作をなさしめているという。ヴァイシエーシカ学派のアートマン論などは、これである。

人量　神我（プルシャ）は身体の大小に準じて、大小の分量があり、永遠で自在であるという。ジャイナ教のジーヴァ（命我）説を予想する。古くは『シユヴェーターシュヴァタラ・ウパニシャッド』（三・七）にもみえる。チベット語訳 tshad ma からすれば、単に分量（を有するもの）の意。

遍厳　周遍端厳の意で、尊勝端厳のかたちをもつのは神我が作ったものであり、そうでないものは神我の創造ではないとする。チベット語訳は khyab bdag だから、プラブ（prabhu）またはヴィブ（vibhu）が原語か。

寿者　すべての生物（有情）と無生物（非情）には皆寿命があると説く。これは中世ジャイナ教でいうジーヴァ（命我）の思想である。

補特伽羅　プドガラの音写。訳、人・数取趣《さくしゅしゅ》。生死輪廻の主体となるもので、部派仏教の一派の犢子部《とくしぶ》（ヴァートシープトリーヤ・ヴァーディン）で主張した。世親は一種の自我説だとして批判した。『倶《く》舎論《しゃろん》』巻第二十九（大正二九・一五二下）。また『大智度論』巻第十五（大正二五・一七〇上）参照。

識　識は地・水・火・風・空にも遍満するとみる。唯識派で説く第六意識をいわば実体化した説。

阿頼耶　アーラヤの音写。訳、室・蔵・執持含蔵。アーラヤというのは実体的自我で、身体を動かし、その行為の結果はアーラヤのうちに蔵される。アーラヤは伸縮自在で、一方で微塵ほどにもなれば、他方で宇宙にも遍満する。唯識派の第八阿頼耶識とは全く異なる。

知者　ヴィドヴィットの訳。身体のなかに認識主体があり、苦・楽などを感受するという。ヴァイシェーシカ学派、ニヤーヤ学派のアートマンがこれ。

見者　視覚的認識の主体としての自我。『大智度論』巻第三十五（大正二五・三一九下）に、「目、色を観《み》るを名づけて見者となし、五識（耳識・鼻識・舌識・身識・意識）知るを名づけて知者となす」といって、見者と知者を区別する。

能執　グラーハカの訳。認識するもの、認識主体で、身体のなかに認識のはたらきとは別に存在するという。

所執　グラーヒヤの訳。認識されるもの、認識対象。所執を真実の自我とみるのは、それに認識を誘発するはたらきがあるとみる。ヴェーダーンタ哲学で絶対者の梵《ぼん》が現象界に顕現していると説くのがこれ。

内知　原意は知るもの。内面の心のはたらきを知るのを真実の自我とする。

外知　原意は知らるべきもの。色・声・香・味・触《そく》・法という外界の世界を知るものを真実の自我とする。

社怛梵　ジニャトヴァン（jñatvan）の音写。訳、智慧（をもつ者）。さきの知者を想定する者の一派。

意生　マヌジャ（manuja. 漢訳、摩奴闍＝チベット語訳 śed las skyes pa）の訳であるが、慣用語として意生と訳しているので、心より生じたもの（マノージャ manoja）の意となる。意生という玄奘訳が正しくないことは、『大日経疏』巻第二（大正三九・五九四上）にみえる。マヌジャは人類の始祖マヌより生じたもので、人を意味する。人を真実の自我とみる。

儒童　マーナヴァ（māṇava. 漢訳、摩納婆＝チベット語訳 śed bu）の訳で、人類の始祖マヌの子孫の意。『大日経疏』では、摩納婆は正しい翻訳では勝我というべきだと批判する。意生、儒童ともにヒンドゥー教のヴィシュヌ派で主張する自我説。

常定生　自然に確定的に生じたもので、その後さらに生ずることのない意と、『大日経疏』にあるが、チベット語訳は brjod par bya ba（＝vācaka. 説く者、声の主体となるもの）とあるので、言語学派の一派の自我説を総称したもの。

声　声顕論《こえけんろん》と声生論《こえしょうろん》とがある。声顕論者は、語は先天的常住性のもので、発音によってそれが顕われるにすぎないと主張する。ミーマーンサー学派、ヴェーダーンタ学派の一部、文法学派の立場。声生論者は、音声はひとたび成立したのちには常住であるとし、ヴァイシェーシカ学派の立場。

非声　語の存在を否定する立場で、語のないところに実在があると説くもの。

以上、声を声顕・声生に分けると、三十種のインドの哲学諸派の説が紹介されたことになる。これらはすべて因果の理法にくらく、実体的自我をたてて、それに執われるものとして批判される。

順理　世間の道理、すなわち次に説く世間の八心の道理にしたがって瞑想する者を予想する。

〔一七〕世間に順応する八つの心

秘密主、愚童凡夫類猶如羝羊、或時有一法想生、所謂持斎。彼思惟此少分、発起歓喜数数修習。秘密主、是初種子善業発生。復以此為因、於六斎日、施与父母男女親戚。是第二牙種。復以此施、授与非親識者。是第三疱種。復以此施、与器量高徳者。是第四葉種。復以此施、歓喜授与伎楽人等及献尊宿。是第五敷華。復以此施、発親愛心而供養之。是第六成果。復次秘密主、彼護戒生天、是第七受用種子。

秘密主よ、愚童凡夫の類は、猶《なお》し羝羊《ていよう》の如くなれども、或る時に一法の想を生ずることあり、いわゆる持斎《じさい》なり。彼れ、この少分《しょうぶん》を思惟《しゆい》して、歓喜を発起《ほっき》し、数々《そくそく》に修習《しゅじゅう》す。秘密主よ、これ初めの種子の善業《ぜんごう》の発生《ほっしょう》するなり。

またこれを以て因《いん》として、六斎日《ろくさいじつ》に於いて父母《ぶも》・男女《なんにょ》・親戚に施与《せよ》す。これ第二の牙種《げしゅ》なり。

またこの施《せ》を以て、非親識《しんしき》者に授与す。これ第三の疱種《ほうしゅ》なり。

またこの施を以て、器量高徳の者に与う。これ第四の葉種《ようしゅ》なり。

またこの施を以て、歓喜《かんぎ》して伎楽《ぎがく》の人等に授与し、及び尊宿《そんじゅく》に献《こん》ず。これ第五の敷華《ふけ》なり。

またこの施を以て、親愛の心を発《おこ》して、しかもこれを供養す。これ第六の成果《じょうか》なり。

また次に、秘密主よ、彼れ戒を護《まも》って天に生ずるは、これ第七の受用種子《じゅゆうしゅうじ》なり。

秘密主よ。子供のように愚かで凡庸な者たちは、雄と雌の羊のように（食欲と性欲だけで）生きているけれども、あるときに、ある一つの（善い）ことについての想いが生ずることがある、いうところの一日節食である。その者はこのわずかばかりのことを思いつづけて、（宗教的な）よろこびを起こして、しばしば（一日節食を）身に修める。秘密主よ。これが初めの種子（となる心）によって善き行為が生ずることである。

また、これをもととして、六斎日には父母や男女、親戚に財物を施す。これは第二の（種子の心より芽を生ずるところの）牙種（心）である。

また、この施しをもって親戚でない他人に与える。これは第三の（葉を生ずる前の）疱種（心）である。

また、この施しをもって才能があり徳の高い者に与える。これは第四の（葉を生ずる）葉種（心）である。

また、この施しをもって、よろこんで、音楽を奏する楽人たちに与え、また、すぐれた年長者にささげる。これは第五の（花開いた）敷華（心）である。

また、この施しをもって、（孝子が父母に対すると同じような）親愛の心を起こして、しかもこれを（すぐれた徳ある者に）供養する。これは第六の（果実をむすぶ）成果（心）である。

また次に、秘密主よ。その者は戒をまもって（死後）天界に生ずるのは、これは第七の

（果実がそのまま次の種子となる）受用種子（心）である。

羝羊　羝は雄羊、羊は雌羊。
一法想　一日食事をとらず、その食物を他に与えようという思い。
持斎　一日節食（不食）して、八関斎《はっかんさい》をまもること。八関斎とは⑴不殺生、⑵不偸盗、⑶不妄語、⑷不飲酒、⑸不歌舞唱伎、⑹不著香薫衣、⑺不上高広床、⑻不過中食（正午すぎに食事をとらないこと）。
六斎日　毎月の八日・十四日・十五日・二十三日・二十九日・晦日。『大智度論』巻第十三（大正二五・一六〇中）によると、これらの六日に四天王が各家をめぐり、その家で布施をし戒を守り、父母に孝順であるかどうかを伺い、天上の忉利天《とうりてん》にのぼって、その事を帝釈天《たいしゃくてん》に報告する、とある。
伎楽人　伎楽人に施すのは、かれらがその供養を受けて、歌舞をもって、さらに他の人びとを楽しみ喜ばせるのによる。
護戒生天　仏の制定した戒めをまもることによって天界に生まれること。（布）施論と戒論と生天論は初期仏教で、すでに釈尊が在家の者に説いた教えである。

復次、秘密主。以此心生死流転、於善友所、聞如是言。此是天大天、与一切楽者。若虔誠供養、一切所願皆満。所謂自在天、梵天、那羅延天、商羯羅天、黒天、自在子天、日天、月天、竜尊等、及倶吠濫、毘沙門、釈迦、毘楼博叉、毘首羯磨天、閻魔、閻魔后、梵天后、世所宗奉火天、迦楼羅子天、自在天后、波頭摩、徳叉迦竜、和修吉、商佉、羯句啅剣、大蓮、倶里剣、摩訶泮尼、阿地提婆、薩陀難陀等竜、或天仙、大囲陀論師、各各応善供養。彼聞如是、心懐慶悦、殷重恭敬、随順修行。秘密主。是名愚童異生、生死流転無畏依第八嬰童心。

また次に、秘密主よ。この心を以て生死《しょうじ》に流転《るてん》して、善友の所に於いて、かくの如くの言を聞く。これはこれ天なり、大天《だいてん》なり、一切の楽を与うるものなり。もし虔誠《けんじょう》に供養すれば、一切の所願《しょがん》は皆満つ。

いわゆる自在天《じざいてん》、梵天《ぼんてん》、那羅延《ならえん》天、商羯羅《しょうぎゃら》天、黒天、自在子天、日天、月天《がってん》、竜尊《りゅうそん》等、及び倶吠濫《くべいら》、毘沙門《びしゃもん》、釈迦《しゃか》、毘楼博叉《びるばくしゃ》、毘首羯磨《びしゅかつま》天、閻魔《えんま》、閻魔后《えんまこう》、梵天后《ぼんてんこう》、世の宗奉《しゅうぶ》するところの火天《かてん》、迦楼羅子《かるらし》天、自在天后、波頭摩《はどま》、徳叉迦《とくしやきや》竜、和修吉《わしゅきつ》、商佉《しょうきゃ》、羯句啅《きゃらくだ》剣、大蓮《だいれん》、倶里《くり》剣、摩訶泮尼《まかはんに》、阿地提婆《あじでいば》、薩陀難陀《さつだなんだ》等の竜、或いは天仙《てんせん》、大囲陀論師《だいいだろんじ》に、各々まさに善く供養すべし。

彼れかくの如くなるを聞いて、心に慶悦《きょうえつ》を懐き、殷重《いんじゅう》に恭敬《くぎょう》し、随順《ずいじゅん》して修行す。

秘密主よ、これを愚童異生《いしょう》の、生死流転《しょうじるてん》の無畏依《むいえ》の第八嬰童心《ようどうしん》と名づく。

また次に、秘密主よ。この（第七の受用種子）心をもって、人間界や天上界にくり返し生じて、善き友のところで、次のようなことを聞く。このものは神〔天〕である。偉大な神〔大天〕である。すべての安楽を与える者である。もしも真心をこめて、これを供養すれば、すべての願い事は皆、成就する。

いうところの（神または偉大な神とは）自在天・梵天・那羅延天・商羯羅天・大黒天・自在子天・日天・月天・竜尊など、および倶吠濫・毘沙門・釈迦・毘楼博叉・毘首羯磨天・閻魔・閻魔后・梵天后、世間の人びとが尊崇するところの火天、迦楼羅子天・自在天后・波頭摩・徳叉迦竜・和修吉・商佉・羯句啅剣・大蓮・倶里剣・摩訶洋尼・阿地提婆・薩陀難陀などの竜、または天仙と大囲陀論師とである。それぞれ（の神）をよく供養するがよい。

その者は、このようなことを聞いて、心によろこびを懐き、真心をこめて恭々しく敬まい、（それらの教えに）したがって修行する。

秘密主よ。これを子供のように愚かで凡庸な者が、迷いの生死の世界に流転するところの畏《おそ》れなき依りどころとしての第八の嬰童心と名づけるのである。

此心　第七の受用種子心。

自在天　イーシュヴァラ。創造神であるがヒンドゥー教ではシヴァ神の異名。『金剛頂経』巻第九（三十巻本、大正一八・三七〇下以下）では魔王で、金剛手菩薩が降し伏して、仏法の守護神となる。

梵天　ブラフマー。初期仏教以来、帝釈天とともに仏法の守護神として知られる。ヒンドゥー教のプラーナ文学ではヴィシュヌの臍輪から生じた蓮台のなかで化生した神とされる。

那羅延　ナーラーヤナの音写。ヴィシュヌの別名ともいう。

商羯羅　シャンカラの音写。シヴァまたはイーシュヴァラの別名。骨鎖天ともいう。

黒天　マハーカーラ、大黒天。シヴァの一名。『大日経疏』では黒天を噜捺羅（ルドラ）とする。ルドラはヴェーダ時代には暴風雨の神であったが、のちにシヴァと同一視され、ルドラ＝シヴァの名でよばれる。仏教では伊舎那《いしゃな》天（イーシャーナ）と同じとみる。

自在子天　さきの自在天を大自在天（マヘーシュヴァラ）とするのに対し、この自在天（イーシュヴァラ）はその随伴者とみなされる。

日天　スーリヤ、太陽神。仏教では十二天の一。

月天　ソーマまたはスーリヤ、月神。同じく十二天の一。

竜尊　ナーガ。コブラを神格化したもの。初期仏教におけるナーガについては拙著『仏教の起源』所収「非アリアン文化と仏教」三五〇～三七五頁参照。

倶吠濫　クヴェーラの音写。夜叉の主となり、また富の神。

毘沙門　ヴァイシュラヴァナの音写。訳、多聞天。北方を守護し、クヴェーラの別名ともいう。仏教では四天王の随一。

釈迦　シャーキヤの音写。『ヴィシュヌ・プラーナ』ではヴィシュヌガナの姿に化身するが、そのうちの第九が釈迦であるとする。

毘楼博叉　ヴィルーパークシャの音写。訳、広目天。四天王の一。西方を守護する。シヴァの別名ともいう。

毘首羯磨　ヴィシュヴァカルマンの音写。訳、造一切者。古く『リグ・ヴェーダ』第十巻、天地創造の賛歌に登場する。叙事詩『マハーバーラタ』では技術の神。同じく『ラーマーヤナ』には魔王ラークシャサのためにランカー島（スリランカ）を造ったと伝説する。

閻魔　ヤマの音写。ヴェーダ時代は太陽神（ヴィヴァスヴァット）の子で、ヤミーとは兄妹。冥界の支配者となり、中国で道教の思想と習合して閻魔大王となり、地獄の王となる。

梵天后　ブラフミー。ブラフマーの后とされる。

火天　アグニ、火神。『リグ・ヴェーダ』以来の神であるが、仏教では十二天の一。

迦楼羅子天　迦楼羅はガルダの音写。ガルダプトラ。ガルダのこと。鳥の王者で蛇を食し、ヴィシュヌの乗物。

自在天后　ウマーで、大自在天の后。大自在天は白牛に乗り、后は赤羊に乗る。『金剛頂経』巻第九（三十巻本、大正一八・三七二中）には、金剛手菩薩が降三世明王《ごうざんぜみょうおう》の瞑想の世界に住して大自在天を左足、后を右足でふんで、降し伏する姿を示す。

波頭摩　パドマの音写。赤い蓮華の意であるが、竜王の一。

徳叉迦　タクシャカの音写。竜王名。訳、多舌竜ともいう。

和修吉　ヴァースキの音写。九頭の竜王（九頭竜）。わが国の九頭竜権現となる。

商佉　シャンカの音写。訳、螺貝。竜王名。
羯句啅剣　羯句啅はカルコータカの音写。力行竜王ともいい、竜王の一。
大蓮　マハーパドマ。訳、大紅蓮。竜王名。
倶里剣　倶里はクリカの音写略。具種竜王。
摩訶泮尼　マハーパーニの音写。訳、大手。夜叉名。
阿地提婆　アディデーヴァの音写。神名。
薩陀難陀　サダーナンダの音写。竜王名。
大囲陀論師　偉大なるヴェーダ聖典の論師。七聖仙と九聖仙とがある。七聖仙はゴータマ・ヴィシュヴァミトラ・ヴァシシュタ・バーラドヴァージャ・ジャマダグニ・カーシュヤパ・アトリ、九聖仙はブリグ・グリツァマダ・ヴィシュヴァミトラ・ヴァマデーヴァ・アトリ・バーラドヴァージャ・ヴァシシュタ・カヌヴァ・アンギラス。
愚童異生　愚童凡夫に同じ。異生はサンスクリット語プリタグ・ジャナの訳で、凡夫のこと。それぞれ異なった姿をとって生ずるもの、輪廻転生するもの、迷いの世界にあるもの。
第八嬰童心　子供のような心。世間の八心のうちの第八に当たるので、第八嬰童心という。

秘密主。復次殊勝行。随彼所説中、殊勝住求解脱慧生。所謂常無常空。随順如是説。秘密主。非彼知解空非空常断。非有非無倶彼分別無分別。云何分別空。不知諸空、非彼能知涅槃。是故応了知空離於断常。

秘密主よ。また次に殊勝行《しゅしょうぎょう》あり。彼の所説の中に随《したが》って、殊勝に住して解脱《げだつ》を求むる慧《え》生ず。いわゆる常《じょう》・無常《むじょう》・空《くう》なり。かくの如きの説に随順《ずいじゅん》す。秘密主よ。彼れ空と非空《ひくう》と常と断《だん》とを知解《ちげ》するにはあらず。非有《ひう》と非無《ひむ》とに倶《とも》に彼れ無分別を分別《ふんべつ》す。云何《いかん》が空を分別せんや。諸空《しょくう》を知らざれば、彼れよく涅槃《ねはん》を知るにあらず。この故にまさに空を了知《りょうち》して、断と常とを離るべし。

秘密主よ。また次に、（偉大なる神などの教えのうちで）とくに勝《すぐ》れた修行がある。その者の説くところにしたがって、とくに勝れたものに住して、解脱を求める智慧が生ずる。いうところの常住《じょうじゅう》・無常・空である。（かれらは）そのような説にしたがっている。

秘密主よ。その者は空と有《う》と（の真実の意義）を理解しているのではなく、実在はあると解すること〔常〕と実在はないと解すること〔断〕（のいずれか）に執われているのである。有にあらざること（非有、すなわち空）無にあらざること（非無、すなわち有）とを両方ともに、その者はあやまってみだりに分別することによって、概念的思惟をもって真実の智慧（すなわち、さとり）だとする。

（実際には）どのようにして、空を分別するのであるか。さまざまな空（の意義）を知らないのであるから、その者はよくさとりの世界〔涅槃〕を知っていない。だからして、まさしく（真実の）空を明らかに知って、実在はないと理解することと実在はあると理解すること（とのあやまってみだりに分別すること）を離れなければならない」。

殊勝行　とくにすぐれた修行とは、解脱《さとり》をもとめる修行。

常無常空　常は永遠存在で、ヴェーダーンタ哲学の絶対者ブラフマン、サーンキヤ哲学の純粋精神プルシャなどをいう。無常は現象世界で、ヴェーダーンタ哲学ではブラフマンの幻影としての現実は無常であり、サーンキヤ哲学では根本物質プラクリティの開展である現実の世界は無常であるとする。空は、ヴェーダーンタ哲学で絶対者ブラフマンと自我アートマンとの合一（梵我一如）の境地としたり、サーンキヤ哲学で久修練行《くしゅれんぎょう》の結果プルシャが解脱独存する境地をさしていったもので、空をもって解脱とするもの。ただし、ブッダグヒヤが「ただ空性《くうしょう》のみを実体と考える」というように、それは空を実在化した思想だとして退ける。

常断　常は常住で、あらゆるものは永遠に存在し、人間も死後、霊魂は不滅だとみる。断は断滅で、すべてのものは消滅し、人間も死後には何物も残らないとする。

非有非無　非有は存在の否定であるから空、非無は非存在の否定で有であるが、この空・有は相対否定であって、空は存在の欠除にすぎず、無の一種の実体化であるから、中観派でいう絶対否定の空とは全く異なる。

〔一八〕六十心の名称

爾時金剛手、復請仏言、惟願世尊説彼心。如是説已、仏告金剛手秘密主言、秘密主諦聴。心相謂、貪心、無貪心、瞋心、慈心、癡心、智心、決定心、疑心、暗心、明心、積聚心、闘心、諍心、無諍心、天心、阿修羅心、竜心、人心、女心、自在心、商人心、農夫心、河心、陂池心、井心、守護心、慳心、狗心、狸心、迦楼羅心、鼠心、歌詠心、舞心、撃鼓心、室宅心、師子心、鵂鶹心、烏心、羅刹心、刺心、窟心、風心、水心、火心、泥心、顕色心、板心、迷心、毒薬心、羂索心、械心、雲心、田心、塩心、剃刀心、須弥等心、海等心、穴等心、受生心。

その時、金剛手《こんごうしゅ》はまた仏に請《こ》いたてまつりて言《もう》さく、惟《ただ》し願わくは、世尊《せそん》よ、彼《か》の心を説きたまえ。

かくの如く説きおわって、仏は金剛手秘密主に告げて言《のたま》わく、秘密主よ、諦《あきら》かに聴《き》け。心《しん》相《そう》とはいわく、貪心《とんしん》、無貪心、瞋《しん》心、慈心、癡《ち》心、智心、決定《けつじょう》心、疑心、暗心、明《みょう》心、積《しゃく》聚《じゅ》心、闘心、諍《じょう》心、無諍心、天心、阿修羅《あしゅら》心、竜心、人《にん》心、女《にょ》心、自在心、商人心、農夫心、河心、陂池《ひち》心、井《せい》心、守護心、慳《けん》心、狗《く》心、狸《り》心、迦楼羅《かるら》心、鼠《そ》心、歌詠《かよう》心、舞《ぶ》心、撃《げき》鼓《く》心、室宅《しったく》心、師子《しし》心、鵂鶹《くる》心、烏《う》心、羅刹《らせつ》心、刺《し》心、窟《くつ》心、風心、水心、火心、泥《でい》心、顕《けん》色《じき》心、板《ばん》心、迷心、毒薬心、羂索《けんじゃく》心、械《かい》心、雲《うん》心、田《でん》心、塩《えん》心、剃刀《ていとう》心、須弥等《しゅみとう》心、海等《かいとう》心、穴等《けっとう》心、受生《じゅしょう》心なり、と。

そのときに、金剛杵《こんごうしょ》を手にする者は、また仏にお願いして、次のように申しあげた。

「どうか、お願いでございますから、尊き師よ、さきにお示しになった心というものをお説き下さい」。

このようにお願いしたので、仏は金剛杵を手にする秘密主に告げて、このようにお説きになられた。

「秘密主よ。あきらかに聴くがよい。心のすがたとは、いうところの(1)貪心、(2)無貪心、(3)瞋心、(4)慈心、(5)癡心、(6)智心、(7)決定《けつじょう》心、(8)疑心、(9)暗心、(10)明心、(11)積聚《しゃくじゅ》心、(12)闘心、

⒀諍《じょう》心、⒁無諍心、⒂天心、⒃阿修羅心、⒄竜心、⒅人心、⒆女心、⒇自在心、(21)商人心、(22)農夫心、(23)河心、(24)陂《ひ》池《ち》心、(25)井《せい》心、(26)守護心、(27)慳《けん》心、(28)狗《く》心、(29)狸心、(30)迦《か》楼《る》羅《ら》心、(31)鼠《そ》心、(32)歌詠心、(33)舞心、(34)撃鼓《げきく》心、(35)室宅《しったく》心、(36)師子心、(37)鵂鶹《くる》心、(38)烏心、(39)羅刹《らせつ》心、(40)刺心、(41)窟心、(42)風心、(43)水心、(44)火心、(45)泥心、(46)顕色《けんじき》心、(47)板心、(48)迷心、(49)毒薬心、(50)羂索《けんじゃく》心、(51)械《かい》心、(52)雲心、(53)田心、(54)塩心、(55)剃刀《ていとう》心、(56)須弥等《しゅみとう》心、(57)海等心、(58)穴等《けっとう》心、(59)受生《じゅしょう》心（、(60)猨猴《えんこう》心）である。

受生心　受生心までで五十九心であって、『大日経疏』には猨猴心を梵本に欠くという善無畏《ぜんむい》の指示を一行《いちぎょう》が書きとめている。猨猴心は猿の心。チベット語訳では四十六心を rñog paḥi sems（動揺心）とし、善無畏の猨猴心と語義は同じである。猨猴心は煩悩のため心が動揺して全く落着きのない状態。また三十二の歌詠心と四十五の泥心も説明を欠き、善無畏の言として『大日経疏』で注解を施している。

〔一九〕六十心の説明

秘密主。彼云何貪心。謂随順染法。云何無貪心。謂随順無染法。云何瞋心。謂随順怒法。云何慈心。謂随順修行慈法。云何癡心。謂随順修不観法。云何智心。謂順修殊勝増上法。云何決定心。謂尊教命如説奉行。云何疑心。謂常収持不定等事。云何闇心。謂於無疑慮法生疑慮解。云何明心。謂於不疑慮法無疑慮修行。云何積聚心。謂無量為一為性。云何闘心。謂互相是非為性。云何諍心。謂於自己而生是非。云何無諍心。謂是非倶捨。

秘密主よ、彼れ云何《いかん》が貪心なるや。いわく、染法《ぜんぼう》に随順《ずいじゅん》す。
云何が無貪心なるや。いわく、無染《むぜん》の法に随順す。
云何が瞋《しん》心なるや。いわく、怒《ぬ》法に随順す。
云何が慈心なるや。いわく、慈法に随順し修行す。
云何が癡《ち》心なるや。いわく、不観《ふかん》の法に随順し修す。
云何が智心なるや。いわく、殊勝増上《ぞうじょう》の法に順修《じゅんしゅ》す。
云何が決定《けつじょう》心なるや。いわく、尊の教命を説くが如く奉行《ぶぎょう》す。
云何が疑心なるや。いわく、常に不定《ふじょう》等の事を収持《しゅうじ》す。
云何が闇《あん》心なるや。いわく、無疑慮《むぎりょ》の法に於いて疑慮《ぎりょ》の解《げ》を生ず。
云何が明《みょう》心なるや。いわく、不疑慮《ふぎりょ》の法に於いて疑慮なくして修行す。
云何が積聚《しゃくじゅ》心なるや。いわく、無量を一とするを性《しょう》とす。
云何が闘心なるや。いわく、互相《たがい》に是非するを性とす。
云何が諍《じょう》心なるや。いわく、自己に於いて、しかも是非を生ず。
云何が無諍心なるや。いわく、是非倶《とも》に捨つ。

秘密主よ。その者はどのようなものが(1)貪《むさぼ》りの心であるかというと、(現前の対象に)染まって執《とら》われることにしたがう。

どのようなものが⑵貪りなき心であるかというと、染まることのないもの（すなわち進んで求むべき善なるものを願い求めようとしないこと）にしたがう。

どのようなものが⑶瞋《いか》りの心であるかというと、外に現われる怒りにしたがう。

どのようなものが⑷慈《いつく》しみの心であるかというと、（情意的な）慈しみにしたがう。

どのようなものが⑸癡《おろか》さの心であるかというと、人の言葉をうのみにして、（その是非善悪を）観《み》ないことにしたがう。

どのようなものが⑹智の心であるかというと、とくに勝れたものにしたがう（すなわち世俗のことにさかしく利巧である）。

どのようなものが⑺決定の心であるかというと、尊い者（善き友やすぐれた師）の教えを（思慮分別することなく）説のとおりに（速断して）実行する。

どのようなものが⑻疑いの心であるかというと、常に不確定などのことを収めたもつ。

どのようなものが⑼闇の心であるかというと、疑ってみることのない（確実な）ものにおいて、疑ってみるような理解を得る。

どのようなものが⑽明るい心であるかというと、疑ってみることのない（真理の）教えにおいて、（過度に）疑ってみることなく修行する。

どのようなものが⑾積み聚《あつ》める心であるかというと、量り知れないほどの多くのものを（まとめて）一つのものにする性癖である。

どのようなものが⑿闘《たたか》いの心であるかというと、互いに（他の教えを聞いて、その説の）

是非を論ずる性向である。

どのようなものが⒀諍《あらそ》いの心であるかというと、自己（の内心）において、（確定したことに対しても）是非を生ずる。

どのようなものが⒁諍《あらそ》いなき心であるかというと、是非の両方をともに捨てる。

云何天心。謂心思随念成就。云何阿修羅心。謂楽処生死。云何竜心。謂思念広大資財。云何人心。謂思念利他。云何女心。謂随順欲法。云何自在心。謂思惟欲我一切如意。云何商人心。謂順修初収聚後分析法。云何農夫心。謂随順初広聞而後求法。云何河心。謂順修依因二辺法。云何陂池心。謂随順渇無厭足法。云何井心。謂如是思惟深復甚深。云何守護心。謂唯此心実余心不実。云何慳心。謂随順為己不与他法。

云何《いかん》が天心なるや。いわく、心は念に随《したが》って成就せしめんと思う。
云何が阿修羅《あしゅら》心なるや。いわく、生死に処せんと楽《ねが》う。
云何が竜心なるや。いわく、広大の資財を思念す。
云何が人心《にんじん》なるや。いわく、他を利するを思念す。
云何が女心《にょ》なるや。いわく、欲法《よくほう》に随順す。
云何が自在心なるや。いわく、思惟《しゆい》して我れ一切を意の如くなさんと欲《おも》う。
云何が商人心なるや。いわく、初めには収聚《しゅうじゅ》して後には分析《ぶんしゃく》する法に順修《じゅんしゅ》す。

云何が農夫心なるや。いわく、初めに広く聞いて、しかして後に求むる法に随順す。

云何が河心なるや。いわく、二辺に依因《えいん》する法に順修す。

云何が陂池《はち》心なるや。いわく、渇して無厭足《むえんそく》の法に随順す。

云何が井《せい》心なるや。いわく、かくの如く思惟《しゆい》すること深くしてまた甚深《じんじん》なり。

云何が守護心なるや。いわく、唯しこの心のみ実なり、余心は不実なり。

云何が慳《けん》心なるや。いわく、己が為にして、他に与えざる法に随順す。


どのようなものが⒂天の心であるかというと、（神の心のように、いかなるものでも）心において念《おも》いのままに成就するであろうと思う。

どのようなものが⒃阿修羅の心であるかというと、迷いの世界である生死にあって、その果報、快楽を願う。

どのようなものが⒄竜の心であるかというと、広大な生活のための財を（得ることを）心に思う。

どのようなものが⒅人の心であるかというと、（自己の行為に対する反省がなく、打算的な考えから）他人の利益を心に思う。

どのようなものが⒆女の心であるかというと、（過度の）欲望にしたがう。

どのようなものが⒇自在の心であるかというと、（主宰神が万物を自在に創造したり、人間に苦楽を与えるように、）思いつづけて、わたくしはすべて思いのままになるであろうと思う。

どのようなものが(21)商人の心であるかというと、まず（商品を安価で）集めて、後に（商品を）分類して、大利を得ようとする方法にしたがう（同様に真言の実践者も、多聞博学にして、教えを説く場合のことを分けへだてて考えるのではなく、直ちに実践すべきである）。

どのようなものが(22)農夫の心であるかというと、（農耕のことについて）まず広く聞いてから後に求めるもの（すなわち作業）にしたがう（真言の実践者もまた、まず指導者について広く学んでから、後に実践しようとすれば、一生は学ぶだけで終り、ついに実践修行のときをなくしてしまう）。

どのようなものが(23)河の心であるかというと、（河の水は）両岸によって流れて、一方の岸によらないのにしたがう（実在はあると理解したり、また時には実在はないと理解したり、正邪ともに信じたりするのを退けて、真言の実践者は一意専心に一つのことを信じ修めて、すみやかに不可思議な効験を得るようにつとめるべきである）。

どのようなものが(24)陂池《はち》の心であるかというと、渇いてどのように河の流れが湖や池に流れ入っても厭《あ》き足りることがないのにしたがう（真言の実践者は少欲知足《しょうよくちそく》をむねとして実践修行すべきである）。

どのようなものが(25)井戸の心であるかというと、井戸のように思いつづけることは深くて、深いうえにもまた非常に深い（そのような心をもつ者は、他人の容易にうかがえない心をもって得意とする）。

どのようなものが㉖守護の心であるかというと、ただ自己の心のみが真実であって、他の心は不真実であるとする（自分の身体や財産・家屋などをあらゆる他の侵害からまもるように、この行ないだけが真実で他はすべて不真実であるとみなし、そうした自分の心をかたくなに守るのは、声聞《しょうもん》の教えを学ぶ者の心などにみられる）。

どのようなものが㉗慳《ものお》しみの心であるかというと、自分のためであって、他人に与えないことにしたがう（およそ、あらゆるものを自分で一人占めしたいという欲望を持っている。ことに真理の教えを惜しんで他に説き与えないのを、密教では四重禁戒《しじゅうきんかい》という重い戒のうちの一つにあげている）。

云何狸心。謂順修徐進法。云何狗心。謂得少分以為喜足。云何迦楼羅心。謂随順朋党羽翼法。云何鼠心。謂思惟断諸繫縛。云何舞心。謂修行如是法、我当上昇種種神変。云何撃鼓心。謂修順是法。我当撃法鼓。云何室宅心。謂順修自護身法。云何師子心。謂修行一切無怯弱法。云何鵂鶹心。謂常暗夜思念。云何烏心。謂一切処驚怖思念。云何羅刹心。謂於善中発起不善。云何刺心。謂一切処発起悪作為性。云何窟心。謂順修為入窟法。

云何《いかん》が狸《り》心なるや。いわく、徐進《じょしん》の法に順修《じゅんしゅ》す。
云何が狗《く》心なるや。いわく、少分《しょうぶん》を得て以て喜足《きそく》となす。
云何が迦楼羅《かるら》心なるや。いわく、朋党《ほうとう》羽翼《よく》の法に随順《ずいじゅん》す。

云何が鼠心なるや。いわく、諸《もろもろ》の繫縛《けばく》を断ぜんと思惟《しゆい》す。

（歌詠心の説明を欠く）

云何が舞心なるや。いわく、かくの如くの法を修行して、我れまさに上昇して種々に神変《じんぺん》すべし。

云何が撃鼓《げきく》心なるや。いわく、この法を修順《しゆじゆん》して、我れまさに法鼓《ほうく》を撃《う》つべし。

云何が室宅《しつたく》心なるや。いわく、自ら身を護《まも》る法に順修す。

云何が師子《しし》心なるや。いわく、一切の無怯弱《むこにやく》の法を修行す。

云何が鵂鶹《くる》心なるや。いわく、常に暗夜に思念す。

云何が烏《う》心なるや。いわく、一切処《いつさいしよ》に驚怖《きようふ》し思念す。

云何が羅刹《らせつ》心なるや。いわく、善の中に於いて不善を発起《ほつき》す。

云何が刺心なるや。いわく、一切処に悪作《おさ》を発起するを性《しよう》とす。

云何が窟《くつ》心なるや。いわく、窟に入ることをなす法に順修す。

どのようなものが(28)狸《たぬき》の心であるかというと、（狸や猫などは、射った獲物を捕るときに）徐々に進んでゆくのにしたがう（狸や猫のように、そのときを窺ってはいるが、進んで積極的に修行することをしない。真言の実践者は時と場所をいつまでも考慮することなく、見聞にしたがって直ちに実践し、恩の恵みに報いなければならない。狸や猫がひとに飼育されていても、その恩徳がわからぬように、他人の恩の恵みに報いなければ、狸や猫と変りがないという意味をもふくむ）。

どのようなものが(29)狗《いぬ》の心であるかというと、わずかばかりのものを得て、喜び満ち足りている（わずかばかりの善き事柄を得ても行ないがたく、それ以上のすぐれたものを求めようとしない。真言の実践者は、大海が細流をも大河をも選ぶことがないようでなければならない）。

どのようなものが(30)迦楼羅の心であるかというと、多くの仲間をつくってそれを頼みとしていることにしたがう（真言の実践者は、さとりを求める心を発《おこ》し、ライオンのように一人して勇往邁進しなければならない）。

どのようなものが(31)鼠の心であるかというと、さまざまな拘束を断ち切ろうと思いつづける（真言の実践者は、あらゆる拘束するものにも親しみ近づくようにすべきである）。
(32)歌詠の心の説明、欠文）
どのようなものが(33)舞いの心であるかというと、このような法を修行して、わたくしは上方に昇ってさまざまに超自然的な事象を現出するであろうということである（真言の実践者は、如来の不可思議な力のはたらきを得るのであるから、世間の人目を驚かすような超能力をむさぼるような思いを起こすべきでない）。

どのようなものが(34)撃鼓の心であるかというと、この法を修行して、わたくしは真理の太鼓を打つであろうということである（真言の実践者は、真実の真理の太鼓を打つものでなければならない）。

どのようなものが(35)室宅の心であるかというと、自ら身をまもる法にしたがう（真言の実践者は、自己一身のためでなく、すべての人びとを救護しなければならない）。

どのようなものが(36)師子の心であるかというと、すべての心のおそれ・よわみのない法を修行する（ライオンが心のおそれ・よわみがないのは単に力を頼みとしているからである。真言の実践者は、十力《じゅうりき》をそなえる如来のようなライオンでなければならない）。

どのようなものが(37)鵂鶹《ふくろう》の心であるかというと、いつも暗夜のなかでものを考えている（ふくろうは白昼はなすところがないが、真言の実践者は、外部の条件に左右されないように修行すべきである）。

どのようなものが(38)烏の心であるかというと、どんなところでも驚き恐れてものを思っている（真言の実践者は、世間のいかなるものにも驚怖心を抱くことなく、安穏でなければならない）。

どのようなものが(39)羅刹の心であるかというと、（世人が）善いことをなす場合に、それを不善であるとする。

どのようなものが(40)刺《とげ》の心であるかというと、あらゆる場合に、（それが善であれ）悔いる性向をもつ。

どのようなものが(41)窟《いわや》の心であるかというと、洞窟のなかに入る法にしたがう（真言の実践者は、現実において実践修行すべきであるから、竜宮や阿修羅宮といったような理想の海底または地下の宮殿とされる存在に心を奪われてはならない）。

歌詠心　チベット語訳によると、自分のさまざまな音声の歌で人びとの人気をとることができると思う心だと解する。

云何風心。謂遍一切処発起為性。云何水心。謂順修洗濯一切不善法。云何火心。謂熾盛炎熱性。云何顕色心。謂類彼為性。云何板心。謂順修随量法、捨棄余善故。云何迷心。謂所執異所思異。云何毒薬心。謂順修無生分法。云何羂索心。謂一切処住於我縛為性。云何械心。謂二足止住為性。云何雲心。謂常作降雨思念。云何田心。謂常如是修事自身。云何塩心。謂所思念彼復増加思念。云何剃刀心。謂唯如是依止剃除法。云何弥盧等心。謂常思惟心高挙為性。云何海等心。謂常如是受用自身而住。云何穴等心。謂先決定彼後復変改為性。云何受生心。謂諸有修習行業彼生。心如是同性。

云何《いかん》が風心なるや。いわく、一切処に遍じて発起するを性《しょう》とす。
云何が水心なるや。いわく、一切の不善を洗濯する法に順修す。
云何が火心なるや。いわく、熾盛《しじょう》の炎熱を性とす。
（泥心の説明を欠く）
云何が顕色心《けんじき》なるや。いわく、彼れに類するを性とす。
云何が板心なるや。いわく、量に随《したが》う法に順修して、余善《よぜん》を捨棄《しゃき》するが故に。

云何が迷心なるや。いわく、所執《しょしゅう》は異《こと》なり、所思《しょし》も異なる。
云何が毒薬心なるや。いわく、無生分《むしょうぶん》の法に順修す。
云何が羂索《けんじゃく》心なるや。いわく、一切処に我縛《がばく》に住するを性とす。
云何が械《かい》心なるや。いわく、二足《にそく》を止住《しじゅう》するを性とす。
云何が雲心なるや。いわく、常に降雨の思念を作《な》す。
云何が田心なるや。いわく、常にかくの如く自身に事《つか》うることを修す。
云何が塩心なるや。いわく、思念するところ、彼れまた思念を増加す。
云何が剃刀《たいとう》心なるや。いわく、ただかくの如く剃除《たいじょ》する法に依止《えじ》す。
云何が弥盧《みる》等心なるや。いわく、常に思惟《しゆい》の心、高挙《こうこ》なるを性とす。
云何が海等心なるや。いわく、常にかくの如く自身に受用《じゅゆう》して、しかも住す。
云何が穴《けつ》等心なるや。いわく、先に決定《けつじょう》して、彼れ後にまた変改するを性とす。
云何が受生心《じゅしょうしん》なるや。いわく、およそ行業《ぎょうごう》を修習《しゅじゅう》して、彼れに生ずることあり。
心はかくの如くなると同性なり。

どのようなものが(42)風の心であるかというと、あらゆるところにひろがって起こるのを本性とする（真言の実践者は、一意専心、不可思議な効験の成就を得るように勤めなければならない）。

どのようなものが(43)水の心であるかというと、すべての善ならざるものを洗いすすぐ法にしたがう（罪悪をいつまでも罪悪と思いこんで、それを消滅することにのみ心を煩わすべきでない。真言の実践者は、清らかなさとりを求める心のなかにすべて罪悪は消滅し、自己と如来が一体となることを思うべきである）。

どのようなものが⑷火の心であるかというと、盛んに燃えて熱を出すのを本性とする（善いことをなす場合でも、一気の功をあせらずに、漸次に、心をこめて継続するようにつとめるべきである）。

⑷泥の心の説明、欠文）

どのようなものが⑷顕色（色彩）の心であるかというと、そのものに類同するのを本性とする（善にも悪にも同ずるということでなく、真言の実践者は、ひたすら、さとりを求めて、いろに染まらないように、他に類同しないようにしなければならない）。

どのようなものが⑷板の心であるかというと、（水に板を浮かべて、その上に物を載せるとき、その物の）分量にしたがってバランスをたもつのにしたがう。（それ以外の超過物を載せると、傾いてそれを水中に落とすように）他の善なるものを放棄するからである（真言の実践者は、他者を利益することを念願し、あらゆる善事を勤めなければならない）。

どのようなものが⑷迷いの心であるかというと、執《と》るところと異なり、思うところと異なる（不浄観を修めようとしても、清らかなすがたをとり、無常・無我の理法を修めようとしても、かえって常住・自我の思いに住する。真言の実践者は、専念して、このように錯乱して観察することがないように勤めなければならない）。

どのようなものが⒇毒薬の心であるかというと、(さまざまな毒の作用で)生まれながらに得た命がなくなる(のを誡しめる)法にしたがう(毒に中《あた》って生気を失うように、一切は虚無に帰するとするいわゆる空の病い(空病)や因果の理法を否定する者は、善心をも悪心をも生ずる力がない。真言の実践者は、そうした心の悪毒を排して、勤めなければならない)。

どのようなものが⒇羂索の心であるかというと、あらゆるところにおいて自我の束縛に住するのを本性とする(バラモン教・ヒンドゥー教の者たちは自我の実在性に執われ、そのために束縛されていて自由を欠く。真言の実践者は、これらの邪悪な見解を智慧のするどい剣で断ち切らねばならない)。

どのようなものが⒇械(足かせ)の心であるかというと、両足を足かせで縛られているのを本性とする(両足は心の散乱を止める止《し》と、それによって対象を正しくみる観《かん》という瞑想に喩えられる。真言の実践者は、いかなる足かせからも解放され、すべて執われを離れなければならない)。

どのようなものが⒇雲の心であるかというと、いつも降雨の思いをする(インドでは雨期三ヵ月間は雨が降り、心がふさがり暗くなるので、これを降雨の思いという。真言の実践者は、清らかな心で、世間の喜び・憂いを離れ、真理の喜びにしたがうべきである)。

どのようなものが⒇田の心であるかというと、いつもそのように自身につかえることを修める(農民が田地を耕作するように、自らの身体を修めるならば、やがて幸福を生ずる田を豊かにして、みのりあらしめる)。

どのようなものが(54)塩の心であるかというと、思うところのものに対して、さらに思いを増す(塩が食物にしみ通って至らないところがないように、何ものをも穿鑿《せんさく》してとどまるところを知らない。真言の実践者は、宇宙万有の根源を象徴する阿字《あじ》を観想して、虚妄に虚妄を重ねる想念を破らなければならない)。

どのようなものが(55)剃刀の心であるかというと、ただ(髪を剃るように)そのように剃り除くことにとどまる(鬚や髪を剃った出家修行者が世俗の善事にすら一切かかわらないとすれば、世間がすなわち仏法であることを知らないことになる。世俗に即して仏法を実現するのが、密教の極意である)。

どのようなものが(56)弥盧(須弥山《しゅみせん》)等の心であるかというと、いつも心で考えて心が高ぶり思いあがるのを本性とする(世界の中心にそびえる須弥山は最高峰である。出家修行者が他のすべてのものに対して、高ぶり思いあがるようであるならば、諸山に抜きんでている須弥山と同じ心の病いにかかっている。真言の実践者は、すべての民衆に対して偉大な師の思いをもって、心をこめて敬意を表さなければならない)。

どのようなものが(57)海等の心であるかというと、いつも(大海があらゆる河川を呑みこんでいるように、)そのように自身に受け用いている(自ら勤めず、他の勝れたものをすべて自分に取り入れて、自身の功績とする。真言の実践者は、自ら勤めて広大無辺の徳を得なければならない)。

どのようなものが、⑸穴等の心であるかというと、すでに決定したものを後で改変するのを本性とする（穴はいわゆる漏穴で、器に穴があれば、どんな大きな入れ物でも水はいつしかなくなる。漏穴は怠堕に喩える。真言の実践者は、うまずたゆまず努力して、有終の美を飾らねばならない）。

どのようなものが⑹生を受ける心であるかというと、修めるところの行ないを未来に生を受けるのにふりむけようとするのを本性とする（善・悪の行ないによって必ず善・悪の報いを受けることのみに日夜心を奪われて、あらゆる行ないに対して力と生気を失なう。真言の実践者は、未来に生を受けることのみに心を奪われ、心をなやまされることなく、専心に善い行ないを修め、その報いをすべての生けるものにふりむけるようにしなければならない）。

泥心　チベット語訳によると、自分の罪過によって他の者を汚す心と解する。

弥盧　サンスクリット語スメールの音写略。訳は、須弥山。仏教の世界観で、世界の中央にそびえる最高峰。

〔三〇〕三つの虚妄の想念に対する執われ（一）

秘密主、一二三四五再数、凡百六十心。越世間三妄執、出世間心生。謂如是解唯蘊無我、根境界淹留修行。抜業煩悩株杌、無明種子生十二因縁。離建立宗等。如是湛寂、一切外道所不能知。先仏宣説、離一切過。秘密主、彼出世間心住蘊中、有如是慧随生。若於蘊等発起離著、当観察聚沫浮泡芭蕉陽焔幻等、而得解脱。謂蘊処界、能執所執、皆離法性。如是証寂然界、是名出世間心。秘密主、彼離違順八心相続、業煩悩網。是超越一劫瑜祇行。

秘密主よ、一、二、三、四、五、再数すれば、およそ百六十心あり。世間の三妄執《さんもうじゅう》を越えて、出世間《しゅつせけん》の心《しん》生ず。いわく、かくの如くただ蘊《うん》のみにして我《が》はなしと解《げ》し、根《こん》と境と界とに淹《えん》留修行す。業《ごう》煩悩の株杌《しゅこつ》とおよび無明《むみょう》の種子の十二因縁《いんねん》を生ずるを抜く。建立《こんりゅう》宗等を離れたり。かくの如くの湛寂《たんじゃく》は、一切外道《げどう》の知る能《あた》わざるところなり。先仏《せんぶつ》は一切の過《か》を離れたりと宣説《せんぜつ》したもう。

秘密主よ、彼《か》の出世間心は蘊《うん》の中に住するとき、かくの如き慧《え》、随《したが》って生ずることあり。もし蘊等に於いて離著《りじゃく》を発起《ほっき》せんとならば、まさに聚沫《しゅまつ》・浮《ふ》泡《ほう》・芭蕉《ばしょう》・陽焔《ようえん》・幻《げん》等を観察《かんざつ》して解脱《げだつ》を得《う》べし。いわく、蘊《うん》・処《じょ》・界《かい》、能執《のうしゅう》・所執《しょしゅう》は皆法性《ほっしょう》を離れたり。かくの如く寂然《じゃくねん》界《かい》を証するを、これを出世間心と名づく。

秘密主よ、彼れ違順《いじゅん》の八心《はっしん》の相続と業煩悩《ごうぼんのう》の網を離れたり。これは一劫《いっこう》を超越《ちょうおつ》する瑜祇《ゆぎ》の行《ぎょう》なり。

秘密主よ。一、二、三、四、五と再倍数してゆけば、だいたい百六十の心がある。世間の三種の虚妄の執われを超越して、世間を越えたところの世界の心が生ずる。つまり、そのようにただ人間存在の構成要素のみが存在して実体的自我は実在しないということ〔唯蘊無我〕を理解して、（六つの）器官・（六つの）認識対象・（六つの）認識の領域にとどまって進むことなく修行し、迷いの行為を引き起こす煩悩の残りかすである根源的無知の可能力〔種子〕が十二因縁を生ずるのを抜き取って、建立などの教えを離れる。このような（清らかなさとりを求める心の）非常に深い静けさは、すべての（内外の）思想を奉ずる者が知ることのできないところのものである。さきの仏たちがすべての過失（とするところに留まらず、そこ）を離れると説かれているのである。

秘密主よ。かの世間を越えた世界の心は、存在の構成要素のうちにあって、このような智慧が生ずることがある。もし存在の構成要素などにおいて執著を離れようとする心を起こしたならば、まさしく聚沫・浮泡・芭蕉・陽焰・幻などを観察して、しかも解脱《さとり》を得ることができる。

いうところの（五つの）存在の構成要素〔蘊〕と（十二の）感覚領域〔処〕と（十八の）人間存在の構成要素〔界〕、認識の主体〔能執〕と客体〔所執〕とを皆、離れて（そこにはじめて）、あらゆる存在するものの真実の本性があり、そのようにして心が静かにすみきった世界をさとる、これを世間を越えた世界の心と名づける。

秘密主よ。その者が世間と違《たが》う（八つの心）と、世間に順ずる八つの心との連続して存することと、あとに力を残すはたらきと、貪り・瞋《いか》り・癡《おろか》さなどの心の迷いとを離れるのは、これは一つの段階を超越するところの真言の瞑想の実践者の修行である。

一二三……　唯一の根源的無知（無明）から五根本煩悩（貪・瞋・癡・慢・疑）を生じ、それより百六十心を生ずる。すなわち五根本煩悩を二倍することを五回くり返すと百六十になる。5×2＝10（第一回）、10×2＝20（第二回）、20×2＝40（第三回）、40×2＝80（第四回）、80×2＝160（第五回）。二倍は断見と常見（断滅の見解と常住の見解。六五頁注参照）を意味するという。六十心を百六十心に増広することについては、『酒井真典著作集』第一巻所収「密教の人間観――世間の六十心について」（法蔵館刊、昭和五十八年）、津田真一「百六十心の研究――大日経住心品の体系化の試み」（『豊山学報』第十四、十五号所収、昭和四十五年）、北村太道『チベット文和訳 大日経略釈』（文政堂刊、昭和五十五年）など参照。

越世間三妄執……　世間の心、すなわち六十心または百六十心を越えて、世間を超越した世界の心、すなわち清らかなさとりを求める心を生ずる意。三妄執はチベット語訳で gsum bskal pa だから、たんに三劫《さんごう》のこと。三劫は三阿僧祇劫《あそうぎこう》。菩薩が仏となるまでに要する修行期間で、ほとんど無限に近い時間を三分したもの。しかし密教では、これを時間でなく、三つの迷い、すなわち実体として自我に執われる麁《そ》妄執、実在するものに執われる細《さい》妄執、中道《ちゅうどう》をさまたげる根本的無知の惑いである極《ごく》細妄執に当てる。妄執は虚妄の想念に対する執われ。

唯蘊無我　声聞のさとりで、『倶舎論』巻第九（大正二九・四七中）に「無我唯諸蘊」とあるのを典拠とする。色（物質）・受（感覚）・想（表象）・行（意志）・識（認識）の五蘊という五つの存在要素のみが実在し、これらによって一切は構成されているから、実体的自我は単独で存在しないというのが無我である。

根境界　同じく声聞の教えで、六根（眼・耳・鼻・舌・身・意）・六境（色・声・香・味・触・法）・六識界（眼識・耳識・鼻識・舌識・身識・意識）は実在すると執われ、苦《く》・集《じゅう》・滅《めつ》・道《どう》の四諦《したい》、十六行相《ぎょうそう》という心を観想する行法にとどまるのが、淹留修行である。

業煩悩……　迷いにもとづく行為を引き起こす煩悩の残りである根源的無知（無明）の可能力（種子）。株杌は切り株で、行為の潜在的余力（習気《じっけ》）

を喩えたもの。

十二因縁 人間存在の構造を十二項目に分けて明らかにしたもの。⑴無明（根源的無知）、⑵行（潜在的な形成力）、⑶識（識別作用）、⑷名色（名称と形態、精神と物質）、⑸六処（心作用の成立する場としての眼・耳・鼻・舌・身・意）、⑹触《そく》（感官と対象との接触）、⑺受（感受作用）、⑻愛（衝動、渇愛）、⑼取（執著、欲求）、⑽有（現実生存）、⑾生（生まれてあること）、⑿老死（無常の人生の相）。「抜業煩悩株杌、無明種子生十二因縁」を『大日経疏』では声聞と縁覚《えんがく》の教えの極致とする。空海は『十住心論』で第五住心を抜業因種心とよび、縁覚の教えとする。

建立宗等 建立と不建立で、これについては前の五四頁注参照。

蘊中 蘊の阿頼耶《あらや》（八八頁注参照）のうちに、の意。

聚沫…… 五蘊を喩えて、それぞれがそれ自体の本性を認得されない意で、聚沫は色蘊、浮泡（夏期の暴風雨のときに水上に浮泡が激動すること）は受蘊、陽炎は想蘊、芭蕉は行蘊、幻は識蘊を喩えたもの。等は等内の等で、以上五蘊を複数的に呼んだもの。

蘊処界 五蘊・十二処・十八界の略。四二頁注参照。

彼 真言の実践者をさす。

違順八心 世間に違反する八心と世間に順応する八心の二種。八心は前述の種子・芽種・疱種・葉種・敷華・成果・受用種子・嬰童心の八心。節食施与をおこなう初心より第八嬰童心までを順世の八心、初めてさとりを求める心を起こしてから迷いの行為を引き起こす煩悩のもとである根源的無知の可能力を抜くまでを違世の八心という。

超越一劫 第一劫（初阿僧祇）を超越して第二劫に入ること。声聞・縁覚・菩薩の三つの教え（三乗）における菩薩は十信・十住・十行・十廻向という四十の修行階位（四十位）をのぼり進み、理論的な迷い（見惑《けんなく》）と感情的な迷い（思惑《しわく》）を断つために一劫というほとんど無限に近い時間を経過しなければならないとする。

瑜祇 サンスクリット語ヨーギンの音写。訳、瑜伽者。第一劫を超越して第二劫に入るのは、真言の実践者の場合、百六十心の麁妄執を越えること。

〔三〕三つの虚妄の想念に対する執われ（二）

復次秘密主、大乗行。発無縁乗心、法無我性。何以故。如彼往昔如是修行者、観察蘊阿頼耶、知自性如幻陽焰影響旋火輪乾闥婆城。秘密主。彼如是捨無我、心主自在覚自心本不生。何以故。秘密主、心前後際不可得故。如是知自心性、是超越二劫瑜祇行。

また次に、秘密主よ、大乗《だいじょう》の行《ぎょう》あり。無縁乗《むえんじょう》の心を発《おこ》して法に我性《がしょう》なし。何を以ての故に。彼《か》れ往昔《おうしゃく》、かくの如く修行せし者の如く、蘊《うん》の阿頼耶《あらや》を観察《かんざつ》して、自性《じしょう》は幻《げん》・陽焰《ようえん》・影《よう》・響《こう》・旋火輪《せんかりん》・乾闥婆城《げんだつばじょう》の如しと知る。

秘密主よ、彼れかくの如く無我を捨つれば、心主《しんしゅ》は自在にして、自心の本不生《ほんぷしょう》を覚《さと》る。何を以ての故に。秘密主よ、心は前後際《ぜんごさい》に不可得《ふかとく》なるが故に。かくの如く自心の性《しょう》を知るは、これ二劫《にこう》を超越《ちょうおつ》する瑜祇《ゆぎ》の行なり。

また次に、秘密主よ。大いなる教えの実践修行がある。対象の区別はないとする教えの心を発《おこ》して、存在するところのものには実体性がない。なぜか。その者は、かつて昔、そのとおりに修行した者のように、存在するものの五つの要素（五蘊《ごうん》）は、阿頼耶識《あらやしき》とよばれる根源的な認識のはたらきにおいて生じたり滅したりしているにすぎないことを観察して、（存在するところのすべてのものの）それ自体の本性は、幻《まぼろし》や陽焰《かげろう》や影《かげ》や響《ひび》きや回転する火の輪、蜃気楼《しんきろう》のようなものであると知る。
秘密主よ。その者はこのようにして、すべてのものは実体性がないという観念そのものをも捨てれば、心は自由自在であって、自らの心は本来生起しないものであることを知るのである。なぜかというと、秘密主よ、心はその初めも終わりも認得することができないからである。このようにして自心の本性を知るのが、第二段階を超越する真言の瞑想の実践者の実践修行である。

大乗行　以下は第二妄執における、存在するものは実体性がないという教えを示す。これは大乗の実践の初入の門ということで、大乗行という。

無縁乗　他縁乗ともいう。菴鉢羅はサンスクリット語アパラの音写で、無と他との二つの意味があるので、アパラ・プラティヤヤ（apara-pratyaya）を無縁とも他縁とも訳している。無縁乗は、心のほかにはいかなる実在する対象もないとして、さとりの道を実践する教え。他縁乗は自他の平等を観じて、人びとを救うために実践活動をする教え。

蘊阿頼耶　阿頼耶はアーラヤの音写。訳は、蔵。五蘊がそこに生じて、そこに滅するので、蔵に喩えたもの。

無我　人法二無我。実体的自我とみなされるもの（人）と、実体的存在とみなされるもの（法）はいずれも存在しないこと。

心主　心王と同じで、心のはたらきに対する心そのもの。

自心性　自らの心の本性、すなわち心は不生不滅なものであること。

〔三〕三つの虚妄の想念に対する執われ（三）

復次秘密主。真言門修行菩薩行諸菩薩、無量無数百千倶胝那庾多劫、積集無量功徳智慧、具修諸行無量智慧方便、皆悉成就。

また次に、秘密主よ、真言門に菩薩の行を修行する諸《もろもろ》の菩薩は、無量無《む》数《しゅ》百千倶《く》胝《てい》那《な》庾《ゆ》多《た》劫《こう》に、積《しゃく》集《じゅう》する無量の功《く》徳《どく》と智慧と、具《つぶ》さに諸《しょ》行《ぎょう》を修する無量の智慧方便とを、皆 悉《ことごと》く成就《じょうじゅ》す。

また次に、秘密主よ。真言の部門において菩薩の実践を修行するさまざまな菩薩は、量り知れず数限りない百千万千億劫《カルパ》をかけて積み重ねる量り知れない功徳と智慧と、詳しくさまざまな実践行を修める量り知れない智慧とたくみな手だてとを皆残らず成就する。

真言門　以下は真言の実践者が第三劫を超越する心のありかたを説き、その広大無辺な徳を讃えたものである。

倶胝那庾多　倶胝はサンスクリット語コーティの音写。数量の単位で、千万を意味する（諸説がある）。那庾多はナユタの音写。同じく数量の単位で、千億を意味する（これも異説が多い）。

天人世間之所帰依、出過一切声聞辟支仏地。釈提桓因等、親近敬礼。所謂空性、離於根境、無相無境界、越諸戯論。等虚空無辺一切仏法、依此相続生。離有為無為界、離諸造作、離眼耳鼻舌身意、極無自性心生。

天人・世間の帰依するところとなり、一切《いっさい》の声聞《しょうもん》と辟支仏《びゃくしぶつ》との地《じ》を出過《しゅつか》す。釈提桓因《しゃくだいかんいん》等は親近《しんごん》し敬礼《きょうらい》す。いわゆる空性《くうしょう》は根・境を離れ、相もなく境界《きょうがい》もなく、諸《もろもろ》の戯論《けろん》を越えたり。等虚空《とうこくう》無辺の一切の仏法は、これに依って相続して生ず。有為《うい》と無為《むい》との界を離れ、諸《もろもろ》の造作《ぞうさ》を離れ、眼《げん》・耳《に》・鼻《び》・舌《ぜっ》・身《しん》・意《に》を離れて、極無自性心《ごくむじしょうしん》生ず。

天（神）や世間の人びとが帰依するところとなり、すべての声聞《しょうもん》や縁覚《えんがく》の境界を出て通り越えたものである。（したがって、）帝釈天《たいしゃくてん》などが親しみ近づいて敬礼する。いうところの空性は感覚器官〔根〕も認識対象〔境〕も離れ、かたちもなく、認識のおよぶ範囲もなく、さまざまな無益の議論を越えている。

大空にも等しく、限りないところのすべての仏の真理の教えは、空性によって尽きることなく続いて生ずる。現象世界と絶対世界とを離れ、さまざまな造りなすことを離れ、眼・耳・鼻・舌・身・意を離れて、極無自性心《ごくむじしょうしん》を生ずるのである。

声聞辟支仏地　声聞地と辟支仏地。教えを聞いてさとる者の境地と、機縁にふれてひとりでさとる者の境地。辟支仏はプラティエーカ・ブッダの音写。ひとり者の仏陀の意。縁覚ともいう。

釈提桓因　帝釈天のことで、仏法を守護する最高神の一。サンスクリット語シャクロー・デーヴァーナーム・インドラの音写略。神がみのなかの王たるシャクラ（インドラの別名）の意。

空性　大空にも等しい清らかなさとりを求める心は、自らの心の実相であり、それを空性（空たること）といったものである。

極無自性心　心の究極の実相は、それ自体の本性がなく、認得することのできない空そのものたることであるから、極無自性心（究極において無自性なる心）という。

秘密主、如是初心、仏説成仏因。故於業煩悩解脱、而業煩悩具依。世間宗奉常応供養。

秘密主よ、かくの如き初心を、仏は成仏《じょうぶつ》の因《いん》と説きたもう。故に業煩悩《ごうぼんのう》に於いて解脱《げだつ》すれども、しかも業煩悩の具依《ぐえ》なり。世間は宗奉《しゅうぶ》して、常にまさに供養すべし。

秘密主よ。このような初めて菩提《さとり》を求めようと決意した心を、仏はさとりを得る原因であるとお説きになられた。だから、あとに力を残す行為のはたらきと心の迷いとを滅して解脱《さとり》を得ても、しかもあとに力を残す行為のはたらきと心の迷いとを具《そな》えている。（このような真言の実践者すなわち金剛薩埵《こんごうさった》は、そのさとりを求める心をもつがゆえに）世間の人びとが崇敬して、いつもまさに供養するであろう。

初心　初めて清らかなさとりの心（菩提心）を起こすこと。

成仏因　成仏の原因となるものは、初めて清らかなさとりを求める心を起こすことである。

業煩悩具依　一行《いちぎょう》は『大日経疏』巻第二（大正三九・六〇四中）で、「行者、一切の業煩悩を解脱する時に、すなわち一切の業煩悩は仏事にあらざることなしと知る」と説き、具依（依りどころを具えること）を不思議解脱または不思議幻といっている。チベット語訳『大日経』では「また業と煩悩とを有する」とある。真言の菩薩は第二劫の終りで、すでに業煩悩を解脱していながら、なおかつ業煩悩の依りどころとなっているというのは、あたかも大空（宇宙空間）は全く清らかであるが、しかも美醜などの形あるものの依りどころとなるのと同じであると解される。

〔三〕　真言菩薩の十の修行段階

復次秘密主。信解行地、観察三心無量波羅蜜多慧観四摂法。信解地、無対無量不思議。建立十心無辺智生。我一切諸有所説、皆依此而得。是故智者、当思惟此一切智信解地、復越一劫昇住此地。此四分之一度於信解。

また次に、秘密主よ。信解行地《しんげぎょうじ》に三心《さんじん》と無量波羅蜜多《はらみった》の慧観《えかん》と四摂法《ししょうぼう》とを観察《かんざつ》す。信解地は無対《むたい》なり、無量なり、不思議なり。十心《じっしん》を建立《こんりゅう》し、無辺の智生ず。我が一切の諸有《しょう》の所説は皆これに依ってしかも得《う》。この故に智者は、まさにこの一切智《いっさいち》の信解地を思惟《しゆい》して、また一劫《こう》を越えて、この地に昇住《しょうじゅう》すべし。この四分が一に信解《しんげ》を度《ど》するなり。

また次に、秘密主よ。（金剛薩埵《さった》は）菩薩の最初の修行段階以上において、（さとりを求める心の）原因と根と究極（因・根・究竟）という三つの心を観察し、量り知れない完全なさとりの智慧をもって、菩薩がすべての人びとを摂《おさ》め取る四つの方法〔四摂法〕を観ずる。菩薩の最初の修行段階以上の境地は、障礙《さわり》がなく、量り知れず、思議を絶している。十心をたてて、限りない智慧を生ずる。我がすべてのあらゆる説くところは皆、この菩薩の最初の修行段階において体得することができる。だから、智慧ある者（すなわち真言を実践する菩薩、金剛薩埵）は、まさしくこの（如来の）全智の境界に到達する最初の修行段階を思いつづけて、さらに一つの段階（すなわち第三段階）を越えて、この最初の修行段階以上の段階を昇って住すべきである。（菩薩の最初の修行段階以上を、さとりを求める心の原因・根・究極・上上《じょうじょう》方便《ほうべん》すなわち上位のうちの最もすぐれた救いの手だてに分けて四つの心とし、）これの四分の一（すなわち上上方便）において、最初の修行段階以上の（十の）段階を越えてゆく（すなわち仏の地位である究極の全智の境地を得る）」。

信解行地　金剛薩埵が清らかなさとりを求める心を明らかにみる第一の修行段階以上、第十まで（十地）をいう。如来の無量の境地に入ることを信じてさとりを成就することを了解すること。

三心　さきにのべた三句の法門の因・根・究竟の三つをいう。三心は信解行地に配当して解釈される。初地の菩薩――菩提心を因とし、二地より七地までの菩薩――大悲を根とし、八地より十地（方便地＝法雲地）までの菩薩――方便を究竟とする。三一～三二頁注参照。また、菩薩の十の修行段階のそれぞれの段階にも因・根・究竟の三心があるという。

四摂法　信解行地の菩薩は施しなどの完成（十波羅蜜）を実践し、さらに一方では人びとを摂《おさ》めとるために、⑴真理の教えや物を施し（布施）、⑵やさしい言葉をかけ（愛語）、⑶人びとに利益を与え（利行）、⑷相手と同じ立場にたち同じ仕事にはげむ

（同事）のが、四摂法である。

信解地、無対無量不思議　信解地は信解行地のこと。『大日経疏』巻第二（大正三九・六〇五上）に「然《しか》るにこの経宗（＝大日経宗）は初地よりすなわち金剛宝蔵に入ることを得」とあるように、十の修行段階は高下・順位を示したものでなく、最初の修行段階（初地）がとりもなおさず極位のさとり、如来の境界であるというのが密教の立場である。したがって十の修行段階のそれぞれは大日如来のあらゆる徳を示しているので、無対・無量・不思議と讃歎する。

十心　『大日経疏』巻第二（大正三九・六〇五上）に唐・実叉難陀《じっしゃなんだ》訳『大方広仏華厳経』（大正一〇・一八二中）を引用して、十心を⑴利益心、⑵柔軟心、⑶随順心、⑷寂静心、⑸調伏心、⑹寂滅心、⑺謙下心、⑻潤沢心、⑼不動心、⑽不濁心とする。ブッダグヒヤは十心とは十波羅蜜（四〇頁注参照）と解する。

無辺智　十心が限りなく展開して無辺智が生ずるが、ブッダグヒヤは無辺智を一切智智（すべての智慧のなかの智慧、すなわち仏の智慧）とする。

一切智信解地　如来の一切智地（すべてを知り尽くす智慧をもつ如来の地位）を得るための菩薩の信解行地の意。

一劫……　三劫のうちの第三劫。この地は信解行地であるが、ここでは、とくに初地をさす。

〔二四〕六無畏

爾時執金剛秘密主白仏言、世尊願救世者演説心相。菩薩有幾種得無畏処。如是説已、摩訶毘盧遮那世尊、告金剛手言、諦聴極善思念。秘密主、彼愚童凡夫、修諸善業害不善業、当得善無畏。若如実知我、当得身無畏。若於取蘊所集我身、捨自色像観、当得無我無畏。若害蘊住法攀縁、当得法無畏。若害法住無縁、当得法無我無畏。若復一切蘊界処、能執所執、我寿命等、及法無縁空、自性無性、此空智生、当得一切法自性平等無畏。

その時に、執金剛秘密主《しゅうこんごうひみつしゅ》は仏に白《もう》して言《もう》さく、世尊よ、願わくは、救世者《ぐぜしゃ》よ、心相《しんそう》を演説《えんぜつ》したまえ。菩薩は幾《いく》ばく種《しゅ》か無畏処《むいしょ》を得《う》ることあるや、と。

かくの如く説きおわって、摩訶毘盧遮那世尊《まかびるしゃなせそん》は、金剛手《こんごうしゅ》に告げて言《のたまわ》く、諦《あきら》かに聴《き》き、極めて善《よ》く思念せよ。

秘密主よ。彼の愚童凡夫《ぐどうぼんぶ》は諸《もろもろ》の善業《ぜんごう》を修し、不善の業《ごう》を害するときには、まさに善無畏《ぜんむい》を得《う》べし。

もし実の如く我れを知るときは、まさに身無畏《しんむい》を得べし。

もし取蘊所集《しゅうんしょしゅう》の我身《がしん》に於いて、自らの色像《しきぞう》を捨つと観ずるときには、まさに無我無畏《むがむい》を得べし。

もし蘊《うん》を害して法の攀縁《はんねん》に住するときには、まさに法の無畏を得べし。

もし法を害して無縁に住するときには、まさに法無我無畏《ほうむがむい》を得べし。

もしまた、一切の蘊《うん》・界《かい》・処《じょ》と、能執《のうしゅう》と所執《しょしゅう》と、我・寿命等と、及び法と無縁とは、空にして自性《じしょう》は無性《むしょう》なり、と、この空智《くうち》の生ずるときには、まさに一切法《いっさいほう》の自性は平等なりとして無畏を得べし。

その時に、金剛杵《こんごうしょ》を持つ秘密主は、仏に申しあげていうのに、

「尊き師よ。どうか、世を救うお方よ、心のすがたをお説き下さい。菩薩が畏《おそ》れなきところ

を得るのには、どれだけの種類がありましょうか」と。

このように申しあげたので、摩訶毘盧遮那なる尊き師は、金剛杵を手に持つ者に告げて申された。

「よく明らかに聞き、極めてよく心にとどめて思うがよい。秘密主よ。かの子供のように愚かで凡庸な者〔愚童凡夫〕は、さまざまの善き行ないを修め、善ならざる行ないを損なうときには、まさしく善による畏れなきこと〔善無畏〕を得ることができる。

もしも真実そのとおりに自己を知るときには、身体について畏れなきこと〔身無畏〕を得ることができる。

もしも執われの対象となるさまざまな存在要素が集まってできているわが身体において、自らの物質的な身体〔色像〕を捨てて観想するならば、実体的自我は存在しないという畏れなきこと〔無我無畏〕を得ることができる。

もしも存在要素を損なって、存在するところのものに対して心がはたらきを起こす〔攀縁〕ならば、まさしく、存在するところのものにおける畏れなきこと〔法無畏〕を得ることができる。

もしも存在するところのものを損なって対象がなくなれば、まさしく存在するところのものは実体性がないことにおける畏れなきこと〔法無我無畏〕を得ることができる。

もしもまた、すべての（五つの）存在要素と（十八の）存在要素と（十二の）感覚領域と、主観と客観と、自我と寿命などと、および存在するところのものと対象がないことと は、空であって、それ自体の本性は実在しないという、こうした空の智慧が生ずるならば、まさしくすべての存在するところのもののそれ自体の本性は平等であることにおける畏れなきこと〔一切法自性平等無畏〕を得ることができる。

救世者　世の人びとを救済する者の意で、仏の別名。チベット語訳 mgon po khyab bdag は尊者なる導く者を意味する。

無畏処　無畏はサンスクリット語アーシュヴァーサ（阿湿縛娑）の訳で、蘇息と意訳する。首をしめられた者が絶命寸前で解かれて息をふき返すこと。以下、無畏に六つの段階があるので六無畏とよぶ。再生、蘇生に喩えたもの（表参照）。

三劫		六無畏
世間		⑴善無畏
出世間	第一劫（麁妄執）	⑵身無畏
		⑶無我無畏
		⑷法無畏
	第二劫（細妄執）	⑸法無我無畏
	第三劫（極細妄執）	⑹一切法平等無畏

摩訶毘盧遮那世尊　摩訶毘盧遮那はマハーヴァイローチャナの音写。訳、大遍照。大日如来のことで、如来を世尊といいかえただけの呼称。一五頁注「薄伽梵」参照。

善業　十善業道の略。⑴不殺生、殺すなかれ。⑵不偸盗、盗むなかれ。⑶不邪婬、男女の道を乱すなかれ。⑷不妄語、うそをいうなかれ。⑸不綺語、飾った言葉を口にするなかれ。⑹不悪口、悪口をいうなかれ。⑺不両舌、二枚舌を使うなかれ。⑻不貪欲、貪るなかれ。⑼不瞋恚、感情的に怒るなかれ。⑽不邪見、よこしまな見解をいだくことなかれ。

善無畏……　以下、六無畏を説明する。要約すると、次のとおりである。⑴善無畏。善をなすことによって苦をのがれ、畏れがなくなること。⑵身無畏。身体が苦痛でなくなり、その執われを離れて安らかになること。⑶無我無畏。自我に執われる苦から解き放たれ、心におそれがなくなること。⑷法無畏。存在するものは実体性がないと観じて、存在するところのものに対する執われから離れ、安らぎを得ること。⑸法無我無畏。存在するところのものと自我とに対する執われから離れて、心が安らかになること。⑹一切法平等無畏。すべての存在するところのものは全く平等であると観じて、存在するものの執われから離れて、安らぎを得ること。清らかなさとりを求める心はあらゆる存在するものの本源であると明らかにさとる境位が、この一切法平等無畏だとされる。

以上のべた三劫・六無畏の関係を表で示すと、上のとおりである。

〔三五〕 十縁生句

秘密主、若真言門修菩薩行諸菩薩、深修観察十縁生句、当於真言行通達作証。云何為十。謂如幻、陽焔、夢、影、乾闥婆城、響、水月、浮泡、虚空華、旋火輪。

秘密主よ、もし真言門に菩薩行を修する諸《もろもろ》の菩薩は、深修《じんしゅ》して十縁生句《じゅうえんしょうく》を観察《かんざつ》し、まさに真言行《しんごんぎょう》に於いて通達《つうだつ》し作証《さしょう》すべし。云何《いかん》が十とする。いわく、幻《げん》・陽焔《ようえん》・夢・影《よう》・乾闥《げんだつ》婆城《ばじょう》・響《こう》・水月《すいがち》・浮泡《ふほう》・虚空華《こくうげ》・旋火輪《せんかりん》の如し。

秘密主よ。もしも真言の部門において菩薩の実践行を修めるさまざまな菩薩は、深く修行して、十縁生句を観察し、まさしく真言の実践行において（十縁生句に）よく達し、真実のものとして体得するがよい。十とはどのようなものであるかというと、幻《まぼろし》と陽焔《かげろう》と夢《ゆめ》と影《かげ》と乾闥婆城《げんだつばじょう》と響《ひび》きと水月と浮泡と虚空華《こくうげ》と旋火輪《せんかりん》とのようである。

深修　真言を実践する菩薩が最初の修行段階で清らかなさとりを求める心を明らかに認めてから、修行を重ねてゆき、そこに現われる不可思議な境界を十縁生句によって観察し、さとりの境地を次第に深めてゆくこと。

幻……　十縁生句を具体的にあげたもので、以下各句についての説明がつづく。十縁生句については古来、空海の『遍照発揮性霊集補闕鈔』巻十所収「十喩を詠ずる詩」(『弘法大師空海全集』第六巻、六七七頁)が知られる。十縁生句は十の諸種の条件(縁)より生ずるもののこと。十種の比喩をもって説かれる。⑴幻は、幻術師が現出するもので、真言の菩薩もまた三密《さんみつ》(一五頁注参照)の実践修行によって不可思議のことを現ずる。⑵陽焔は、真言の菩薩は瞑想中に諸尊の尽きることのない厳かなさまを見るが、陽焔の観想により、思いあがり執われるのを離れる。⑶夢は、真言の菩薩は瞑想中の出来事も一念の清らかな心にすぎないことを知り、執われない。⑷影は、鏡のなかに映るものの観想により、瞑想中に認得するものもなく、無益の議論をなさない。⑸乾闥婆城は、不可思議な効験の境地を宮殿に喩えて悉地宮《しつじぐう》というが、真言の行者はこの宮殿に住しても、それをかげろうと観じて、さまざまな垢《けが》れのなかで清らかな心は自由自在である。⑹響は、真言の菩薩は瞑想中にさまざまの音や言葉、聖者の真理の声を聞いても、それをこだまだと観じて、むやみに無益な理論をもてあそばないで、自らの音声の智慧の教えに入る。⑺水月は、真言の菩薩の清らかな心には諸尊のさとりの世界のありさまが映じたりするが、それは水面に映る月影のようなものだと観ずる。⑻水泡は、真言の菩薩は心を仏となし、また心を曼荼羅《まんだら》と観ずるが、それは泡と水との関係のようなものだと観じて、対象が自らの心を離れては存しないことを知るから、執われがない。⑼虚空華は、眼病のひとが空中に見る花。さまざまな魔事や迷いの行ないを起こすもととなる煩悩などを空中の花と観ずる。⑽旋火輪は、火のもえさしをもってまわすことによってそれを自由自在にめぐらして、量と火の輪ができるように、真言の菩薩は阿字《あじ》を観想することによってそれを自由自在にめぐらして、量り知れない無数の真理の教え（法門）を成就する。

秘密主、彼真言門修菩薩行諸菩薩、当如是観察。云何為幻。謂如呪術薬力能造所造種種色像、惑自眼故、見希有事。展転相生往来十方、然彼非去非不去。何以故、本性浄故。如是真言幻、持誦成就能生一切。

秘密主よ、彼《か》の真言門に菩薩行を修する諸《もろもろ》の菩薩は、まさにかくの如く観察すべし。云何《いかん》が幻となす。いわく、呪術《しゆじゆつ》・薬力《やくりき》・能造《のうぞう》・所造《しよぞう》の種々の色像《しきぞう》の如きは、自らの眼を惑わすが故に、希有《けう》の事を見る。展転相生《てんでんそうしよう》し、十方に往来すれども、然《しか》も彼れは去《こ》にあらず、不《ふ》去《こ》にあらず。何を以ての故にとならば、本性《ほんしよう》は浄《じよう》なるが故に。かくの如く真言の幻も、持誦《じじゆ》成就して、よく一切を生ず。

秘密主よ。彼の真言の部門において菩薩の実践行を修めるさまざまな菩薩は、まさしく次のように観察するがよい。

幻《まぼろし》とはどのようなものであるか。世間の魔術や薬の作用力、作者や作品のさまざまな眼で見られるすべての色形《いろかたち》あるものなどは、自分の目を惑わすから、不思議なことを見る。（これらはさまざまの原因・条件が）順次に持続して、十方に往き来しても、しかも、それは立ち去ることもなく、立ち去らないこともない。なぜかというと、本性は清らかであるからである。そのように真言の幻もまた（真言を）よく記憶し、唱えることを成就すれば、よくすべてのものを生ずる。

呪術　『大智度論』巻第六（大正二五・一〇二上～中）にこれに関する説話がみえる。　**幻**　『大智度論』巻第六（大正二五・一〇一下）。

復次秘密主。陽焔性空。彼依世人妄想、成立有所談議。如是真言想唯是仮名。

また次に、秘密主よ、陽焔《ようえん》の性《しょう》は空なり。彼れ世人の妄想に依《よ》って、成立《じょうりゅう》して談議する所あり。かくの如く真言の相も、ただこれ仮名《けみょう》なり。

また次に、秘密主よ。かげろうの性質は空無である。（かげろうを見る）世間の者の虚妄の想念によってそのものを成り立たせて、語り論じている。そのように、真言のすがたもまた、ただこれは仮りの名称にすぎないものである。

復次秘密主。如夢中所見、昼日牟呼栗多刹那歳時等住、種種異類受諸苦楽、覚已都無所見。如是夢真言行応知亦爾。

また次に、秘密主よ。夢中の所見の、昼日《ちゅうにち》・牟呼栗多《むこりた》・刹那《せつな》・歳時《さいじ》等に住し、種々の異類あって、諸《もろもろ》の苦楽を受くるが如きは、覚めおわって都《すべ》て所見なし。かくの如く夢の真言行も、まさに知るべし、また爾《しか》なり。

また次に、秘密主よ。夢のなかで見るところの昼日・牟呼栗多《むこりた》・刹那・歳時など（のさまざまな時の間）にあって、いろいろな者として存在し、さまざまの苦や楽を受けるのであるが、それは目が覚めてみれば、すべて見るところのものは存在しない。そのように、（すべてを）夢と見る真言の実践修行もまた、まさしく知るべきである、またそのとおりである、と。

牟呼栗多　ムフールタの音写。時間の単位で、『倶《く》舎論《しゃろん》』によれば、一昼夜の三十分の一（約四十四分四十秒）。

刹那　クシャナの音写。極めて短い時間の単位で、たとえば『大毘婆沙論《だいびばしゃろん》』の説によると、七十五分の一秒に相当する。

復次秘密主。以影喩解了真言能発悉地。如面縁於鏡而現面像、彼真言悉地、当如是知。

また次に、秘密主よ。影の喩を以て真言のよく悉地《しつじ》を発《ひら》くことを解了《げりょう》す。面の鏡に縁《よ》って面像を現ずるが如く、彼《か》の真言の悉地も、まさにかくの如く知るべし。

また次に、秘密主よ。（鏡に映《うつ》る）影の比喩をもって真言（の部門）において不可思議な効験が現われるのを了解する。面の鏡によって、面のかたちを現わすように、かの真言における不可思議な効験もまた、まさしくそのとおりであると知るがよい。

復次秘密主。以乾闥婆城譬、解了成就悉地宮。

また次に、秘密主よ。乾闥婆城《げんだつばじょう》の譬《たと》えを以て、悉地宮《しつじぐう》を成就することを解了《げりょう》す。

また次に、秘密主よ。蜃気楼《しんきろう》の比喩をもって、不可思議な効験をもたらす宮殿を成就することを了解する。

乾闥婆城　乾闥婆はガンダルヴァの音写で、天上にあって音楽を奏する妖精神。ガンダルヴァの住む城は、実は存在しないので、あってなきがごときもの、たとえば「しんきろう」のこと。

復次秘密主。以響喩解了真言声。如縁声有響、彼真言者当如是解。

また次に、秘密主よ。響《こう》の喩《たと》えを以て真言の声を解了《しょうげりょう》すべし。声に縁《よ》って響あるが如く、彼《か》の真言者はまさにかくの如く解《げ》すべし。

また次に、秘密主よ。響きの比喩によって真言（で説くところ）の音響・音声（声《こえ》）を了解するがよい。音響・音声によって響きがあるように、かの真言の実践者も、まさしくそのように理解するのがよい。

復次秘密主。如因月出故、照於浄水而現月影像、如是真言水月喩、彼持明者当如是説。

また次に、秘密主よ。月の出づるに因《よ》るが故に、浄水《じょうすい》を照らして月の影像《ようぞう》を現ずるが如く、かくの如く真言の水月《すいがち》の喩《たと》えをもって、彼《か》の持明者《じみょうしゃ》はまさにかくの如く説くべし。

また次に、秘密主よ。月が出ることによって（月影が）清らかな水を照らし、月の影《かげ》かたちを現わすように、そのように真言の水の月の比喩をもって、かの真言の実践者はまさしく、そのように説くのがよい。

復次秘密主。如天降雨生泡、彼真言悉地種種変化、当知亦爾。

また次に、秘密主よ。天より雨を降らして泡を生ずるが如く、彼《か》の真言の悉地《しつじ》の種々の変《へん》化《げ》も、まさに知るべし、また爾《しか》なり。

また次に、秘密主よ。天から雨を降らして、水泡《みなわ》を生ずるように、かの真言の不可思議な効験のさまざまな違ったかたちも、まさしく知るがよい、またそのとおりである、と。

復次秘密主。如空中無衆生無寿命、彼作者不可得。以心迷乱故、而生如是種種妄見。

また次に、秘密主よ。空中には衆生《しゅじょう》なく、寿命なく、彼《か》の作者《さしゃ》も不可得《ふかとく》なり。心、迷乱《めいらん》するを以ての故に、しかもかくの如くの種々の妄見《もうけん》を生ずるが如し。

また次に、秘密主よ。空中には人びともなく、寿命もなく、作る者（宇宙創造者）も認得することができない。心が煩悩に迷って乱れているから、（空中にものがあるという）さまざまの虚妄の見解を生ずるようなものである。

復次秘密主。譬如火燼、若人執持在手、而以旋転空中有輪像生。

また次に、秘密主よ。譬えば火燼《かじん》を、もし人、執持《しゅうじ》して手に在《あ》って、以て空中に旋転《せんでん》するに、輪《わ》の像《かたち》生ずることあるが如し。

また次に、秘密主よ。喩えばもし人が火の燃えさしを手に持って、その手を空中にぐるぐるとまわすと、(火の) 輪のかたちができるようなものである。

秘密主。応如是了知大乗句、心句、無等等句、必定句、正等覚句、漸次大乗生句。当得具足法財、出生種種工巧大智、如実遍知一切心想。

秘密主よ。まさにかくの如く大乗の句、心《しん》の句、無《む》等等《とうどう》の句、必定《ひつじょう》の句、正等覚《しょうとうがく》の句、漸《ぜん》次大乗生《じだいじょうしょう》の句を了知すべし。まさに法財《ほうざい》を具足《ぐそく》し、種々の工巧大智《くぎょうだいち》を出生し、実の如く遍《あまね》く一切《いっさい》の心想《しんそう》を知ることを得《う》べし。

秘密主よ。まさしく、このように大乗の句、心《しん》の句、無等等の句、必定の句、正等覚《しょうとうがく》の句、漸次大乗生《ぜんじだいじょうしょう》の句を明らかに知るがよい。まさに真理の財宝を具《そな》えて、さまざまの技芸や大いなる智慧を生み出し、あるがままにすべての心のすがたを知ることができるであろう」。

大乗句　ここでは大乗菩薩の句義の意。前述の十縁生句（十喩）をいう。十喩は大乗の菩薩だけが観ずるところの深い意味があり、声聞や縁覚の観想しえないものであるということ。

心句　心の本性は他に説き示したりすべきものでなく、深く心の真実相を観想するときに自ら直証することができる意味で、心句という。

無等等句　無等は如来の智慧がすぐれていてそれに等しいものがないこと。その智慧と真言の実践者の心の真実相とはぴったりと合致して、へだたりがないのを無等等という。十縁生句を観想して、心の真実相に安住するのが無等等句である。

必定句　十縁生句が心の真実相のしるしであることを変えることができないのは確定的であるとして安住するところが必定句。

正等覚句　十縁生句の意味をよく汲んで、すべての存在にそれ自体の本性がなく、ことごとくのものは原因・条件によって生起していることを知って、正しく完全なさとりを得るのが、正等覚句である。

漸次大乗生句　十縁生句によって観想して次第に大乗の高い次元にのぼり、大日如来の境界に到達するのが、漸次大乗生句。

具足法財　大日如来は十縁生句によって、不可思議なはたらきを示し、無限に真理の教えの財宝を生み出して、あらゆる生きとし生けるものに施して余すところがないこと。

理趣経

大楽金剛不空真実三麼耶経

開府儀同三司特進試鴻臚卿粛国公
食邑三千戸賜紫贈司空諡大正監号大
広智大興善寺三蔵沙門不空奉詔訳

般若波羅蜜多理趣品

〔一〕序　説

如是我聞。一時、薄伽梵、成就殊勝一切如来金剛加持三麼耶智、已得一切如来灌頂宝冠為三界主、已証一切如来一切智智瑜伽自在、能作一切如来一切印平等種種事業、於無尽無余一切衆生界、一切意願作業皆悉円満常恒三世一切時身語意業金剛大毘盧遮那如来在於欲界他化自在天王宮中一切如来常所遊処吉祥称歎大摩尼殿、種種間錯鈴鐸繒幡微風揺撃、珠鬘瓔珞半満月等而為荘厳。

かくの如く我れ聞けり。一時、薄伽梵《ばがぼん》、殊勝の一切如来《いっさいにょらい》の金剛加持《かじ》の三麼耶智《さんまやち》を成就し、すでに一切如来の灌頂宝冠《かんじょうほうかん》を得て三界《さんがい》の主となり、すでに一切如来の一切智智《いっさいちち》の瑜伽《ゆが》自在を証し、能《よ》く一切如来の一切印平等の種々の事業《じごう》を作《な》し、無尽無余《むじんむよ》の一切の衆生界《しゅじょうかい》に於いて、一切意願《いがん》の作業《さごう》を皆 悉《ことごと》く円満せしめ常恒《じょうごう》に三世《さんぜ》一切の時に身語意業《しんごいごう》の金剛の大毘盧遮那《だいびるしゃな》如来が欲界《よくかい》の他化自在天王宮《たけじざいてんのうぐう》の中に在《いま》す一切如来の常に遊処《ゆしょ》し吉祥 称 歎《きっしょうしょうたん》したもうところの大《だい》摩尼《まに》殿《でん》なり、種々に間錯《けんざく》し、鈴鐸繒幡《れいたくそうばん》は微風《びふう》に揺撃《ようげき》せられ、珠鬘瓔珞半満月《しゅまんようらくはんまんがち》等、しかも荘厳《しょうごん》をなす。

このように、わたくしは伝え聞いている。

永劫《えいごう》のある時、尊き師（世尊＝大日如来）はきわめてすぐれたすべての如来《ほとけ》の金剛のように堅固不壊《ふえ》なる不可思議の力がはたらくところの真実相をさとる絶対平等の智慧を完成し、すでに、すべての如来《ほとけ》の仏位に即《つ》くしるしに頂く宝玉の飾りのある冠を得て、あらゆる世界（欲望の世界＝欲界、物質の世界＝色界《しきかい》、精神の世界＝無色界）の主人公となった。（そして、尊き師は）すでに、すべての如来《ほとけ》のあらゆる智慧のなかの智慧、すなわち仏《ほとけ》智が瞑想合一において相応することが思いのままなることを明らかにさとり、よくすべての如来のすべての印契《ムドラー》（などの象徴）によって（あらゆる存在するところのものの）平等であることをさとるさまざまなはたらき〔事業〕をなしとげ、尽きることなく余すことなきすべての生きとし生けるものの世界において、すべてのこころに願うところのはたらきを皆残らず完全に成就せしめたもうている。

そして、永遠に過去・未来・現在の三世のすべての時に、身体と言葉と意《こころ》とのはたらきが金剛のように堅固である、（そうした永遠のはたらきをもっている尊き師である）大日如来は、欲望の世界の最上部にある他化自在天王宮《たけじざいてんのうぐう》のなかにまします。それは、すべての如来《ほとけ》がいつも思いのままにいまして、そのすばらしさを愛《め》で讃えたもうところの大いなる摩尼宝珠《まにほうしゅ》できらびやかに荘《かざ》られた宮殿である。それはさまざまに飾られ、鈴や大鈴《おおすず》、絹幡《きぬばた》がそよ風に揺りうごかされ、宝珠でつくられた花環《はなわ》や、半月や満月の形をしたりっぱな鏡のついた珠玉の飾り〔瓔珞《ようらく》〕などで荘《かざ》られている。

開府儀同三司……　開府儀同三司《かいふぎどうさんし》特進《とくしん》試《し》鴻臚卿《こうろけい》粛国公《しゅくこくこう》食邑《しょくゆう》三千戸《さんぜんこ》賜紫《しし》贈司空《ぞうしくう》謚《し》大正監《だいせいかん》号《ごう》大広智《だいこうち》大《だい》興善寺《こうぜんじ》三蔵《さんぞう》沙門《しゃもん》不空《ふくう》、詔《みことのり》を奉じて訳す。開府儀同三司は、漢代に三公の官庁を府といい、府を持つことを開府と称したのに由来する。漢末には将軍にも許され、これを開府同三司といった。唐代にこれを仏者に与えたもの。特進は正二位。鴻臚卿は鴻臚寺の長官。試は官職につける。粛国公は官名。食邑は所領地。賜紫は最高位を表わす紫衣を賜わること。司空は周代の官名で、土地・人民をつかさどったことに由来する。謚は死後のおくり名。大正監は官名。大広智は不空（アモーガ・ヴァジュラ）の漢名。大興善寺は隋文帝開皇二年（五八二）の開創。唐玄宗の天宝十五年（七五六）以来、不空が来住して密教の道場として栄える。三蔵は経・律・論の三蔵に通暁した者の意で、中国で偉大な訳経僧に与えられた尊称。沙門はシュラマナ（俗語、サマナ）の音写。出家修行者をいう。不空は不空金剛（インド名、アモーガ・ヴァジュラ、七〇五～七七四）。真言宗付法の第六祖。西域の出身。唐玄宗の開元八年（七二〇）に来唐し、密教経典を翻訳する。中国四大翻訳家の一人。弟子に慧朗《えろう》・恵果《けいか》（空海の師）らがいる。

薄伽梵　バガヴァットの単数・主格であるバガヴァ

ーンの音写。訳、世尊。尊き師の意で、ここでは『大日経』の教主である仏をさす。教主についての考察は、栂尾《とがのお》祥雲博士『理趣経の研究』(栂尾祥雲全集第五巻、七九〜八九頁) 参照。

加持　サンスクリット語アディシュターナの訳語。本来は神秘的な呪力を意味したが、密教では仏菩薩などが、不可思議な力のはたらきを加えて、生きとし生けるものを護ること。如来の大悲の力が真言の実践者に加わり、人びとの信心のまことがそれに応じて、感応道交すること。「加持とは、如来の大悲と衆生の信心とを表わす。仏日の影、衆生の心水に現ずるを加といい、行者の心水、よく仏日を感ずるを持と名づく。行者、もしよくこの理趣を観念すれば、三密《さんみつ》相応するが故に、現身に速疾に本有《ほんぬ》の三身(法身・報身・応身) を顕現し証得す」(空海『即身成仏義』)。

三麼耶智　三麼(摩) 耶はサマヤの音写。ここでは曼荼羅の意であるから、曼荼羅の世界をさとる智慧をいう。

灌頂宝冠　古代インドで国王の即位式のときに四大海の水を頭頂より灌《そそ》ぎ、宝冠をいただいて、王位継承のしるしとするのに喩えたもの。

三界　欲界(欲望の世界)・色界(欲望のなくなった物質世界)・無色界(精神のみの世界)。迷いの三つの世界で、生きとし生けるものが生まれ、死にかわる輪廻の領域。

瑜伽　ヨーガの音写。結びつく($\sqrt{yuj}$) という動詞にもとづく名詞で、ある対象に精神を集中させること。密教における瞑想であるが、身体・言葉・意《こころ》の秘密のはたらきを如来のそれと合一させることをいう。

一切印平等　すべての如来のはたらきを表現する身体・言葉・意《こころ》のはたらきが完全に平等であること。

大毘盧遮那如来　毘盧遮那はヴァイローチャナの音写で遍照と訳すから、大遍照如来ともいう。大日如来と意訳する。

他化自在天王宮　他化自在天という王の宮殿。他化自在天は第六天ともいい、欲界にある六つの天である六欲天の第六。欲界の最高処にあって、他の天、すなわち神が人びとのために作り出した欲望の対象となるものを思うがままに享受して楽しむ、といわれる。

大摩尼殿　大いなる珠宝で作られた宮殿。摩尼はマニの音写。宝石、珠宝。

与八十倶胝菩薩衆倶。所謂金剛手菩薩摩訶薩、観自在菩薩摩訶薩、虚空蔵菩薩摩訶薩、金剛拳菩薩摩訶薩、文殊師利菩薩摩訶薩、纔発心転法輪菩薩摩訶薩、虚空庫菩薩摩訶薩、摧一切魔菩薩摩訶薩、与如是等大菩薩衆、恭敬囲遶而為説法。初中後善文義巧妙、純一円満清浄潔白。

八十倶胝《くてい》の菩薩衆《ぼさつしゅ》と倶《とも》なりき。いわゆる金剛手菩薩摩訶薩《こんごうしゅぼさつまかさつ》、観自在《かんじざい》菩薩摩訶薩、虚空蔵《こくうぞう》菩薩摩訶薩、金剛拳《こんごうけん》菩薩摩訶薩、文殊師利《もんじゅしり》菩薩摩訶薩、纔発心転法輪《さいほっしんてんぼうりん》菩薩摩訶薩、虚空庫《こくうこ》菩薩摩訶薩、摧一切魔《さいいっさいま》菩薩摩訶薩なり、かくの如き等の大菩薩衆《しゅ》の与《ため》に恭敬《くぎょう》し囲遶《いにょう》せられて、しかも為に法を説きたもう。初中後、善にして文義巧妙《もんぎきょうみょう》なり、純一円満にして清浄潔白《しょうじょうけっぱく》なり。

（大日如来は）八十億もの数限りない菩薩たちとともに（この宮殿に）まします。それらの菩薩というのは、

金剛手菩薩摩訶薩（堅固不滅なる永遠のさとりそのものを本性とする心を象徴する金剛杵《こんごうしょ》を手にする者、すなわち金剛薩埵《さった》）、

観自在菩薩摩訶薩（生きとし生けるものの苦悩をありのままに、思うがままに見そなわ

す者)、

虚空蔵菩薩摩訶薩 (大空のように広大無辺な福徳と智慧とをうちに持つところの者)、

金剛拳菩薩摩訶薩 (身体・言葉・意《こころ》の全行為を合成し、それを象徴する金剛のように堅固不壊《ふえ》な拳を表示する者)、

文殊師利菩薩摩訶薩 (罪業を断ち切るさとりの正しい智慧を象徴する鋭い剣を持てる者)、

纔発心《さいほっしん》転法輪菩薩摩訶薩 (すみやかに発心して、大曼荼羅・三昧耶《さんまや》曼荼羅・法曼荼羅・羯《かつ》磨《ま》曼荼羅の四種曼荼羅の真理の輪を転ずる者)、

虚空庫菩薩摩訶薩 (大空のように広大無辺な庫《くら》にあらゆる価値を秘め、それを諸仏に供養し、かつは生きとし生けるものに施す者)、

摧一切魔菩薩摩訶薩 (あらゆる魔障を打ちくだき、根源的な無知を滅ぼす者で、この菩薩はそのために忿怒形《ふんぬぎょう》――忿《いか》りの姿――をとる)。

(大日如来は) このような偉大な菩薩たちとともにましまして、それらの者たちにつつしみ敬われとりかこまれていて、しかも、それらの者たちに真理の教えを説きたもうているのである。

その教えは、初めに善く、中ほどにおいて善く、後に善くして、その言葉と字音はたくみで妙《たえ》なるものがあり、まじりけがなく完全で、清らかであって、けがれがない。

八十俱胝　俱胝はサンスクリット語コーティの音写。十万・百万・一千万などの諸説があるが、十万

を億とするとみて、八十億に数える。

金剛手菩薩摩訶薩　金剛手は金剛杵を手にする者。金剛杵は古代インドの武器で、敵を摧破するために用いるが、堅固なので、ヴァジュラ（金剛）という。密教では煩悩を打ちくだくところのさとりを求める心（菩提心）を象徴する。両端の分かれ方によって、独鈷《どっこ》杵《しょ》・三鈷杵・五鈷杵・九鈷杵などの別がある。密教で普通、金剛杵を手にする者といえば、大日如来が教えを説く直接の菩薩であって、『大日経』では、秘密主ともよぶ。金剛薩埵《さった》が右手に握る金剛杵は五鈷杵である。菩薩摩訶薩はサンスクリット語ボーディサットヴァ・マハーサットヴァの音写。菩薩は菩提薩埵、すなわちボーディサットヴァの音写略。自らはさとりを求め他をしてさとらせる者の意に解せられる。摩訶薩は摩訶薩埵、すなわちマハーサットヴァの音写略。訳、大士。すぐれた者、偉大なる人。

金剛手以下はいわゆる八大菩薩で、本経の各段に順次、登場する。八大菩薩は普通『八曼荼羅経』（拙著『インド古典論』上、筑摩書房、一三六頁参照）に説かれるものをいうが、本経ではそれとは異なった菩薩が挙げられる。『理趣経』の類本の『大般若理趣分』『理趣般若経』『七巻理趣経』『遍照般若経』などでは、訳語は若干異なるが、すべて『理趣経』の八大菩薩の名称と一致する。

〔二〕 大いなる安楽の教え

説一切法清浄句門。所謂妙適清浄句是菩薩位、欲箭清浄句是菩薩位、触清浄句是菩薩位、愛縛清浄句是菩薩位、一切自在主清浄句是菩薩位、見清浄句是菩薩位、適悦清浄句是菩薩位、愛清浄句是菩薩位、慢清浄句是菩薩位、荘厳清浄句是菩薩位、意滋沢清浄句是菩薩位、光明清浄句是菩薩位、身楽清浄句是菩薩位、色清浄句是菩薩位、声清浄句是菩薩位、香清浄句是菩薩位、味清浄句是菩薩位。何以故、一切法自性清浄故、般若波羅蜜多清浄。

一切法の清浄句門《しょうじょうくもん》を説きたもう。いわゆる妙適清浄《みょうてきしょうじょう》の句、これ菩薩の位《くらい》なり。欲箭《よくせん》清浄の句、これ菩薩の位なり。触《そく》清浄の句、これ菩薩の位なり。愛縛《あいばく》清浄の句、これ菩薩の位なり。一切自在主《いっさいじざいしゅ》清浄の句、これ菩薩の位なり。見《けん》清浄の句、これ菩薩の位なり。適悦《てきえつ》清浄の句、これ菩薩の位なり。愛清浄の句、これ菩薩の位なり。慢清浄の句、これ菩薩の位なり。荘厳《しょうごん》清浄の句、これ菩薩の位なり。意滋沢《いしたく》清浄の句、これ菩薩の位なり。光明清浄の句、これ菩薩の位なり。身楽《しんらく》清浄の句、これ菩薩の位なり。色《しき》清浄の句、これ菩薩の位なり。声《しょう》清浄の句、これ菩薩の位なり。香《こう》清浄の句、これ菩薩の位なり。味《み》清浄の句、これ菩薩の位なり。
何を以ての故に。一切の法は自性《じしょう》清浄なるが故に、般若波羅蜜多《はんにゃはらみった》も清浄なり。

（このようなさとりの真実の智慧のおもむきである）あらゆる存在するものは、それじたいの本性は清らかなものである、という教えを説きたもうたのである。

いうところの性的快楽が本来清らかなものである、という成句（＝地位）は、そのまま菩薩の立場である。

異性のハートを射止める愛欲の矢が本来清らかであるという成句（＝地位）は、そのまま菩薩の立場である。

異性と抱擁することが本来清らかであるという成句（＝地位）は、そのまま菩薩の立場である。

異性と離れがたいことが本来清らかであるという成句（＝地位）は、そのまま菩薩の立場である。

異性に対して思いのままに奔放に振舞うことが本来清らかであるという成句（＝地位）は、そのまま菩薩の立場である。

異性を見ることが本来清らかであるという成句（＝地位）は、そのまま菩薩の立場である。

異性との抱擁の喜びが本来清らかであるという成句（＝地位）は、そのまま菩薩の立場である。

異性に対する本能的欲望が本来清らかであるという成句（＝地位）は、そのまま菩薩の立場である。

異性との性交に満ち足りることが本来清らかであるという成句（＝地位）は、そのまま菩薩の立場である。

異性のために身を飾ることが本来清らかであるという成句（＝地位）は、そのまま菩薩の立場である。

異性と抱擁して満ち足りることが本来清らかであるという成句（＝地位）は、そのまま菩薩の立場である。

異性への本能的欲望によって目の前が明るくなることが本来清らかであるという成句（＝地位）は、そのまま菩薩の立場である。

異性との性交に満ち足りることによって、すべての恐れを忘れ、体の楽しみがあることが本来清らかであるという成句（＝地位）は、そのまま菩薩の立場である。

異性のためにわが身を飾るもとである色《いろ》や形《かたち》が本来清らかなものであるという成句（＝地位）は、そのまま菩薩の立場である。

抱擁の喜びの声が本来清らかなものであるという成句（＝地位）は、そのまま菩薩の立場である。

本能的欲望によって目の前が明るくなるとき、すがすがしい香《かおり》を感知するのが本来清らかなものであるという成句（＝地位）は、そのまま菩薩の立場である。

同じく、そうしたすがすがしさを身をもって体得する 味《あじわい》 が本来清らかなものであるという成句（＝地位）は、そのまま菩薩の立場である（以上の十七の清らかなものであるという成句は、恋愛の過程をのべ、それによって、清らかなさとりの世界を象徴表現している）。

右にのべたようなことがなぜいわれるか。およそ、この世の中にありとあらゆるもので、それ自体の本性が清らかでないものは一つとしてなく（ありとあらゆるもののそれ自体の本性はもともと空の性質をもつものである）、だから、ましてやさとりの真実の智慧がまだどうして清らかでないことがあろうか。

（次に、さとりの真実の智慧の内容について、大日如来は説きたもう）

妙適　サンスクリット語スラタの訳。スラタはよく楽しめる（こと）の意で、男女の性交の喜び、楽しみ。

欲箭　人間の性的欲望を、相手を射る矢に喩えたもの。愛染明王が持つ矢も欲望を象徴し、キューピッドの矢もまた愛を射抜くのに喩えられるのと類似した表現法である。

触　ケーリキラの訳。髻梨吉囉などと音写したのは、直接的表現をはばかったからであろう。触（異性に触れること）も意訳で、本来は男女の抱擁を意味する。

般若波羅蜜多　般若はプラジニャーの音写。訳、智慧。波羅蜜多はパーラミターの音写。訳、到彼岸。さとりの智慧の彼岸に到達した状態で、さとりの智慧の完成を意味する。

〔三〕第一・利益を得ること

金剛手、若有聞此清浄出生句般若理趣、乃至菩提道場、一切蓋障及煩悩障法障業障、設広積習必不堕於地獄等趣。設作重罪銷滅不難。若能受持日日読誦作意思惟、即於現生証一切法平等金剛三摩地、於一切法皆得自在、受於無量適悦歓喜、以十六大菩薩生獲得如来及執金剛位。

金剛手よ、もしこの清浄出生《しょうじょうしゅっしょう》の句の般若理《はんにゃり》趣《しゅ》を聞くことあらば、乃《いま》し菩提道場《ぼだいどうじょう》に至るまで、一切の蓋障《がいしょう》及び煩悩障《ぼんのうしょう》、法障《ほっしょう》、業障《ごっしょう》、設《たと》い広く積習《しゃくじゅう》するも必ず地獄等の趣《しゅ》に堕せず。設《たと》い重罪を作《な》すとも消滅せんこと難《かた》からず。もしよく受持《じゅじ》して日々に読誦《どくじゅ》し作意《さい》し思惟《しゆい》せば、すなわち現生《げんしょう》に於いて一切法平等の金剛の三摩地《さんまじ》を証して、一切の法に於いて皆、自在を得《え》、無量の適悦歓喜《てきえつかんぎ》を受け、十六大菩薩生《しょう》を以て如来及び執金剛《しゅうこんごう》との位を獲得《ぎゃくとく》すべし。

金剛杵を手にする者（＝金剛薩埵）よ。もしも誰であろうと、このような清らかさを生み出だす成句であるさとりの智慧のことわりを聞くならば、そこで、さとりの精髄に至るまで、すべての障害《さわり》となるもの、および煩悩という障害、正しい教えを聞くことができないという障害、悪業という障害が、たとえ、ひろく積みかさなっても、決して人びとがおもむくところの地獄などに落ちこまず、たとえ、どんな重い罪悪を犯しても、それらはたやすく消滅するにちがいない。

もし、（このさとりの真実の智慧のことわりを説いた経典を）よく受けとって忘れないようにして、日々に読みあげ、心をこめて思考すれば、この現世において、あらゆる存在するところのものは平等にして金剛のようであると観ずる瞑想の境地〔一切法平等金剛三摩地〕をさとり得て、あらゆる存在するところのものにおいて、皆、思いのままになり、量り知れない快い喜びを感受し、十六の偉大なる菩薩の生の段階《しょう》、（すなわち金剛界の十六大菩薩の世界に入ることによって、）如来《ほとけ》および金剛杵を手にする者の立場を得るであろう。

般若理趣　般若は前項一二一頁注参照。理趣はサンスクリット語ナヤの訳語で、本来、道理を意味するが、ここではおもむき、さらには教えをいう。

菩提道場　さとりの場。ボーディ・マンダの訳で、もと釈尊が三十五歳にして成道《じょうどう》したブッダガヤーの菩提樹下の金剛座をさした。転じて、さとりの場所、さらには、修行の場所を一般に道場というようになった。

三摩地　サマーディの音写。深い瞑想、または瞑想の境地そのもの。瞑想の世界、境界。
十六大菩薩生　金剛界曼荼羅三十七尊のうちの十六大菩薩、すなわち、東方阿閦《あしゅく》如来をとりかこむ金剛薩埵・金剛王・金剛愛・金剛喜、南方宝生如来をとりかこむ金剛宝・金剛光・金剛幢《どう》・金剛笑、西方無量寿如来をとりかこむ金剛法・金剛利・金剛因・金剛語、北方不空成就如来をとりかこむ金剛業《ごう》・金剛護・金剛牙《げ》・金剛拳の諸菩薩によって代表されるところの十六の生の段階、十六大菩薩の世界に入り、それらの菩薩の功徳をことごとく得ること。

時薄伽梵、一切如来大乗現証三麼耶一切曼荼羅持金剛勝薩埵、於三界中調伏無余、一切義成就。金剛手菩薩摩訶薩為欲重顕明此義故、熙怡微笑左手作金剛慢印、右手抽擲本初大金剛作勇進勢、説大楽金剛不空三麼耶心、吽引。

時に、薄伽梵《ばがぼん》は一切如来の大乗現証《だいじょうげんしょう》三麼耶《さんまや》の一切曼荼羅の持金剛《じこんごう》の勝れし薩埵《さった》にして、三界の中に於いて調伏《じょうぶく》して余りなく、一切の義を成就したもう。金剛手菩薩摩訶薩は重ねてこの義を顕明《けんみょう》せんと欲《ねが》うが為の故に、熙怡微笑《きいみしょう》して左手に金剛慢の印を作《な》し、右手に本初《ほんしょ》の大金剛を抽擲《ちゅうちゃく》して勇進の勢《いきお》いを作《な》し、大楽金剛不空三麼耶《だいらくこんごうふくうさんまや》の心《しん》を説きたもう。吽《うん》引。

時に、尊い師は、すべての如来《ほとけ》の大いなる教え〔大乗〕を現にさとるところの実在と現象とが差別なき平等世界〔三摩耶《さんまや》〕である、すべての曼荼羅（の金剛界）における金剛杵を持つ勝れた薩埵（＝菩薩）であって、あらゆる迷いの世界のなかで、残すところなく（すべての生きとし生けるものの世界を）整え制御し、すべての事がらを完成したもうのである。

金剛杵を手にする菩薩摩訶薩（＝金剛薩埵）は、重ねて、この事をよく明らかにしようと願うから、おだやかな顔つきで、ほのかにほほえみ、左の手を金剛拳印《こんごうけんいん》（親指をうちにして握りしめ拳をつくる印契《いんげい》）にし、右の手に万有の始源を表徴する大いなる金剛、すなわち五《ご》鈷《こ》金剛杵を握って、三度振って、自分の胸に捧げる状態に持ち、たけだけしく勇ましく進むいきおいにして、大いなる安楽にして、金剛のように堅固不壊であって、空しからざるさとりの真実の智慧を内容とする絶対の境地を象徴する（金剛薩埵の）心髄の真言《マントラ》を説きたもう。吽《うん》引く。

大乗現証三摩耶　密教の秘密の教えを実践修行して現前に真理の智慧を証することをもとの誓いとすること。

吽　フームの音写。金剛薩埵を象徴する一字の真言、すなわち種子《しゅじ》。『理趣釈』巻上に「吽字は因の義。因の義とは、いわく、菩提心を因となす。すなわち一切如来の菩提心なり」（本書三五八頁）。吽は破る意、恐怖なき意、菩提心の意とされる。吽字に因の意味ありとするのは、フームは原因の意のサンスクリット語ヘートゥ（hetu）の頭文字（h，フ）に通ずるからである。

〔四〕第二・さとりの教え

（概説）

爾時、薄伽梵毘盧遮那如来、復説此一切如来寂静法性、現等覚出生般若理趣。

その時に薄伽梵《ばがぼん》毘盧《びる》遮那《しゃな》如来《にょらい》は、またこの一切如来の寂静《じゃくじょう》法性《ほっしょう》の現等覚《げんとうがく》を出生《しゅっしょう》する般若理趣を説きたもう。

永劫のある時、尊き師である大日如来は、またすべての如来《ほとけ》のあらゆるものの本性が悩みやわずらいを離れて静寂であるとする、正しくて完全なさとりを生み出だすさとりの智慧のことわりを説きたもうた。

（別説）

所謂金剛平等現等覚、以大菩提金剛堅固故。義平等現等覚、以大菩提一義利故。法平等現等覚、以大菩提自性清浄故。一切業平等現等覚、以大菩提一切分別無分別性故。

いわゆる金剛平等の現等覚なり。大菩提《だいぼだい》は金剛堅固なるを以ての故なり。義平等の現等覚なり。大菩提は一義利なるを以ての故なり。法平等の現等覚なり。大菩提は自性清浄《じしょうしょうじょう》なるを以ての故なり。一切業《ごう》平等の現等覚なり。大菩提は一切分別無分別の性《しょう》なるを以ての故なり。

いうところの金剛のように堅固不壊《ふえ》で平等なる正しくて完全なさとりである。大いなるさとりは、金剛のように堅固なものだからである。このさとりは、道理を平等とする正しくて完全なさとりである。偉大なさとりは、いちようの道理と利益《りやく》のためにはたらくものだからである。このさとりは、存在するところのものは平等であるとみる正しくて完全なるさとりである。大いなるさとりは、それ自体の本性が清らかであるからである。このさとりは、あらゆるはたらきが平等であるとみる正しくて完全なるさとりである。大いなるさとりは、あらゆる虚妄の思慮を越えたところの、無思慮の性質をもったものだからである。

（得益）

金剛手、若有聞此四出生法読誦受持、設使現行無量重罪、必能超越一切悪趣、乃至当坐菩提道場、速能剋証無上正覚。

金剛手《こんごうしゅ》よ、もしこの四出生《ししゅつしょう》の法を聞いて読誦《どくじゅ》し受持《じゅじ》することあらば、設使《たと》い現に無量の重罪を行《ぎょう》ずとも、必ずよく一切の悪趣を超越《ちょうおつ》して、乃至《ないし》まさに菩提道場に坐して、速やかによく無上正覚《むじょうしょうがく》を剋証《こくしょう》すべし。

金剛杵《こんごうしょ》を手にする者よ。もしもこの四つのものを生み出だす教えを聞いて、本経を声をあげて読み、教えを受けおぼえるならば、たとえ今まさに量り知れないほどの重い罪を犯したとしても、きっとよくすべての迷いの世界である悪しき所を超越して、中略、まさしくさとりを得る場所に坐して、速かによく無上の正しい覚《さと》りの境地を体得することができる。

四出生法　前項に述べられた、さとりを生み出す四つの法《おしえ》。
悪趣　悪しき行為の結果を受ける迷いの世界。地獄・餓鬼・畜生などの三悪趣。地獄・餓鬼・畜生・修羅・人・天の六道など。
菩提道場　一二二頁注参照。

（重説）

時薄伽梵、如是説已、欲重顕明此義故、熙怡微笑、持智拳印、説一切法自性平等心。悪引重呼。

時に、薄伽梵《ばがぼん》は、かくの如く説きおわって、重ねてこの義を顕明《けんみょう》せんと欲《おも》うが故に、熙怡《きい》微笑《みしょう》して智拳印《ちけんにん》を持《じ》して一切法の自性《じしょう》平等の心を説きたもう。悪引く重ねて呼ぶ。

その時に、尊き師はこのように説いたのち、重ねて、この事をよく明らかにしようと願うから、おだやかな顔つきで、ほのかにほほえみ、智拳印（両手を金剛拳にして、右の拳で左の拳の頭指を握り、右の頭指の端を左の頭指の端に着ける）を結んで、あらゆる存在するところのものそれ自体の本性は平等であるとするさとりを現わす心髄の真言を説きたもうた。その真言は悪《あーく》である。

悪引重呼　大日如来の種子《しゅじ》で、アーフ（āḥ）の音写。引は長母音アー（ā）、重呼は止声フ（ḥ）。梵字𑖁𑖾は上に・（空点）をつけないが、これは発心・修行・菩提・涅槃の四点をすべて具える意味に解される。大日如来の種子は、他に『略出念誦経』ではヴァム（vaṃ）、『真実摂経』ではオーム（oṃ）であるが、アーフは『理趣経』に特有の種子である。

〔五〕第三・制し伏する教え

（概説）

時調伏難調釈迦牟尼如来、復説一切法平等最勝出生般若理趣。

時に、難調《なんじょう》を調伏《じょうぶく》する釈迦牟尼《しゃかむに》如来《にょらい》は、また一切法平等の最勝を出生《しゅっしょう》する般若理趣を説きたもう。

その時に、尊き師は降《くだ》し伏しがたい大自在天などを制し伏する釈迦牟尼如来の完全なる智慧の仏身である降三世尊《ごうざんぜそん》のすがたを現わして、あらゆる存在するところのものは平等であるとみて、あらゆる邪悪に打ち勝つことを生み出だすさとりの智慧のおもむきを説かれたのである。

釈迦牟尼如来　釈迦如来ともいう。釈迦牟尼はシャーキャムニの音写。釈迦如来が実際には忿怒形の降《ごう》三世明王《ざんぜみょうおう》の姿をとって示現し、大自在天などを制し伏する。

（別説）
所謂欲無戯論性故、瞋無戯論性。瞋無戯論性故、癡無戯論性。癡無戯論性故、一切法無戯論性。一切法無戯論性故、応知般若波羅蜜多無戯論性。

いわゆる欲《よく》無《む》戯論《けろん》性《しょう》の故に、瞋《しん》無戯論性なり。瞋無戯論性の故に、癡《ち》無戯論性なり。癡無戯論性の故に、一切法無戯論性なり。一切法無戯論性の故に、まさに知るべし、般若波羅蜜多《はんにゃはらみった》無戯論性なり。

いうところのむさぼり求めることは善悪などの無益の議論を超越した性質のものであるから、むさぼり求めることから生ずる激しい怒りも善悪などの議論を超越した性質のものである。激しい怒りも善悪などの議論を超越した性質のものであるから、むさぼり求めることや激しい怒りを発することから生ずる見さかいのつかない愚かさも善悪などの議論を超越した性質のものである。見さかいのつかない愚かさも善悪などの議論を超越した性質のものであるから、あらゆる邪悪なものも善悪などの議論を超越したものである。あらゆる邪悪なものも善悪などの議論を超越したものであるから、さとりの真実の智慧の完成も善悪などの無益の議論を超越した絶対的なものであると、まさしく知るべきである。

欲無戯論性……　大自在天などは世俗的な意味でのむさぼり求めること・激しい怒り・愚かさを象徴し、その大自在天などを制し伏する降三世明王《ごうざんぜみょうおう》は、そうした世俗性を越えたところの、大いにむさぼり求めること・大いに激しく怒ること・大いなる愚かさを表わす。

（得益）
金剛手、若有聞此理趣受持読誦、設害三界一切有情、不堕悪趣、為調伏故、疾証無上正等菩提。

金剛手よ、もしこの理趣を聞いて受持し読誦《どくじゅ》することあらば、設《たと》い三界の一切の有情《うじょう》を害すとも、悪趣に堕せず、調伏《じょうぶく》をもっての故に、疾《と》く無上正等菩提を証すべし。

金剛杵を手にする者よ。もしも誰であっても、この真理のおもむきを聞いて、本経の教えを受けおぼえ、声をあげて読むならば、たとえこの全世界のあらゆる生きとし生けるものを損なっても、悪しき所に落ちることがなく、あらゆる邪悪を制し伏するから、速かに無上の正しくて完全なさとりを得ることができる。

無上正等菩提　本書三三頁の注「阿耨多羅三藐三菩提」参照。

（重説）

時金剛手大菩薩、欲重顕明此義故、持降三世印、以蓮花面微笑、而怒顰眉猛視利牙出現、住降伏立相、説此金剛吽迦囉心。吽短。

時に、金剛手大菩薩は、重ねてこの義を顕明《けんみょう》せんと欲《ねが》うが故に、降三世《ごうざんぜ》の印を持《じ》し、蓮花面を以て微笑《みしょう》して、しかも怒《たけ》く眉《まゆ》を顰《ひそ》めて猛《たけ》く視《み》、利牙《りげ》を出現し、降伏《ごうぶく》の立相《りっそう》に住して、この金剛吽迦囉《うんから》の心を説きたもう。吽《うん》短かく。

その時に、金剛杵を手にする偉大なる菩薩は、重ねて、この事をよく明らかにしようと願うから、降三世明王の姿を現わしてその印契《いんげい》を結び、蓮華のような清らかなお顔で、ほのかにほほえみ、しかも、たけだけしく眉をひそめ、荒々しく見て、するどい牙《きば》をむき出し、（左足をのばし右膝を屈するところの）制し伏する立ちすがたに住して、この金剛のように堅固不壊《ふえ》の智慧のはたらきである制し伏する意味を表わす心髄の真言を説きたもうたのである。その真言は吽《うん》である。

金剛吽迦囉心。吽短　サンスクリット語ヴァジュラ・フーム・カラ・チッタの訳。金剛のように堅固な、恐怖・降伏をなす者、すなわち降三世明王の心髄の真言である吽（フム huṃ）。この明王の種子フムは『広大軌』『三十巻教王経』などに広く説かれ、風大の種子で、降伏を意味する。フムは原因を意味するヘートゥの頭文字に通じ、ヘートゥは因業不可得（原因と条件は認得することができない）の意味であり、地・水・火・風・空の五つの粗大な原質（五大）のうちでは風大に配されるからである。

〔六〕第四・智慧によって観じて明らかに知るという教え

（概説）

時薄伽梵、得自性清浄法性如来、復説一切法平等観自在智印出生般若理趣。

時に、薄伽梵《ばがぼん》、自性清浄《じしょうしょうじょう》の法性《ほっしょう》を得たまえる如来は、また一切法の平等を観ずることの自在なる智印《ちいん》を出生する般若理趣を説きたもう。

その時に、尊き師は、それ自体の本性《ほんしょう》が清らかである、あらゆるものの真実なる本性〔法性〕を得られた観自在王《かんじざいおう》如来のすがたを現じて、また、あらゆる存在するところのものは平等であると観想することが自由自在である智慧の表現を生み出だすさとりの智慧のおもむきを説かれたのである。

（別説）

得自性清浄法性如来　観自在王如来ともいう。密教における阿弥陀如来（無量寿如来）の異名。

所謂世間一切欲清浄故、即一切瞋清浄。世間一切垢清浄故、即一切罪清浄。世間一切法清浄故、即一切有情清浄。世間一切智智清浄故、即般若波羅蜜多清浄。

いわゆる世間の一切の欲は清浄《しょうじょう》なるが故に、すなわち一切の瞋《しん》は清浄なり。世間の一切の垢《く》は清浄なるが故に、すなわち一切の罪は清浄なり。世間の一切の法は清浄なるが故に、すなわち一切の有情《うじょう》は清浄なり。世間の一切の智智は清浄なるが故に、すなわち般若波羅蜜多は清浄なり。

いうところの世間のあらゆるむさぼりは清らかなものであるから、とりもなおさずあらゆる怒りは清らかである。世間のあらゆる垢《けが》れは清らかなものであるから、とりもなおさずあらゆる罪過《つみとが》は清らかなものである。世間のあらゆる存在するところのものは清らかなものであるから、とりもなおさずあらゆる生きとし生けるものは清らかなものである。世間のあらゆる智慧のなかの智慧である絶対智は清らかなものであるから、とりもなおさずさとりの真実の智慧の完成は清らかなものである。

(得益)

金剛手、若有聞此理趣、受持読誦作意思惟、設住諸欲、猶如蓮花不為客塵諸垢所染、疾証無上正等菩提。

金剛手《こんごうしゅ》よ、もしこの理趣を聞いて、受持し読誦《どくじゅ》し作意《さい》し思惟《しゆい》することあらば、設《たと》い諸《もろもろ》の欲に住すとも、猶《なお》し蓮花の、客塵《きゃくじん》の諸《もろもろ》の垢《く》のために染《せん》せられざるが如く、疾《と》く無上正《しょう》等《とう》菩《ぼ》提《だい》を証すべし。

金剛杵を手にする者よ。もしもこの道理のおもむきを聞いて、よく受けとって忘れないようにして、読みあげ、心をむけ、思いつづけるならば、たとえさまざまな煩悩や迷いのなかにあっても、蓮華が外来的なさまざまな垢れに染まって汚されないように、すみやかに無上の正しくて完全なさとりを得ることができる。

猶如蓮花……　世間のあらゆる汚れに汚染されないことを、蓮華が泥の水のなかから清らかに咲き出るのに喩えるのは、初期仏典以来の常套であるが、『法華経』巻第五、従地涌出品（大正九・四二上）の「世間の法に染まらざること、蓮花の水に在るが如し」の文言は一般によく知られる。

（重説）

時薄伽梵観自在大菩薩、欲重顕明此義故、熙怡微笑、作開敷蓮華勢、観欲不染、説一切群生種種色心。紇唎二合引。入

時に薄伽梵《ばがぼん》観自在大菩薩《かんじざいだいぼさつ》は、重ねてこの義を顕明せんと欲《ねが》うが故に、熙怡微笑《きいみしょう》して開敷《かいふ》蓮華の勢いを作《な》し、欲の不染《ふぜん》を観じて一切群生《ぐんじょう》の種々色心《しきしん》を説きたもう。紇唎《きりく》二合引き入れる。

その時に、尊き師である観自在という偉大な菩薩は、重ねて、この事をよく明らかにしようと願うから、おだやかな顔つきで、ほのかにほほえみ、右手で左手の蕾《つぼみ》のままの蓮華を開く姿をとり、煩悩などのただなかにあって、それらに汚染されないことを観想して、あらゆる生きとし生けるものがさまざまな色形をもっていて、それが本来の清らかさをたもち世間の垢れに汚されることがないことを示す心髄の真言を説きたもうたのである。その真言は紇《き》唎《りく》である。

観自在大菩薩　観自在は新訳、観世音は旧訳。

紇唎二合引入　観自在菩薩の種子《しゅじ》で、フリーヒ（hrīḥ）の音写。フ（h）とリ（ri）の二子音を合わせて、末尾のイ（i）を長母音リー（rī）にするのが「二合引く」で、これに止声ヒ（ḥ）を入れるのが、「二合引き入れる」の意味である。紇唎二合引入の語義については、『理趣釈』巻下（本書四〇三頁）に詳しい。

〔七〕第五・価値の法門

（概説）

時薄伽梵一切三界主如来、復説一切如来灌頂智蔵般若理趣。

時に、薄伽梵《ばがぼん》なる一切の三界の主なる如来は、また一切如来の灌頂智蔵《かんじょうちぞう》の般若理趣を説きたもう。

その時に、尊き師は欲望の世界・物質の世界・精神の世界のあらゆる世界の者を救済する主としての如来の姿を示現して、（尊き師をとりまく菩薩たちのために）あらゆる如来の頭頂に水を灌《そそ》いで授けるところの価値についての智慧の蔵《くら》を開くさとりの真実の智慧のことわりを説かれたのであった。

三界　一一四頁注参照。

灌頂智蔵　五智の瓶水を頭頂にそそいで五智を開くことによって無尽の財宝・福徳を得て、これをすべての者に施与する宝部《ほうぶ》の智慧。宝部は、金剛界の五仏が表わす五智の区別である五部の一つ。五部とは、仏部・金剛部・宝部・蓮華部・羯磨《かつま》部で、それぞれ大日・阿閦《あしゅく》・宝生《ほうしょう》・無量寿・不空成就の各如来を教主とする。灌頂はサンスクリット語アビシェーカの訳で、もと、古代インドで国王の即位式のときに四大海の水を頭頂に灌いで即位のしるしとしたのに由来する。

（別説）

所謂以灌頂施故、能得三界法王位。義利施故、得一切意願満足。以法施故、得円満一切法。資生施故、得身口意一切安楽。

いわゆる灌頂施《かんじょうせ》を以ての故に、よく三界《さんがい》の法王の位を得《う》。義利施の故に、一切の意願《いがん》の満足を得。法施《ほっせ》を以ての故に、一切の法を円満することを得。資生施《ししょうせ》の故に、身口意《しんくい》の一切の安楽を得。

いうところのすべての如来の頭頂に水をそそぐことによって得た宝部の智慧を、やがて如来となれる生きとし生けるものに施し与えることによって、その者たちはよくすべての世界の真理の王〔法王〕の位を得る。利益を施し与えることによって、すべての生きとし生けるものの心の願いを満たすことができる。真理の教えを施し与えることによって、（生きとし生けるものは）すべての真理をまどかに満たすことができる。生活のたすけとなる飲食物や臥具などを施し与えることによって、生きとし生けるものの身体・言葉・意《こころ》の三つのはたらきをすべて安楽にすることができるのである。

灌頂施……　以下の義利施・法施・資生施を説くのは、本経に特有の四種施。

法王　真理の教え、または真理の王の意。ダルマラージャの訳語で、仏を讃美した語。

（重説）

時虚空蔵大菩薩、欲重顕明此義故、熙怡微笑、以金剛宝鬘自繫其首、説一切灌頂三麼耶宝心。怛覧引二合。

時に虚空蔵《こくうぞう》大菩薩は、重ねてこの義を顕明《けんみょう》せんと欲《ねが》うが故に、熙怡微笑《きいみしょう》して、金剛宝鬘《ほうまん》を以て自らその首《こうべ》に繋《か》け、一切灌頂三麼耶《かんじょうさんまや》の宝の心を説きたもう。怛覧《たらん》引く二合。

その時に、虚空蔵大菩薩は、重ねて、この事をよく明らかにしようと願うから、おだやかな顔つきで、ほのかにほほえみ、金剛と宝珠とをつらねて飾りにした冠を自身の頭頂にいただくポーズを示し、（この冠を）すべてのものの頭頂にそそいで施し与える境界を示す宝部の教えである心髄の真言を説かれた。その真言は怛覧《たらん》である。

金剛宝鬘　装飾した冠。宝鬘の宝は美称。

怛覧　虚空蔵菩薩の種子《しゅじ》であるトゥラーム（trāṃ）の音写。『理趣釈』巻下（本書四一〇頁）によれば、これを四音節に分解し、如如（t→tathatā）・離塵（r→rajas）・寂静（ā→ādy-anutpāda）・吾我（m→mama）の四字の合成よりなるとみて、灌頂施・義利施・法施・資生施の四種施を表わすものとする。

〔八〕第六・活動の教え

（概説）

時薄伽梵、得一切如来智印。如来復説一切如来智印加持般若理趣。

時に薄伽梵《ばがぼん》は、一切如来の智印を得たもう。如来はまた一切如来の智印の加持《かじ》なる般若理趣を説きたもう。

その時に、尊き師は、すべての如来の身体と言葉と意《こころ》との秘密のはたらきをありのままに知る智慧のしるしを得られた。そして、如来はまたすべての如来の身体と言葉と意との秘密のはたらきを知る智慧のしるしによって、その活動に不可思議な力のはたらきを加えるさとりの智慧のことわりを説かれたのである。

智印　仏菩薩が内にそなえるさとりの智慧を示す象徴（三昧耶形《さんまやぎょう》）。すべての如来の身体・言葉・意《こころ》の秘密のはたらきをありのままに照らしみる智慧のしるし。

（別説）

所謂持一切如来身印、即為一切如来身。持一切如来語印、即得一切如来法。持一切如来心印、即証一切如来三摩地。持一切如来金剛印、即成就一切如来身口意業最勝悉地。

いわゆる一切如来の身印《しんにん》を持《じ》すれば、すなわち一切如来の身となる。一切如来の語印を持《じ》すれば、すなわち一切如来の法を得。一切如来の心印《しんにん》を持すれば、すなわち一切如来の三摩《さんま》地《じ》を証す。一切如来の金剛印を持すれば、すなわち一切如来の身口意業《しんくいごう》の最勝の悉地《しつじ》を成就す。

いうところの（この活動の教えの部門は）すべての如来の身体活動のしるし（＝表現）を身につけるならば、すなわち（わが身はそのまま）すべての如来の身体となる。すべての如来の言語活動のしるし（＝表現）を身につけるならば、すなわち（わが言葉はそのまま）すべての如来の教え〔法〕となる。すべての如来の精神活動のしるし（＝表現）を身につけるならば、すべての如来の瞑想の境地をさとる。すべての如来の堅固不壊《ふえ》なる身体・言葉・意《こころ》の不可思議なはたらきのしるし（＝表現）を身につけるならば、すなわちすべての如来の堅固不壊の身体・言葉・意のはたらきのもっともすぐれた不可思議な完成の境地を成就する。

金剛印　金剛のように堅固不壊なる身体・言葉・意の秘密のはたらきを示すしるし。

悉地　シッディの音写語。訳、成就。不可思議な力のはたらきの完成、さとりが成就された境地。

（得益）

金剛手、若有聞此理趣、受持読誦、作意思惟、得一切自在、一切智智、一切事業、一切成就、得一切身口意金剛性一切悉地、疾証無上正等菩提。

金剛手よ、もしこの理趣を聞いて、受持し読誦《どくじゅ》し、作意《さい》し思惟《しゆい》することあらば、一切の自在と一切の智智と一切の事業《じごう》と一切の成就とを得《え》、一切の身《しん》と口《く》と意《い》との金剛性《こんごうしょう》の一切の悉地《しつじ》を得《え》、疾《と》く無上正等菩提《しょうとうぼだい》を証すべし。

金剛杵《こんごうしょ》を持つ者よ。もしもこの真理のおもむきを聞いて、よく記憶し声をあげて読み、心をこめてよく思いつづけるならば、すべての自由自在と、すべての智慧のなかの智慧と、すべての活動と、すべての完成とを得、（また）すべての身体と言葉と意《こころ》との（はたらきによるところの）堅固なること金剛のような本性をもつすべての不可思議な効験を得、速かにこの上なき正しい完全なさとりを得るであろう。

一切智智　すべての智慧のなかの智慧。絶対智で、　仏の智慧のこと。

（重説）

時薄伽梵、為欲重顕明此義故、熙怡微笑、持金剛拳大三麼耶印、説此一切堅固金剛印悉地三麼耶自真実心。嚧。

時に薄伽梵《ばがぼん》は、重ねてこの義を顕明《けんみょう》せんと欲《ねが》うが為の故に、熙怡微笑《きいみしょう》して金剛拳の大三《だいさん》麼耶《まや》の印を持して、この一切の堅固金剛の印の悉地の三麼耶なる自真実の心を説きたもう。噁《あく》。

その時に、尊き師は重ねて、この事をよく明らかにしようと願うから、おだやかな顔つきで、ほのかにほほえみ、身体・言葉・意《こころ》の秘密のはたらきを示す大いなるしるしである金剛拳（親指を内に握って拳をつくるもの）を結んで、このすべての堅固なること金剛のようなしるしを成就するところの象徴である自らの真実なる心髄の真言を説きたもうたのである。その真言は噁《あく》である。

金剛拳　金剛拳印ともいう。身体・言葉・意《こころ》の秘密のはたらきが統合され相応するのを象徴する。

噁　大日如来の種子《しゆじ》であるアーフ（āḥ）の音写。四点を具える意に解するのは一一八頁注参照。

〔九〕第七・字輪の教え

（概説）

時薄伽梵、一切無戯論如来、復説転字輪般若理趣。

時に薄伽梵《ばがぼん》、一切の無戯論《むけろん》なる如来は、また転字輪《てんじりん》の般若理趣を説きたもう。

その時に、尊き師は、すべての無益の議論なき如来として現われて、また阿字輪《あじりん》をすべての者に対して旋《めぐ》らし転ずるさとりの智慧のおもむきを説きたもうた。

転字輪　一定の言語を輪が回るように自在に回転させること。ここでは梵字の阿（𑖀）字を旋らし転ずるので、阿字輪という。密教における観法の一つ。阿字はあらゆる存在するものの根源であって、本来生起することのないものである（阿字諸法本不生）と解する。

（別説）

所謂諸法空、与無自性相応故。諸法無相、与無相性相応故。諸法無願、与無願性相応故。諸法光明、般若波羅蜜多清浄故。

いわゆる諸法は空なり、無《む》自性《じしょう》と相応するが故に。諸法は無相なり、無相の性と相応するが故に。諸法は無《む》願《がん》なり、無願の性と相応するが故に。諸法は光明なり、般若波羅蜜多清《しょう》浄《じょう》なるが故に。

いうところのもろもろの存在するところのものは空である。それ自体に固有の実体性をもたないことと結びついているからである。もろもろの存在するところのものは固定的なかたちをもたないものである。固定的なかたちの性質をもたないことと結びついているからである。もろもろの存在するところのものは願《がん》求《ぐ》すべきものがない。願求すべきものがない性質と結びついているからである。もろもろの存在するところのものは光明である。さとりの智慧の完成は清らかなものであるからである。

諸法空……　空・無相・無願を三解脱門または三三《さんざん》昧《まい》という。この三三昧にもとづいて記述したもの。

（重説）

時文殊師利童真、欲重顕明此義故、熙怡微笑、以自剣揮斫一切如来已、説此般若波羅蜜多最勝心。菴。

時に、文殊師利《もんじゅしり》童真《どうしん》、重ねてこの義を顕明《けんみょう》せんと欲《ねが》うが故に、熙怡微笑《きいみしょう》して自らの剣を以て一切如来を揮斫《きしゃく》しおわって、この般若波羅蜜多の最勝の心を説きたもう。菴《あむ》。

その時に、文殊師利菩薩は、重ねて、この事をよく明らかにしようと願うから、おだやかな顔つきで、ほのかにほほえみ、自らの（智慧の）剣をもってすべての如来（の仮りの姿に執われた迷妄の思慮、無益な議論）をふるって切り、それによって、このさとりの智慧の完成を象徴する最も勝れた心髄の真言を説きたもうたのである。その真言は菴《あむ》である。

文殊師利童真　文殊菩薩のこと。文殊師利童真は、　サンスクリット語マンジュシュリー・クマーラブータの訳で梵漢合糅語。クマーラブータを童真と訳したもの。

菴　文殊師利菩薩の種子であるアム（aṃ）の音写。アムは覚悟・智慧の意。この菩薩の妙《たえ》なる智慧を表わす。

〔一〇〕第八・入大輪の教え

（概説）

時薄伽梵、一切如来入大輪如来、復説入大輪般若理趣。

時に薄伽梵《ばがぼん》なる一切如来の大輪《だいりん》に入りたもう如来は、また大輪に入る般若理趣を説きたもう。

その時に、尊き師はすべての如来の境界である大いなる輪に入りたもう如来の姿を現わして、その如来はまた大いなる輪に入らせるところのさとりの智慧のおもむきを説きたもうたのであった。

大輪　大いなる輪のように完全なるさとりの境地。大輪は金剛界の大曼荼羅をいう。輪（チャクラ）は輪円具足を意味し、曼荼羅のこと。『理趣釈』巻下（本書四二五頁）参照。

（別説）

所謂入金剛平等、則入一切如来法輪。入義平等、則入大菩薩輪。入一切法平等、則入妙法輪。入一切業平等、則入一切事業輪。

いわゆる金剛平等に入るは、すなわち一切如来の法輪に入るなり。義平等に入るは、すなわち大菩薩輪に入るなり。一切法平等に入るは、すなわち妙法輪に入るなり。一切業《ごう》平等に入るは、すなわち一切事《じ》業《ごう》輪に入るなり。

いうところの金剛（のように堅固な智慧の徳）の平等（性を観想するために、金剛部の曼荼羅観）に入ることは、そのまますべての如来（の如来部）の真理の教えの輪〔法輪〕に入ることである。利益《りやく》の平等（性を観想するために、宝部の曼荼羅観）に入ることは、そのまま虚空蔵大菩薩（の宝部）の大いなる輪に入ることである。すべての存在するところのものの平等（性を観想するために、蓮華部の曼荼羅観）に入ることは、そのまま（蓮華部の）妙《たえ》なる真理の教えの輪に入ることである。すべての活動の平等（性を観想するために、羯磨部《かつまぶ》の曼荼羅観）に入ることは、そのまますべての活動（を実現する羯磨部）の大いなる輪に入ることである。

金剛平等……　以下の記述は、『金剛頂経《こんごうちょうぎょう》』系の諸仏菩薩の五種の分類である如来部（仏部）・金剛部・宝部・蓮華部・羯磨部の五部構成にもとづく。これらはそれぞれ大日・阿閦《あしゅく》・宝生・無量寿・不空成就の五仏の内なるさとりである五つの智慧を表わす。金剛界曼荼羅では五解脱輪の中央に五部を代表する五仏が描かれる。如来部は理法と智慧との二徳を具え、完全なさとりの世界を表わす。金剛部は智慧の徳を表わし、堅固で煩悩を摧破するはたらきをもつ。宝部は福利の徳を表わす。蓮華部は慈悲の徳を表わすとともに、すべての人びとが本来有する清らかなさとりを求める心の本体を意味する。羯磨部は慈悲をもってすべての人びとのためになすさまざまなはたらきを表わす。

法輪　古代インドの理想の帝王である転輪聖王《てんりんじょうおう》の輪《りん》宝《ぼう》（古代インドの武器）があらゆるものを摧破するように、如来の真理の教えがすべての煩悩・障害を破るのに喩える。密教では輪宝をそのまま真理の器とし、これを法輪というから、輪宝そのものが曼荼羅を象徴する。

（重説）

時纔発心転法輪大菩薩、欲重顕明此義故、熙怡微笑、転金剛輪、説一切金剛三麼耶心。吽。

時に纔発心転法輪《さいほっしんてんぼうりん》大菩薩は、重ねてこの義を顕明《けんみょう》せんと欲《ねが》うが故に、熙怡微笑《きいみしょう》し金剛輪を転じて、一切金剛三麼耶《さんまや》の心を説きたもう。吽《うん》。

その時に、纔発心転法輪《さいほっしんてんぼうりん》大菩薩は、重ねて、この事を明らかにしようと願うから、おだやかな顔つきで、ほのかにほほえみ、（この大いなる輪に入る意味を示すために）右手の中指に八輻の金剛輪を転ずるかたちをして、すべての金剛輪に入る瞑想の境地を象徴する心髄の真言を説きたもうたのであった。その真言は、吽《うん》である。

金剛輪　八幅の金剛輪の図は五一〇頁の図10参照。

吽　纔発心転法輪大菩薩の種子《しゅじ》であるフーム（hūṃ）の音写。吽《うん》は金剛部の共通の種子でもある。この菩薩は曼荼羅菩薩とも称するので、曼荼羅（マンダラ）の頭文字マンを種子とする場合もある。

〔一〕第九・供養の教え

（概説）

時薄伽梵、一切如来種種供養蔵広大儀式如来、復説一切供養最勝出生般若理趣。

時に薄伽梵《ばがぼん》、一切如来を種々に供養する蔵《くら》をもって広大の儀式にまします如来として、また一切の供養の最勝を出生《しゅっしょう》する般若理趣を説きたもう。

その時に、尊き師は、すべての如来をさまざまに供養するための供物を入れる器をもって、（曼荼羅の諸尊がさまざまにおこなう）広大な儀式をまとめて一つとする如来の姿をとって、またすべての供養の最も勝れたものを生み出だすことを示すさとりの智慧のおもむきを説きたもうたのであった。

供養蔵　供養はサンスクリット語のプージャーの訳で、ここでは供え物をさす。蔵は同じくバージャナの訳で、バージャナは容器、皿などを意味する。蔵も、ここでは、ものを収めるものとして訳語に用いている。

一切供養最勝　たとえばさとりを求める心（菩提心）をそのまま供えること、正しい真理の教え（正法）をそのまま供えることなどとされる。

（別説）

所謂発菩提心、則為於諸如来広大供養。救済一切衆生、則為於諸如来広大供養。受持妙典、則為於諸如来広大供養。於般若波羅蜜多、受持読誦、自書教他書、思惟修習、種種供養、則為於諸如来広大供養。

いわゆる菩提心《ぼだいしん》を発《おこ》すは、すなわち諸《もろもろ》の如来に於いて広大に供養をなす。一切衆生《いっさいしゅじょう》を救済するは、すなわち諸《もろもろ》の如来に於いて広大に供養をなす。妙典《みょうてん》を受持《じゅじ》すれば、すなわち諸《もろもろ》の如来に於いて広大に供養をなす。般若波羅蜜多《はんにゃはらみった》に於いて、受持し読誦《どくじゅ》し、自ら書し他をして書せしめ、思惟《しゆい》し修習し種々に供養するは、すなわち諸《もろもろ》の如来に於いて広大に供養をなす。

いうところのさとりを求める心を発《おこ》すことは、とりもなおさず、（金剛部の曼荼羅における）さまざまな如来に広大な供養をすることになる。すべての生きとし生けるものを救済することは、とりもなおさず、（宝部の曼荼羅における）さまざまな如来に広大な供養をすることになる。（さらに仏菩薩が説かれた）こよなき経典を受けて、おぼえていることは、そのまま（蓮華部の曼荼羅における）さまざまな如来に広大な供養をすることになる。さとりの智慧の完成を説くこの『般若理趣経』を受けてよくおぼえ、声をあげて読み、自ら書写し、他の者に書写させ、よく思いつづけ、身に修め、さまざまに供養することは、そのまま（羯磨部《かつまぶ》の）さまざまな（すべての）如来を広大に供養することになるのである。

則為於諸如来……　以下の説明における金剛部など　の五部については一四六頁注参照。

（重説）

時虚空庫大菩薩、欲重顕明此義故、熙怡微笑、説此一切事業、不空三麼耶一切金剛心。唵。

時に虚空庫《こくうこ》大菩薩は、重ねてこの義を顕明《けんみょう》せんと欲《ねが》うが故に、熙怡微笑《きいみしょう》してこの一切事業《じごう》の不空三麼耶《さんまや》の一切金剛の心を説きたもう。唵《おん》。

その時に、虚空庫《こくうこ》大菩薩は、重ねて、この事をよく明らかにしようと願うから、おだやかなお顔で、ほのかにほほえみ、このすべての（供養の）はたらきを空しくないものにしようというもとの誓いを示すすべての金剛のように堅固不壊《ふえ》の心髄の真言を説きたもうたのであった。その真言は、唵《おん》である。

唵　虚空庫大菩薩の種子《しゅじ》であるオーム（oṃ）の音写。この菩薩は供養を内なるさとりの表現として示すので、唵は供養を意味する。オームの起源的な意味については、伊原照蓮博士「インド音声学書における聖音唵（oṃ）」（『中川善教先生頌徳記念論集・仏教と文化』高野山大学仏教学研究室、昭和五八年三月刊、六〇三〜六一四頁）参照。

〔一三〕第十・忿怒の教え

（概説）

時薄伽梵、能調持智拳如来、復説一切調伏智蔵般若理趣。

時に薄伽梵《ばがぼん》、よく調《じょう》し智拳《ちけん》を持《じ》したまえる如来はまた、一切を調伏する智蔵《ちぞう》の般若理趣を説きたもう。

その時に、尊き師はよく（すべての制し伏しがたい者を）制し伏するために金剛拳を結んだ如来の姿をとって、またすべて（の制し伏しがたい者）を制し伏する（忿怒《いかり》の）智慧の蔵《くら》というさとりの智慧のおもむきを説きたもうたのであった。

智拳　印契《いんげい》の一種で金剛智拳・忿怒拳ともいう。両　手の親指を握り拳にし、人差し指と小指を立てる。

(別説)

所謂一切有情平等故、忿怒平等。一切有情調伏故、忿怒調伏。一切有情法性故、忿怒法性。一切有情金剛性故、忿怒金剛性。何以故。一切有情調伏、則為菩提。

いわゆる一切の有情《うじよう》の平等の故に、忿怒《ふんぬ》は平等なり。一切の有情の調伏《じようぶく》の故に、忿怒は調伏なり。一切の有情の法性《ほつしよう》の故に、忿怒は法性なり。一切の有情の金剛性《こんごうしよう》の故に、忿怒は金剛性なり。何を以ての故に。一切の有情の調伏《じようぶく》は、すなわち菩提《ぼだい》のためなり。

いうところのすべての生きとし生けるものは平等であるから、(大いなるあわれみにもとづく) 忿怒《いかり》(のはたらき) は平等性のものである。すべての生きとし生けるものを制し伏するから、忿怒《いかり》は制し伏するはたらきをもつ。すべての生きとし生けるものはありのままの真実のすがたであるから、(それに対する) 忿怒はありのままの真実のすがたである。すべての生きとし生けるものは (制し伏しがたくて、尽すことがないから) 金剛の堅固不壊《ふえ》の性質をもつから、忿怒もまた堅固不壊の性質をもつ。なぜか。すべての生きとし生けるものを制し伏するのは、とりもなおさず、(生きとし生けるものの) さとりのためである。

（重説）
時摧一切魔大菩薩、欲重顕明此義故、熙怡微笑、以金剛薬叉形、持金剛牙、恐怖一切如来已、説金剛忿怒大笑心。郝。

時に摧一切魔《さいいっさいま》大菩薩は、重ねてこの義を顕明《けんみょう》せんと欲《ねが》うが故に、熙怡微笑《きいみしょう》して金剛薬叉《やくしゃ》の形を以て金剛牙《こんごうげ》を持《じ》し、一切如来を恐怖《くふ》せしめおわって、金剛忿怒《ふんぬ》大笑《だいしょう》の心《しん》を説きたもう。郝《かく》。

その時に、摧一切魔大菩薩は、重ねて、この事をよく明らかにしようと願うから、おだやかなお顔で、ほのかにほほえみ、金剛薬叉《やくしゃ》の姿をして、両手を金剛拳にして、これを口角にあてる金剛牙印にして、（未来に）すべての如来（となるべき制し伏しがたい者たち）を恐れさせて、金剛のように堅固不壊の忿怒を象徴する二つの牙をむき出して大笑いをするのを示す心髄の真言を説きたもうたのであった。その真言は郝《かく》である。

摧一切魔大菩薩　金剛牙菩薩、すなわち金剛薬叉菩薩の別名。詳しくは摧伏一切魔怨菩薩。
金剛薬叉　三面六臂、または一面四臂の忿怒尊。
郝　摧一切魔菩薩の種子《しゅうじ》のハフ（haḥ）の音写。『理趣釈』巻下によれば、郝には一切法本不生・因・人我・法我の四つの意味があるという。四四四頁以下参照。

〔三〕第十一・普く集める教え

（概説）

時薄伽梵、一切平等建立如来、復説一切法三麼耶最勝出生般若理趣。

時に薄伽梵《ばがぼん》、一切の平等を建立《こんりゅう》する如来は、また一切法の三麼耶《さんまや》の最勝を出生《しゅっしょう》する般若理趣を説きたもう。

その時に、尊き師は（量り知れないほどの功徳やはたらきを広く集めて）すべては平等であることを確立する如来の姿をとって、またすべてのものを象徴した曼荼羅の最も勝れたものを生み出だすさとりの智慧のおもむきを説きたもうたのである。

三麼耶　サマヤの音写。平等・誓願（本誓《ほんぜい》）・驚《きょう》覚《がく》・除垢障《じょくしょう》の意味があるとされるが、ここではとくに曼荼羅を意味する語として用いられる。

（別説）

所謂一切平等性故、般若波羅蜜多平等性。一切義利性故、般若波羅蜜多義利性。一切法性故、般若波羅蜜多法性。一切事業性故、般若波羅蜜多事業性応知。

いわゆる一切の平等性《びょうどうしょう》の故に、般若波羅蜜多は平等性なり。一切の義利性《ぎりしょう》の故に、般若波羅蜜多は義利性なり。一切の法性《ほっしょう》の故に、般若波羅蜜多は法性なり。一切の事業性《じごうしょう》の故に、般若波羅蜜多は事業性なりと、まさに知るべし。

いうところの（金剛部の曼荼羅においては）すべてが平等性のものであるから、（それをさとる）さとりの智慧の完成も平等性のものである。（宝部の曼荼羅においては）すべてが利益になる本性をもつものであるから、（それをさとる）さとりの智慧の確定的な本性も利益になる本性をもつものである。（蓮華部の曼荼羅においては）すべてがさまざまな現象の真実なる本性であるから、（それをさとる）さとりの智慧の完成もさまざまな現象の真実なる本性である。（羯磨部《かつまぶ》の曼荼羅においては）すべてが活動性のものであるから、（それをさとる）さとりの智慧の完成も活動性のものであると、まさに知るべきである。

一切平等性……　以下、五部のうちの金剛部・宝部・蓮華部・羯磨部の四部のそれぞれの曼荼羅において説かれる。五部については一四六頁注参照。

（重説）

時金剛手、入一切如来菩薩三麼耶加持三摩地、説一切不空三麼耶心。吽。

時に金剛手《こんごうしゅ》は、一切の如来と菩薩との三麼耶《さんまや》の加持《かじ》の三摩地に入って、一切不空三麼耶《さんまや》の心《しん》を説きたもう。吽《うん》。

その時に、金剛手菩薩は（この普《あまね》く集める教えを一字に摂《おさ》めて説こうとして）すべての如来と菩薩とが普く集まっている曼荼羅に不可思議な力のはたらきを加えて、瞑想の境地に入って、すべての（仏菩薩の）空しからざる曼荼羅を示す心髄の真言を説きたもうたのであった。その真言は、吽《うん》である。

三麼耶　一五四頁の注参照。ここでは前述と同じように曼荼羅をさす。

吽　一切平等建立如来、すなわち普賢《ふげん》菩薩の種子《しゅうじ》であるフーム（hūṃ）の音写。吽は、前掲（一三一頁注）の通り、原因の意味があり、さとりの正しい原因はさとりを求める心であるから、吽をさとりを求める心の種子として、普く諸尊に用いられる。ここでは普賢菩薩の種子。

〔四〕第十二・人びとに不可思議な力のはたらきを加える教え

（概説）

時薄伽梵如来、復説一切有情加持般若理趣。

時に薄伽梵《ばがぼん》如来は、また一切の有情《うじょう》を加持する般若理趣を説きたもう。

その時に、尊き師は自らの毘盧遮那《びるしゃな》如来の姿に住して、またすべての人びとに不可思議な力のはたらきを加えて（人びとがそのまま如来であることを示す）さとりの智慧のおもむきを説きたもうたのであった。

（別説）

所謂一切有情如来蔵、以普賢菩薩一切我故。一切有情金剛蔵、以金剛蔵灌頂故。一切有情妙法蔵、能転一切語言故。一切有情羯磨蔵、能作所作性相応故。

いわゆる一切の有情《うじょう》は如来蔵《にょらいぞう》なり、普賢《ふげん》菩薩の一切の我を以ての故に。一切の有情は金剛蔵なり、金剛蔵の灌頂《かんじょう》を以ての故に。一切の有情は妙法蔵なり、よく一切の語言《ごごん》を転ずるが故に。一切の有情は羯磨蔵《かつまぞう》なり、よく所作《しょさ》をなす性《しょう》と相応するが故に。

いうところのすべての人びとは如来となり得る可能性を内に蔵する。これは普賢菩薩が（すべての人びとのなかにあって）すべての人びとの真実の自我であるからである。すべての人びとは（その本質において）金剛のように堅固不壊《ふえ》の智慧を蔵する。金剛のように堅固不壊な財宝の智慧によって灌頂《かんじょう》されるからである。すべての人びとは真理の教えを説く智慧を蔵する。（すべての人びとは）よくすべての（真理を伝える）言葉を展開するものであるからである。すべての人びとは（あらゆる者を導き、利益を与える）活動をする智慧を蔵する。（すべての人びとは）よく（導き、利益を与える）はたらきをなす性質と結びついているからである。

（重説）

時外金剛部、欲重顕明此義故、作歓喜声、説金剛自在自真実心。怛囉二合。

時に外金剛部《げこんごうぶ》は、重ねてこの義を顕明《けんみょう》せんと欲《ねが》うが故に、歓喜《かんぎ》の声を作《な》して、金剛自在の自真実《じしんじつ》の心《しん》を説きたもう。怛囉《たら》二合。

その時に、外金剛部《げこんごうぶ》の五類諸天を代表する大自在天が重ねて、この事をよく明らかにしようと願うから、よろこびの声を発して、金剛のように堅固不壊の自在なる（人びと）を象徴する自らの真実の心髄の真言を説きたもうたのであった。その真言は、怛囉《たら》である。

外金剛部　曼荼羅の外側の四方に配された諸天であるが、ここでは上界天・虚空天・地居《じご》天・遊虚空《ゆうこくう》天・地下《じげ》天の五類諸天を代表する大自在天。『教王経』巻第十（大正一八・三七三上）、『十八会指帰』『秘蔵記』など参照。

怛囉　外金剛部の諸天の種子であるトゥリ（trī）

の音写。怛嚩は諸天の内なるさとりを表わす。

〔一五〕第十三・七母女天の教え

爾時七母女天、頂礼仏足、献鉤召摂入能殺能成三麼耶真実心。毘欲二合。

その時、七母《しちも》女天《にょてん》は、仏足《ぶっそく》を頂礼《ちょうらい》して、鉤召《こうしょう》し摂入《しょうにゅう》し、よく殺《せつ》し、よく成《じょう》ずる三麼耶《さんまや》の真実の心を献《こん》ず。毘欲《びよく》二合。

その時に、七母女天は仏のみ足を拝して、（金剛鉤《く》印《いん》をもって、すべての者を）引き寄せ、（曼荼羅に）引き入れて、（すべての人びとの善ならざる心を）よく殺し、よく（さとりを）成就せしめようとするもとの誓いを象徴する真実の心髄の真言を説きたもうたのであった。その真言は、毘欲《びよく》である。

七母女天　底本の七女母天を訂す。『理趣広経』、『百五十偈般若理趣』（チベット語訳）では諸母天とある。諸説あり一定しないが、『大日経義釈』第七によれば七母女天は炎魔天母（Yāmī, Cāmuṇḍā）、竜子天母（Kaumārī）、毘紐天母（Vaiṣṇavī）、倶吠羅天母（Kauverī）、帝釈天母（Aindrī）、暴悪天母（Raudrī）、梵天母（Brāhmī）である。七母女天の原型はヒンドゥー教のサプタマートリカー（Saptamātrikā 七母神）であって、その起源はインダス文明時代まで遡る。拙訳著『インダス文明の謎』（山喜房仏書林刊）五四〜五五頁参照。

頂礼　インドにおける最高礼である五体投地の礼

拝。両膝・両肘・頭面の五ヵ所を地につけて足もとを拝する礼。

毘欲　七母女天の種子《しゅうじ》であるビョー（bhyo）の音写。七母女天の内なるさとりを表わす。

〔一六〕 第十四・三兄弟の教え

爾時末度迦羅天三兄弟等、親礼仏足、献自心真言。娑嚩二合。

その時、末度迦羅《まどきやら》天三兄弟《てんさんけいてい》等が、親しく仏足を礼し、自らの心真言《しんしんごん》を献《こん》ず。娑嚩《さば》二合。

その時に、末度迦羅天《まどきやらてん》という秘密の称号をもつ梵天《ぼんてん》、大自在天、那羅延《ならえん》天の三兄弟たちが目のあたりに仏のみ足を礼拝して、自分自身の立場から心髄の真言を献げたのであった。その真言は娑嚩である。

末度迦羅天　マドゥカラ（Madhukara）の音写で、蜜をつくる者の意。本来は蜜蜂のことであるが、欲望を象徴するブラフマー（梵天）の神の異名とされる。この三兄弟は、ブラフマーのほか、マヘーシュヴァラ（大自在天）、すなわちシヴァ神とナーラーヤナ（那羅延天）とである。

娑嚩　三兄弟の種子《しゅうじ》であるスヴァー（svā）の音写。娑嚩は三兄弟の内なるさとりを表わす。svā をs＋v＋ā の三字の合成とみて、すべての存在するところのものは本来平等であるという真理（諦の原語 satya の頭文字 s）で、それらはあたかも大空（虚空の原語 ākāśa の頭文字 ā）のようであり、その本体は言葉で説き尽くすことができない（離言説《りごんぜつ》の言説の原語 vāc の頭文字 v）という意味から、三兄弟の当体は言葉を離れたもので、あたかも大空のように、真理のすがたを表わすという意。

〔一七〕第十五・四姉妹の教え

爾時四姉妹女天、献自心真言。唅。

その時、四姉妹女天《ししまいにょてん》は、自心の真言を献《こん》ず。唅《がん》。

その時に、若耶《じやや》・微惹耶《びじやや》などの四姉妹女天《ししまいにょてん》が自らの立場で、心髄の真言を献げたのであった。その真言は唅《がん》である。

四姉妹女天　『理趣釈』巻下（本書四六六頁）では、(1)惹耶（Jayā）、(2)微惹耶（Vijayā）、(3)阿爾多（Ajitā）、(4)阿波囉爾多（Aparājitā）とする。これは『陀羅尼集経』巻第十一（大正一八・八七八中）や、チベット語訳『金剛荘厳経』（デルゲ版、夕帙六八頁裏）などに伝えられる。『理趣広経』には別説がある。現在、ヒンドゥー教寺院でも大自在天妃（Gaurī）の守門神として四姉妹女天を配する。栂尾祥雲『理趣経の研究』三五二〜三五三頁参照。

唅　四姉妹女天の種子《しゅうじ》であるハム（haṃ）の音写。四姉妹女天のうちなるさとりを表わす。

〔一八〕 第十六・各具の教え

（概説）

時薄伽梵無量無辺究竟如来、為欲加持此教令究竟円満故、復説平等金剛出生般若理趣。

時に薄伽梵《ばがぼん》無量無辺究竟《くきょう》如来は、この教えを加持して究竟《くきょう》し円満せしめんと欲《ねが》うが為の故に、また平等金剛を出生する般若理趣を説きたもう。

その時に、尊き師は量り知れず際限のない究極の如来の姿に住して、これまで説かれた教えに不可思議な力のはたらきを加えて、きわめ尽くし、円《まど》かに満たそうとするから、また平等であり、金剛のように堅固不壊《ふえ》であることを実現させるさとりの智慧のおもむきを説きたもうたのであった。

此教 「序説」から、「第十五・四姉妹の教え」に至るまでのすべての教え。

（別説）

所謂般若波羅蜜多無量故、一切如来無量。般若波羅蜜多無辺故、一切如来無辺。一切法一性故、般若波羅蜜多一性。一切法究竟故、般若波羅蜜多究竟。

いわゆる般若波羅蜜多《はんにゃはらみった》は無量の故に、一切如来は無量なり。般若波羅蜜多は無辺の故に、一切如来は無辺なり。一切の法は一性《いっしょう》の故に、般若波羅蜜多は一性なり。一切の法は究竟《くきょう》の故に、般若波羅蜜多は究竟なり。

いうところのさとりの智慧の完成は量り知れぬほどであるから、（金剛部曼荼羅の）すべての如来も（それぞれに真理の世界を具《そな》えていて）量り知れない。さとりの智慧の完成は際限がないから、（宝部曼荼羅の）すべての如来も際限がない。（すなわち蓮華部の曼荼羅における）すべてのものは（それぞれに真理の世界を具えていて）同一性のものであるから、さとりの智慧の完成は同一性のものである。（羯磨部曼荼羅の）すべてのものは（それぞれに真理の世界を具えていて）究極的（に活動性）のものであるから、さとりの智慧の完成は究極的（に活動性）のものである。

（得益）

金剛手、若有聞此理趣、受持読誦、思惟其義、彼於仏菩薩行皆得究竟。

金剛手《こんごうしゅ》よ、もしこの理趣を聞きて受持《じゅじ》し読誦《どくじゅ》し、その義を思惟《しゆい》することあらば、彼れは仏菩薩の行《ぎょう》に於いて、皆、究竟《くきょう》することを得ん。

金剛杵《こんごうしょ》を手にする者よ。もしもこの真理のおもむきを聞いて、よく記憶し声をあげて読み、そのいわれを思いつづけるならば、その者は仏菩薩の実践において、皆、（その利他の願いとその実践修行を）完成することができるであろう。

其義　この『般若理趣経』をいただく者たちの心には、それぞれに真理の世界を具えていること。

行　六波羅蜜《ろくはらみつ》の実践行で、ほどこし（布施）、いましめ（持戒）、たえしのび（忍辱《にんにく》）、はげみ（精進）、しずまり（禅定）、さとり（智慧）をいう。

〔一九〕第十七・深秘の教え

（概説）

時薄伽梵毘盧遮那、得一切秘密法性無戯論如来、復説最勝無初中後大楽金剛不空三昧耶金剛法性般若理趣。

時に、薄伽梵毘盧遮那《ばがぼんびるしやな》の、一切の秘密の法性《ほっしょう》を得て、無戯論《むけろん》なる如来は、また最勝にして初中後《しょちゅうこう》なき大楽金剛不空三昧耶《だいらくこんごうふくうさんまや》の金剛法性《こんごうほっしょう》の般若理趣を説きたもう。

その時に、尊き師である毘盧遮那仏は、すべての秘密の存在の真実にして不変なる本性を得て、無益な議論を越えたところの如来として、また最も勝れていて、初めと中間と後なき

（恒常の）大いに安楽である堅固不壊にして空しからざるもとの誓いによって（欲《よく》・触《そく》・愛《あい》・慢《まん》の四明妃《しみようひ》をもって）金剛のように堅固不壊なる存在の真実にして不変なる本性を示すさとりの智慧のおもむきを説きたもうたのであった。

秘密法性　金剛薩埵《さった》と、それをとりかこむ欲・触・愛・慢の四明妃とを五秘密といい、ここで秘密というのは、五秘密をさす。五秘密の諸尊の法性とは、大安楽の境地をいう。五秘密曼荼羅の図については五一四頁の図19参照。

（別説・一）

所謂菩薩摩訶薩、得大欲最勝成就故、得大楽最勝成就。菩薩摩訶薩、得大楽最勝成就故、則得一切如来大菩提最勝成就。菩薩摩訶薩、得一切如来大菩提最勝成就故、則得一切如来摧大力魔最勝成就。菩薩摩訶薩、得一切如来摧大力魔最勝成就故、則得遍三界自在主成就。菩薩摩訶薩、得遍三界自在主成就故、則得浄除無余界一切有情、住著流転、以大精進常処生死、救摂一切、利益安楽最勝究竟皆悉成就。

いわゆる菩薩摩訶薩《ぼさつまかさつ》は、大欲《だいよく》の最勝の成就を得るが故に、大楽《だいらく》の最勝の成就を得。菩薩摩訶薩は、大楽の最勝の成就を得るが故に、すなわち一切如来の大菩提の最勝の成就を得。菩薩摩訶薩は、一切如来の大菩提の最勝の成就を得るが故に、すなわち一切如来の大力の魔を摧《くだ》く最勝の成就を得。菩薩摩訶薩は、一切如来の大力の魔を摧く最勝の成就を得るが故に、すなわち遍三界《へんさんがい》の自在の主たる成就を得。菩薩摩訶薩は、遍三界の自在の主たる成就を得るが故に、すなわち無余界《むよかい》の一切の有情《うじょう》を浄除《じょうじょ》せんがために流転《るてん》に住著《じゅうじゃく》し、大精進《だいしょうじん》を以て常に生死に処して一切を救摂《くしょう》し、利益《りやく》し、安楽ならしむる最勝の究竟《くきょう》を皆悉《みなことごと》く成就することを得。

いうところの（真言の部門の）菩薩大士は（すべての者を教え導き、救済しようという）大いなる欲望を起こすから、（慾明妃《よくみょうひ》として）大安楽の最も勝れた（はたらきを）成就することができる。菩薩大士は（触《そく》明妃として）大安楽の最も勝れたものを成就することができるから、（妙適《みょうてき》の言葉で示される）すべての如来の大いなるさとりの最も勝れたものを成就することができる。菩薩大士は（金剛薩埵《さった》として）すべての如来の大いなるさとりの最も勝れたものを成就することができるから、すべての如来と同じように（制し伏しがたい）大力の魔を打ちくだく最も勝れた（はたらきを）成就することができる。菩薩大士は（愛明妃として）すべての如来と同じように、大力の魔を打ちくだく最も勝れた（はたらきを）成就することができるから、そのまま全世界にひろがって自在に振舞う主としての存在を成就することができる。菩薩大士は（慢明妃として）全世界にひろがって自在に振舞う主としてその存在を成就することができるから、そのまま余すところなき世界のすべての人びとを清らかに救うために迷いの世界〔流転〕にとどまって、大いなる精進をもって、常に生死のなかにあって、すべての者を救いとり、利益し、安楽にさせる最も勝れた究極的な（はたらきを）皆残らず成就することができるのである。

得大欲最勝成就故　「得」は底本にないが、補って読む。

得大楽最勝成就故　上と同じく「得」を補って読む。

何以故。

（別説・二――百字の詩頌）

菩薩勝慧者　乃至尽生死
恒作衆生利　而不趣涅槃
般若及方便　智度悉加持
諸法及諸有　一切皆清浄
欲等調世間　令得浄除故
有頂及悪趣　調伏尽諸有
如蓮体本染　不為垢所染
諸欲性亦然　不染利群生
大欲得清浄　大安楽富饒
三界得自在　能作堅固利

何を以ての故に。
菩薩の勝慧《しょうえ》ある者は　乃《いま》し生死《しょうじ》を尽すに至るまで　恒《つね》に衆生《しゅじょう》の利を作《な》して　しかも涅槃《ねはん》に趣かず。
般若と及び方便との　智度《ちど》をもって　悉《ことごと》く加持《かじ》して　諸法及び諸有《しょう》　一切皆清浄《いっさいみなしょうじょう》ならしむ。
欲等をもって世間を調《じょう》して　浄除《じょうじょ》することを得しむるが故に　有頂《うちょう》より悪趣《あくしゅ》に及ぶまで調伏《じょうぶく》して諸有を尽す。
蓮体《れんだい》の本染《ほんぜん》にして　垢《く》の為に染《せん》せられざるが如く　諸欲の性《しょう》もまた然《しか》り　不染《ふぜん》にして群生《ぐんじょう》を利す。
大欲清浄《だいよくしょうじょう》を得《え》　大安楽にして富饒《ふにょう》なり　三界《さんがい》に自在を得て　よく堅固の利を作《な》す。

それはなぜか。

永遠の求道者にして、すぐれた智慧ある者は、迷いの世界がなくならない限りそこにあって、絶えず人びとのためにはたらいて、しかも静まれるさとりの世界におもむくことがない。

さとりの真実の智慧〔般若〕にもとづく人びとの救済の手だて〔方便〕と、さとりの智慧の完成〔智度〕とをもって残らず不可思議な力を加えて、あらゆる存在するところのもの、およびもろもろの生きとし生けるものの現実生存を、すべて皆清らかならしめる。

欲望などをもって世の人びとを整え制御すれば、（あらゆる罪過を）浄《きよ》め取り除くことができるのであるから、生存界の領域の最上部〔有頂天《うちょうてん》〕から悪業《あくごう》の報いとして受ける生存の状態〔悪趣〕に至るまで、生きとし生けるものの現実生存をすべて整え制御する。

あたかも色あでやかな赤い蓮華が本来の色彩のままであって、他の色のけがれに汚されないように、人間のもろもろの欲望の本性もまたそのとおりである。（すなわち、）世間の人びとの利益《りやく》のためにはたらく者は、その住んでいるところの環境のけがれによって決して汚されることがない。

量り知れないほど大いなる欲望の清らかなもの、大いなる安楽のもの、大財のあるもの、このあらゆる世界〔欲望の世界＝欲界、物質の世界＝色界、精神の世界＝無色界〕を思いのままにすることを得たものは、（生きとし生けるものの）利益をきわめて確実なものにする。

菩薩勝慧者　菩薩たちのうちでも、とくに勝れているもの、すなわち真言の実践行を行なう菩薩。

涅槃　さとりの世界であるが、ここではとくに無余《むよ》依《え》涅槃《ねはん》（無余涅槃ともいう）をさす。肉体などの一切の生存の制約を離れた完全無欠のさとり。

智度　智波羅蜜ともいう。完全なるさとりの智慧の完成。

本染　もとの染まり。紅蓮華がもともと真赤の色であって、他の色に染まらないという比喩。

富饒　いかなる頑くなで制し伏しがたい者をも見放すことなく救済するために用いる多くの財宝を有する意。

〔三〇〕むすび

金剛手、若有聞此本初般若理趣、日日晨朝或誦或聴、彼獲一切安楽悦意、大楽金剛不空三昧耶究竟悉地、現世獲得一切法自在悦楽、以十六大菩薩生、得於如来執金剛位。吽。

金剛手よ、もしこの本初《ほんしょ》の般若理趣を聞きて、日々の晨朝《じんちょう》に或いは誦《じゅ》し或いは聴《き》くことあらば、彼れは一切の安楽と悦意《えつい》と大楽金剛不空三昧耶《だいらくこんごうふくうさんまや》の究竟《くきょう》の悉地《しつじ》とを獲《え》、現世《げんぜ》に一切法《いっさいほう》の自在悦楽を獲得《ぎゃくとく》し、十六大菩薩生《しょう》を以て、如来執金剛《しゅうこんごう》の位《くらい》を得べし。吽《うん》。

金剛杵《こんごうしょ》を手にする者よ。もしも誰であれこの根本にして始源の（教えである）さとりの智慧のおもむきを聞いて、毎日早朝に、あるいは読みあげ、あるいは聞くならば、その人は（大いなる欲望によって世間のすべての罪過を清らかに取り除くことができるから、）すべての安楽と、喜びの心と、大安楽にして金剛のように堅固不壊《ふえ》であって空しからざるもとの誓いの（金剛薩埵《さった》の）不可思議な効験を得て、この世においてすべての存在するところのものの自由自在なる喜びと楽しみを得て、（金剛薩埵から金剛拳《けん》菩薩に至るまでの）十六大菩薩の生涯（であるすべての功徳）を自身が具《そな》えて、具体的なすがたかたちをとった毘盧《びる》遮那《しゃな》如来と智慧を身体とする（智身の）金剛杵を持つ者の位を得ることができるであろう。吽《うん》。

三昧耶　サマヤの音写。伝統的な解釈では、もとの誓い（本誓）を意味する。　**吽**　金剛薩埵の種子《しゅうじ》であるフーム（hūṃ）の音写。

〔三〕金剛薩埵を称讃することば

爾時一切如来、及持金剛菩薩摩訶薩等、皆来集会、欲令此法不空無礙速成就故、咸共称讃金剛手言

善哉善哉大薩埵　善哉善哉大安楽
善哉善哉摩訶衍　善哉善哉大智慧
善能演説此法教　金剛修多羅加持
持此最勝教王者　一切諸魔不能壊
得仏菩薩最勝位　於諸悉地当不久
一切如来及菩薩　共作如是勝説已
為令持者速成就　皆大歓喜信受行

大楽金剛不空真実三麼耶経

その時、一切如来及び持金剛《じこんごう》の菩薩摩訶薩《ぼさつまかさつ》等皆《みな》来たり集会《しゅうえ》して、この法をして不空無礙《ふくうむげ》にして速やかに成就せしめんと欲《ねが》うが故に、咸《みな》共に金剛手を称讃して言《いわ》く、

善き哉《かな》、善き哉、善き哉、大薩埵《だいさつた》　善き哉、善き哉、善き哉、大安楽《だいあんらく》。
善き哉、善き哉、摩訶衍《まかえん》　善き哉、善き哉、善き哉、大智慧。
よくこの法教を演説したまい　金剛の修多羅《しゅたら》を加持《かじ》したまえり。
この最勝の教王を持《じ》せん者は　一切の諸魔も壊《え》すること能《あた》わず。
仏菩薩の最勝の位を得て　諸《もろもろ》の悉地《しつじ》に於いてまさに久しからじ、と。
一切の如来及び菩薩　共にかくの如き勝《すぐ》れし説を作《な》しおわって
持者《じしゃ》をして速やかに成就せしめんが為に　皆、大いに歓喜《かんぎ》し信受《しんじゅ》し行ないき。

大楽金剛不空真実三麼耶経

その時、（大日如来と同体なる）すべての如来と金剛杵を持つ菩薩摩訶薩《まかさつ》たちは皆、この説法の場所に集まって来て、すでに説かれた真理の教えを空《むな》しからずさわりなく速やかに成就させようとして、皆いっしょに金剛杵を手にする者〔金剛薩埵〕を称讃して、次のようにいった。

すばらしいかな、すばらしいかな、（金剛部の曼荼羅のすべての功徳を得たもうている）偉大なる金剛薩埵よ。すばらしいかな、すばらしいかな、（金剛薩埵が得たもうて

いる宝部の曼荼羅の）大いなる安楽よ。

すばらしいかな、すばらしいかな、（金剛薩埵が得たもうている法部の曼荼羅の）大いなる教えよ。すばらしいかな、すばらしいかな、（金剛薩埵が羯磨部《かつまぶ》の曼荼羅においてはたらきたもう）大いなる智慧よ。

（金剛薩埵が毘盧遮那如来として金剛界において）よくこの真理の教えを説きたまい、金剛のように堅固にして永遠不滅の経典に不可思議な力のはたらきを加えたもうのである。

誰でも、この最も勝れた教えの主人公である『般若理趣経』を受けてよく記憶する者は、すべてのさまざまな悪魔といえども、その者を損なうことはできない。仏菩薩の最もすぐれた位を得て、いろいろな不可思議な効験を速やかに得ることができる、と。

（このようにして）すべての如来および菩薩はいっしょに（金剛薩埵の）このように勝れているさまを称讃してから、
この『般若理趣経』を受けてよく憶えておく者に（世間と世間を越えた世界のさまざまな不可思議な効験を）すべて成就させるために、皆、（すべての仏菩薩は）大いに喜び、信じ受けとって、実践したのであった。

大楽金剛不空真実三麼耶経

持金剛　金剛杵をもてる、の意で、金剛杵は、金剛のように堅固なさとりの智慧を象徴する法具。

大薩埵　大日如来の智慧そのものを身体とする金剛薩埵。

摩訶衍　サンスクリット語マハーヤーナの音写。訳、大乗。大きな乗物の意で、大いなる教えを喩える。小乗の対。一切の仏教を大乗と小乗に分ける場合、大乗は自らさとりを求めるとともに、すべての人びとを救済し教え導く菩薩の教えである。

修多羅　スートラの音写。訳、経。

＊　以上の本文のあとに、わが国では合殺《がっさつ》として「毗盧遮那仏」を八遍繰り返し、そのつぎに廻向文を唱えるのが常途であるが、本経の原文にはないので省略する。

大日経疏（抄）

大毘盧遮那成仏経疏巻第一

沙門一行阿闍梨記

入真言門住心品第一

〔一〕経　題

大毘盧遮那成仏神変加持者、梵音毘盧遮那者、是日之別名、即除暗遍明之義也。然世間日則有方分。若照其外不能及内。明在一辺不至一辺。又唯在昼光不燭夜。如来智慧日光則不如是。遍一切処作大照明矣。無有内外方所昼夜之別。

「大毘盧遮那《だいびるしゃな》成仏《じょうぶつ》神変加持《じんべんかじ》」とは、梵音《ぼんのん》の毘盧遮那とは、これ日の別名、すなわち除暗遍《じょあんぺん》明《みょう》の義なり。然《しか》るに、世間の日はすなわち方分《ほうぶん》ありて、もしその外を照らすときは内に及ぶ能《あた》わず、明《みょう》は一辺にありて、（他の）一辺に至らず。またただ昼光のみ在《あ》りて、夜を燭《てら》さず。如来の智慧の日光は、すなわちかくの如くにはあらず。一切処《いっさいしょ》に遍じて大照明《だいしょうみょう》を作《な》す。内外《ないげ》方所《ほうしょ》、昼夜の別あることなし。

「大毘盧遮那成仏神変加持」というのは、そのうちのサンスクリット語音の毘盧遮那（ヴァイローチャナ）は太陽の別名、つまり闇黒を除いて遍《あまね》く明らかに照らす意味である。ところで、世間でいう太陽は、方角や部分があって、もしも太陽が外を照らすときは内面の世界には光がとどかず、明るさは一方だけにあって、他方には到達しない。またただ昼間だけ照らして、その光は夜を照らさない。毘盧遮那如来（＝大日如来）の智慧の日の光は、そうではない。すべてのところに遍くして偉大な輝きである。内と外、方角と場所、昼と夜との区別が全くない。

沙門一行阿闍梨記　善無畏《ぜんむい》（シュバカラシンハ）の講述を弟子一行《いちぎょう》が筆記したもの。

入真言門住心品　真言に入る門である住心《じゅうしん》の章の意。『大日経疏』巻第一に、「入真言門《にゅうしんごんもん》に略して三事《さんじ》あり。一には身密《しんみつ》門、二には語密《ごみつ》門、三には心密《しんみつ》門なり。この事は下にまさに広く説くべし」（一八九頁参照）とある。住心は心に住する意で、最終的には真言の実践者がさとりを求める心に安住することをいう。

除暗遍明　大日如来の原語マハーヴァイローチャナは「遍く照らす」という意味の動詞（$\text{vi-}\sqrt{\text{ruc}}$）の派生語であるから、除暗遍明という。後述の光無生滅、能成衆務とともに大日如来の三つの特質としてあげられる。

復次日行閻浮提、一切卉木叢林、随其性分各得増長、世間衆務因之得成。如来日光遍照法界、亦能平等開発無量衆生種種善根、乃至世間出世間殊勝事業、莫不由之而得成辦。

また次に、日、閻浮提《えんぶだい》を行くときには、一切の卉木叢林《きぼくそうりん》は、その性分《しょうぶん》に随《したが》って各々増長《ぞうじょう》することを得《え》、世間の衆務《しゅむ》はこれに因《よ》って成《じょう》ずることを得《う》。如来の日光も遍《あまね》く法界《ほっかい》を照らして、またよく平等に無量の衆生《しゅじょう》の種々の善根《ぜんごん》を開発《かいほつ》し、乃至《ないし》、世間出世間《しゅっせけん》の殊勝の事業《じごう》は、これに由《よ》って成弁《じょうべん》することを得ざるはなし。

また次に、太陽がこの世界をゆくときには、すべての植物はその本来の性質にしたがってそれぞれに生長することができ、世の中のもののさまざまなはたらきは太陽の光によってなされることができるのである。如来の太陽の光も遍く真理の世界〔法界〕を照らして、また全く平等に量り知れないほど多くの生きとし生けるもののさまざまな諸善をもたらすもとを開き導き、中略、世間と世間を超越した世界との特別にすぐれたはたらきは、如来の光によって成し遂げられないものはない。

閻浮提　ジャンブ・ドゥヴィーパの音写。仏教神話で説く、世界の中心に位置する須弥山《しゅみせん》の南方にある陸地で、人間の住む所、転じてこの世、この世界。

又如重陰昏蔽日輪隠没、亦非壊滅、猛風吹雲日光顕照、亦非始生、仏心之日亦復如是。雖為無明煩悩戯論重雲之所覆障、而無所減、究竟諸法実相三昧、円明無際、而無所増。以如是等種種因縁、世間之日不可為喩。但取其少分相似故、加以大名、曰摩訶毘盧遮那也。

また重陰昏蔽《じゅうおんこんぺい》して日輪隠没《おんもつ》すれども、また壊滅《えめつ》するにあらず、猛風《みょうふう》雲を吹けば日光は顕照《けんしょう》するも、また始めて生ずるにあらざるが如く、仏心の日も亦復《また》かくの如し。無明《むみょう》煩悩・戯論《けろん》の重雲のために覆障《ふくしょう》せらるると雖《いえど》も、しかも減ずるところなく、諸法実相《しょほうじっそう》の三昧《さんまい》を究竟《くきょう》ずれば、円明《えんみょう》は無際《むさい》なれども、しかも増すところなし。かくの如き等の種々の因縁《いんねん》を以て、世間の日は喩《たと》えとすべからず。但だその少分の相似するを取るが故に、加うるに「大」の名を以てして、摩訶毘盧遮那《まかびるしゃな》と曰《い》うなり。

また雲が重なって陰《かげ》をなし、暗く空を覆って天日がすっかり隠れてしまっても、太陽が滅びてしまったのではない。猛烈な風が雲を吹き払えば、太陽の光が明らかに照らすが、それも初めて太陽が生ずるのではないように、〈智慧に満ちた〉仏の心の太陽もまたそれと同じである。根源的な無知にもとづく煩悩や、無益な議論の厚い雲のために覆い遮《さえ》ぎられても、減少することはなく、すべての存在するものの真実のすがた〈諸法実相〉の瞑想を徹底すれば、みごとで完全なことは際限がないが、しかもそれ以上に増加することもない。このようなさまざまな然るべき理由で、この世の太陽は比較にならない。ただその僅かに類似している点を取ってのことであるから、「大」〈摩訶〉の名を冠して、摩訶毘盧遮那というのである。

摩訶毘盧遮那　マハーヴァイローチャナの音写。大日如来のこと。毘盧遮那は『華厳経』の教主であるのに対し、『大日経』の教主は摩訶毘盧遮那とよんで、区別する。

成仏者具足梵音、応云成三菩提。是正覚正知義。謂以如実智、知過去未来現在、衆生数非衆生数、有常無常等一切諸法。皆了了覚知故名為覚。而仏即是覚者。故就省文但云成仏也。

「成仏《じょうぶつ》」とは、具足《ぐそく》せる梵音《ぼんのん》には、まさに成三菩提《じょうさんぼだい》と云うべし。これ正覚《しょうがく》・正知《しょうち》の義なり。いわく如実智《にょじっち》を以て過去・未来・現在の衆生数《しゅじょうしゅ》と非衆生数《ひしゅじょうしゅ》と有常《うじょう》と無常等との一切諸法を知る。皆、了々《りょうりょう》に覚知するが故に、名づけて覚《かく》となす。しかも仏というは、すなわちこれ覚者なり。故に省《はぶ》ける文《もん》に就いて但だ「成仏《じょうぶつ》」と云うなり。

「成仏」とは完備したサンスクリット語音では成三菩提というのがよい。これは正しい覚《さと》り・正しい知〔正覚・正知〕の意味である。ありのままに認識する智慧で、過去・未来・現在の生きとし生けるものたちと国土・自然界と、すべての存在するものの真実のすがたと生滅変化する現象界などのすべてのものを認識するのに、皆、極めて明らかに覚《さと》り知るから、覚りと名づける。しかも仏とは覚れる者のことである。だから、省略した文についていえば、ただ「成仏」ということになるのである。

成三菩提 アビサンボーディの漢梵合成語。アビは成、サンボーディの音写が三菩提。現等覚が訳語。あるがままにみる完全なさとり。
衆生数 衆生という類に収められるもの。衆生はサットヴァの旧訳、新訳は有情で、生けるものの意。
非衆生数 衆生でないものの類に収められるもの。具体的には国土や自然界のこと。
有常 常住なもの、すなわち諸法実相のことで、さとりの世界をさす。密教に特有な語。
無常 生滅変化するこの現象世界であるが、ここでは生けるものの存在する迷いの世界。
成仏 文脈からすると、覚者の意。現等覚を得たものをさすので、サンスクリットの語解釈では「現等覚を有するもの」(有財釈《うざいしやく》)と解せよ、というのである。

神変加持者、旧訳或云神力所持、或云仏所護念。然此自証三菩提、出過一切心地、現覚諸法本初不生。是処言語尽竟心行亦寂。若離如来威神之力、則雖十地菩薩、尚非其境界。況余生死中人。爾時世尊往昔大悲願故、而作是念。若我但住如是境界、則諸有情不能以是蒙益。是故住於自在神力加持三昧、普為一切衆生、示種種諸趣所憙見身、説種種性欲所宜聞法、随種種心行開観照門。然此応化、非従毘盧遮那身或語或意生。於一切時処、起滅辺際倶不可得。譬如幻師、以呪術力加持薬草、能現種種未曾有事、五情所対悦可衆心、若捨加持然後隠没。如来金剛之幻亦復如是。縁謝則滅機興則生。即事而真無有終尽。故曰神力加持経。

「神変加持《じんぺんかじ》」とは、旧訳《くやく》には或いは神力所持《じんりきしょじ》といい、或いは仏所護念《ぶつしょごねん》という。然もこの自証《じしょう》の三菩提《さんぼだい》は、一切の心地《しんじ》を出過《しゅつか》して、現に諸法の本初不生《ほんしょふしょう》を覚《さと》る。この処は言語尽竟《ごんごじんきょう》して心《しん》行《ぎょう》もまた寂《じゃく》なり。もし如来威神《いじん》の力を離んぬれば、すなわち十地《じゅうじ》の菩薩なりと雖《いえど》も、尚その境界にあらず。況《いわ》んや、余の生死《しょうじ》の中の人をや。その時に、世尊は往昔《おうしゃく》の大悲《だいひ》願《がん》の故に、しかもこの念を作《な》したもう。もし我れ但だかくの如くの境界《きょうがい》に住しなば、すなわち諸《もろもろ》の有情《うじょう》は、これを以て益《やく》を蒙《こうむ》ること能《あた》わじ。この故に、自在神力《じざいじんりき》の加持《かじ》三昧《さんまい》に住して、普《あまね》く一切衆生のために、種々諸趣《しょしゅ》の所憙《しょき》見《けん》の身を示して、種々の性欲《しょうよく》の所宜《しょぎ》聞《もん》の法を説き、種々の心《しん》行《ぎょう》に随《したが》って、観照の門を開きたもう。然もこの応化《おうけ》は、毘盧遮那《びるしゃな》の身、或いは語、或いは意より生ずるにあらず。一切の時処に於いて、起滅辺際《きめつへんざい》、倶《とも》に不可得《ふかとく》なり。譬《たと》えば幻師《げんじ》が呪術《じゅじゅつ》力《りき》を以て薬草を加持《かじ》して、よく種々の未曾《みぞ》有《う》の事を現じ、五情《ごじょう》の所対《しょたい》に衆心《しゅしん》を悦可《えっか》せしむれども、もし加持を捨つるときは、然も後に隠没《おんもつ》するが如し。如来金剛の幻も亦《ま》復《た》、かくの如し。縁《えん》、謝《しゃ》すればすなわち滅し、機、興すればすなわち生ず。事《じ》に即してしかも真なり、終《しゅう》尽《じん》あることなし。故に「神力加持経」と曰《い》う。

「神変加持」は、旧訳ではまた不可思議な力のはたらきによってたもつもの〔神力所持〕といい、あるいは仏に護持されるもの〔仏所護念〕ともいう。しかもこの自らのさとりである完全なさとりは、すべての心の世界を超出して、現にあらゆる存在するものは本源的に生起しないことを覚《さと》ることである。このような境界は、言葉も尽き、心のはたらきもまた静まっている。もしも如来の偉大な威力を離れるならば、十地の菩薩であっても、なおその境界には達し得ない。ましてや、その他の迷いの世界にある者はいうまでもないことである。その時に、尊い師〔世尊〕はかつて果て知れぬ過去において発《おこ》したすべての人びとを救おうという慈悲の誓願にもとづくから、このような心のはたらきをなされているのである。もし、わたくしだけがただこのような境界に住するならば、多くの人びとは、これによって利益を得ることはできないであろう。だから、大日如来がすべての人びとに不可思議な力のはたらきを加えて下さる自由自在の威力を有する瞑想〔自在神力加持三昧〕に住して、広くすべての生きとし生けるもののために、さまざまな所に住する者が求め見るところの仏身を現わして、さまざまな習性や欲求にしたがって人びとの聞くべき教えを説き、さまざまな心のはたらきにしたがって智慧をもって観じ明らかにする門戸を開かれる。しかもこの相手に応じていろいろな身体を現出する仏〔応化身〕は、大日如来の身体、あるいは言葉、あるいは意《こころ》より生じたものではない。あらゆる時間・空間において、自由に出現したり消滅して、そのあるところが分からないほどである。

例えば、魔術師が魔法の力で薬草に不可思議な力のはたらきを加えて、よくさまざまな世にも不思議な事を現わし、五つの感覚的認識の対象に対して人びとを喜ばせるけれども、もし不可思議な力のはたらきを捨ててしまえば、その後はすっかり不思議な事がなくなってしまうようなものである。如来の堅固で破壊されない幻術もまた、そのとおりである。機縁がなくなれば滅し、機縁があれば生ずる。現象に即して、さながらにして真実である。終って尽きてしまうことがない。だから「神力加持経」という。

旧訳　古い翻訳。西晋以前の訳経を旧訳という。また、玄奘以後を新訳、以前を旧訳というのが一般的な区別で、旧訳の訳語は羅什訳や真諦訳のものが代表的なものである。

十地菩薩　五十二の修行段階にある菩薩のうち、第四十一位から第五十位までの間にある菩薩をいう。十地は歓喜地・離垢地・発光地・焔慧地・難勝地・現前地・遠行地・不動地・善慧地・法雲地。

自在神力加持三昧　大日如来がすべての者に加持する不可思議な力のはたらきを有する瞑想。この瞑想の世界にあって、大日如来はさまざまな仏身を示現する。

五情所対　五つの情欲で、眼・耳・鼻・舌・身の五つの感覚器官から起こるもの。所対は五情の対象で、色・声・香・味・触。

即事而真　現象のそれ自体がさながらにして真実であること。この語は華厳・天台でも用いるが、本来、密教の用語。『法華玄義』（大正三三・七八二上）に智顗《ちぎ》も用いる。

若拠梵本、応具題云大広博経因陀羅王。因陀羅王者帝釈也。言此経是一切如来秘要之蔵、於大乗衆教威徳特尊、猶如千目為釈天之主。今恐経題太広故不具存。入真言門住心品者、梵本具有二題。初云脩真言行品、次云入真言門住心品。竊謂入住之義、以兼修行語故、離煩文但著其一。

もし梵本《ぼんぽん》に拠《よ》らば、まさに具《つぶ》さに題して大広博経因陀羅王《だいこうばくきょういんだらおう》というべし。因陀羅王とは、帝《たい》釈《しゃく》なり。言《いわ》く、この経はこれ一切如来の秘要の蔵にして、大乗衆教《しゅきょう》に於いて威徳特尊《どくそん》なること、猶《なお》し千目《せんもく》を釈天《しやくてん》の主となすが如し。今、経題太《はなは》だ広きを恐るるが故に、具さに存せず。「入 真言門住心品《にゆうしんごんもんじゆうしんぼん》」とは、梵本に具さに二題あり。初めには脩《しゆ》真言行品といい、次には入真言門住心品という。竊《ひそか》に入住の義を謂《おも》えば、修行の語を兼ぬるを以ての故に、煩文《はんもん》を離れて、但だその一を著すなり。

もしもサンスクリット語原本によれば、詳細に題して大広博経因陀羅王《だいこうばくきょういんだらおう》ということができる。因陀羅王とは帝釈天《たいしやくてん》のことである。つまり、この経典はすべての如来の秘密の肝要とする蔵《くら》であって、大乗仏教の多くの教えにおいて、威力ある徳がことさらに尊貴であることは、たとえば一千の眼をもつところのものを神がみの主である帝釈天とするようである。今、経典の題目はたいへん広いのをおそれて、詳しくは掲げてない。「入真言門住心品」というのは、サンスクリット語原本には詳細に二つの題がある。初めに「修真言行品」といい、次には「入真言門住心品」という。心をひそめて入り住するという意味を考えてみると、修行という言葉を兼ねるのだから、煩わしい文を離れて、そのうちのただ一つの経題を著《あら》わすのである。

大広博経因陀羅王　マハーヴァイプリヤ・スートラ・インドラ・ラージャの訳。大広博経は大乗経。インドラ・ラージャは神がみの王インドラの意で、大乗経典のなかの王ともいうべき経を意味する。
因陀羅王者帝釈　因陀羅王は前掲のとおり。帝釈は神がみの帝王であるシャクラ。シャクラはインドラの別名で、シャクに釈の漢字を宛てたもの。

真言梵曰漫怛攞。即是真語如語不妄不異之音。竜樹釈論、謂之秘密号、旧訳云呪、非正翻也。此品統論経之大意。所謂衆生自心、即是一切智智。如実了知、名為一切智者。是故此教諸菩薩、真語為門、自心発菩提心、即心具万行、見心正等覚、証心大涅槃、発起心方便、厳浄心仏国。従因至果、皆以無所住而住其心故、曰入真言門住心品也。

真言は、梵（音）には漫怛攞《まんとら》という。すなわちこれ真語・如語《にょご》・不妄《ふもう》（語）・不異（語）の音なり。竜樹《りゅうじゅ》の釈論《しゃくろん》には、これを秘密号と謂《い》い、旧訳《くやく》に呪と云うは正翻《しょうほん》にあらず。この品は経の大意《だいい》を統論す。いわゆる衆生の自心《じしん》は、すなわちこれ一切智智なり。実の如く了知するを、名づけて一切智者となす。この故に、この教えの諸《もろもろ》の菩薩は、真語を門として、自心に菩提心を発《おこ》し、即心《そくしん》に万行《まんぎょう》を具《ぐ》し、心に正等覚《しょうとうがく》を見、心に大涅槃《だいねはん》を証し、心に方便を発《ほっ》起《き》し、心に仏国を厳浄《ごんじょう》す。因より果に至るまで、皆、無所住《むしょじゅう》にして、しかもその心に住するを以ての故に、「入真言門住心品《にゅうしんごんもんじゅうしんぼん》」というなり。

真言《しんごん》は、サンスクリット語ではマントラという。つまり、これは真実の言葉、そのとおりの言葉、いつわりなき言葉、違いのない言葉の意味を表わす音である。ナーガールジュナの『大智度論《だいちどろん》』では、これを秘密号といい、旧訳で呪というのは正しい翻訳でない。この品《ほん》

（章）は経典のおよその趣意をとりまとめてある。いうところの人びとの自分の心（菩提心）は、いいかえると、あらゆる智慧のなかの最もすぐれた智慧にほかならない。ありのままに明らかに認知するものを、すべてを知る者と名づける。だから、この教えによるもろもろの菩薩（求道者）は、真実の言葉を門戸として、自分の心にさとりを求める心を発《おこ》し、心に即してあらゆる善き行為をそなえ、心に完全なるさとりを見、心に偉大なる静まりの世界を証《あか》し、心に救いの手だてをよび起こし、心に仏国土を飾り清める。修行の位からさとりの位に至るまで、皆、住する所なくして、しかもその自分自身の心の世界に住するのであるから、「入真言門住心品」というのである。

漫怛攞　マントラの音写。旧訳では呪、神呪、など。不空三蔵《ふくうさんぞう》は真言と訳す。マン（√man）は思考するという動詞、トラ（tra）は器を意味する接尾詞で、「思考の器」というのが原義。

竜樹釈論　『大智度論』巻第二（大正二五・三三下）にみえる。

一切智智　あらゆる智慧のなかの智慧の意で、仏の智慧、絶対智。

一切智者　すべてを知っているもの。いわゆる全智者で、如来、仏のこと。大乗仏教で一般に用いる仏の尊称。

以無所住而住其心　義浄訳『金剛般若経』（大正八・七七三中）に同様な語句が見える。

入真言門略有三事。一者身密門、二者語密門、三者心密門。是事下当広説。行者以此三方便、自浄三業、即為如来三密之所加持、乃至能於此生、満足地波羅密。不復経歴劫数、備修諸対治行。故大品云、或有菩薩初発心時、即上菩薩位得不退転。或有初発心時、即得無上菩提便転法輪。竜樹以為、如遠行、乗羊去者久久乃到、馬則差速。若乗神通人、於発意頃便至所詣。不得云発意間、云何得到。神通相爾、不応生疑、則此経深旨也。

入真言門に略して三事あり。一には身密門《しんみつもん》、二には語密門《ごみつもん》、三には心密門《しんみつもん》なり。この事は下にまさに広く説くべし。行者《ぎょうじゃ》はこの三方便を以て、自ら三業《さんごう》を浄《きよ》むるときは、すなわち如来の三密《さんみつ》のために加持《かじ》せられて、乃至《ないし》、よくこの生に於いて、地波羅密《じはらみつ》を満足す。復《ま》た劫数《こうすう》を経歴《けいりゃく》して、備《つぶさ》に諸《もろもろ》の対治《たいじ》の行《ぎょう》を修せず。故に大品《だいぼん》に云《いわ》く、或いは菩薩は初発心《しょほっしん》の時に、すなわち菩薩の位に上って不退転《ふたいてん》を得るあり。或いは初発心の時に、すなわち無上菩提を得て、すなわち法輪を転ずるあり。竜樹《りゅうじゅ》の以為《おもえ》らく、如《も》し遠く行くに、羊に乗じて去る者は久々《きゅうきゅう》にしてすなわち到り、馬はすなわち差《やや》速し。もし神通《じんずう》に乗ずる人は、発意《ほっい》の頃《けい》に於いて、すなわち所詣《しょけい》に至る。発意の間というを得ざれば、云何《いかん》ぞ到ることを得んや。神通の相は爾《しか》なり、疑いを生ずべからず、すなわちこの経の深旨《じんし》なり。

真言の世界に入る門戸〔入真言門〕には、要略して、三つの事柄がある。一に身密門、二に語密門、三に心密門である。この事柄については、以下にまさしく広く説くであろう。真言の実践者はこの三つの手だてをもって、自らの身体・言葉・意《こころ》の三つのはたらきを清めるときは、そのまま如来の身体・言葉・意の三つの秘密のはたらきによって不可思議な力のはたらきが加えられ、中略、よくこの生涯において十地《じゅうじ》の菩薩がおこなう十種の実践行を十分に満たす。また、ほとんど無限に近いような時間を経過して、すっかりもろもろの煩悩を取り除く修行をするのではない。だから、『大品般若経《だいぼんはんにゃぎょう》』にいう。ある菩薩は初めてさとりを求める心を発《おこ》した時に、そのまま菩薩の位にのぼって後もどりをしない位〔不退転〕を得るのである。あるいは初めてさとりを求める心を発した時に、そのままこの上なきさとり〔無上菩提〕を得て、直ちに真理の輪を転じて教えを説く。ナーガールジュナが思うのに、もし人が遠くへ行くときは、羊に乗って出発する者はたいへん長い時間をかけて到達し、馬に乗って行く者は羊に較べると少し速い。もし超自然力によって行く者は、さとりへの心を発《おこ》した時点で、そのまま到達すべき目的地に達する。さとりへの心を発したその時ということでなければ、どうして到達することができようか。超自然力のかたちはそうしたものである、疑ってはならない、というのが、この経典の深い趣旨である。

身密門…… 身体・言葉・意の秘密のはたらきの部門、教え。これらの三つのはたらきが清らかであって、仏のそれと全く平等であるとするもの。

地波羅密 十地の修行段階にある菩薩が行ずる十波羅蜜で、唯識説では十勝行ともいう。十種の波羅蜜は布施・持戒・忍辱《にんにく》・精進・禅定・般若・方便・願・力・智で、密教の立場ではこれを十種の波羅蜜菩薩として胎蔵曼荼羅の虚空蔵院に配する。

大品 『大品般若経』巻第二、往生品（大正八・二二六上）の引用文。

〔二〕五成就の文

経云如是我聞。一時薄伽梵、住如来加持法界宮者、経初五義、如智度中広明。然此経梵本、闕無通序。阿闍梨云、毘盧遮那大本有十万偈。以浩広難持。故伝法聖者、採其宗要、凡三千余頌。雖真言行法文義略周、以非大経正本故、不題通序、今以例加之、於義無傷也。薄伽梵者、論師所解具有六義。今此宗中、薄伽梵是能破義。如人執持利器多所摧伏。其本未有此名、世議観其事迹故、号為能破者、世尊亦爾。以大智明、破一切識心無明煩悩。此等本自無生亦無相貌。然慧日出時、暗惑自除。是故義名為破。（中略）

経に「かくの如く我れ聞けり。一時、薄伽梵《ばがぼん》、如来加持《にょらいかじ》して法界宮《ほっかいぐう》に住したもう」とは、経の初めの五義は、『智度』の中に広く明《あか》すが如し。然《しか》もこの経の梵本には、闕《か》けて通序《つうじょ》なし。阿闍梨《あじゃり》の云《いわ》く、毘盧遮那《びるしゃな》の大本に十万偈《げ》あり。浩広《こうこう》にして持《じ》し難《がた》し。故に伝法の聖者、その宗要を採《と》るに、凡《およ》そ三千余頌《じゅ》あり。真言行法《しんごんぎょうぼう》は文義略周《もんぎりゃくしゅう》せり、大経《だいきょう》の正本《しょうほん》にあらざるを以ての故に、通序を題せずと雖《いえど》も、今、例を以てこれを加うるに、義に於いて傷《やぶ》ることなし、と。

「薄伽梵」とは、論師《ろんじ》の所解《しょげ》に具《つぶ》さに六義あり。今、この宗の中には、薄伽梵とはこれ能破《のうは》の義なり。人の利器《りき》を執持《しゅうじ》して、摧伏《ざいぶく》するところ多し。それ本《もと》より未だこの名あらざれども、世議《はか》ってその事跡を観《み》るが故に、号して能破者とするが如く、世尊もまた爾《しか》り。大智の明《みょう》を以て、一切の識心《しきしん》の無明《むみょう》煩悩を破したもう。これらは本《もと》より無生《むしょう》にして、また相貌《そうみょう》もなし。然れども、慧日《えにち》出ずる時、暗惑《あんなく》自ら除く。この故に、義をもって名づけて破となす。

経典に「かくの如く我れ聞けり云々」というのは、経典の初めの五つの意味については、ナーガールジュナの『大智度論』のなかで広く明らかにしているとおりである。しかも、この経典のサンスクリット原本には序説を欠く。わが師善無畏三蔵《ぜんむいさんぞう》の申されるのには、この『大日経』の大本というのは十万偈ある。非常に広瀚《こうかん》であって所持するのに困難である。だから、密教の真理を伝える聖者はその肝心な趣旨をとってほぼ三千余頌にしてある。真言の実践法はそのうちの表現と内容にほぼゆきわたっている。大部の経典の根拠としてのテキストではないのだから、序説を掲げなくても、今は、一般の経典の通例でこれを加えても、その意味を傷つけることにはならない、といわれる。

「薄伽梵」というのは、インドの論師、すなわちナーガールジュナの理解するところでは、詳しくは六つの意味がある。今、この真言密教では、薄伽梵とは能破（よく破るもの）の意である。人が鋭い刃物を手にして切れば、非常によく切ることができる。この事はもともとまだ能破（よく破るもの）とはいわないが、世間の者は推しはかってそのありさまを見るから、鋭い刃物を振う者を能破者というように、世尊もまた同様である。偉大なさとりの智慧で、すべてのさまざまな認識作用となってはたらく心の根源的無知にもとづく煩悩を破りたもうのである。これらはもともと生起するのではなく、またすがたかたちもない。だが、智慧の太陽が出る時、闇黒の惑いは自然に取り除かれる。だから、このような意味合いで、破るもの〔破〕と名づけるのである。

薄伽梵　バガヴァーン（バガヴァットの単数・主格）の音写。訳、世尊。一般に尊い師の意。

五義　『大智度論』巻第一（大正二五・六三上）。五義は信・聞・時・主・処であって、如是（かくの如く）は信、我聞（我れ聞けり）は聞、一時は時、仏は教主、法界宮とは真理の教えを説く処をいう。

毘盧遮那大本　『大日経』はもと、十万偈の広本があったと、善無畏は伝える。これを『大日経』の正本ともいう。現在ではこれは一箇の伝説とみなし、実際に十万偈の広本が存在したことに対しては疑問がもたれている。

三千余頌　いわゆる広本に対する略本で、これが現存の『大日経』であるとする。

論師所解具有六義　論師はナーガールジュナ（竜樹）で、その『大智度論』の序説に薄伽梵の六義を挙げる。これはインドにおける通説であって、チベットにも、各種の論書にこの六義が伝えられた。『大智度論』巻第二（大正二五・七〇中〜下）の「大智度初品中婆伽婆釈論第四」参照。このうち、薄伽梵に能破の意味があり、能破者（よく破る者）というのは、バガ（bhaga）が名詞バンガ（bhaṅga 破ること）に通ずるとみなすことによる。

識心　さまざまな識、すなわち心のはたらきのもとなる心そのものをいう。

経云薄伽梵住如来加持者、薄伽梵即毘盧遮那本地法身。次云如来、是仏加持身、其所住処、名仏受用身。即以此身、為仏加持住処。如来心王、諸仏住而住其中。既従遍一切処加持力生。即与無相法身、無二無別。而以自在神力、令一切衆生、見身密之色、聞語密之声、悟意密之法。随其根性分種種不同。即此所住名加持処也。

経に「薄伽梵《ばがぼん》、如来加持に住す」というは、薄伽梵はすなわち毘盧遮那《びるしゃな》、本地法身《ほんじほっしん》なり。すなわち次に如来というは、これ仏の加持身《かじしん》、その所住《しょじゅう》の処にして、仏の受用身《じゅゆうしん》に名づく。すなわちこの身を以て仏の加持住処とす。如来の心王《しんのう》は諸仏の（所）住にして、しかもその（諸仏の）中に住したもう。既に（諸仏は）遍一切処《へんいっさいしょ》の加持力《かじりき》より生ず。すなわち無相法身と無二《むに》無別《むべつ》なり。しかも（心王は）自在神力《じざいじんりき》を以て、一切衆生をして身密《しんみつ》の色《しき》を見、語密《ごみつ》の声《しょう》を聞き、意密《いみつ》の法を悟らしむ。その根《こん》に随《したが》って性分《しょうぶん》種々に不同なり。すなわちこの（心王の）所住を加持処と名づくるなり。

経典に、「薄伽梵、如来加持に住す」というのは、薄伽梵は毘盧遮那のこと、本地法身である。

次に如来というのは仏の加持身のこと。これはその住するところにおいて、仏の受用身に名づけたものである。つまりこの仏身をもって仏の不可思議な力のはたらきが加わる住所とする。如来の心は諸仏がそこに住するところであって、しかもその諸仏のなかに如来は住したもう。諸仏はあまねくあらゆる所にゆきわたる不可思議なはたらきの力から生ずる。つまり、諸仏は無相法身と別々のものでない。しかも、如来の心は自由自在なはたらきをする威力によって、すべての人びとに身体の秘密の色形を見せ、言葉の秘密の声を聞かせ、意《こころ》の秘密のものを悟らせる。人びとの素質にしたがい、その（はたらきの）性質《たち》はさまざまであって同じではない。この如来の心の住するところを、不可思議な力のはたらくところ〔加持処」と名づける。

本地法身　本地身ともいう。加持身の対。あらゆるものの根本となる真実相の法身、永遠不変の大日如来。本地身は真理の教えを説くとするのが古義真言宗、本地身は説かず加持身が説くとするのが新義真言宗の立場。

加持身　生きとし生けるものに不可思議な力のはたらきを加えて護る仏身。古義真言宗では受用《じゅゆう》・変化《へんげ》・等流《とうる》の三身が加持身であり、新義真言宗では自性身《じしょうしん》をさし、本地身に対する加持身を説く。

受用身　さとりの楽しみを自ら享受する仏身。またこれを他の者に享受させる仏身。前者を自受用身、後者を他受用身という。

心王　心のはたらきの根本となるもので、心自体。心のはたらき（心所）を臣とすれば、心自体は王に喩えられる。

無相法身　あらゆる執われを離れて、かたちがないのが無相で、法身は真理そのものを体とする永遠不滅の大日如来。

次又釈歎加持住処故、云広大金剛法界宮。大謂無辺際故、広謂不可数量故、金剛喩実相智。過一切語言心行道、適無所依。不示諸法、無初中後。不尽不壊、離諸過罪。不可変易、不可破毀、故名金剛。如世間金剛宝、有三事最勝。一者不可壊故、二者宝中之上故、三者戦具中勝故、此与釈論三種金剛三昧中喩、意大同。法界者、広大金剛智体也。此智体者、所謂如来実相智身。以加持故、即是真実功徳所荘厳処妙住之境、心王所都故、曰宮也。此宮是古仏成菩提処、所謂摩醯首羅天宮。（中略）

次にまた、加持住処を釈嘆《しゃくたん》するが故に、「広大金剛法界宮《ほっかいぐう》」と云う。「大」はいわく無辺際《むへんざい》の故に、「広」はいわく不可数量の故に、「金剛」とは、実相智に喩《ふ》う。一切の語言《ごごん》と心行《しんぎょう》の道とを過ぎて、適《まさ》に所依《しょえ》なし。諸法を示さず、初中後なし。不尽不壊にして、諸《もろもろ》の過罪を離れたり。変易《へんにゃく》すべからず、破毀《はき》すべからず、故に「金剛」と名づく。世間の金剛宝に三事《さんじ》の最勝あるが如し。一には不可壊《ふかえ》の故に、二には宝中の上なるが故に、三には戦具の中に勝れたるが故に、これ『釈論』の三種の金剛三昧の中の喩と、意《こころ》大いに同じ。「法界」とは、広大金剛の智体《ちたい》なり。この智体とは、いわゆる如来の実相智身なり。加持を以ての故に、すなわちこれ真実の功徳《くどく》に荘厳《しょうごん》せらるるところの妙住《みょうじゅう》の境、心王の所都《しょと》なるが故に、「宮」という。この「宮」は、これ古仏成菩提《こぶつじょうぼだい》のところ、いわゆる摩《ま》醯首羅《けいしゅら》天宮《てんぐう》なり。

次にまた不可思議な力のはたらく場所を注解し讃えるから、「広大金剛法界宮」という。「大」は果てしもないから、「広」は数えたり量ることができないから、「金剛」は、真実の智慧に喩える。あらゆる言葉と思慮のはたらくところを超越して、まさしく依りどころがない。もろもろの存在するものを示さず、初めとか中間とか後とかという区別もない。尽きることなく、破壊されず、さまざまな罪過を離れている。変化させることができず、うちこわすことができないから、「金剛」と名づける。世間の金剛に三つの最もすぐれたことがらがあるのと同じである。一つには破壊することができないから、二つには宝石のなかの最もすぐれたものだから、三つには武器のなかですぐれたものであるからである。これは『大智度論』に説く三種の金剛の瞑想のなかにある比喩と趣旨は非常によく似ている。「法界」とは、広大なる金剛のような智慧の本体である。この智慧の本体は、いうところの如来の真実相である智慧をもって仏身とするものである。不可思議な力のはたらきによるから、すなわちこれは真実の功徳によって厳《おごそ》かに飾られているところの妙《たえ》なる住まいの境界であり、心自体が都とするところであるから、「宮」という。この「宮」はかつての仏がさとりを得たところであって、いうところの摩醯首羅天宮《まけいしゅらてんぐう》である。

釈論　『大智度論』巻第四十七（大正二五・四〇〇中～下）の引用。

三種金剛三昧　金剛喩定《こんごうゆじょう》・金剛定ともいう。金剛がすべてのさわりなく、あらゆるものに達してつらぬく瞑想。『大智度論』（前掲）によれば、金剛三昧に、金剛・金剛輪・如金剛の三種ありとする。

古仏　久遠の過去からさとりを得ている仏で、本覚《ほんがく》仏《ぶつ》（本来さとっている仏）のこと。

摩醯首羅天宮　物質世界（色界）の第四《し》禅《ぜん》天とよばれる世界にある宮殿。摩醯首羅はマヘーシュヴァラの音写で、訳は大自在天。

一切持金剛者皆悉集会、次明妙眷属也。如来在此宮中、為独処耶有眷属乎。故云此中乃有無辺眷属常所集会。所謂執金剛等也。梵云伐折羅陀羅。此伐折羅、即是金剛杵。陀羅是執持義。故旧訳云執金剛、今謂持金剛。兼得深浅二釈。於義為勝。故随文便互為其辞。若世諦常途所表、則云生身仏、常有五百執金剛神、翊従侍衛。然此宗密意、伐折羅是如来金剛智印。如是智印其数無量。能持此者亦復無辺。所以然者、心王所住之処、必有塵沙心数、以為眷屬。今者心王毘盧遮那、成自然覚。爾時一切心数、無不即入金剛界中、成如来内証功徳差別智印。如是智印、唯仏与仏乃能持之。（中略）

「一切持金剛《じこんごう》者は、皆 悉《ことごと》く集会《しゅうえ》す」とは、次に妙眷属《みょうけんぞく》を明す。如来は、この宮の中に在《いま》すとき、独処《ひとりい》ますとやせん、眷属ありや。故にこの中にすなわち無辺の眷属ありて、常に集会《しゅうえ》する所なりと云う。いわゆる執金剛《しゅうこんごう》等なり。梵に伐折羅陀羅《ばざらだら》と云う。この伐折羅はすなわちこれ金剛杵《こんごうしょ》なり。陀羅はこれ執持《しゅうじ》の義なり。故に旧訳《くやく》には執金剛と云い、今は持金剛と謂《い》う。兼ねて深浅の二釈を得たり。義に於いて勝れたりとす。故に文便《ぶんべん》に随《したが》って、互いにその辞をなす。もし世諦常途《せたいじょうと》の所表《しょひょう》ならば、すなわち生身《しょうしん》の仏には常に五百の執金剛身あって、翊《たす》け従い、侍衛《じえい》すと云う。然《しか》もこの宗の密意《みっち》は、伐折羅はこれ如来の金剛智印なり。かくの如くの智印、その数、無量なり。よくこれを持《じ》する者も亦復《また》無辺なり。然る所以《ゆえん》は、心王の所住の処には、必ず塵沙《じんじゃ》の心数《しんじゅ》あって、以て眷属たり。今、心王の毘盧遮那は自然覚《じねんがく》を成《じょう》ず。その時に、一切の心数はすなわち金剛界の中に入りて、如来内証《ないしょう》の功徳《くどく》の差別智印《しゃべっちいん》と成らずということなし。かくの如くの智印は、唯《た》だ仏と仏とのみ、乃《いま》しよくこれを持《たも》ちたまえり。

「一切持金剛者は云々」とは、次に妙《たえ》なる随伴者を明らかにする。如来はこの宮殿のなかにいますとき、如来だけがましますのか、随伴者があるのだろうか。（このような問いを予想して）だから、この宮殿のなかには限りない多くの随伴者がいて、常に集まり会う所であるという。いうところの金剛杵を手にとる者〔執金剛〕たちである。サンスクリット語では伐折羅陀羅という。この伐折羅というのは、金剛杵のことである。陀羅は執《と》り持《たも》つ意味である。だから旧訳では執金剛といい、ここでは持金剛という。これは深い解釈と浅い解釈とをかねている。意味において（深い解釈が）すぐれているとする。だから、文のたよりにしたがって、たがいに、そのいずれかの意味の言葉をとる。もしも世俗的立場の普通の言い表すところによれば、生まれながらの肉身〔生身〕の仏には常に五百の金剛杵を手に執る者〔執金剛身〕がいて、助け従い、仏に侍り守る、という。しかもこの教えのかくされた意味によれば、伐折羅は如来の金剛のような智慧のしるし〔金剛智印〕である。このような智慧のしるしは、その数は量り知れない。よくこれを持《たも》っている者もまた限りがない。そのわけは、心自体の住するところの場所には必ず塵や砂ほどの数多い心のはたらきがあって、（それを人格体で表わして）随伴者とする。今、心自体である大日如来はおのずからなる覚《さと》り〔自然覚〕を成就している。その時に、あらゆる心のはたらきはそのまま金剛界のなかに入って、如来の内なるさとりの功徳を表現するあらゆるものの区別を認識する智慧のしるし〔差別智印〕とならないものはない。このような智慧のしるしは、ただ仏と仏とだけが今まさによくこれを持《たも》っておられるのである。

伐折羅陀羅　サンスクリット語のヴァジュラダラの音写。ヴァジュラは金剛・金剛杵、ダラは所有する（者）の意。

旧訳　玄奘以前の翻訳語。

生身　父母から受けた生まれながらの身体。また、仏が超自然力によって仮りに現わす肉体。『菩提心論』にいう。「もし人仏《ぶって》慧を求めて菩提心に通達すれば、父母所生《ぶもしょしょう》の身《しん》に速やかに大覚《だいがく》の位《くらい》を証す」（大正三二・五七四下）。

金剛智印　金剛のように堅固な智慧のしるし。

自然覚　自然智ともいう。本来自ら生じてある仏のさとりの智慧、またはさとりそのもの。

差別智印　諸尊の量り知れないほどの無数の金剛智印をいう。

如来信解遊戯神変生、大楼閣宝王高無中辺。諸大妙宝王種種間飾、菩薩之身為師子座者、大衆已集、応有説法処。故次明所住楼閣及師子座也。信解者、始従真正発心乃至成仏、於是中間通名信解地。梵云微吃哩扼多、是踴躍義、遊戯義、神変義。謂従初発心以来、深種善根、起種種願行、荘厳仏土、成就衆生、恒殊勝進、不休息故、即是超昇騰躍義。如人掉動鼓舞、能以善巧三業、普悦衆心。故此騰躍、即名遊戯。如是遊戯、即是菩薩自在神通。言毘盧遮那本行菩薩道時、以一体速疾力三昧、供養無量善知識、遍行無量諸度門、自利利他法皆具足、能得如是如来智宝之所集成、秘密荘厳法界楼観。於一切実報所生最為第一。猶如真陀摩尼為諸宝之王。故曰遊戯神変生大楼閣宝王也。其高無窮。当知広亦無際。以辺不可得故、亦復無中。此是遍一切処身之所住処。当知如是楼観、亦遍一切処也。（中略）

「如来の信解《しんげ》による遊戯神変《ゆげじんぺん》より生ずる大楼閣宝王《だいろうかくほうおう》は、高くして中辺なし。諸《もろもろ》の大妙宝王をもって種々に間飾《けんじき》し、菩薩の身をもって師子座《ししざ》とす」とは、大衆すでに集まりぬれば、まさに説法の処あるべし。故に次に所住の楼閣と及び師子座とを明かす。「信解」とは、始め真正の発心《ほっしん》より、乃《いま》し成仏《じょうぶつ》に至るまで、この中間《ちゅうげん》に於いて、通じて信解地《しんげじ》と名づく。梵に微《び》吃《き》哩《り》抳《じ》多《た》と云うは、これ踴躍《ゆやく》の義、遊戯《ゆげ》の義、神変の義なり。いわく、初発心《しょほっしん》より以来《このかた》、深く善根《ぜんごん》を種《う》えて、種々の願行《がんぎょう》を起こし、仏土を荘厳《しょうごん》し、衆生《しゅじょう》を成就して、恒《つね》に殊《こと》に勝進《しょうしん》して休《く》息《そく》せざるが故に、すなわちこれ超昇騰躍《ちょうしょうとうやく》の義なり。人の掉動《じょうどう》鼓舞して、よく善巧《ぜんぎょう》の三業《さんごう》を以て普《あまね》く衆心を悦《よろこ》ばしむるが如し。故にこの騰躍をすなわち遊戯《ゆげ》と名づく。かくの如くの遊戯はすなわちこれ菩薩の自在神通《じざいじんずう》なり。言うところは、毘盧遮那は本《もと》菩薩の道を行《ぎょう》ぜし時、一体速疾力《そくしつりき》三昧を以て、無量の善知識《ぜんちしき》を供養し、遍《あまね》く無量の諸度門《しょどもん》を行じ、自利利他《じりりた》の法、皆、具足して、よくかくの如き如来智宝の集成《しゅうじょう》するところの秘密荘厳《ひみつしょうごん》、法界楼観を得たまえり。一切実報《じっぽう》の所生に於いて、最も第一なり。猶《なお》し真陀摩尼《しんだまに》の諸宝の王なるが如し。故に「遊戯神変生大楼閣宝王」というなり。それ高くして窮《きわま》りなし。まさに知るべし、広《こう》にしてまた無際なり。辺不可得《へんふかとく》なるを以ての故に、亦復《また》中もなし。これはこれ遍一切処の身の所住処なり。まさに知るべし、かくの如くの楼観もまた一切処に遍せり。

「如来の信解云々」とは、多くの者たちがすでに集まったならば、まさしく真理の教えを説く場所があるべきである。だから、次に住するところの楼閣と師子座とを明らかにする。「信解《しんげ》」とは、始めに真実の心がさとりを求める心を発《おこ》してから、今まさにさとりに到達するまでの中間を共通して信解地と名づける。

サンスクリット語で微吃哩扼多《びきりじた》というのは、これは勇躍の意味、遊戯の意味、神変〔超人的能力〕の意味がある。初めてさとりを求める心を発《おこ》して以来、深く善を生ずる根を植えて、さまざまな生きとし生けるものを救う願いとそのための修行をして、仏国土を厳《おごそ》かに飾り、人びとを成就して、いつも別段にすぐれた方向にむかって進み休むことがないから、つまりこれは超えてのぼりおどる意味である。人がふるい動かし、ふるい起こして、よく巧みに手だてをめぐらす身体・言葉・意《こころ》のはたらきをもって、広く多くの人びとの心を喜ばせるようなものである。だから、こののぼりおどることをつまり心のままに自由自在であること〔遊戯〕と名づける。このような心のままに自由自在であることは、とりもなおさず、これは菩薩の自由自在の超人間的能力である。その意味するところは、次のとおりである。大日如来はもともと菩薩として修行の道を実践していたとき、一体速疾力という瞑想をもって量り知れないほど多くの善きひとを供養し、ひろく量り知れないさまざまな救済の教えを実践し、自らはさとりを求め、人びとを救済し利益を与える教えを皆具《そな》えて、よくこのような如来のもつ智慧という宝を集め成すところの秘密の世界の厳かな飾り、真理の世界という楼閣を得たもうたのであった。

すべての迷いを断った成果がとどこおりなく実証された世界より生じて、最もすぐれている。たとえば如意宝珠《にょいほうじゅ》がさまざまな宝石のなかの王のようなものである。だから、〔経典に〕「自由自在の超人間的能力より生ずる大いなる楼閣なる宝王〔遊戯神変生大楼閣宝王〕」という。それは高くして極まりがない。まさしく広くして無限であることを知るべきである。限界を認得することができないから、また中間もない。このものはあらゆるところにひろがっている仏身の住する場所なのである。まさしくこのような楼閣もまたすべてのところに普遍的にひろがっているのである。

師子座　仏の坐る座。師子はライオンをさし、百獣の王といわれるライオンのように、仏はすべての者のなかの王者であるから、その坐る場所を師子座という。

信解　サンスクリット語のアディムクティ（adhimukti）の訳。勝解ともいう。教えを確信し、了解すること。チベット語訳『大日経』の注解書『大日経広釈』を書いたブッダグヒヤの解釈では、喜び、願い求める意であるとする。

真正発心　真実の王で、師子座に坐す如来が菩薩の位にあって、さとりを求める心を発すこと。

信解地　さとりを求める心を発してから、さとりに至るまでをいう。

微吃哩抳多　ヴィクリーディタ（vikrīḍita）の音写。善無畏は、勇躍・遊戯・神変の訳語を示す。語根 vi-√krīḍ は、遊ぶ、戯れる意。

善根　善の根の意。それが根となって善をもたらすもので、密教の立場では、身体・言葉・意《こころ》の秘密のはたらきによる実践（三密妙行）であるが、顕教で説く布施・持戒・忍辱《にんにく》・精進・禅定・智慧という菩薩の実践行（六波羅蜜）をも兼ねるとみられる。

願行　願は大日如来の本《もと》の願いで、衆生無辺誓願度・福智無辺誓願集・法門無辺誓願学・如来無辺誓願事・無上菩提誓願成の五大願。行は前項の三密妙行と六波羅蜜をいう。

一体速疾力三昧　一切如来一体速疾力三昧が詳名。一体は阿字（大日如来を象徴する梵字）で、これはあらゆる存在するものの帰一する本体であるから一体という。阿字はすべての福徳・智慧を速やかに集めるはたらきがあるので、速疾力という。阿字は本初より生起しない永遠存在であるという理法を観想する瞑想のこと。

善知識　具体的には曼荼羅に集会する諸尊をいう。
諸度門　前項の三密妙行、六波羅蜜の実践をいう。
一切実報　あらゆる存在のありのままなる理法を観察して、さとりの智慧を起こして得た結果。
真陀摩尼　チンター・マニの音写。如意宝珠。思うがままに宝を出すという宝石。請願を成就する珠宝。

菩薩之身為師子座者、上説金剛法界宮、即是如来身。次云大楼閣宝王、亦即是如来身。今云師子座、当知亦爾。所以云菩薩身者、謂本行菩薩道時、次第修行地波羅蜜、乃至第十一地。当知後地即以前地為基故、云如来以菩薩身為師子座。（中略）

「菩薩の身を師子座となす」とは、上に「金剛法界宮」と説く、すなわちこれ如来身なり。次に「大楼閣宝王」と云うも、またすなわちこれ如来身なり。今、師子座と云うは、まさに知るべし、また爾《しか》り。菩薩の身と云う所以《ゆえん》は、いわく、本《もと》菩薩道を行《ぎょう》ぜし時、次第に地波《じは》羅蜜《らみつ》を修行して、乃《いま》し第十一地《じ》に至る。まさに知るべし、後地《ごじ》はすなわち前地《ぜんじ》を以て基《もとい》とするが故に、如来は菩薩の身を以て、師子座とすと云うことを。

「菩薩の身を師子座とす」というのは、前に「金剛法界宮」を説くが、これは如来の仏身そのもの〈如来身〉のことをいったものである。
次に、「大楼閣宝王」というのもまた、これは如来の仏身そのもののことである。今、師子座というのは、まさしく如来の仏身そのもののことをいうのであると知るべきである。菩薩の身体というわけは、もと如来が菩薩道を実践していたとき、順々に菩薩の修行階位の十段階を修行して、ついに第十一の階位に到達したのである。後の階位はつまり前の階位が基礎となるのであるから、如来は菩薩の身体を師子座とするのだと知るべきである。

地波羅蜜　十勝行ともいう。菩薩がおこなう十種の実践行。十波羅蜜のことで、布施・持戒・忍辱・精進・禅定・智慧の六波羅蜜に、方便・願・力・智を説く。『華厳経』巻第二十五、十地品（大正九・五六一中）参照。

第十一地　第十地の菩薩の位を越えた階位なので、究極の仏の位をいう。

如来以菩薩身為師子座　『大智度論』巻第七（大正二五・一一一中）に見える。

〔三〕十九執金剛

其金剛名曰虚空無垢執金剛、乃至金剛手秘密主。如是上首、十仏刹微塵数等持金剛衆俱。及普賢菩薩、慈氏菩薩、妙吉祥菩薩、除一切蓋障菩薩等、諸大菩薩前後囲繞、而演説法者、次明同聞衆也。（中略）

「その金剛を名づけて、虚空無垢《こくうむく》執金剛、乃至《ないし》金剛手秘密主という。かくの如きを上首《じょうしゅ》として、十仏刹微塵数《じゅうぶつせつみじんじゅ》等の持金剛衆《じこんごうしゅ》と倶《とも》なりき。及び普賢菩薩・慈氏《じし》菩薩・妙吉祥《みょうきつしょう》菩薩・除一《じょいっ》

明かす。

「その金剛を名づけて云々」というのは、次に真理の教えを聞く者たちのことを明らかにする。

乃至 虚空遊歩執金剛以下、無垢眼執金剛までを略す。『大日経』巻第一（本書一六頁）に十九執金剛の名を列挙し、『大日経疏』ではそれらの語義について詳しく説明してあるが、紙数の関係で省略する。名称のみ左に掲げる。第一虚空無垢執金剛・第二虚空遊歩執金剛・第三虚空生執金剛・第四被雑色衣執金剛・第五善行歩執金剛・第六住一切法平等執金剛・第七哀愍無量衆生界執金剛・第八那羅延力執金剛・第九大那羅延力執金剛・第十妙執金剛・第十一勝迅執金剛・第十二無垢執金剛・第十三刃迅執金剛・第十四如来甲執金剛・第十五如来句生執金剛・第十六住無戯論執金剛・第十七如来十力生執金剛・第十八無垢眼執金剛・第十九金剛手秘密主。

如是上首十仏刹微塵数等持金剛衆倶者、若具存梵本、於列名下、一一皆有多声。応云虚空無垢等、虚空遊歩等、乃至秘密主等。所以然者、此等上首執金剛、一一皆有無量眷属部類。大本当具存耳。然統其綱要、則枝末随之。於宗通之用、不足為闕。所云十仏刹微塵数者、如来差別智印、其数無量、非算数譬喩之所能知、且以如来十種智力、各対一仏刹微塵、以表衆会之数。（中略）

「かくの如きを上首とし、十仏刹微塵数《じゅうぶつせつみじんじゅ》等の持金剛衆と倶《とも》なりき」とは、もし具《つぶ》さに梵本《ぼんぽん》を存せば、列名の下に於いて、一々に皆、多の声《しょう》あり。まさに虚空無垢等、虚空遊歩《ゆぶ》等、乃至《ないし》秘密主等と云うべし。然《しか》る所以《ゆえん》は、これらの上首の執金剛の一々に皆、無量の眷属《けんぞく》部類あり。大本にはまさに具さに存すべし。然もその綱要を統《す》ぶれば、枝末これに随《したが》う。宗通の用《ゆう》に於いて、闕《か》けたりとするに足らず。云うところの「十仏刹微塵数」とは、如来の差別《しゃべつ》智印《いん》、その数は無量なり、算数《さんじゅ》譬喩のよく知るところにあらず、且《しばら》く如来の十種の智力を以て、各々に一仏刹微塵《いちぶつせつみじん》に対して、以て衆会《しゅえ》の数を表わす。

「かくの如きを上首とし云々」というのは、もしも詳しくサンスクリット原本によれば、名前を列ねる下に、それぞれ皆、「多くの」という意味の言葉がある。まさしく虚空無垢など、虚空遊歩《ゆぶ》など、中略、秘密主などというべきである。そのわけは、これらの主たる金剛杵を持つ者たちのそれぞれに皆、量り知れないほどの随伴者仲間がある。大本にはまさしく詳しくこれらがあるのである。しかも、そのかなめとして広く通ずるところをまとめれば、枝末がこれにしたがう。したがって、教えのはたらきにおいて欠けているということにはならない。いうところの「十仏刹微塵数」とは、如来の差別智印の数は量り知れず、計算したり比喩によってよく知ることはできない。かりに如来の十種類の智慧と力とによって、それぞれに一仏国土を粉々にしたほどの数に対して、集まった金剛杵を持つ者たちの数を表わすのである。

十仏刹微塵数等　仏刹はブッダクシェートラの音写略で、仏の住する国土。微塵は極小の物質、原子。十の仏国土という無限大のものを不可分割の最小単位の原子にくだいただけの数の意。

多声　複数。

大本　十万頌の『大日経』をさし、現行の『大日経』を略本というのに対して、いわゆる広本とされるもの。

宗通　大宗弘通の意とされる。

差別智印　大日如来のさとりの世界の一部分をつかさどる無数の随伴者である諸尊、また諸尊の有する堅固にして確定した智慧の徳をいう。

如来十種智力　如来がもつ十智と十力のこと。十智は諸説があるが、八十巻本『華厳経』十住品に二説がある。(1)無礙智、(2)無著智、(3)無断智、(4)無癡智、(5)無異智、(6)無失智、(7)無量智、(8)無勝智、(9)無懈智、(10)無奪智（大正一〇・八四上）。(1)三世智、(2)仏法智、(3)法界無礙智、(4)法界無辺智、(5)充満一切世界智、(6)普照一切世界智、(7)住持一切世界智、(8)知一切衆生智、(9)知一切法智、(10)知無辺諸仏智（大正一〇・八五下）。十力は仏に特有な十種の智慧の力のはたらきで、(1)処非処智力、道理に合うか合わぬかを明らかに区別する力。(2)業異熟智力、行為の原因と結果との関係をありのままに知る力。(3)静慮解脱等持等至智力、四禅・八解脱・三三昧・八等至《とうし》などの瞑想を知る力。(4)根上下智力、人びとの宗教的素質の優劣などを知る力。(5)種種勝解智力、人びとのさまざまな心の願いを知る力。(6)種種界智力、人びとや存在するものの本性を知る力。(7)遍趣行智力、人びとが将来おもむくところを知る力。(8)宿住随念智力、自分や他者の遠い過去の世からあった出来事を知る力。(9)死生智力、人びとがどこからどこへ輪廻転生するかを知る力。(10)漏尽智力、煩悩を尽し、さとりの世界に至るための手段を明らかに知る力。

〔四〕四大菩薩

次列菩薩衆、以四聖者而為上首。前明諸執金剛、一向是如来智印。今此菩薩、義兼定慧又兼慈悲。故別受名也。亦是毘盧遮那内証功徳。如執金剛有十仏刹微塵数衆、当知諸菩薩、法門相対、亦有十仏刹微塵衆。以加持故、各得従法界一門現、為一善知識身也。又般若釈論、生身仏成道時、阿難密迹力士等、是名内眷属、舎利弗目犍連等諸聖人、及弥勒文殊諸阿毘跋致、一生補処菩薩等、是名大眷属。今謂仏加持身亦復如是。諸執金剛各持如来密印、名内眷属、諸菩薩大悲方便、普門摂受無量衆生、輔佐法王、行如来事、名大眷属。故大品云、欲為諸仏内眷属、欲得大眷属者、当学般若波羅蜜也。(中略)

次に菩薩衆を列《つら》ぬるに、四聖者《ししょうじゃ》を以て、しかも上首となす。前に明かす諸《もろもろ》の執金剛は、一向にこれ如来の智印なり。今、この菩薩は、義として定慧《じょうえ》を兼ね、また慈悲を兼ねたり。故に、別に名を受く。またこれ毘盧遮那の内証の功徳《くどく》なり。執金剛に十仏刹微塵数の衆あるが如く、まさに知るべし、諸《もろもろ》の菩薩も法門相《あい》対するに、また十仏刹微塵の衆あり。加持《かじ》を以ての故に、各々に法界《ほっかい》の一門より現じて、一善知識の身となることを得《う》、と。また般若の釈論には、生身《しょうしん》の仏は、成道《じょうどう》の時、阿難《あなん》・密迹力士《みっしゃくりきし》等、これを内眷属《ないけんぞく》と名づけ、舎利弗《しゃりほつ》・目《もっ》犍連《けんれん》等の諸《もろもろ》の聖人《しょうにん》、及び弥勒《みろく》・文殊《もんじゅ》の諸《もろもろ》の阿毘跋致《あびばっち》の一生補処《いっしょうふしょ》の菩薩等、これを大眷属と名づく。今はいわく、仏の加持《かじ》身《しん》も亦《ま》復《た》かくの如し。諸《もろもろ》の執金剛は、各々に如来の密印《みっちん》を持《じ》するを内眷属と名づけ、諸《もろもろ》の菩薩は大悲《だいひ》方便をもって普門《ふもん》に無量の衆生を摂受《しょうじゅ》し、法王を輔佐《ほさ》して如来の事を行《ぎよう》ずるをば大眷属と名づく。故に『大品《だいぼん》』に云わく、諸《もろもろ》の仏の内眷属とならんと欲《ねが》い、大眷属を得んと欲《おも》わば、まさに般若波羅蜜《はんにやはらみつ》を学すべきなり、と。

次に菩薩たちを列ねるのに、四たりの聖者を主たるものとする。前に明らかにしたさまざまな金剛杵を持つ者たちは、ひとえにこれは如来の（金剛のように堅固な）智慧のしるしを象徴する。今、この菩薩は、その意味するところとして瞑想と智慧とを兼ね、また慈悲を兼ねている。だから、別に名がつけられる。またこれは毘盧遮那仏の内なるさとりの功徳を表わす。金剛杵を持つ者に十の仏国土を粉々にしたほどの無数の者たちがあるように、まさしく、次のことを知るがよい。さまざまな菩薩も教えの部門を相対すれば、また十の仏国土を粉々にしたほどの無数の者たちがいる。不可思議な力のはたらきを加えるから、それぞれに真理の世界の一部門より現われて、ひとりの教え導く身となることができるのである。また、『大智度論』には、生身の仏は、成道した時、弟子の阿難や密迹《みつしやく》力士などを内なる随伴者といい、同じく弟子の舎利弗・目犍連などのさまざまの聖者、および弥勒・文殊などのさまざまな不退転の、次の生涯には仏となるべき菩薩などを偉大な随伴者と名づける。今は仏の加持身もまたそのとおりである。さまざまな金剛杵を持つ者は、それぞれに如来の秘密の印契《しるし》〔密印〕を結び、これを内なる随伴者と名づけ、さまざまな菩薩は大慈悲の心による人びとの利益のためのすぐれた手だてをもって、あまねく門戸を開いて、量り知れない生きとし生けるものを受け入れ、真理の王、すなわち仏を助けて如来の事を実践するので偉大なる随伴者と名づける。だから、『大品般若経《だいぼんはんにゃぎょう》』にいう、「さまざまな仏の内なる随伴者となろうと願い、偉大な随伴者を得ようと願うならば、さとりの智慧の完成を実践するがよい」と。

四聖者　普賢菩薩・慈氏（弥勒）菩薩・妙吉祥（文殊）菩薩・除一切蓋障菩薩。
如来智印　金剛智印。金剛のように堅固な智慧を示すしるし。
般若釈論　竜樹の著で、『摩訶般若波羅蜜経』の注釈書である『大智度論』巻第三十三（大正二五・三〇三中）。
阿難　仏の十大弟子の一人。アーナンダの音写。多聞第一と言われた。
密迹力士　密迹金剛ともいう。金剛杵を持って仏を守護する夜叉（鬼神）の総名。
舎利弗　仏の十大弟子の一人。シャーリプトラの音写。智慧第一と言われた。
目犍連　仏の十大弟子の一人。マウドガリヤーヤナの音写。神通第一と言われた。

阿毘跋致　アヴァイヴァルティカの音写。訳、不退転。修行の結果の功徳を決して失わず、その位から退かないこと。
一生補処　一生を過ぎると、仏のいますところを補うべき位。次の生涯には必ず仏の処を補うところのもの、すなわち仏として生まれることが約束されている位にある。
加持身　アディシュターナ・カーヤの訳。加持身は本地身の対。大日如来が自らの不可思議な力のはたらきによって、生きとし生けるものを護り、また真理の教えを説くために現じた仏身。
如来事　如来のなすべきこと。人びとを教え導く実践活動をいう。
大品　『大品般若経』巻第一（大正八・二二〇中）。

諸大菩薩者、具出梵文、応云摩訶菩提薩埵。釈論云、菩提名諸仏道、薩埵名衆生、或名勇心。是人尽欲得諸仏功徳、其心不可断不可破、如金剛山。是名薩埵。復次此人、心能為大事、不退不転、大勇心故、多衆生中、起大慈悲成立大乗、能行大道得最大処故、必能説法、破一切衆生大邪見大愛大我心等諸煩悩。故名為摩訶薩埵。（中略）此等大衆、前後囲遶大日世尊、以無量身口意供養恭敬。為聴法故。

「諸《もろもろ》の大菩薩」とは、具《つぶ》さに梵文《ぼんもん》を出さば、まさに摩訶菩提薩埵《まかぼだいさつた》と云うべし。『釈論』に云わく、「菩提をば諸仏の道に名づけ、薩埵をば衆生に名づけ、或いは勇心と名づく。この人尽《ことごと》く諸仏の功徳を得んと欲《ねが》って、その心の断ずべからず、破すべからざること、金剛山《こんごうせん》の如し。これを薩埵と名づく」。また次にこの人は心よく大事のために退せず転ぜず、大勇心あるが故に、多くの衆生の中に大慈悲を起こし、大乗を成立《じょうりゅう》し、よく大道を行じて最大の処を得るが故に、必ずよく説法して、一切衆生の大邪見、大愛《だいあい》、大我《だいが》の心等の諸《もろもろ》の煩悩を破す。故に名づけて摩訶薩埵とす。（中略）

これらの大衆は、前後に大日世尊を囲遶《いにょう》して、無量の身口意《しんくい》を以て供養し恭敬《くぎょう》す。聴法の為の故なり。

「諸《もろもろ》の大菩薩」というのは、詳しくサンスクリット語原本を示すならば、まさしく摩訶菩提薩埵というべきである。『大智度論』にいう、「さとりをさまざまな仏の道に名づけ、薩埵というのは生けるものに名づけ、あるいは勇心ともいう。この者はすべてさまざまな仏の功徳を得ようと願って、その心を断ち切ることができず、破壊することができないこと、たとえば金剛山のようである。これを薩埵と名づけるのである」。また次に、この人は心がよく大事のために退いたり転じたりせず、大いなる勇気ある心をもつから、多くの人びとのなかにあって大慈悲を起こし、大いなる教え〔大乗〕を確立し、よく大いなる道を実践して最大のところを得るから、必ずよく真理の教えを説いて、すべての生きとし生けるものの大いなる邪悪の見解、大いなる欲望、大いなる執《とら》われの自我の心などの、さまざまな煩悩を破壊する。だから摩訶薩埵と名づける。（中略）

これらの多くの者たちは、大日如来なる尊き師の前後をとりかこんで、量り知れない身体・言葉・意《こころ》をもって供養し、恭《うやうや》しく敬うのである。真理の教えを聞くためであるからである。

摩訶菩提薩埵　マハー・ボーディ・サットヴァの音写。大覚有情が直訳。大菩薩は略称。

釈論　『大智度論』巻第四（大正二五・八六上）。

菩提　ボーディの音写。さとり。

薩埵　サットヴァ、またはその俗語のサッタの音写。旧訳は衆生、新訳は有情。生きとし生けるもの、また狭義には人びと。

金剛山　チャクラ・ヴァーダの訳。鉄囲山《てっちせん》ともいう。仏教の世界観で説く須弥山《しゅみせん》説によると、世界の外郭にそびえる山で、海水が溢れないのはこの山が世界を囲んでいるからだといい、金剛のように堅固なので、この名称がある。

大道　大いなる道であるが、密教では三密妙行、六波羅蜜など（本書二〇三頁注参照）。

最大処　最大のところで、さとり（仏果）をさす。

大邪見　大いなる誤まった見解。正見の対。

大愛 大いなるむさぼりという煩悩。愛は渇愛の略で、欲望のこと。
大我 『大日経疏』に特有の語で、自我意識（我慢）・感情的な激しい怒り（瞋恚）など。
摩訶薩埵 マハー・サットヴァの音写。訳、大士・大有情など。偉大な人のことで、菩薩の呼称。
此等大衆 さきにあげた十九執金剛と四大菩薩をはじめ、それらの無数の随伴者。

〔五〕真理の教えを説く時

次明群機嘉会之時所同聞法、即経所謂越三時如来之日加持故、身語意三平等句法門也。然此経流布閻浮提、略有十万偈。若十仏刹微塵大衆、各各広演身口意差別法門、則無限量。此説法時分、復当云何。故結集者云、爾時住於仏日而演説法者也。如世間時分、則有過去未来現在、長短劫量種種不同。且約日行四天下、一周昼夜各有初中後分。乃至三十時等、刹那不住代謝相推。以浄眼観之、三際之相了不可得。無終無始亦無去無来。即此実相之日、円明常住湛若虚空。無有時分修短之異。然以仏神力故、令瑜伽行者於無量劫、謂如食頃、或演食頃以為無量劫。延促自在咸適衆機。無定相可得。故云如来日也。

次に、群機《ぐんき》嘉会《かえ》の時に同じく聞くところの法を明かして、すなわち経に「いわゆる三時を越えたる如来の日、加持の故に、身語意《しんごい》三平等句の法門なり」という。しかもこの経は閻浮《えんぶ》提《だい》に流布《るふ》するに、略《ほぼ》十万の偈《げ》あり。もし十仏刹微塵《じゅうぶつせつみじん》の大衆《だいしゅ》、各々に広く身口意《しんくい》の差別《しゃべつ》の法門を演《の》ぶれば、すなわち限量なし。この説法の時分、またまさに云何《いかん》。故に、結集者《けつじゅうしゃ》はその時に仏日《ぶつにち》に住して、しかも法を演説すと云う。世間の時分の如きは、すなわち過去・未来・現在の長短の劫量《こうりよう》に種々の不同あり。且《しばら》く日の四天下《してんげ》を行くに約せば、一周の昼夜に、各々初中後分あり。乃至《ないし》三十時等、刹那不住にして、代謝相推《だいしやそうすい》す。浄眼《じようげん》を以てこれを観ずるに、三《さん》際《ざい》の相は、了《つい》に不可得《ふかとく》なり。無終無始《むしゆうむし》にして、また無去無来《むこむらい》なり。すなわちこの実相の日は、円明《えんみよう》常住にして湛《たん》たること虚空のごとし。時分修短の異あることなし。然も仏の神力《じんりき》を以ての故に、瑜伽《ゆが》行者をして無量劫《むりようこう》に於いて食頃《じききよう》の如く謂《おも》わしめ、或いは食頃を演《の》べて、以て無量劫とす。延促《えんそく》自在にして、咸衆機《みなしゆき》に適《かな》えり。定相《じようそう》として得べきことなし。故に「如来の日」と云う。

次に、多くの者たちがよき集まりの時に、同様に聞くところの真理の教えを明らかにして、すなわち経典に「いわゆる三時云々」という。しかも、この経典がこの世にひろがったのに、およそ十万偈の本がある。もしも十の仏国土を粉々にしたほどの数の大勢の人びとの、それぞれに広く身体・言葉・意《こころ》の区別のある真理の教えの部門を説くならば、すなわち限定された量がないほどである。この真理の教えを説く時は、またまさしくいつであるか。だから、経典の編集者は、その時に仏の日に住して、しかも真理を説く、という。世間における時のようなものは、つまり過去・未来・現在の長短のある時の量にさまざまな不同がある。かりに太陽が四方の天下をゆくのにつづめれば、一周する昼夜に、それぞれ初分《しよぶん》・中《ちゆう》分《ぶん》・後分《こうぶん》がある。中略、三十時（一昼夜）など瞬間的にもとどまることなく、代るがわるに時間は繰り出されてゆく。清らかな眼でこれをよく見ると、過去・未来・現在のかたちは、けっきょく認得することができないものである。終りもなければ始めもなく、また去ることも来ることもない。つまり、この真実相の日は、円《まど》かにして明るく、永遠であって、静まり返っていることは、（あたかも青く澄みきった）大空のようである。時間には長短の違いというものは、もともとない。しかも仏の有する不可思議な力によるからして、瞑想の実践者に限りない長い時間をあたかも瞬時であるかのように思わせたり、または瞬時を敷衍して限りない長い時間としたりする（ことができる）。延ばしたり縮めたりすることは自由自在であって、ことごとく多くの人びとの素質に適合している。定まったかたちとして（時を）得るということはない。だから、（経典に）「如来の日」というのである。

群機嘉会　群機は多くの人びと。嘉会はめでたい、よき集まり（集会）。

閻浮提　ジャンブ・ドゥヴィーパの音写。仏教の神話的世界観で、世界の中心にそびえる須弥山の南方にある陸地。本来、インドをさしたが、転じて人間世界を意味する。

十万偈　いわゆる広本の『大日経』。略本の対。

四天下　世界の中心にそびえる須弥山の四方にある四つの洲（大陸）で、南瞻部洲《なんせんぶしゅう》・東勝身洲《とうしょうしん》・西牛貨《さいごか》洲・北倶盧《ほっくろ》洲。四大洲ともいう。要するに、この地上のすべての地域をさす。

初中後分　昼と夜の時間をそれぞれ三等分して、初分・中分・後分とするもの。インドで昼を三時、夜を三時の計六時に分けるのにもとづく。これは一般におこなわれたもの。

三十時　一昼夜を三十時に分けるのは、『倶舎論』巻第五にみえる説。『大日経疏』巻第四では、別に一昼夜を六十時に分ける時分説が説かれる。

刹那　クシャナの音写。

円明　まどかにして明らかなことで、完全に明朗であること。実相の日をかけたもの。日は如来の日を意味する。一七七頁参照。空海の『般若心経秘鍵』（『弘法大師空海全集』第二巻、筑摩書房刊、三五〇頁）に、「痛狂は酔わざるを笑い、酷睡は覚者を嘲ける。かつて医王の薬を訪《とむら》わずんば、何《いず》れの時にか大日の光を見ん」とある。

食頃　頃は極めて短い時間。食事をとる間の時間で、瞬間的な時間をいう。

如此時中仏説何法。即是身語意三平等句法門。言如来種種三業、皆至第一実際妙極之境。身等於語、語等於心。猶如大海遍一切処同一鹹味。故云平等也。句者梵云鉢曇。正翻為足。声論是進行義住処義。如人進歩挙足下足、其迹所住処謂之鉢曇、言辞句逗義亦如是。故同一名耳。今就此宗、謂修如是道迹、次第進修、得住三平等処故、名為句。即以平等身口意秘密加持、為所入門。謂以身平等之密印、語平等之真言、心平等之妙観、為方便故、逮見加持受用身。如是加持受用身、即是毘盧遮那遍一切身。遍一切身者、即是行者平等智身。是故住此乗者、以不行而行。以不到而到。而名為平等句、一切衆生皆入其中、而実無能入者無所入処。故名平等。平等法門、則此経之大意也。

かくの如くの時の中に、仏、何《いず》れの法をか説きたもう。すなわちこれ身・語・意の三平等句の法門なり。言わく、如来の種々の三業《さんごう》は、皆、第一実際、妙極《みょうごく》の境に至る。身は語に等しく、語は心に等し。猶《なお》し大海の一切処に遍じて、同一鹹味《かんみ》なるが如し。故に「平等」と云う。「句」とは梵には鉢曇《ばどん》と云う、正翻《しょうほん》には足とす。声論《こえろん》には、これ進行の義、住処の義なり。人の進歩するに、足を挙げ足を下ろす、その迹の所住の処、これを鉢曇《ばどん》というが如く、言辞《ごんじ》句逗《くず》の義もまたかくの如し。故に同一の名なるのみ。今、この宗に就《つ》かば、いわく、かくの如くの道跡《どうしゃく》を修し、次第に進修するや、三平等の処に住することを得るが故に、名づけて句となす。すなわち平等の身《しん》・口《く》・意《い》の秘密加持《かじ》を以て、所入《しょにゅう》の門となす。いわく、身平等の密印《みっちん》、語平等の真言、心平等の妙観を以て、方便とするが故に、加持《かじ》受用身《じゅゆうしん》を逮見《たいけん》す。かくの如くの加持受用身は、すなわちこれ毘盧遮那《びるしゃな》の遍一切《へんいっさい》の身なり。遍一切の身とは、すなわちこれ行者の平等の智身なり。この故に、この乗に住する者は、不行《ふぎょう》を以て、しかも行じ、不到を以て、しかも到る。しかも名づけて平等句とすることは、一切衆生は、皆、その中に入りぬれば、しかも実に能入《のうにゅう》の者もなく、所入の処もなし。故に平等と名づく。平等の法門は、すなわちこの経の大意なり。

このような（永遠なる）時のなかで、仏はどんな真理の教えを説かれるのか。つまりこれは、身体・言葉・意《こころ》の三つのはたらきが平等であるという言葉で示される真理の教えの部門である。それは如来のさまざまな身体・言葉・意の三つのはたらきは皆、最高真理にして、万有一切の究極的な真理の世界、絶妙至極に到達しているものである。身体は言葉に等しく、言葉は心に等しい。たとえば大海があらゆるところにひろがって、同一の塩味であるようなものである。だから、「平等」という。「句」とはサンスクリット語では鉢曇《ばどん》という。正しい翻訳では足と訳す。文法論では、これは進行を意味し、住処を意味する。人が歩を進めるときに、足をあげ足を下ろす、その足跡のあるところを鉢曇というとおりに、ここの言葉の句にとどまるという意味があるのもまた、それと同じである。だから、同一の名にすぎない。今、この教えについてみると、このような仏道の跡《あと》を修め、だんだんに段階を進んで修めてゆくと、三つのはたらきの平等のところに住することができるから、句と名づける。つまり平等のはたらきをもつ身体・言葉・意の秘密の不可思議な力を加えることによって、そこに入るところの門戸とする。つまり身体の平等のはたらきを示す秘密の印契《いんげい》、言葉の平等のはたらきを示す真言、心の平等のはたらきを示す妙《たえ》なる観想をもって、手だてとするから、不可思議な力のはたらきをもつ受用身を見ることができる。このような不可思議な力のはたらきをもつ受用身は、つまりこれは毘盧遮那仏のすべてにゆきわたっている身体である。すべてにゆきわたっている身体とは、いいかえると、これは実践者の平等のはたらきをする智身のことである。だから、この教えをいただく者は、行ずる心がなくてしかも自然に行ないにかなない、到達する心がないのに、自然に到達する。しかも「平等句」と名づけるのは、すべての生きとし生けるものは、皆そのなかに入ってしまえば、全く入るところの者もなければ入るところもない、だから「平等」と名づける。平等という真理の教えの門戸は、すなわちこの『大日経』に説く大意である。

第一実際妙極　第一は阿字本不生《あじほんぷしょう》、実際は六大体性《ろくだいたいしょう》、妙極は不二摩訶衍《ふにまかえん》をさすと解される。阿字本不生は梵字の阿（अ）が不生起の実在であり、大日如来の内なるさとりそのものを象徴する。六大体性は地・水・火・風・空・識の六つの根本要素を本体とする宇宙が大日如来を象徴する意。不二摩訶衍は唯一絶対なる大乗の教え。

鉢曇　パダムの音写。パダの中性名詞・単数・主格とみる。パド（√pad ……へ行く、……に到達する）という動詞にもとづく派生語で、善無畏の説くように、足のほかに進行、住処の意味がある。

道迹　さきの仏が歩んだ（実践した）道のあと。密教の立場では、身体・言葉・意《こころ》の秘密のはたらきによる実践行をさす。

所入門　実践修行する者が修めるところの身体・言葉・意の秘密のはたらきによって、さとりの世界に入るので、これを入るところの部門といったもの。

受用身　ここではさとりの楽しみを他の者に享受させる仏身で、他受用身のこと。

智身　完全なさとりの智慧を身体とした仏身。

以不行而行。以不到而到　不行または不到は、もともと存在している現象界のすがたがそのまま仏の究極のさとりの世界そのものである部門（本有本覚門）を、而行または而到は、教えを聞いて修行したのちにさとる部門（始覚修生門）をさす。

〔六〕瑞相

時彼菩薩普賢為上首、諸執金剛秘密主為上首。毘盧遮那如来加持故、奮迅示現身無尽荘厳蔵。乃至有情類業寿種除、復有牙種生起者、謂将説此平等法門故、先以自在加持感動大衆、悉現普門境界秘密荘厳、不可思議未曾有事。因彼疑問而演説之、則聞者信楽倍増、深入語義。如法華序分、従地涌出品因縁。此中当広説之。復次普賢秘密主等、上首諸仁者、即是毘盧遮那差別智身。於如是境界、久已通達。然此諸解脱門所現諸善知識、各引無量当機衆、同入法界漫荼羅。為饒益此初入法門実行諸菩薩故、如来加持、奮迅示現大神通力也。如師子王将欲震吼、必先奮迅其身、呈現材力、然後発声、如来亦爾。将欲必定師子吼、宣説一切智門故、先奮迅示現無尽荘厳蔵。所謂荘厳者、謂従一平等身、普現一切威儀。如是威儀、無非密印。従一平等語、普現一切音声。如是音声、無非真言。従一平等心、普現一切本尊。如是本尊、無非三昧。然此一一三業差別之相、皆無辺際不可度量。故名無尽荘厳也。(中略)

「時に彼《か》の菩薩には普賢《ふげん》を上首とし、諸《もろもろ》の執金剛《しゅうこんごう》には秘密主を上首となす。毘盧遮那如来の加持の故に、身無尽荘厳蔵《しんむじんしょうごんぞう》を奮迅《ふんじん》示現《げん》したもう。乃至《ないし》有情類《うじょうるい》の業寿《ごうじゅ》の種を除きて、また牙《げ》種《しゅ》の生起することあり」とは、いわく、まさにこの平等の法門を説かんとするが故に、先ず自在加持を以て大衆《だいしゅ》を感動して、悉《ことごと》く普門《ふもん》の境界たる秘密荘厳《しょうごん》の不可思議、未曾有《みぞう》の事《じ》を現ず。彼《か》の疑問に因《ちな》みてこれを演説したまえば、すなわち聞者《もんじゃ》の信楽《しんぎょう》は、倍増して深く語義に入る。『法華』の序分、従地涌出品《じゅうじゆしゅつほん》の因縁の如し。この中にまさに広くこれを説くべし。

また次に、普賢秘密主等の上首の諸《もろもろ》の仁者は、すなわちこれ毘盧遮那の差別《しゃべつ》智身《しん》なり。かくの如くの境界に久しくすでに通達《つうだつ》せり。然もこの諸《もろもろ》の解《げ》脱門《だつもん》より現わるるところの諸《もろもろ》の善知識は、各々無量の当機《とうき》の衆を引いて、同じく法界漫荼羅《ほっかいまんだら》に入れしむ。この初めて法門に入る実行の諸《もろもろ》の菩薩を饒益《にょうやく》せんが為の故に、如来は加持をもって、大神通力《だいじんずうりき》を奮迅《ふんじん》示現したもう。師子王《ししおう》のまさに震吼《しんく》せんと欲するとき、必ず先ずその身を奮迅し、材力を呈現して、然して後に声を発《おこ》すが如く、如来もまた爾《しか》り。まさに必定《ひつじょう》師子吼して、一切智門を宣説《せんぜつ》せんと欲《ねが》うが故に、先ず無尽荘厳蔵《むじんしょうごんぞう》を奮迅示現したもう。いわゆる荘厳とは、いわく、一平等の身より普《あまね》く一切の威儀を現ず。かくの如くの威儀は、密印《みっちん》にあらざることなし。一平等の語より、普く一切の音声《おんじょう》を現ず。かくの如くの音声は、真言にあらざることなし。一平等の心より、普く一切の本尊を現ず。かくの如くの本尊は、三昧《さんまい》にあらざることなし。然もこの一々の三業差別《さんごうしゃべつ》の相は、皆、辺際《へんざい》なく、度量すべからず、故に「無尽荘厳《むじんしょうごん》」と名づくるなり。

「時に云々」というのは、説いていうのに、まさしくこの平等の真理の教えの門戸を説こうとするから、まず自由自在のままなる不可思議な力のはたらきを加えて、大勢の者たちを感動させ、残らず普遍的な部門の境界である秘密の厳かな飾りの不可思議であること、いまだかつてあらざる事を現わす。彼の疑いにことよせて、これをお説きになれば、すなわち聞く者の信じ願うことはますます増加して、深く言葉の意味に入る。『法華経』の全体の序論、同じく本論の序である「従地涌出品」のいわれのようである。このなかにまさしく広くこれを説いている。

また次に、普賢菩薩、秘密主などの主たるさまざまの徳高き者たちは、つまりこれらは毘盧遮那仏の差別智身である。このような境界に久しい間ずっと以前から達している。しかもこのさまざまな解脱《さとり》に至る部門から現われるところのさまざまな立派な教え導く者は、それぞれ量り知れぬほど多くの教えに適《かな》った素質ある者たちを引いて、同じように真理の世界としての曼荼羅〔法界曼荼羅〕に入れる。この初めて真理の教えの門戸に入る実践修行のさまざまな菩薩を利益しようとするから、如来は不可思議な力のはたらきを加えて、大いなる超人間的能力をふるい立たせて示し現わしたもうのである。百獣の王であるライオンがまさしくたけり叫ぼうとするとき、まず最初にその身をふるい立たせ、生まれつきの力を示して、その後に声を発するように、如来もまたそのとおりである。まさしく、きまってライオンがほえるように、すべての智慧の部門を高らかに説こうとされるからして、まず「無尽荘厳蔵」をふるい立たせて現わしたもうのである。いうところの「荘厳」というのは、全くそれのみにおいて平等のはたらきをもつ身体よりひろくすべての振舞いを現わす。このような振舞いは、秘密の印契《いんげい》でないものはない。全くそれのみにおいて平等のはたらきをもつ言葉より、ひろくすべての音声を現わす。このような音声は、真言でないものはない。全くそれのみにおいて平等のはたらきをもつ心より、ひろくすべての本尊を現わす。このような本尊は、瞑想の境地に住していないものはない。しかもこのそれぞれの三つのはたらきに区別があるかたちは、皆、際限がなく、計ることができない。だから、「無尽荘厳」と名づけるのである。

身無尽荘厳蔵　身体・言葉・意《こころ》の秘密のはたらき（三密）のうちの身体の無尽荘厳蔵。無尽荘厳蔵の意味については、以下に説かれる。

業寿　前の世の生涯の行為がもとになって、定まっているこの世の寿命、宿命。

普門　さまざまな仏身を示現する境界をいう。サマンタ・ムカの訳語と思われる。本来はいろいろな顔、面をもてるものの意。

法華序分　『法華経』の序に相当する説法・入定・雨花・動地・衆疑・放光の六つの奇瑞を説く第一品をいう。

従地涌出品　『法華経』巻第五の第十五品（大正九・三九下）で、本門の序分。

差別智身　大日如来の自身より流出した量り知れないほどの無数の随伴者。これらの諸尊は一尊ごとに大日如来の一徳を表わすので、区別された、特殊の、個別な智慧をもって身体とするものの意。

解脱門　さとりの境界に入る部門または門戸。狭義では空・無相・無願の三三昧をさす場合もある。

経云、非従毘盧遮那仏身或語或意生。一切処起滅辺際不可得。而毘盧遮那一切身業、一切語業、一切意業、一切処一切時、於有情界、宣説真言道句法、此転釈仏荘厳蔵。所以無尽無辺際者、以不異如来遍一切処常住不滅之身也。雖常無起滅、而能以一切三業、普於十方三世一切時処、説最実道、教化群生、軌匠其心、令至仏道。

経に、「毘盧遮那仏《びるしやなぶつ》の身、或いは語、或いは意より生ずるにあらず。一切処《いつさいしよ》に起滅辺際不《きめつぺんざいふ》可得《かとく》なり。しかも毘盧遮那の一切の身業《しんごう》、一切の語業、一切の意業、一切処一切時に、有情界に於いて真言道句《しんごんどうく》の法を宣説《せんぜつ》したもう」と云うは、これは仏の荘厳蔵《しようごんぞう》を転釈《てんしやく》するなり。無尽無《む》辺際《へんざい》なる所以《ゆえん》は、如来の遍一切処《へんいつさいしよ》、常住《じようじゆう》不滅の身《しん》に異《こと》ならざるを以てなり。常に起滅なしと雖《いえど》も、しかもよく一切の三業《さんごう》を以て、普《あまね》く十方三世の一切時処に於いて、最実《さいじつ》の道を説き、群生《ぐんじよう》を教化《きようけ》し、その心を軌匠《きしよう》し、仏道に至らしむ。

経典に「毘盧遮那仏の身云々」というのは、これは仏の「荘厳蔵」の解釈を変転したものである。尽きることなく際限がないわけは、如来はあらゆるところに存在し、永遠不滅の身体そのものであるからである。常に生起したり消滅することがないけれども、しかもよくすべての身体・言葉・意《こころ》の三つのはたらきをもって、ひろく空間と時間を貫いてすべての時とすべての場所において、最も真実なる道を説き、生きとし生けるものを教え導き、その心を正して仏道に至らせるのである。

荘厳蔵　二四頁注参照。
三業　身・口・意の三業で、身体と言葉と意《こころ》のはたらき。密教では、迷えるなみの者も本質的には仏のおこないと言葉とこころをもつとみるので、とくに三密、すなわちこれらを三つの秘密のはたらきという。

経、云又現執金剛普賢蓮華手菩薩等像貌、普於十方、宣説真言道清浄句法。所謂初発心乃至十地、次第此生満足。縁業生増長有情類業寿種除、復有牙種生起者、又広前相。言非但示現仏身、充満十方一切世界。所現執金剛菩薩等身、亦復遍一切処也。且如十仏刹微塵数、諸執金剛菩薩等、身口心印差別不同、如是一一本尊像類眷属、皆如毘盧遮那、充満十方一切世界、如因陀羅網互不相妨。今略挙三聖者。以為称首也。執金剛対金剛智慧門。降伏方便。普賢対如如法身門。寂災方便。観音対蓮華三昧門。増益方便。挙此三点、則無量不思議妙用、皆已摂在其中。故特言之。所云等者、乃至諸天八部五通神仙。以外現漫荼羅之所表示、例可

知也。（中略）

経に、「また執金剛《しゅうこんごう》・普賢《ふげん》・蓮華手《れんげしゅ》菩薩等の像貌《ぞうみょう》を現じて、普《あまね》く十方に於いて、真言道、清浄句《しょうじょうく》の法を宣説《せんぜつ》したもう。いわゆる初発心《しょほっしん》より、乃《いま》し十地《じゅうじ》に至るまで、次第にこの生《しょう》に満足す。縁と業《ごう》とより生じて増長《ぞうじょう》する有情類《うじょうるい》の業寿《ごうじゅ》の種を除いて、また牙種《げしゅ》の生起することあり」と云うは、また前の相を広《こう》ずるなり。言わく、但し、仏身を示現《じげん》して、十方一切の世界に充満するのみにあらず。所現《しょげん》の執金剛と菩薩等との身も亦復《また》一切処に遍ずるなり。且つ十仏刹微塵数《じゅうぶつせつみじんじゅ》の、諸《もろもろ》の執金剛と菩薩等との、身口心《しんくしん》の印は差別不同なるが如く、かくの如く一々の本尊の像類の眷属《けんぞく》も、皆、毘盧遮那の如く、十方一切世界に充満して、因陀羅網《いんだらもう》の互いに相妨《あいさまた》げざるが如し。

今、略して三聖者《さんしょうじゃ》を挙げて、以て称首《しょうしゅ》とす。執金剛は金剛智慧門に対す。降伏《ごうぶく》の方便《ほうべん》なり。普賢は如如法身門《にょにょほっしんもん》に対す。寂災《じゃくさい》の方便なり。観音は蓮華三昧門に対す。増益《ぞうやく》の方便なり。この三点を挙ぐれば、すなわち無量不思議の妙用《みょうゆう》は、皆すでにその中に摂在《しょうざい》す。故に特にこれを言う。云うところの等とは、乃至《ないし》諸天と八部《はちぶ》と五通《ごずう》の神仙となり。外現《げげん》の漫荼羅《まんだら》の表示するところを以って、例して知るべきなり。

経典に「また執金剛云々」とあるのは、前のかたちを敷衍したものである。すなわち、ただ仏身を示し現わして、十方すべての世界に充《み》ち満ちるだけではないということである。現われるところの金剛杵《こんごうしょ》をもつ者と菩薩たちの身体もまた、すべての所にひろがっている。また十の仏国土を粉々にしたほどの無数のさまざまの金剛杵をもつ者と菩薩たちとの身体・言葉・意《こころ》のしるし（印契）は区別があって同じでないように、そのようにそれぞれの本尊の姿をとった類いのものの随伴者も、皆、毘盧遮那仏のように、十方のすべての世界に充ち満ちて、帝釈天《たいしゃくてん》の宮殿に張りめぐらされた網の目の宝珠が相互にさまたげることなく、映し合っているようである。

今、要略して、三の聖者をあげて、これを主なるものとする。金剛杵をもつ者は、金剛のように堅固不壊《ふえ》の智慧の部門に対する。これは降《くだ》し伏するための手だてである。普賢菩薩は絶対真理としての仏の真理の身体の部門に対する。災難をとり静めるための手だてである。観音菩薩は蓮華のようにさとりを求める心は汚れを離れていることを観想するための瞑想の部門に対する。これは幸福をもたらすための手だてである。この三点をあげれば、すなわち量り知れず不可思議の妙《たえ》なるはたらきは皆、そのなかに摂《おさ》めてある。だから、とくにこれをとりあげていう。いうところの「等」というのは、中略、神がみと八部の者と五種の超人的な能力をそなえた神仙とである。外に現われる（外《げ》金剛部《こんごうぶ》の）曼荼羅が表示するところにより、類推して、このことが知られよう。

執金剛　金剛杵をもつ者の意で、ここでは金剛薩埵をいう。

因陀羅網　因陀羅はインドラの音写で、もと雷霆神であったが、仏教に取り入れられて帝釈天と称し、護法神となる。因陀羅網は帝網ともいい、天上の帝釈天の宮殿のまわりに張りめぐらされた網で、結び目には珠玉がつけられ、それらが相互に無数に映じあっているので、存在するすべてのものが重重無尽《じゅうじゅうむじん》に関わりあっているのに喩える。

三聖者　金剛薩埵・普賢菩薩・観自在菩薩。

八部　八部衆ともいう。仏法を守護する霊的存在とされる、(1)天、(2)竜、(3)夜叉、(4)乾闥婆《けんだつば》（音楽神）、(5)阿修羅、(6)迦楼羅《かるら》（金翅鳥《こんじちょう》）、(7)緊那羅《きんなら》（半人半獣の歌神、漢訳では人非人と訳す）、(8)摩睺羅迦《まごらが》（蛇神）。

五通　五神通。天眼通・天耳通・宿命通・他心通・神足通で、五つの超人間的な能力。

神仙　五神通に通じている仙人のこと。『金剛針論』（大正三二・一七〇中）にみえる。

〔七〕三句に対する金剛手の質問

爾時執金剛秘密主、於彼衆会中、坐白仏言。世尊云何如来応供正遍知、得一切智智。乃至如是智慧、以何為因、云何為根、云何究竟者、如来自証之智、設以神力加持、亦不可示人。前云奮迅示現無尽荘厳蔵者、皆外用之迹耳。智者見其条末、則喩其宗本、如観象迹超絶衆群、其所蹋践倍復深広、雖不覩其形、当知此象、身力必大、又如迅雷澍雨、能令鳥獣震死、百川奔湧、壊山襄陵、雖不測其本、当知此竜威勢必大。今諸大衆亦復如是。以観如来無尽身口意、能一時普応法界衆生、妙合根宜曲成仏事、則知如来智力、必於一念、普鑒群機本末因縁究竟無礙。照俗之権尚爾、其契実之境界、当復云何。若法不然、則有微迹可尋。我已尽覩。然不知是法従何得之。故執金剛手因衆会疑心、而問仏言、云何如来応供正遍知、得此一切智智也。

「その時、執金剛秘密主は、彼《か》の衆会《しゅえ》の中に於いて、坐して仏に白《もう》して言《もう》さく、世尊、云何《いかん》が如来応供正遍知《おうぐしょうへんち》は、一切智智《いっさいちち》を得たもう。乃至《ないし》、かくの如くの智慧は、何を以てか因となし、云何が根となし、云何が究竟する」とは、如来の自証の智は、設《たと》い神力加持《じんりきかじ》を以ても、また人に示すべからず。前に「奮迅示現《ふんじんじげん》」「無尽荘厳蔵《むじんしょうごんぞう》」と云うは、皆、外用《げゆう》の迹《あと》のみ。智者はその条末を見て、すなわちその宗本を喩《さと》ること、象迹《ぞうしゃく》の衆群に超絶して、その踊践《ゆうせん》するところ、倍々《ますます》また深広なるを観《み》て、その形を覩《み》ずと雖《いえど》も、まさにこの象は身力必ず大なりと知るべきが如く、また迅雷《じんらい》の雨を澍《そそ》いで、よく鳥獣をして震死《しんし》せしめ、百川奔湧《ほんにゅう》して、山を壊《こぼ》ち陵《おか》に褰《のぼ》るとき、その本を測らずと雖も、まさにこの竜は威勢必ず大なりと知るべきが如し。今、諸《もろもろ》の大衆もまたかくの如し。如来無尽の身口意《しんくい》は、よく一時に普く法界《ほっかい》の衆生に応じて、妙《たえ》に根宜《こんぎ》に合《かな》い、曲《たくみ》に仏事を成《じょう》ずと観《み》るを以て、すなわち知りぬ、如来の智力は必ず一念に於いて普く群機《ぐんき》の本末の因縁を鑒《かんが》み、究竟《くきょう》じて無礙《むげ》なり。照俗《しょうぞく》の権《ごん》すらなお爾《しか》り、その契実《かいじつ》の境界はまさにまた云何《いかん》。もし法然《しか》らずんば、微迹《びしゃく》の尋ぬべきあらんや。我れすでに尽《ことごと》く観《み》る。然るをこの法は何によりてこれを得《う》ということを知らず。故に執金剛手は衆《しゅ》会《え》の疑心によって、仏に問《もう》うて言さく、「云何が如来応供正遍知《おうぐしょうへんち》は、この一切智智を得たまえるや」と。

「その時、執金剛秘密主云々」というのは、如来の自らの証《あか》しの智慧は、たとえ超人的な不可思議な力のはたらきを加えても、また人に示すことはできない。前に「奮迅示現」「無尽荘厳蔵」といっているのは、皆、外に現われたはたらきのあとにすぎない。智慧ある者はその枝末をみて、すなわちそのおおもとをよく知ることは、象の歩いた跡が他の衆の群をはるかに越えて、そのおどり践《ふ》んでゆくところがますますまた深く広い跡がつくのをみて、その象の姿をみなくても、まさしくこの象は体の力がきっと大きいと知ることができるように、またすばやく走る雷のともなった雨が降って、よく鳥や動物を震い死なせたり、数知れぬ河川がわき立つように流れて、山を崩し丘にも流れがのぼるとき、そのみなもとを知らなくても、まさしくこの（雨を降らせる）竜はいきおいが必ず大きいことを知ることができる。今、さまざまの多くの人びともまた、そのとおりである。如来の尽きることなき身体・言葉・意《こころ》は、よく一時にひろく真理の世界の生きとし生けるものに応じて、みごとにかれらの宗教的素質に適合し、たくみに仏のはたらき〔仏事〕をなしとげるのをみるから、すなわち、次のことを知る。如来の智慧の力は必ずひと思いにおいて広く多くの人びとの本と末とのわけをよく考えて、究極的にさわりのない自由なはたらきをする。世俗をみそなわす仮りの姿にしてなおこのようであるから、その真実にかなった境界はまさしくまた、どのようなものであろうか。もし真理が存在していなければ、微かな足跡を探し出すことができようか。わたしはすでに残らずこれを見たのである。ところがこの真理は何によってこれを得るのかということを知らない。だから、金剛杵を持つ者は多くの集りにおける疑いの心にもとづいて、仏に質問申しあげていう、「どうして如来、供養を受けるに適《ふさ》わしい者、正しい完全なさとりを得た者は、このすべての智慧のなかの智慧を得たもうたのであるか」と。

如来　以下に語義の説明がある。

応供　阿羅漢のこと。尊敬に価いし、供養を受けるに足る者。応供は供養に価いする者の意。仏の十号の一つでもある。

正遍知　正しいさとりを開いたもの。正等覚者ともいう。仏の十号の一つ。

奮迅　奮迅の原語はヴィクルヴィタで、遊戯とも訳されるように、自由自在にふるまうのがもとの意。

無尽荘厳蔵　尽きることなき厳《おごそ》かな飾りのある究極的な原理。

象迹　象の歩いた足迹をたどってゆくと、やがてすばらしい都の故地に到達したという『象迹喩経』の所説にもとづく。象は仏を喩えたもの。

梵本云怛他掲多者、怛他是如義。掲多是来義、知解義説義去義。如諸仏乗如実道、来成正覚、今仏亦如是来故、名如来。一切諸仏、如法実相知解、知已、亦如諸法実相、為衆生説。今仏亦如是。故名如実知者、亦名如実説者。一切諸仏、得如是安楽性、直至涅槃中。今仏亦如是去故、名如去。釈論具含四義。然古訳多云如来、有部戒本云如去。阿闍梨意存如去如説。今且順古題也。

梵本に怛他掲多《たたがた》と云うは、怛他《たた》はこれ如《にょ》の義なり。掲多《がた》はこれ来《らい》の義、知解《ちげ》の義、説の義、去《こ》の義なり。諸仏の如実《にょじつ》の道に乗じ来たりて正覚《しょうがく》を成じたもうが如く、今の仏もまたかくの如く来たりたもうが故に、如来と名づく。一切の諸《もろもろ》の仏、法の実相の如く知解し、知りおわりて、また諸法の実相の如く、衆生の為に説きたもう。今の仏もまたかくの如し。故に如実智者と名づけ、また如実説者《にょじつせつしゃ》と名づく。一切の諸仏は、かくの如くの安楽の性《しょう》を得て、直《じき》に涅槃《ねはん》の中に至る。今の仏もまたかくの如く去りたもうが故に、如去《にょこ》と名づく。『釈論』には具《つぶ》さに四義を含む。然るを古訳には多く如来と云い、有部《うぶ》の戒本《かいほん》には如去と云う。阿闍梨《あじゃり》の意は、如去、如説《にょせつ》を存す。今且《しばら》く古きに順じて題するなり。

サンスクリット原本に、タターガタというのは、このうちのタターは「そのとおりに」という意味である。ガタは「来た」という意味、「知って解《わか》った」という意味、「説いた」という意味、「去った」という意味である。(過去の)仏たちのそのとおりの道に乗ってやって来たり、正しい覚《さと》りを成就したもうように、今の仏もまたそのとおりにやって来られたのであるから、如来(そのとおりに来た者)と名づける。すべてのさまざまな仏は真理の教えの真実相のとおりに知って理解し、知ってからまたさまざまな真理の真実相のとおりに、人びとのために説きたもうたのである。今の仏もまたそのとおりである。だから、そのとおりに知る者と名づけ、そのとおりに説く者と名づける。すべてのさまざまな仏はそのとおりの心の安らぎの本性を得て、すぐにさとりの世界に到達する。今の仏もまたそのとおりに去りたもうのであるから、そのとおりに去った者〔如去〕と名づける。『大智度論《だいちどろん》』には詳しく四つの意味をふくんでいる。ところが古い訳では多くの場合、如来といい、説一切有部《せついっさいうぶ》の戒本では如去という。密教の伝法の師は、如去、如説を取る。今、かりに古い訳語にしたがって題とする。

怛他掲多　タターガタ（tathāgata）をタター・アーガタ（tathā + āgata）と語分解すれば、如来、タター・ガタ（tathā + gata）と語分解すれば、如去の訳語が得られる。またガタ（gata）はガム（√gam）の過去受動分詞で、ガムには「行く」の他に「理解する」の意があるので、知解《ちげ》、説などの訳がある。

釈論　『大智度論』巻第二（大正二五・七一中）参照。

有部　詳しくは説一切有部で、部派仏教のうち、最も有力な一派。

戒本　プラーティモークシャの訳。波羅提木叉《はらだいもくしゃ》はその音写。別解脱本と訳す。出家修行者の守るべき戒の条項のこと。

梵本云阿羅訶者、阿羅是煩悩、訶是害義除義。釈論謂之殺賊。（中略）梵本云三藐三仏陀者、三藐名正、三名遍、仏陀名知。故曰正遍知也。（中略）梵云薩婆若那、即是一切智智。（中略）今謂一切智智、即是智中之智也。非但以一切種遍知一切法、亦知是法究竟実際常不壊相、不増不減猶如金剛。如是自証之境、説者無言観者無見。（中略）

　梵本に阿羅訶《あらか》と云うは、阿羅はこれ煩悩なり、訶はこれ害の義、除の義なり。『釈論』にはこれを殺賊という。

　梵本に三藐三仏陀《さんみゃくさんぶつだ》と云うは、三藐をば正と名づけ、三をば遍と名づけ、仏陀をば知と名づく。故に正遍知《しょうへんち》というなり。

梵に薩婆《さっば》若那《にゃな》と云うは、すなわちこれ一切智智なり。

今、一切智というは、すなわちこれ智中の智なり。但《ただ》し一切種を以て、遍《あまね》く一切の法を知るのみにあらず、またこの法の究竟《くきょう》実際たる常不壊《じょうふえ》の相は不増不減にして、猶《なお》し金剛の如しと知る。かくの如くの自証の境は、説者も無言、観者も無見なり。


サンスクリット原本にアルハンというのは、そのうちのアルは煩悩のことであり、ハンは害する意味、除く意味である。『大智度論』では、これを殺賊という。

サンスクリット原本にサムミヤクサンブッダというのは、そのうちのサムミヤクを正しいといい、サンを遍といい、ブッダを知れる者という。だから、正しく遍く知れる者〔正遍知〕というのである。

サンスクリット語でサルヴァジュニャーナというのは、つまりこれはすべての智慧のなかの智慧（、いいかえると最高の智慧をもてる者）である。

今、すべての智慧のなかの智慧をもてる者というのは、すなわち、これは智慧のなかの（最も勝れた）智慧のことである。ただあらゆる仕方をもって、ひろくすべてのものを知るだけでなく、またこのものの究極の根拠であるところの永遠にして破壊されることのないすがたは増加することもなく減少することもなく、たとえば金剛石のようであると知る。このような自らの証《あか》しの境地は、それを説く者も言葉がなく、それを観《み》る者も見ることがないものである。

阿羅訶　アルハン（arhan）の音写。アルハンはアルハット（arhat）の単数・主格。音写は阿羅漢ともいう。訳、応供。アルハットの語根ハン（√han）またはガン（√ghan）は「殺害する」という動詞で、他に「追い散らす」「妨げる」という意味があるので、「これ害の義、除の義」といったもの。

釈論　『大智度論』巻第二（大正二五・七一中）参照。

三藐三仏陀　サムミャクサンブッダの音写。正等覚者とも訳す。旧訳は正遍（偏）智。

薩婆若那　サルヴァジュニャーナの音写。一切智と訳す。

復次執金剛承仏神力、為欲発起大悲胎蔵秘密方便故、復説五種譬喩。所謂虚空地水火風也。初句云、譬如虚空界離一切分別、無分別無無分別、如是一切智智、離一切分別、無分別無無分別者、如此即是毘婆沙義。虚空無過無徳。今如来智身、離一切過万徳成就。云何得相喩耶。但取其少分相似、以況大空耳。（中略）

また次に、執金剛は仏の神力《じんりき》を承《う》けて、大悲《だいひ》胎蔵《たいぞう》の秘密方便を発起《ほっき》せんと欲《おも》うが為の故に、また五種の譬喩《ひゆ》を説く。いわゆる虚空・地・水・火・風なり。初めの句に、「譬えば、虚空界の一切の分別を離れて、分別もなく無分別もなきが如く、かくの如く一切智智も一切の分別を離れて、分別もなく無分別もなし」と云うは、かくの如きはすなわちこれ毘婆沙《びばしゃ》の義なり。虚空は過《とが》もなく徳もなし。今、如来の智身は一切の過を離れて、万徳《まんどく》を成就す。云何《いかん》が相喩《あいゆ》することを得んや。但《ただ》しその少分の相似を取って、以て大空に況《ひ》するのみ。

また次に、金剛杵を持つ者は仏の不可思議な力をいただいて、大悲胎蔵の秘密の手だてを起こそうと願うから、また五種の比喩を説く。いうところの虚空・地・水・火・風である。初めの句に「譬えば虚空界云々」というのは、このようなものは、つまりこれは注釈で意味するところである。虚空（澄みきった大空）には過失もなく徳もない。（同様に）今、如来にして完全な智慧を身体とするもの〔智身〕はすべての過失を離れて、あらゆる徳を成就する。どうして他に何かと比較することができようか。ただその僅かに似ているのをとって、大空に比較するにすぎない。

大悲胎蔵　仏の大いなるあわれみ（大悲）によってすべての者がはぐくまれて成長するのを、母胎に喩えたもの。

虚空地水火風　これらを五つの粗大な要素（五大）といい、万有一切はこれらによって構成されているとみるので、五大のそれぞれにちなんで説かれる。

毘婆沙　『阿毘曇毘婆沙論』巻第三十九（大正二八・二九一上〜下）の所説をさすか。

万徳　仏の具えているありとあらゆる徳性。

第二句云譬如大地一切衆生依、如是一切智智、天人阿修羅依者、如世間百穀衆薬卉木叢林、随其性分無量差別、皆従大地而生根牙、乃至茎葉花果次第成就、為一切衆生作依止処、而養育之、亦不作是念。我今荷負一切世間、不念恩徳無有労倦、増之不喜減之不憂、深広難測不

可傾動。一切智地亦復如是。（中略）

第二の句に、「譬えば、大地は一切衆生の依《え》たるが如く、かくの如く一切智智も天・人・阿《あ》修羅《しゅら》の依たり」と云うは、世間の百穀・衆薬・卉木《きもく》・叢林は、その性分に随《したが》って、無量に差別せらるるも、皆、大地に従ってしかも根牙を生じ、乃至《ないし》、茎葉花果《けいようかか》は次第に成就し、一切衆生の為に依止処《えじしょ》となって、これを養育すれども、またこの念を作《な》さず。我れ今、一切世間を荷負《かふ》すれども、恩徳《おんどく》を念《おも》わず、労倦《ろうけん》あることなく、これを増《ぞう》すれども喜ばず、これを減ずれども憂えず、深広《じんこう》にして測り難く、傾動《きょうどう》すべからざるが如く、一切智地《いっさいちじ》もまたかくの如し。

第二の句に「譬えば、大地云々」というのは、世間のあらゆる種類の穀物・いろいろな薬・草花と樹木・草むらと林は、その固有の性質にしたがって、量り知れず区別されるけれども、皆、大地にしたがって、根や芽を生じ、中略、茎や葉、花や果実はだんだんに生育し、すべての生きとし生けるもののために依りどころになって、これを養い育てるけれども、また、このような念《おも》いをなすことがない。わたしは、今、すべての世間を背負うのだけれども、恩のめぐみの徳のことを考えず、疲労していやになることなく、これを増しても喜ばず、これを減らしても憂えることなく、深く広くして量ることができず、動揺することがないように、すべてを知り尽くす智慧の状態もまた、そのとおりである。

一切智地　一切智は全智すなわち仏の智慧、地は土地・大地で、その出所。したがって、一切智地は仏たる地位、さとりの位をいう。

第三句云譬如火界焼一切薪無有厭足、如是一切智智、焼一切無智薪無厭足者、譬如火種、仮使積薪充満世界、皆如須弥山王、次第焚之無有怯弱、不作是念。我当焼爾所薪、不焼爾所薪。熾然不息勝進無厭。要所焚尽已、然後随滅、如来智火亦復如是。（中略）

第三の句に、「譬えば、火界は、一切の薪を焼くに、厭足《えんそく》あることなきが如く、かくの如く一切智智も、一切無智の薪を焼くに厭足なし」と云うは、譬えば、火種の仮使《たとい》薪を積んで世界に充満すること、皆、須弥山王《しゅみせんのう》の如くにして、次第にこれを焚けども怯弱《こうにゃく》あることなく、この念を作《な》さず。我れまさに爾所《そこばく》の薪を焼き、爾所《そこばく》の薪を焼かざるべし、と。熾然《しねん》として息《や》まず、勝進《しょうしん》して厭《あ》くことなし。要《かなら》ず焚くところ、尽きおわって、然して後に随《したが》って滅するが如く、如来の智火もまたかくの如し。

第三の句に「喩えば、火界云々」というのは、喩えば、火種に薪を積んで、世界中に満たすことが、皆、世界の中心にそびえる山の王たる須弥山のようであって、だんだんにこれを焼いても、弱まって火が消えることがないが、わたしはまさしく、いくらかの薪を焼き、いくらかの薪は焼かないであろうと、このようなことを思うのではない。火勢が盛んで衰えることがないように、すぐれた修行の境地に進んで、あきることがない。必ず焼くものを尽くしてから後に自ら火も消えるように、如来の智慧の火もまたそのとおりである。

須弥山王　須弥はスメールの音写。仏教の世界観で、須弥山は世界の中央にそびえ、山のなかの王であるから、山王とよぶ。

第四句云譬如風界除一切塵、如是一切智智、除去一切諸煩悩塵者、如大風起時、烟雲塵霧一切消除、大虚澄廓三辰炳現、蔚蒸熱悩衆生皆得清涼、能使卉木叢林開栄増長、亦能摧壊一切物類、又如風性遍無所依、自在旋転無能罣礙、如来慧風亦復如是。（中略）

第四句に、「譬えば風界は、一切の塵を除くが如く、かくの如くの一切智智も一切の諸《もろもろ》の煩悩の塵を除去す」と云うは、大風の起こる時、烟雲塵霧《えんうんじんむ》を一切消除して、大虚澄廓《たいこちょうかく》にして三辰《さんしん》は炳現《へいげん》し、蔚蒸熱悩《いじょうねつのう》の衆生は皆清涼《しょうりょう》なることを得《え》、よく卉木叢林《きもくそうりん》をして開栄し増長《ぞうじょう》せしめ、またよく一切の物類《もつるい》を摧壊《さいえ》するが如く、また風性《ふうしょう》の遍《あまね》く所依《しょえ》なくして自在に旋転《せんでん》し、よく罣礙《けいげ》することなきが如く、如来の慧風《えふう》も亦復《また》かくの如し。

第四句に「譬えば風界云々」というのは、大風が起こるときに、もやや雲、塵埃や霧をすべて吹き消して、大空が澄み渡ってひろびろとし、日・月・星は明らかに現われて、さかんな熱苦に悩まされる人びとは皆、涼やかになることができ、草木や草むらと林は繁茂して生育し、またよくすべてのものを摧《くだ》き破壊するように、また風というものが至るところよりどころとするものがなく自由にめぐり転じて、よくさまたげることがないように、如来の智慧の風もまたそのとおりである。

第五句云譬如水界、一切衆生依之歓楽、如是一切智智、為諸天世人利楽者、如水大従高赴下多所饒益、能潤草木而生華菓、又復本性清潔無垢無濁、悉能満足飢渇衆生、洗諸滓穢蠲除熱悩、澄深難入不可測量、於坑埳之処性皆平等。如来智水亦復如是。（中略）復次金剛手説此五喩、即是発起下文五字義也。𑖀阿字門為地、𑖪嚩字門為水、𑖨囉字門為火、𑖮訶字門為風、𑖏佉字門為空。又如世間種子、地水火風為縁、虚空不礙、然後得生。随闕一縁、終不増長、一切智性如来種子、亦復如是。（中略）

第五句に、「譬えば水界は、一切衆生はこれに依って歓楽するが如く、かくの如く一切智智は、諸天世人の利楽をなす」と云うは、水大《すいだい》の高きより下《ひく》きに赴《おもむ》きて、饒益《にょうやく》する所多く、よく草木を潤《うるお》して、華菓《かか》を生じ、又復《また》、本性《ほんしょう》清潔《しょうけつ》にして、垢《く》もなく濁《だく》もなく、悉《ことごと》くよく飢渇《きかつ》の衆生《しゅじょう》を満足して、諸《もろもろ》の滓穢《さいえ》を洗い熱悩を蠲除《けんじょ》し、澄深《ちょうしん》難入にして測量すべからず、坑埳《こうかん》の処に於いて、性《しょう》、皆、平等なるが如く、如来の智水も亦復《また》かくの如し。

また次に金剛手《こんごうしゅ》がこの五喩を説くことは、すなわちこれ下文の五字の義を発起《ほっき》するなり。𑖀阿字門を地とし、𑖪嚩《ば》字門《じもん》を水とし、𑖨囉《ら》字門《じもん》を火とし、𑖮訶《か》字門《じもん》を風とし、𑖏佉《きゃ》字門《じもん》を空となす。また世間の種子は地・水・火・風を縁とし、虚空は礙《さ》えずして、然して後に（芽を）生ずることを得《う》。随って一縁も闕《か》けぬれば、終《つい》に増長《ぞうじょう》せざるが如く、一切智性《ちしょう》の如来の種子も、亦復《また》かくの如し。

第五句に「譬えば水界云々」というのは、水という原質が高い所から低い所に流れて、人びとに利益を与えるところが多く、よく草木をうるおして、花や果実を生じ、またその本来の性質は清らかで、汚れもなく濁りもなく、残らずよく飢えたり喉のかわいた生きとし生けるものを満ち足らせ、さまざまな濁りや汚れを洗い、暑熱の悩みをはらい除き、澄みわたって深みがあるのでなかに入ることができず、測量することができない。穴の場所において（水は）その本性が皆平等であるように、如来の智慧の水もまた、そのとおりである。

また次に、金剛杵を手にする者が、この五つの比喩を説くのは、すなわちこれは以下の文言の五字の意味をひらき起こすためである。𑖀阿《ア》字の部門を地とし、𑖪嚩《ヴァ》字の部門を水とし、𑖨囉《ラ》字の部門を火とし、𑖮訶《カ》字の部門を風とし、𑖏佉《キャ》字の部門を空とする。また、世間の種子は地・水・火・風をたよりとし、大空はこれをさまたげずして、その後に、（その種子から芽を）生ずることができる。したがって、一つの条件でも欠ければ、けっきょく生長しないように、全智を本性としてもつ如来の種子もまた同様である。

水大　地・水・火・風の四大の一つ。水は湿潤の性質があり、流動性をもち、ものを拡散させないはたらきがある、とされる。

智水　如来の智慧を水に喩えるのは、密教の灌頂《かんじょう》の儀式のとき、阿闍梨《あじゃり》（師）が弟子の頭頂に水をそそぐが、これは如来の智慧の水をそそぐことを表徴するからである。

𑖀阿字門……　𑖀阿字は本源において生起しないもの（阿字本不生）を意味するアーディ・アヌトパーダ（ādy-anutpāda）の頭文字ア（a）で地を意味する。𑖪嚩字は水を意味するヴァーリ（vāri）の頭文字ヴァ（va）。𑖨囉字は火を意味するラヴィ（ravi）の頭文字ラ（ra）。𑖮訶字は原因・条件、または結果を生ずる原因は認得することができないもの（因業不可得）を象徴的に意味する原因の原語ヘートゥ（hetu）の頭文字ハ（ha）をとり、因業不可得が風大にあてはめられるので、訶字を風とする。𑖏佉字は空を意味するカ（kha）をそのまま用いたもの。以上で、地・水・火・風・空の五つの粗大な元素（五大）を象徴し、五大によって万有一切が成立していることを含意する。

〔八〕三句についての如来の答え

毘盧遮那仏、即告持金剛秘密主言、善哉善哉執金剛、善哉金剛手、汝問吾如是義。汝当諦聴、極善作意、吾今説之。乃至諸法無相、謂虚空相者、以金剛手秘密主、預測如来加持深意、又能発起時衆、作生解因縁、仰測聖心、不失機会故、重言善哉善哉。（中略）

「毘盧遮那《びるしゃな》仏、すなわち持金剛《じこんごう》秘密主に告げて言わく、善い哉《かな》、善い哉、執金剛《しゅうこんごう》、善い哉、金剛手、汝は吾《われ》にかくの如き義を問う。汝はまさに諦《あきら》かに聴き、極善作意《ごくぜんさい》すべし、吾《われ》、今、予《あらかじ》めこれを説かん。乃至《ないし》諸法は無相なり、いわく、虚空の相なり」とは、金剛手秘密主、如来加持《かじ》の深意《じんに》を測り、またよく時の衆を発起《ほっき》して、生解《しょうげ》の因縁をなすを以て、仰いで聖心《しょうしん》を測り、機会《きえ》を失わざるが故に、重ねて、善い哉、善い哉、と言う。

「毘盧遮那仏云々」というのは、金剛杵を手にもつ秘密主が、前もって如来が不可思議な力を加えたもう深いわけを推測し、またよく、その時の人びとの心を起こして、理解を得させるきっかけをつくることによって、敬まって（如来の）聖なるみ心をおもんばかり、その機縁を失わないから、「善いかな、善いかな」と重ねていうのである。

金剛手秘密主　金剛薩埵。一九頁注参照。

経云、仏告金剛手、菩提心為因、悲為根、方便為究竟者、猶如世間種子、籍四大衆縁故、得生根、如是次第、乃至果実成熟名為究竟、然以中智観之、畢竟不生不滅。是故因果義成。若法不然、有生滅断常之相、則堕於戯論、皆悉可破。因果義不成也。今行者観心実相、亦復如是。出過一切戯論、如浄虚空。於内証所行得深信力、薩婆若心堅固不動。離業受生成就真性生、万行功徳従此増長、故曰菩提心為因也。（中略）

経に「仏は金剛手《こんごうしゅ》に告げたまわく、菩提心を因とし、大悲《だいひ》を根《こん》とし、方便を究竟《くきょう》となす」と云うは、猶《なお》し世間の種子の、四大衆縁《しだいしゅえん》に籍《よ》るが故に、根を生ずることを得、かくの如く次第して、乃至《ないし》果実の成熟《じょうじゅく》するを名づけて究竟とするが如きは、然も中智《ちゅうち》を以てこれを観ずるに、畢竟《ひっきょう》じて不生不滅《ふしょうふめつ》なり。この故に、因果の義、成ず。もし法然《しか》らざれば、生滅断《しょうめつだん》常《じょう》の相あって、すなわち戯論《けろん》に堕し、皆悉《ことごと》く破すべし。因果の義、成ぜず。今、行者の心の実相を観ずることも、亦復《また》かくの如し。一切の戯論《けろん》を出過して、浄虚空《じょうこくう》の如し。内証の所行に於いて深信《じんしん》の力を得、薩婆若《さばにゃ》の心は堅固にして動ぜず。業受《ごうじゅ》の生を離れて真性《しんしょう》の生《しょう》を成就し、万行《まんぎょう》の功徳《くどく》はこれより増長《ぞうじょう》す、故に「菩提心《ぼだいしん》を因となす」という。

経典に「仏は云々」というのは、たとえば世間の（植物の）種子が地・水・火・風の四つの粗大な物質というさまざまな条件によるから、根を生ずることができ、このようにして、だんだんと（生育し）、中略、果実がみのるのを完全なものというように、しかも中正の智慧をもってこれをよくみると、けっきょく、生起することもなければ消滅することもない。だから、原因・結果という意味が成立する。もしも道理としてそうでなければ、生起と消滅、断絶と永続のかたちがあって、つまり無益な議論におち入り、皆すべてこれを否定してしまわなければならない。原因・結果ということも成立しない。

今、真言の実践者の心のありのままのすがたをみる場合も、また同様である。すべての無益な議論から抜け出して、あたかも清らかな大空のようである。

内心のさとりのありさまにおいて深い信仰の力を得、全智者の心は堅固で動くことがない。前世の生涯における報いを生ずる原因によって受けた現世の生を離れて、真実の本性の生を完成し、あらゆる実践の功徳は、これより増大する。だから、「菩提心を因となす」という。

中智　中道の智慧。中道は対立する両極を離れた中正の道。

薩婆若　サルヴァジュニャの音写。一切智と訳す。あらゆるものを知る者、一切智者、全智者。

業受　前世における行為のつみかさねが原因となって、この世に受ける生。宿業・業寿・宿命などともいう。

為令如是浄信心、堅牢増長、経中次説大悲為根。根是能執持義。猶如樹根執持茎葉花菓、使不傾抜也。梵音謂悲為迦盧拏。迦是苦義、盧拏是剪除義。慈如広植嘉苗、悲如芸除草穢。故此中云悲、即兼明大慈也。（中略）

かくの如く浄《きよ》き信心《しんじん》をして、堅牢増長《けんろうぞうじょう》ならしめんが為に、経の中に、次に「大悲《だいひ》を根とす」と説く。「根」はこれ能執持《のうしゅうじ》の義なり。猶《なお》し樹根の茎葉と花菓《かか》とを執持して、傾抜《きょうばつ》せざらしむるが如し。梵音《ぼんのん》には悲を謂《い》うて迦盧拏《かるな》とす。迦はこれ苦の義なり、盧拏はこれ剪除《せんじょ》の義なり。慈は広く嘉苗《かびょう》を植うるが如く、悲は草穢《そうえ》を芸除《うんじょ》するが如し。故に、この中に「悲」と云うは、すなわち兼ねて大慈《だいじ》を明かす。

このような清らかな信仰の心を堅固にし増大させるために、経典のなかで、次に「大悲を根とす」と説く。「根」は、執《と》り持《たも》つ意味。たとえば樹木の根が茎や葉、花や果実を執り持って、傾き抜けてしまわないようにするようなものである。サンスクリット語の音では「悲」（あわれみ）を迦盧拏《かるな》という。迦というのは苦の意味がある。盧拏というのは苅り除く意味がある。「慈」（いつくしみ）はひろくよき苗を植えるように、「悲」は草やよごれたものを苅り除くようなものである。だから、この経中に「悲」とあるのは、それに兼ねて大いなるいつくしみ〔大慈〕を明らかにする。

迦盧拏　カルナー（karuṇā）の音写。悲と訳す。これを語分解してカ（ka）を苦、ルナー（ruṇā）（?）を剪除の意味ありとするのは通俗語源的解釈と思われる。カは苦を意味するドゥフカ（duḥkha）のカに音が通じ、ルナーは語根ル（$\sqrt{ru}$）に破る、切断する意味があるので、ルナーを剪除の意味に解したものか。

経云、秘密主云何菩提、謂如実知自心、即是開示如来功徳宝所也。如人雖聞宝蔵発意勤求、若不知其所在、無由進趣。故復指言、如上所明第一甚深微妙之法、乃至非一切智人、則不能解者、此法従何処得耶、即是行者自心耳。若能如実観察了了証知、是名成菩提。其実不由他悟不従他得。問曰、若即心是道者、何故衆生輪廻生死、不得成仏。答曰、以不如実知故、所謂愚童凡夫、若聞是法、少有能信、識性二乗、雖自観察、未如実知。若如実自知、即是初発心時、便成正覚。譬如長者家窮子。若自識父時、豈復是客作賤人耶。爾時行者、正知心実相故、見一切法悉皆甚深微妙、無量無数不可思議、不動不倚不著都無所得、畢竟如菩提相。

経に「秘密主よ。云何《いかん》が菩提《ぼだい》とならば、いわく、実の如く、自心を知る」と云うは、すなわちこれ如来の功徳宝所《くどくほうしょ》を開示するなり。人の宝蔵を聞いて、意《こころ》を発《おこ》して勤求《ごんぐ》すと雖《いえど》も、もしその所在を知らざれば、進趣《しんしゅ》するに由《よし》なきが如し。故に復《ま》た指して言わく、如上に明かすところの第一甚深微妙《じんじんみみょう》の法は、乃至《ないし》、一切智人《いっさいちにん》にあらざれば、すなわち解《げ》すること能《あた》わじとは、この法は何《いず》れの処《ところ》よりか得るや、すなわちこれ行者《ぎょうじゃ》の自心なりと云うのみ。もしよく実の如く観察《かんざつ》して了々《りょうりょう》に証知《しょうち》する、これを成菩提《じょうぼだい》と名づく。それ実に他に由《よ》って悟らず、他に従って得ず。

問うていわく、もし即心これ道ならば、何故に衆生は生死《しょうじ》に輪廻して、成仏することを得ざるや。

答えていわく、実の如く知らざるを以ての故に、いわゆる愚童凡夫《ぐどうぼんぶ》は、もし是の法を聞かば、少しくよく信ずることあり、識性《しきしょう》の二乗は、自ら観察すと雖《いえど》も、未だ実の如く知らず。もし実の如く知らば、すなわちこれ初発心《しょほっしん》の時に、すなわち正覚《しょうがく》を成ず。譬《たと》えば長者の家の窮子《ぐうじ》の如し。もし自ら父を識《し》る時に、豈《あ》に復《ま》たこれ客作《きゃくさ》の賤人《せんにん》ならんや。その時に行者は正しく心の実相を知るが故に、一切の法は悉《ことごと》く皆《みな》甚深微妙にして無量無数、不可思議なり、不動・不倚《ふい》・不著《ふじゃく》にして、都《すべ》て所得なし、畢竟じて菩提の相の如しと見る。

経典に「秘密主よ云々」というのは、つまりこれは如来の功徳という宝のあり場所を開き示すものである。誰でも人が宝の蔵のことを聞いて、その宝を得たいものだと心を起こし、勤めて求めても、もしもその在りかを知らなければ、進みおもむこうとしても、どうしようもないようなものである。だからまた、指差していうのには、前に明らかにしたところの最高にして非常に奥深く、すぐれて見事な真理の教えは、中略、全智を有する者でなければ、すなわち了解することができないであろうというのは、この真理はどこから得るのかというと、つまりこれは（真言の）実践者の自らの心であるというのである。もしもよくありのままに観察して極めて明らかにはっきりと知るならば、これをさとりを開くこと〔成菩提《じょうぼだい》〕と名づける。それは実に他の者によってさとるのではなく、他の者にしたがって得るものではない。

質問していう。もしも（人間が本来もっている）心がそのまま（さとりへの）道であるならば、どうして人びとは迷いの世界〔生死〕に死にかわり生まれかわって、さとりを得ることができないのだろうか。

答えていう。ありのままに（自らの）心を知らないからして、いうところの少年のような凡庸な者は、もしもこうした真理の教えを聞けば、僅かでもよくそれを信ずることがあるが、教えを聞いてさとる者（声聞《しょうもん》）とひとりでさとりを得る者（縁覚《えんがく》）との二つの教えによれば、自らよく考察しても、まだありのままに（自らの心を）知らない。もしもありのままに自ら（の心を）知るならば、つまりこれは初めてさとりを求める心を起こしたときに、そのまま正しいさとりを完成することになる。喩えば、資産家の貧窮の子のようなものである。

もしも（貧窮の子が）自ら父を知るときには、どうしてまた、（自分が）流浪して家のない客とか雇われたひとのように身分の低い者であろうことがあろうか。そのときに、（密教の）実践者は正しく（自らの）心の真実相を知るからして、すべての真理の教えは残らず皆、非常に深く、すぐれてみごとであって、量り知れず無数であり、不思議であり、動くことなく、かたよらず、執《とら》われずして、すべて認得するところがない、けっきょくのところ、さとりの相《すがた》と同じであるとみる。

識性二乗　識性は有識薩埵《さった》、すなわち認識する心を有する者。声聞と縁覚との二つの教えをいう。

譬如長者家窮子　『法華経』巻第二、信解品第四（大正九・一六中～一九上）にみえる。

故経復云、秘密主、是阿耨多羅三藐三菩提、乃至彼法少分無有可得。無上正遍知義、前已説之。此中言少分者、梵云阿耨。即是七微合成。於従縁生色最為微小。故以為喩。言彼法者、離此無相菩提心、外更無一法也。

故に、経にまた「秘密主よ、この阿耨多羅三藐三菩提《あのくたらさんみゃくさんぼだい》は、乃至彼《ないしか》の法としては、少分《しょうぶん》も得《う》べきことあることなし」と云う。無上正遍知《むじょうしょうへんち》の義は、前にすでにこれを説く。この中に少分と言うは、梵《ぼん》には阿耨《あのく》と云う。すなわちこれ七微合成《しちみごうじょう》なり。従縁生《じゅうえんしょう》の色《しき》に於いて、最も微《み》小《しょう》なりとす。故に以て喩《ゆ》となす。彼《か》の法と言うは、この無相《むそう》の菩提心《ぼだいしん》を離れて、外に更に一法もなきなり。

だから経典にまた「秘密主よ云々」と言っている。（このなかに出る）「無上正遍知」の意味については前にすでに説明をした。このなかで「少分」と言っているのは、サンスクリット語では「阿耨」という。これはすなわち（極小不可分の原子である一つの極微《ごくみ》を中心として、上下四方に）七つの極微が集合して成りたっているものである。条件によって生ずる物質のうちで最も微小なものであるから、喩えに用いたのである。「彼の法」というのは、この空《くう》そのものの菩提《さとり》を求める心のほかに、さらになにものもないのである。

七微合成　物質の最小不可分の単位を極微といい、一つの極微を中心として上下四方に極微が集合したものを微または微塵と呼ぶ。梵語アヌの訳。

〔九〕　菩提心は無相である

経中次説因縁云、何以故、虚空相是菩提。無知解者亦無開暁。何以故、菩提無相故者、譬如虚空遍一切処畢竟浄故、離一切相無動無分別、不可変易不可破壊。以如是等少分相似故、以

喩無相菩提心。然是中、復有無量無辺秘密甚深之事、実非世間虚空所能遍喩。（中略）

経の中に、次に因縁《いんねん》を説いて、「何を以ての故に、虚空の相はこれ菩提なり。知解《ちげ》の者もなく開暁《かいぎょう》のものもなし。何を以ての故に、菩提は無相なるが故に」と云うは、譬《たと》えば、虚空の一切処《いっさいしょ》に遍じて畢竟《ひっきょう》じて浄《じょう》なるが故に、一切の相を離れて、動《どう》もなく分別《ふんべつ》もなく、変易《へんにゃく》すべからず、破壊《はえ》すべからざるが如し。かくの如き等の少分相似を以ての故に、以て無相の菩提心に喩《たと》う。然《しか》もこの中に、また無量無辺の秘密甚深《じんじん》の事あり、実には世間の虚空のよく遍《へん》喩《ゆ》するところにあらず。

経典のなかに、次にいわれを説いて、「何を以ての故に云々」というのは、例えば大空がすべてのところにあまねく、究極的に清らかであるから、あらゆるかたちを離れて、動くこともなく区別することもなく、変えることもできず、こぼつこともできないようなものである。このように僅かに似ているから、かたちのないさとりを求める心に喩える。しかも、このなかにはまた量り知れず限りない秘密の非常に深いものがあって、実際には世間の大空がひろびろと広がっている喩えをもってしても及ばないのである。

復次経中自転釈、言何以故、菩提無相故。（中略）以如是浄菩提心、出過諸観離衆相故、於一切法得無罣礙。譬如虚空之相亦無相故、万像皆悉依空、空無所依、如是万法皆依浄心、浄心適無所依。即此諸法亦復如菩提相。所謂浄虚空相。故経復云、秘密主、諸法無相、謂虚空相也。

また次に、経の中に自ら転釈《てんしゃく》して、「何を以ての故に。菩提は無相なるが故に」と言う。(中略)かくの如く浄菩提心《じょうぼだいしん》は諸観《しょかん》を出過《しゅつか》して衆相《しゅそう》を離れたるを以ての故に、一切の法に於いて罣礙《けいげ》なきことを得《う》。譬えば虚空の相はまた無相なるが故に、万像《まんぞう》は皆悉《ことごと》く空に依れども、空は所依《しょえ》なきが如く、かくの如く万法《まんぽう》は皆《みな》浄心に依れども、浄心は適《まさ》に所依なし。すなわちこの諸法もまた菩提の相の如し。いわゆる浄虚空《じょうこくう》の相なり。故に経にまた「秘密主よ、諸法は無相なり、いわく、虚空の相なり」と云う。

また次に、経典のなかで、それ自体解釈を転換して、「何を以ての故に。菩提は無相なるが故に」という。

このように清らかなさとりを求める心はさまざまな見方を越え出て、種々なるかたちを離れたものであるから、すべてのものにおいて覆いさまたげるものがないことを得る。たとえば大空のかたちはまたかたちがないから、あらゆる現象は皆すべて空によるけれども、空は依りどころがないように、そのようにすべてのものは皆清らかな心によるけれども、清らかな心はまさしく依りどころがない。つまり、このさまざまな存在するところのものもまた、さとりのすがたのようなものである。いうところの清らかな大空のかたちである。だから、経典にも「秘密主よ、諸法は無相なり、いわく、虚空の相なり」というのである。

〔一〇〕一切智は自心である

爾時金剛手復白仏言、世尊誰尋求一切智。誰為菩提成正覚者。誰発起彼一切智智。仏言、秘密主、自心尋求菩提及一切智。何以故、本性清浄故。乃至無量功徳皆悉成就。時執金剛聞仏所説義、薩婆若慧唯是自心、乃至無有少法出此心者、為未来衆生断疑惑故、而問仏言、菩提心名為一向志求一切智智。若一切智智、即是菩提心者、此中誰為能求誰為所求、誰為可覚誰為覚者。又復離心之外都無一法、誰能発起此心、令至妙果者。若法無有因縁、而得成者、一切衆生、亦応不仮方便自然成仏。故仏答言秘密主、自心尋求菩提及一切智。何以故、本性清浄故。（中略）若瑜伽行人、正観三法実相、即是見心実相。心実相者、即是無相菩提、亦名一切智智。（中略）

「その時に、金剛手《こんごうしゅ》はまた仏に白《もう》して言《もう》さく、世尊よ、誰か一切智《いっさいち》を尋求《じんぐ》するや。誰か菩提の為に、正覚《しょうがく》を成《じょう》ずるや。誰か彼《か》の一切智智《いっさいちち》を発起《ほっき》するや。仏の言《のたま》わく、秘密主よ、自心に菩提《ぼだい》と及び一切智とを尋求せよ。何を以ての故にとならば、本性《ほんしょう》は清浄《しょうじょう》なるが故に。乃至《ないし》無量の功徳は皆悉《ことごと》く成就す」とは、時に執金剛《しゅうこんごう》は、仏の所説の義の薩婆若《さばにゃ》の慧《え》は、唯《ただ》これ自心なり、乃至《ないし》少法《しょうぼう》もこの心を出でたる者あることなしと聞いて、未来の衆生に疑惑を断ぜしめんが為の故に、しかも仏に問うて言わく、菩提心を名づけて、一向志求、一切智智とす。もし一切智智はすなわちこれ菩提心ならば、この中に誰をか能求《のうぐ》とし、誰をか所求《しょぐ》とし、誰をか可覚《かかく》とし、誰をか覚者《かくしゃ》とせんや。また心を離れて外に都《すべ》て一法《いっぽう》なくば、誰かよくこの心を発起《ほっき》して、妙果《みょうか》に至らしむる者ぞや。もし法にして因縁《いんねん》あることなくして、しかも成ずることを得《う》といわば、一切衆生はまた方便を仮《か》らずして、自然《じねん》に成仏《じょうぶつ》すべし。故に仏は答えて、「秘密主よ、自心に菩提と及び一切智とを尋求《じんぐ》せよ。何を以ての故にとならば、本《ほん》性《しょう》は清浄《しょうじょう》なるが故に」と言う。(中略)もし瑜伽行人《ゆがぎょうにん》が正しく三法《さんぼう》の実相を観ずるときは、すなわちこれ心の実相を見るなり。心の実相とは、すなわちこれ無相の菩提なり、また一切智智と名づく。

「その時に云々」というのは、その時に金剛杵《こんごうしょ》を持つ者は、仏の説きたもうところの全智の智慧は、これは自らの心にほかならない、中略、僅かなものでも、この心を出たものはないと聞いて、未来の人びとが抱くであろう疑い・惑《まど》いを断とうとして、しかも仏にお尋ねしていうのに、さとりを求める心を、ひたすらに志し求めること、あらゆる智慧のなかの智慧という。もしあらゆる智慧のなかの智慧が、つまりこれがさとりを求める心だとするならば、このなかで、いったい何を求めるものとし、何が求められるものとし、何を覚《さと》るべきものとし、誰を覚るものとしようか。また心を離れて、他にすべて一つのものさえもなければ、どうしてよく、この心を発《おこ》して、みごとなさとりという結果に至らせることができようか。もし存在するもので原因・条件を欠いて成立することができるというならば、すべての人びとはまたさとりへの手だてをかりなくても、おのずからさとりを得るであろう。だから、仏はそのことにお答えになられて、「秘密主よ云々」といわれる。（中略）もし密教の瞑想の実践者が正しく三つのものの真実のすがたを観想するときは、つまりこれは心の真実のすがたを見ることである。心の真実のすがたというのはつまり、これはかたちなきさとりのことであり、またこれをすべての智慧のなかの智慧というのである。

三法　教えの三つの方面。⑴如来の教え、⑵教えによる実践、⑶実践修行の結果得られたさとり。

〔二〕心は不可得である

経言心不在内不在外。及両中間心不可得、如摩訶般若、以無量門入諸法実相。今欲挙其宗要、但観内外十二処、即摂一切法也。行者心無始来、多於内法取著心相故、先於内六処、以即離相等方便、一一諦観、心不可得無生無相無有処所。而作是念。此心或在外耶。復於外六処如実観之、心亦無生相無有処所。猶恐錯誤更合観之、於両中間亦不可得。（中略）

経に「心は内《ない》に在《あ》らず、外《げ》に在らず。及び両中間《りょうちゅうげん》にも心は不可得《ふかとく》なり」と言うは、摩訶《まか》般若《はんにゃ》の如きは、無量の門を以て、諸法の実相に入る。今、その宗要を挙げんと欲して、但《ただ》し内外の十二処《しょ》を観ずるに、すなわち一切の法を摂《しょう》するなり。行者の心は無始《むし》より来《このかた》、多く内法に於いて心相《しんそう》に取著《しゅじゃく》するが故に、先ず内《ない》の六処に於いて即離《そくり》相《そう》等の方便《ほうべん》を以て、一々諦《たい》観《かん》ずるに、心は不可得なり、無生無相《むしょうむそう》にして、処所《しょしょ》あることなし。しかもこの念を作《な》す。この心は或いは外《げ》に在りや。また外《げ》の六処に於いて実の如くこれを観ずるに、心はまた生相《しょうそう》なくして、処所あることなし。猶《なお》し錯誤せんことを恐れて、さらに合してこれを観ずるに、両《りょう》中間《ちゅうげん》に於いてもまた不可得なり、と。

経典に「心は内に在らず云々」というのは、偉大なるさとりの智慧のようなものは、量り知れない門戸によって、あらゆる存在するところのもののありのままのすがたに入る。今、その要旨をあげようとして、ただ内と外との十二の感覚領域を観想するとき、あらゆる存在するものをそこに摂《おさ》めてしまう。真言の実践者の心は限りない遠い過去から、多く内面における法《もの》において心のかたちに執《とら》われるから、まず内なる六つの知覚の場としての眼《げん》・耳《に》・鼻《び》・舌《ぜつ》・身《しん》・意《い》において現象と理法とが一体であり、また現象と理法とが区別されるというかたちなどを手段として、それぞれに明らかに観想すると、心は認得することができないものである。心は生起することなく、かたちのないものであって、その存在する場所というものがない。しかも、次のようなことを思う。この心は（内にないとすれば）または外に存在するのだろうか。また外部の知覚の六つの場所である色《しき》・声《しょう》・香《こう》・味《み》・触《そく》・法《ほう》において、ありのままにこれを観想すると、心は、この場合も生起するというかたちはなく、存在する場所というものもない。なお、誤りがあることをおそれて、さらに、内と外とを合わせて、これを内外の中間において観察してみてもまた、心は認得することができないのである、と。

即離相　現象と理法とは一方では相即不離であり、　他方では隔絶乖離していること。

経云、秘密主、如来応正等覚、非青非黄、非赤非白、非紅紫非水精色、非長非短、非円非方、非明非暗、非男非女、非不男女者、前約一切法、明心実相已。今復約真我明心実相。此宗弁義、即以心為如来応正等覚。所謂内心之大我也。（中略）次云秘密主、心非欲界同性、非色界同性、非無色界同性。非天竜夜叉、乃至人非人趣同性者、亦是対諸妄執、顕示自心無変易。故説言此心不与三界同性也。（中略）又経云秘密主、心不住眼界、不住耳鼻舌身意界、非見非顕現者、前説不在三処、已摂一切法、為未悟者、復一一歴法分別、若心不与諸趣同性、為住眼界等耶、乃至住意界耶。若心住眼界者、眼従衆縁生故、性相自空無有住処。況復心之実相住在眼中。如眼界者、乃至陰入諸法皆応広説。（中略）

経に「秘密主よ。如来応正等覚《おうしょうとうがく》は、青《しょう》にあらず黄《おう》にあらず、赤《しゃく》にあらず白《びゃく》にあらず、紅紫《こうし》にあらず水精色《すいしょうじき》にあらず、長《じょう》にあらず短にあらず、円にあらず方《ほう》にあらず、明《みょう》にあらず暗にあらず、男《なん》にあらず女《にょ》にあらず、不男女《ふなんにょ》にあらず」と云うは、前には一切法《いっさいほう》に約して、心の実相を明かしおわんぬ。今また真我《しんが》に約して、心の実相を明かす。この宗に弁ずる義は、すなわち心を以て如来応正等覚《おうしょうとうがく》となす。いわゆる内心の大我《だいが》なり。

次に「秘密主よ。心は欲界《よくかい》と同性《どうしょう》にあらず、色界《しきかい》と同性にあらず、無《む》色界《しきかい》と同性にあらず。天竜夜叉、乃至《ないし》人非《にんぴ》人趣《にんしゅ》と同性にあらず」とは、またこれ諸《もろもろ》の妄執《もうじゅう》に対して、自心の変易《へんにゃく》なきことを顕示するなり。故に説いてこの心は三界《さんがい》と同性にあらず、と言うなり。

また経に「秘密主よ。心は眼界《げんかい》にも住せず、耳《に》・鼻《び》・舌《ぜつ》・身《しん》・意《い》界にも住せず、見《けん》にあらず顕現にあらず」とは、前に三処に在《あ》らずと説いて、すでに一切の法を摂《しょう》すれども、未悟《みご》の者の為に、また一々に法を歴《へ》て分別せん。もし心は諸趣《しょしゅ》と同性にあらずんば、眼界等に住すとやせん、乃至《ないし》意界《いかい》に住すとやせん。もし心は眼界に住せば、眼は衆縁《しゅえん》より生ずるが故に、性相《しょうぞう》自ら空なり、住処はあることなし。況《いわ》んやまた心の実相は、眼の中に住在《じゅうざい》せんや。眼界の如く、乃至《ないし》陰入《おんにゅう》の諸法も皆まさに広く説くべし。

経典に「秘密主よ云々」というのは、前にはすべての存在するところのもののほうからみて、心の真実のすがたを明らかにしたものである。今また真実の自我のほうからみて心の真実のすがたを明らかにする。この教えに述べる意味は、心をもって如来応正等覚とするということである。いうところの内なる心の偉大なる自我である。

次に「秘密主よ云々」というのは、またこれはさまざまな虚妄の執著《しゅうじゃく》に対して、自らの心は変わらないということを明らかに示したものである。だから、この心は三つの全世界（欲界・色界・無色界）と同じものではない、というのである。

また経典に「秘密主よ云々」というのは、前に三つの住処ではないと説いて、すでにあらゆる存在するところのものを摂《おさ》めたのであるが、まだ悟らない者のために、また一々、ことを分けて開き示そうとする。もし心はもろもろの迷いの世界と同一の性質でないとすれば、眼の領域などにあるものだろうか、さらには意《こころ》の領域にあるものであろうか。もし心は眼の領域にあるならば、眼は多くの条件によって生ずるから、本体と現象とはおのずから実体性のないものである。もちろん住する場は存しない。ましてやまた心の真実相は、眼のなかにあることがあろうか。眼の領域のように、さらには、あらゆる存在の要素も皆まさしく広く（これと同じように）説くことができる。

如来応正等覚　如来・応供《おうぐ》・正等覚。応供（供養される資格のある者）も正等覚（正しく完全に真理を覚った者）もともに如来の十号（十の別名）の一つ。

三処　内と外と両中間のこと。

陰入諸法　五蘊（色・受・想・行・識）と十二処（眼・耳・鼻・舌・身・意の六根と、色・声・香・味・触・法の六境とを合わせたもの）。すべての存在するものをこの要素の中に摂《おさ》め尽くす。

又経中自説因縁、何以故、虚空相心離諸妄執亦無分別、猶如虚空畢竟浄法、一切色像無能染汚之者、心性亦爾。一切分別無能染汚之者。若無分別、即是離一切相也。経云所以者何、性同虚空、即同於心。性同於心、即同菩提。如是秘密主、心虚空界菩提三種無二。此等悲為根本、方便波羅蜜満足者、如上種種入清浄門、皆為発明自心求菩提義。今復結言虚空無垢即是心。心即是菩提相、本同一相、而有三名耳。即此一法界心、雖因縁畢竟不生、而不壊因縁実相。以不生故、則無能所之異。以不壊故、亦得悲為根本、方便波羅蜜満足。即是究竟不思議中道義也。

また経の中に、自ら因縁《いんねん》を説いて、「何を以ての故に、虚空相の心は、諸《もろもろ》の妄執を離れてまた分別なし」というは、猶《なお》し虚空の畢竟《ひつきよう》浄法にして、一切の色像《しきぞう》のよくこれを染汚《ぜんま》する者なきが如く、心性《しんしよう》もまた爾《しか》り。一切の分別《ふんべつ》のよくこれを染汚《ぜんま》する者なし。もし分別なければ、すなわちこれ一切の相を離るるなり。

経に「所以《ゆえ》何《いか》んとならば、性《しよう》は虚空に同《どう》なれば、すなわち心に同なり。性は心に同なれば、すなわち菩提《ぼだい》に同なり。かくの如く秘密主よ、心と虚空界と菩提との三種は無二《むに》なり。これらは悲を根本として、方便波羅蜜《はらみつ》を満足す」とは、如上の種々の入清浄門《にゆうしようじようもん》は、皆、自心に菩提を求むる義を発明《ほつみよう》せんが為なり。今また結んで虚空無垢《むく》はすなわちこれ心なり。心はすなわちこれ菩提なり、本《もと》より同一相にして、しかも三名《さんみよう》ありというのみ。すなわちこの一法界心《いつぽつかいしん》は因縁畢竟《ひつきよう》じて不生《ふしよう》なりと雖《いえど》も、しかも因縁の実相を壊《え》せず。不生を以ての故に、すなわち能所《のうしよ》の異《こと》なりなし。不壊《ふえ》を以ての故に、亦復《またひ》悲を根本とし、方便波羅蜜を満足することを得《う》。すなわちこれ究竟不思議《くきようふしぎ》の中道《ちゆうどう》の義なり。

また経典のなかで、自らいわれを説いて、「何を以ての故に云々」というのは、あたかも、大空が究極的に清らかであって、すべての色形あるものが大空を染め汚すことがないように、心の本性もまた（大空と）同じである。あらゆる虚妄の思慮でこの心の本性を染め汚すものはない。もしも虚妄の思慮がなければ、とりもなおさず、あらゆるすがたを離れているのである。

経典に「所以は云々」というのは、以上のさまざまな清らかな世界に入る門戸は、皆、自らの心にさとりの智慧を求める意味をはっきりとさせるためである。今また結論づけて、大空が垢《けが》れなきものであるというのは、つまりこれは心のあり方をいったものである。心はそのままさとりの智慧そのものである。もとよりこれらは同一のすがたをとっているからして、自らの心（自心）・大空（虚空）・さとりの智慧（菩提）という三つの名があるというだけである。すなわちこの唯一の真理の世界として表われている心は、原因・条件はつまるところ生起しないのであるが、しかも（そのことによって）原因・条件の真実相を破壊しない（で、現象のさまざまのすがたかたちをとって表われている）。本来生起するものは何もないから、とりもなおさず（心において）主観・客観の対立はない。破壊されないもの（つまり原因・条件のはたらく現象界としてありのままの存在）であるから、また悲《あわれみ》を根本として、巧みな手だての完成〔方便波羅蜜〕を十分に満たすことができる。すなわち、これが究極的に思議することのできない中道の意味である。

一法界心　一法界は、個別的な数限りない存在するものも、普遍平等の真理の立場から見れば区別がなく全一に帰すること。一法界心はその究極の心。

中道　二つのものの対立を離れた不偏・中正の道。

経云、秘密主、我説諸法如是。令彼諸菩薩衆、菩提心清浄知識其心者、仏已開示浄菩提、略明三句大宗竟。即統論一部始終、無量方便、皆為令諸菩薩、菩提心清浄知識其心。如此経者、当知一切脩多羅意、皆同在此。如釈迦如来所説法者、当知十方三世一切如来、種種因縁随宜演説法、無非為此三句法門。究竟同帰本無異轍。故云我説諸法如是、乃至知識其心也。

経に、「秘密主よ。我れ諸法を説くこと、かくの如し。彼《か》の諸《もろもろ》の菩薩衆をして、菩提心清浄にしてその心を知識せしむ」と云うは、仏すでに浄菩提心を開示したもうに、略して三句の大宗を明かし竟《おわ》んぬ。すなわち一部の始終を統論するに、無量の方便あり、皆、諸《もろもろ》の菩薩をして菩提心清浄にして、その心を知識せしむ。この経の如きは、まさに知るべし、一切の脩多羅《しゆたら》の意は、皆、同じく此《ここ》にあり。釈迦如来の所説の法の如きは、まさに知るべし、十方三世の一切如来の種種の因縁をもって、宜しきに随《したが》って演説したもう法も、この三句の法門の為にあらざることなし。究竟同帰《くきようどうき》して、本《もと》より異轍《いてつ》なし。故に我れ諸法を説くこと、かくの如し、乃至《ないし》その心を知識すと云うなり。

経典に「秘密主よ云々」というのは、仏はすでに清らかなさとりを求める心を開き示されるのに、要約して三句のおおむねを明らかにしたのである。すなわち、一部のすべてを通じて論ずると、量り知れない救いの手だてがある。皆、それぞれの菩薩のさとりを求める心を清らかにし、その心によく知識させる（知識の語義は後出）。この経典にいうとおりのものは、（次のように）まさしく知るがよい。すべての経典のむねとするところは、皆、同じようにこの点にある、と。

　釈迦如来が説かれた真理の教えのようなものは、まさしく（これと同じだと）知るがよい。あらゆる空間・時間をつらぬいていますすべての如来がさまざまな機縁で適宜にお説きになった真理の教えも、この三句の法門のためでないものはない。つまるところ同じところに帰着して、もともと基本的に異なったみちのものでない。だから、わたくしが、さまざまな教えを説くのは、以上のとおりである。中略、その心を知識というのである。

経云、秘密主、云何知自心。謂若分段或顕色、或形色或境界、若色若受想行識、若我若我所、若能執若所執、若清浄若界若処、乃至一切分段中求、不可得者、世尊前已広説浄菩提心如実相、以衆生未能得意懸悟、復作方便、説此頓覚成仏入心実相門。亦為決了十方三世一切仏法故。（中略）

　経に「秘密主よ。云何《いかん》が自ら心を知るや。いわく、もしは分段、或《ある》いは顕色《けんじき》、或いは形色《ぎょうしき》、或いは境界《きょうがい》、もしは色《しき》、もしは受《じゅ》・想《そう》・行《ぎょう》・識《しき》、もしは我《が》、もしは我所《がしょ》、もしは能執《のうしゅう》、もしは所執《しょしゅう》、もしは清浄、もしは界、もしは処、乃至《ないし》一切分段の中に求むるに、（心は）不《ふ》可得《かとく》なり」とは、世尊は前《さき》にすでに広く浄菩提心の如実の相を説きたもうに、衆生は未だ意を得て懸《はる》かに悟ること能《あた》わざるを以て、また方便を作《な》して、この頓覚成仏《とんがくじょうぶつ》、入心実相門《にゅうしんじつそうもん》を説きたもう。また十方三世《じっぽうさんぜ》の一切の仏法を決了《けつりょう》せんが為の故なり。

経典に「秘密主よ云々」というのは、世尊は以前にすでに広く清らかなさとりを求める心のありのままのすがたを説かれたのに、人びとはまだそのむねを得て遠く悟ることができないから、また救いの手だてをつくして、このすみやかにさとること、心の真実相に入る教えを説きたもうのである。また空間的・時間的に限りないひろがりを貫ぬいているすべての仏の真理の教えを、まちがいなく会得しようとするためだからである。

入心実相門　心のありのままの真実のすがたを認識する門戸。

頓覚成仏　頓覚は華厳教学における五教、すなわち、(1)小乗教、(2)大乗始教、(3)大乗終教、(4)頓教、(5)円教のうちの頓教で、すみやかにさとる教えのことであるが、ここでは密教の即身成仏と同義に用いたもの。

〔三〕初地の浄菩提心の相

経云、秘密主、此菩薩浄菩提心門、名初法明道。菩薩住此修学、不久勤苦、便得除一切蓋障三昧者、入仏智慧、有無量方便門。今此宗、直以浄菩提心為門。若入此門、即是初入一切如来境界。譬如弥勒、開楼閣門内善財童子、是中具見無量不思議事。難以言宣。但入者自知耳。法明者、以覚心本不生際、其心浄住生大慧光明、普照無量法性、見諸仏所行之道。故云

法明道也。（中略）

経に、「秘密主よ。この菩薩の浄菩提心門を初法明道《しょほうみょうどう》と名づく。菩薩はこれに住して修学すれば、久しく勤苦《ごんぐ》せずして、すなわち除一切蓋障三昧《じょいっさいがいしょうざんまい》を得《う》」と云うは、仏の智慧に入るに、無量の方便門あり。今、この宗は直に浄菩提心を以て門とす。もしこの門に入るものは、すなわちこれ初めて一切如来の境界に入る。譬えば、弥勒《みろく》の楼閣門を開いて、善財《ぜんざい》童子を内《い》れ、この中に具《つぶさ》に無量の不思議の事を見せしめしが如し。言を以て宣《の》べ難し。但《ただ》し入る者は自ら知るのみ。法明とは心の本不生際《ほんぶしょうざい》を覚《さと》るを以て、その心は浄（菩提心）に住して大《だい》慧《え》の光明を生じ、普《あまね》く無量の法性《ほっしょう》を照らして、諸仏所行《しょぎょう》の道を見る。故に法明道《ほうみょうどう》と云う。

経典に「秘密主よ云々」というのは、仏の智慧に入るのに、量り知れないほどの手だての門戸があることである。今、この真言密教は直接に清らかなさとりを求める心をもって門戸とする。もしもこの門戸に入る者は、とりもなおさず、初めてあらゆる如来の境界に入るのである。

たとえば、弥勒菩薩が望楼の門を開いて善財童子をなかに入れ、そこで十分に量り知れないほどの数知れぬ不思議な出来事を見させたようなものである。言葉をもって説くことはむつかしい。ただ（その真理の世界に）入る者が自ら知るだけのことである。心が清らかなさとりを求めるときに、大きな智慧の光が射しこんで、もろもろの仏の実践する道が明らかになること〔法明〕というのは、心の不生不滅の極限をさとることによって、その心は（さとりを求める心の）清らかさに住して、大いなる智慧の光明が生じ、（その光明が）あまねく量り知れない諸存在の真実なる本性を照らして、もろもろの仏が実践したもうところの道を見るということであって、だから心が清らかなさとりを求めるときに大きな智慧の光が射しこんで、そこにおいて明らかになるもろもろの仏の実践道〔法明道〕というのである。

弥勒　仏滅後五十六億七千万年後、竜華三会《りゅうげさんね》の暁に天上の兜率《とそつ》浄土より下生《げしょう》して、修行の結果、弥勒仏となることが予言されているので、楼閣門は兜率浄土または弥勒浄土の宮殿にある楼閣門をさす。

善財童子　求道の菩薩の名。南インドの地方の五十三人の善知識を訪ねて、最後に普賢菩薩に遇《あ》って十大願を聞き、真理の世界に入ることを願った。仏道修行者の模範とされる。『華厳経』入法界品の主人公として有名である。

法明　あらゆる事象の真実を明らかにすること。

法明道　初法明道の略。さとりを求める心を証し、煩悩を滅して最初の菩薩の階位（初地）に入る位。次に説く除蓋障三昧に相応する智慧とされる。初めて真理を明らかにする道の意。『大日経』住心品（本書四三頁）にみえる。

因浄菩提心照明諸法故、少用功力、便得除蓋障三昧、見八万四千煩悩実相、成八万四千宝聚門。故経次云菩薩住此修学、不久勤苦、便得除一切蓋障三昧。若得此者、則与諸仏菩薩同等住。（中略）是中障有五種。一者煩悩障、（中略）二者業障、（中略）三者生障、（中略）四者法障、（中略）五者所知障。（中略）

浄菩提心に因《よ》って、諸法を照明《しょうみょう》するによるが故に、少しく功力《くりき》を用いれば、すなわち除《じょ》蓋障三昧《がいしょうざんまい》を得て、八万四千の煩悩の実相を見るに、八万四千の宝聚門《ほうじゅもん》と成る。故に、経に次に「菩薩はこれに住して修学すれば、久しく勤苦《ごんぐ》せずして、すなわち除一切蓋障三昧を得《う》。もしこれを得つれば、すなわち諸仏菩薩と同等に住す」という。この中の障に五種あり。一には煩悩障《ぼんのうしょう》、二には業障《ごっしょう》、三には生障《しょうしょう》、四には法障《ほっしょう》、五には所知障《しょちしょう》。

清らかなさとりを求める心であらゆる存在するところのものを照らし明らかにするから、僅かにはたらく力を用いれば、そのまま除蓋障三昧《じょがいしょうざんまい》という瞑想を得て、八万四千という多くの煩悩のありのままのすがたを見るとき、それらは八万四千のおびただしい珍宝を得る門戸となる。だから、経典に次に「菩薩は云々」という。このなかの障害に五種類がある。一には煩悩障、二には業障、三には生障、四には法障、五には所知障である。

除蓋障三昧　あらゆる煩悩を取り除いて菩薩の修行階位の最初の初地の法明道《ほうみょうどう》、すなわち現象世界におけるあらゆる事象の真実のあり方を明らかにするのが聖道に入る門戸となることをさとる瞑想の境地。

八万四千煩悩　すべての煩悩をさす。八万四千は数の多いことを表わす仏教に特有の語。

宝聚門　宝聚は珍宝の集まりで、数知れぬ珍宝は最高のさとり（無上道）に喩えられ、そうした最高のさとりに入る門戸のこと。

煩悩障……　いわゆる五障で、修行上のさまたげになるもの。(1)煩悩障は煩悩のさわり、(2)業障は過去と現在の悪しき行為のさわり、(3)生障は前世の行為の結果、悪しき所に生まれたさわり、⑷法障は前世の縁によって徳あるすぐれた仏者にめぐり過えず、真理の教えを聞くことができないさわり、⑸所知障は正しい真理の教えを聞いても、いろいろな原因・条件のため、さとりの真実の智慧を完成するための修行ができないこと。この五障は『大日経疏』巻第一に特殊な所説である。

〔三〕 菩提心の出生

爾時執金剛秘密主、復以偈問仏。乃至不知諸空、非彼能知涅槃。是故応了知空、離於断常者、如上仏説経之大旨、心実相門略已周備。時金剛手、為令未来衆生、具足方便無復余疑故、以偈問仏。請世尊広演其義。

「その時に、執金剛秘密主は、また偈《げ》を以て仏に問いたてまつる。乃至《ないし》、諸《もろもろ》の空を知らざれば、彼れよく涅槃《ねはん》を知るにあらず。この故に、空を了知《りょうち》して断常を離るべし」とは、如上に仏は経の大旨を説きたもうに、心の実相門は略々《ほぼ》すでに周備せり。時に金剛手は、未来の衆生をして方便を具足し、また余の疑いをなからしめんが為の故に、偈を以て仏に問う。「世尊よ。広くその義を演《の》べたまえ」と請う。

「その時に云々」というのは、以上に仏は経典のおおむねの趣旨を説かれるのに、心の真実のすがたの門戸は、ほぼすでによく準備されてある。

その時に、金剛杵を手にもつ者は、未来（にこの世に現われるであろうところ）の人びとに対して救いの手だてを具《そな》え、また他の疑いを起こさせないようにするために、詩句をもって仏に問いたてまつって、「尊き師よ。ひろく、その意味《わけ》をお説き下さい」と、お願いするのである。

実相門　実相法門ともいう。すべてのもののありのままのすがたを説く教え、あるいはそうした教えを示す真理の部門。真実の門戸。

是中略有九句。云何世尊説此心菩提生者、即是菩提心生也。（中略）第二句云、復以云何相知発菩提心者、相謂性成於内、必有相彰於外。（中略）経云、願識心心勝自然智生説者、是如実歎仏功徳、請敷演前二句義。初云識心、是心自覚之智。次又言心、即是心之実相。意明境智倶妙無二無別。故重言之。自然智、即是如来常智。唯是心自証心、不従他悟。（中略）

この中に略して九句あり。「云何《いかん》が、世尊よ、この心に菩提を生ずることを説きたもうや」とは、すなわちこれ菩提心の生《しょう》なり。

第二の句に、「また云何《いか》なる相を以てか、菩提心を発《おこ》すことを知るや」とは、相はいわく、性《しょう》の内に成《じょう》ずれば、必ず相の外に彰《あら》わるることあり。

経に「願わくは、識心《しきしん》と心と勝《すぐ》れたる自然智《じねんち》との生ぜるを説きたまえ」と云うは、これは実の如く仏の功徳を嘆じて、前の二句の義を敷演《ふえん》したまえと請うなり。初めに識心と云うは、これ心の自覚の智なり。次にまた心と言うは、すなわちこれ心の実相なり。意は境と智とは倶《とも》に妙にして、無二無別なることを明かす。故に、重ねてこれを言う。自然智《じねんち》とは、すなわちこれ如来の常智《じょうち》なり。ただこれ心自ら心を証す、他に従って悟《さと》らず。

このなかに要略して九句がある。「云何が、世尊よ云々」というのは、つまりこれはさとりを求める心が生ずることである。

第二の句に「また云何なる相を以てか云々」とあるのは、現象は内に本体が成立すれば、必ず現象は外に現われるものだということである。

経典に「願わくは云々」というのは、これはそのとおりに仏の功徳を讃えて、前の二句の意味を広くおしひろげて説いていただきたいとお願いするのである。初めに識心とあるが、これは心の自らの覚《さと》りの智慧のことである。次にまた心とあるが、これは心のありのままのすがたのことである。意は、認識の対象とそれを観照する智慧とはともに妙《たえ》なるものであって、全く区別されないことを明らかにする。だから、もう一度このことを説く。おのずから存する智慧〔自然智〕というのは、つまりこれは如来の永遠なる智慧〔常智〕のことである。ただこれは心が自らその心を証《あか》すものであって、他にしたがってさとるのではない。

相・性　相はすがた・かたちであって、現象をさすのに対して、性は本性・本体であって、現象を貫ぬいて存する不変なるもの。
識心　心のはたらきに対して、眼・耳・鼻・舌・身・意の六つの識別作用（六識）、またはこれに第七末那《まな》識、第八阿頼耶《あらや》識を加えて、八つの識別作用（八識）となってはたらく心そのもの。
自然智　本来自ら存する仏のさとりの智慧。
自覚之智　自然覚・自然智ともいう。

第三句云、大勤勇幾何次第心続生者、大勤勇、即是仏之異名也。嘆徳而復発問、有幾心次第而得是心也。第四第五句云、心諸相与時願仏広開演者、問此諸心差別之相、及相続勝進、凡経幾時、而得究竟浄菩提心也。第六句云、功徳聚亦然者、言是心微妙功徳、亦願世尊広開演之。故云亦然也。第七句云、及彼行修行者、次問当以何行、云何修行、而能獲得無上悉地。亦可分為二句也。第八第九句云、心心有殊異唯大牟尼説者、謂衆生異熟識心、与瑜伽行者殊異之心、亦願世尊分別広説。牟尼者是寂黙義。言仏身語心、皆究竟寂滅過語言地。以対二乗小寂不可為譬故、云大牟尼也。（中略）

第三句に「大勤勇《だいごんにゆう》に幾何《いくばく》の次第あってか、心は続生《ぞくしよう》するや」と云うは、大勤勇はすなわちこれ仏の異名《いみよう》なり。徳を嘆じて、しかもまた幾《いくば》くの心の次第あってか、しかもこの心を得るやと問いを発す。第四・第五句に「心の諸相と時とを、願わくは仏よ、広く開演したまえ」と云うは、この諸《もろもろ》の心の差別の相と及び相続して勝進するに、凡《およ》そ幾くの時を経てか、しかも究竟の浄菩提心を得るやと問うなり。第六句に「功徳聚《くどくじゆ》もまた然《しか》り」と云うは、この心の微妙《みみょう》の功徳をも、また願わくは世尊よ、広くこれを開演したまえ、と言うなり。故に「また然《しか》なり」と云う。第七句に「及び彼《か》の行を修行する」と云うは、次にまさに何《いず》れの行を以て、云何《いかん》が修行して、しかもよく無上の悉地《しつじ》を獲得《ぎゃくとく》すべきやと問うなり。また分ちて二句となすべし。第八・第九句に「心と心に殊異《しゅい》あるとを、ただ大牟尼《だいむに》よ、説きたまえ」と云うは、いわく、衆生の異熟《いじゅく》の識心《しきしん》と瑜伽行者《ゆがぎょうじゃ》の殊異の心と、また願わくは世尊よ、分別して広く説きたまえ、となり。牟尼とは、これ寂黙《じゃくもく》の義なり。言わく、仏の身・語・心は皆、究竟《くきょう》じて寂滅《じゃくめつ》にして、語言《ごごん》の地を過ぎたり。二乗の小寂《しょうじゃく》に対して、譬《たと》えとすべからざるを以ての故に、大牟尼と云う。

第三句に「大勤勇云々」というのは、大勤勇はつまり仏の別名である。仏の徳を讃えて、そのうえ、どれだけの心の発達の順序があって、そうしてこの心を得るのかという質問をする。

第四・第五句に「心の諸相云々」というのは、このさまざまな心の区別のすがたと、連続してより高次元へと進むのに、だいたいどれくらいの時間を経過したのちに究極の清らかなさとりの心を得るのかということの質問である。

第六句に「功徳聚も云々」というのは、この心の微妙な功徳をも、また、どうか世尊よ、広く開きのべていただきたい、ということを説く。だから「また然《しか》なり」という。第七句に「及び彼の行を云々」というのは、次にまさしくどの行ないで、どのように修行して、しかもよく無上の成就の境地〔悉地〕を得るべきであるかとの質問である。また、これを分けて二句とすることができる。

第八・第九句に「心と心に云々」というのは、人びとの善悪の結果としてもたらされる心と、密教の瞑想の実践者のすぐれている心とを、また、どうか、世尊よ、区別してお説き下されたい、ということである。牟尼とは、煩悩が静まった者という意味である。仏の身体・言葉・意《こころ》は、皆、究極的に安らかで静まっていて、言葉のはたらく領域を超越している。教えを聞いてさとる者（声聞）と独りでさとる者（縁覚）との教えにある小さな静まりに対して、比較することができない（ほどの、大いなる静まりである）から、大いに安らぎ静まれる者というのである。

牟尼　ムニの音写。寂黙がその訳であるように、語源的に「沈黙をまもる者」、すなわち煩悩をすべて消滅した者を意味する（現在では、「思考する者」とも解される）。

二乗　声聞乗と縁覚乗。大乗の立場からは、小乗と目される教え。

次如来答金剛手偈中、善哉仏真子、広大心利益者、以従如来種性生、従仏身語心生故曰真子。（中略）次云勝上大乗句、心続生之相、諸仏大秘密、外道不能識者、略有七義、故名大乗。一者以法大故。（中略）二者発心大故。（中略）三者信解大故。（中略）四者以性大故。（中略）五者依止大故。（中略）六者以時大故。（中略）七者以智大故。（中略）以如是七因縁故、於諸大乗法門、猶如醍醐淳味第一。故云最勝大乗也。乗名進趣、句名止息之処。故云大乗句也。心続生之相者、雖此心畢竟常浄、猶如虚空離一切相、而亦従因縁起、有心相生。猶如大海波浪、非是常有亦非常無。(中略)

次に、如来は金剛手に答えたもう偈の中に、「善い哉《かな》、仏の真子《しんし》よ、広大の心をもって利益《りやく》す」とは、如来の種性《しゆしよう》より生じ、仏の身・語・心より生ずるを以ての故に、真子という。次に、「勝上《しようじよう》の大乗の句と、心《しん》の続生《ぞくしよう》の相とは、諸仏の大秘密にして、外道《げどう》は識《し》ること能《あた》わず」とは、略して七義あり、故に大乗と名づく。一には法大《ほうだい》なるを以ての故に。二には発心大なるが故に。三には信解《しんげ》大なるが故に。四には性《しよう》大なるを以ての故に。五には依止《えじ》大なるが故に。六には時大なるを以ての故に。七には智大なるを以ての故に。

かくの如くの七因縁を以ての故に、諸《もろもろ》の大乗の法門に於いて、猶《なお》し醍醐《だいご》の淳味第一なるが如し。故に「最勝の大乗」と云う。乗をば進趣と名づけ、句をば止息《しそく》の処に名づく。故に「大乗の句」と云う。「心の続生《ぞくしよう》の相」とは、この心は畢竟《ひつきよう》じて、常に浄《きよ》らかにして、猶し虚空の一切の相を離れたるが如しといえども、しかもまた因縁より起こって、心相の生ずることあり。猶し大海《だいかい》の波浪は、これ常有《じようう》にもあらず、また常無にもあらざるが如くなり。

次に、如来が金剛薩埵《さつた》にお答えになられる詩句のなかに、「善いかな云々」というのは、如来の種族から生じ、仏の身体・言葉・心から生ずるから、真実の子〔真子〕という。

次に、「勝上の大乗云々」というのは、要略して七つの意味がある。だから、大乗（大きな乗物に喩えられる教え）と名づける。一つは法（真理の教え）が大きいから。二つには発心（さとりを求める心を起こすこと）が大きいから。三つには信解（確信して理解すること）が大きいから。四つには性（さとりを得る本性）が大きいから。五つには依止（実践修行のよりどころ）が大きいから。六つには時（教えを説く時）が大きく（永遠だ）から。七つには智（さとりの智慧）が大きいからである。

このような七つの理由で、さまざまな大乗の真理に至る門戸〔法門〕は、たとえばバターのまじりけのない純な味が最高であるようなものである。だから「最勝の大乗」という。乗のことを一段と高い階程へと進みおもむくこと〔進趣〕と名づけ、句を苦のなくなるところと名づける。だから、「大乗の句」という。「心の続生の相」とは、この心はつまるところ常に清らかであって、たとえば大空がすべてのかたちを離れているようであるが、しかもまた原因・条件より生起して、心のすがたが生ずるのである。それはたとえば、大海の波は常に存在しているのでもなく、常に存在しないのでもないようなものである。

醍醐　精製した乳製品で、最高の味とされる。五味、すなわち乳・酪・生酥・熟酥・醍醐の第五。

次偈云、越百六十心、生広大功徳、其性常堅固、知彼菩提生者、是略答初問、云何即知菩提心生。今仏告言、越百六十相続心、即是浄菩提心。（中略）次有一偈半。略答菩提心相貌。

以世間更無有法、可以表示浄菩提心相者。唯除大虚空喩少分相似故云無量如虚空。譬如虚空、不為烟雲塵霧之所染汚、其性常住、離諸因縁。（中略）

次の偈に、「百六十心を越えて、広大なる功徳を生ず、その性《しょう》は常に堅固なり、彼れ菩提（心）を生ずと知る」と云うは、これ略して初めの問いの、「云何《いかん》がすなわち菩提心は生ずと知るや」というに答うるなり。今、仏は告げて言《のたま》わく、百六十の相続の心を越ゆるは、すなわちこれ浄菩提心なり、と。

次に一偈半あり。略して菩提心の相貌《そうみょう》を答う。世間に更に法として、以て浄菩提心の相を表示すべき者あることなし。唯だ大虚空の喩えの少分《しょうぶん》相似を除くが故に、「無量なること虚空の如し」と云う。譬えば虚空の、烟雲塵霧《えんうんじんむ》の為に染汚《ぜんま》せられず、その性《しょう》は常住にして、諸《もろもろ》の因縁を離れたるが如し。

次の詩句に、「百六十心を越えて云々」というのは、要略して、最初の問いである「云何が云々」というのに対する答えである。

今、仏が告げていわれるのに、「百六十の相続の心を越ゆるは、すなわちこれ浄菩提心なり」と。

次に一詩句半があって、さとりの心のかたちはどのようなものかに答える。世間では別にそのものとして何か清らかなさとりを求める心のすがたを表わし示すようなものはない。ただ大いなる空の喩えがごく僅かに類似しているのを除くから、「無量なること虚空の如し」という。たとえば大空がやや雲や塵埃、または霧のために汚されず、その本性は永遠であって、さまざまな原因・条件を離れているようなものである。

百六十相続心　本書二九八頁参照。ただし、百六十心は呼称のみで、実際の名称をあげるのは、六十心である。

故云不染汚常住。諸法不能動。本来寂無相。爾時行人、為此寂光所照、無量知見自然開発、如蓮花敷。故云無量智成就。此智成就、即是毘盧遮那心仏現前。故云正等覚顕現。梵本云三藐三仏陀菩提現也。仏已略説如是心実相印。若行者与此相応、当知已具堅固信力。然此信力、本従真言門供養儀軌行法。如説修行、得至浄菩提心。故云供養行修行、従是初発心也。此中供養有二種。一者外供養。二者内供養。下文当広説耳。（中略）

故に、「染汚《ぜんま》せずして常住《じょうじゅう》なり。諸法も動ずること能《あた》わず。本《もと》より寂《じゃく》にして無相なり」と云う。その時に行人《ぎょうにん》は、この寂光《じゃくこう》のために照らされて、無量の知見は自然《じねん》に開発《かいほつ》すること、蓮華の敷《ひら》けたるが如し。故に、「無量の智を成就す」と云う。この智の成就するは、すなわちこれ毘盧遮那の心仏《しんぶつ》の現前なり。故に、「正等覚《しょうとうがく》は顕現す」と云う。梵本には「三藐《さんみゃく》三仏《さんぶつ》陀《だ》菩提は現ず」と云うなり。仏はすでに、略して、かくの如くの心の実相印を説きたもう。

もし行者《ぎょうじゃ》にして、これと相応するときは、まさに知るべし、すでに堅固の信力《しんりき》を具せり、と。然もこの信力は、本《もと》真言門の供養儀軌《ぎき》行法に従って（得らる）。説の如くに信行すれば、浄菩提心に至ることを得。故に、「供養行《くようぎょう》を修行してこれより初めて発心《ほっしん》す」と云う。この中の供養に二種あり、一には外《げ》の供養、二には内《ない》の供養なり。下の文にまさに広く説くべし。

故に、「染汚せずして云々」という。その時、真言の実践者は、この安らかな光に照らされて、量り知れない智慧のはたらきの認識がおのずから開き明らかになることは、喩えば蓮華の花が開くようなものである。だから、「無量の智を成就す」という。この智慧が成就するのは、つまりこれは毘盧遮那の心、すなわち仏が目のあたりに現われることである。だから、「正等覚は顕現す」という。サンスクリット語原本には「三藐三仏陀菩提（正しい完全なさとりを得た者のさとり）は現ず」とある。仏はすでに、要略して、このような心の真実相の理（実相印）を説かれる。もし真言の実践者がこれと相応するときは、すでに堅固な信仰の力をそなえたのである、と知るがよい。しかもこの信仰の力は、もと真言の門戸における供養儀軌行法にしたがって、それが得られるのである。説かれてあるとおりに信じて実行すれば、清らかなさとりの心に到達することができる。だから、「供養行を修行して云々」という。このうちの供養に二種類ある。一つには外の供養、二つには内の供養で、このことについては以下の文でまさしく詳しく説くであろう。

三藐三仏陀　サムミャクサンブッダの音写。訳は、正等覚。
供養儀軌行法　略称、供養法。諸尊を供養する場合の規則・作法をいう。
外供養・内供養　外供養は事《じ》供養ともいい、香・花などを供える供養。内供養は真実の道理にかなってさとりに入ることをもって供養とするもので、理《り》供養という。事理の二供養については『大日経供養法疏』に詳しい。

〔四〕外道の我説を論破する

経云、秘密主、無始生死愚童凡夫、執著我名我有、分別無量我分。秘密主、若彼不観我之自性、則我我所生者、以下答心相続義也。欲明浄心最初生起之由故、先説愚童凡夫違理之心。無始生死者、智度云、世間若衆生若法、皆無有始。（中略）経云、復計有時者、謂計一切天地好醜、皆以時為因。（中略）経云、地等変化者、謂地水火風虚空。各各有執為真実者。（中略）経云、瑜伽我者、謂学定者、計此内心相応之理、以為真我。（中略）経云、建立浄不建立無浄者、是中有二種計。（中略）経云、若自在天、若流出及時者、謂一類外道計、自在天是常。是自在者能生万物。如十二門中難云。（下略）

経に、「秘密主よ。無始《むし》生死《しょうじ》の愚童凡夫《ぐどうぼんぶ》は、我名《がみょう》と我有《がう》とに執著して、無量の我分《がぶん》を分別す。秘密主よ、もし彼れ、我の自性《じしょう》を観ぜざれば、すなわち我と我所《がしょ》とを生ず」と云うは、以下は心相続《しんそうぞく》の義に答う。浄（菩提）心の最初の生起《しょうき》の由《よし》を明かさんと欲《おも》うが故に、先ず「愚童凡夫」の違理《いり》の心を説く。「無始生死」とは、『智度』に云わく、「世間のもしは衆生、もしは法、皆、始めあることなし」。

経に「また時ありと計す」と云うは、いわく、一切の天地の好醜《こうしゅう》は、皆、時を以て因となすと計す。

経に「地等の変化」と云うは、いわく、地・水・火・風・虚空なり。各々に、執して真実とするものあり。

経に「瑜伽《ゆが》の我」と云うは、いわく、定《じょう》を学する者、この内心相応の理を計して、真我と以為《おも》えり。

経に「建立の浄と不建立の無浄」と云うは、この中に二種の計あり。

経に「もしは自在天、もしは流出《るしゅつ》、及び時」と云うは、いわく、一類の外道《げどう》の計すらく、「自在天はこれ常《じょう》なり。この自在はよく万物を生ず」と。『十二門（論）』の中に難じて云うが如し。

経典に「秘密主よ云々」というのは、以下は心のはたらきが連続する意味について答えたものである。清らかなさとりの心が最初に起こるゆえんを明らかにしようとするから、まずものごとの道理に暗い子供のような凡庸な者〔愚童凡夫〕の道理に背いた心を説く。始めもないほどの過去世からの迷い〔無始生死〕というのは、『大智度論《だいちどろん》』に、「世間の、または人びと、または存在するところのものは、皆、その始めがない」という。

経典に「また時ありと計す」というのは、あらゆる天地の好ましいもの・醜いものは、皆、時間が原因であると考える。

経典に「地等の変化」というのは、地・水・火・風・虚空である。これらそれぞれに執われて、それを真の実在だとするものである。

経典に「瑜伽の我」というのは、瞑想をおこなう者が、この心のうちに相応する道理を考えて、これが真実の自我だと思う。

経典に「建立の浄と不建立の無浄」というのは、このうちに二種類の考えがある。

経典に「もしは自在天云々」というのは、一部の哲学学派の者が考えるのに、「主宰神は、永遠である。こうした主宰神がよく万物を創造する」と。『十二門論』のなかに、これを批判していうとおりである。

十二門　竜樹の『十二門論』（大正三〇・一六六中）の次の箇所を予想する。「もし、自在（主宰神）が万物を作らば、何処《いずこ》に住して万物を作るとなすや。この住処はこれ自在の作《さ》となすや、これ他の作となすや。もし自在の作ならば、何処に住して作るとなすや。もし余処《よしょ》に住して作らば、余処はまた誰の作なるか。かくの如くならば、すなわち無窮《むぐう》なり。もし他が作ならばすなわちこの自在あり。このこと然《しか》らず。この故に、世間の万物は自在の作にあらず。（中略）また次に、もし自在が万物を作らば、初めて作らるるや、すなわち定《じょう》にして変《へん》あるべからず。馬はすなわち常に馬、人はすなわち常に人ならん。しかも今、業《ごう》に随《したが》って変あり。まさに知るべし、自在の所作にあらざるなり」。

大毘盧遮那成仏経疏巻第二

沙門一行阿闍梨記

入真言門住心品第一之余

経云尊貴者、此是那羅延天。（中略）経云自然者、謂一類外道計、一切法皆自然而有。無造作之者。如蓮花生而色鮮潔。誰之所染。棘刺利端、誰之所削成。故知諸法皆自爾也。（中略）経云内我者、有計、身中離心之外、別有我性、能運動此身作諸事業。（中略）経云人量者、謂計神我之量等於人身。身小亦小身大亦大。（中略）経云遍厳者、謂計此神我能造諸法。然世間尊勝遍厳之事、是我所為。（中略）経云若寿者、謂有外道計、一切法乃至四大草木等、皆有寿命也。如草木伐已続生、当知有命。又彼夜則巻合。当知亦有情識。以睡眠故。（中略）経云補特伽羅、謂彼宗計、有数取趣者、皆是一我。但随事異名耳。（中略）

経に「尊貴」と云うは、これはこれ那羅延天《ならえんてん》なり。

経に「自然《じねん》」と云うは、いわく、一類の外道の計すらく、「一切の法は、皆、自然にして、しかも有《う》なり。造作《ぞうさ》の者なし。蓮華の生じて、しかも色の鮮潔なるが如し。誰か染むるところぞ。棘刺《きょくし》の利端《ときはし》は誰か削《けず》り成せるところぞ。故に知りぬ、諸法は皆自爾《じに》なることを」。

経に「内我」と云うは、有《あ》る（者）が計すらく、「身中に心を離れての外、別に我性《がしょう》ありて、よくこの身を運動して、諸《もろもろ》の事業《じごう》をなす」と。

経に「人量《にんりょう》」と云うは、いわく、神我《じんが》の量は人身に等し。身小なればまた（神我も）小なり。身大なればまた（神我も）大なりと計す。

経に「遍厳《へんごん》」と云うは、いわく、この神我はよく諸法を造る。然も世間にて尊勝遍厳なる事は、これ我の所為なりと計す。

経に「もしは寿者」と云うは、いわく、有《あ》る外道の計すらく、「一切の法、乃至《ないし》四大・草木等に皆《みな》寿命あり。草木の伐《き》りおわって続生《ぞくしょう》するが如きは、まさに知るべし、命あり、と。また彼れ夜はすなわち巻合《けんごう》す。まさに知るべし、また情識《じょうしき》あり。睡眠するを以ての故に」。

経に「補特伽羅《ふとがら》」と云うは、いわく、彼《か》の宗計《しゅうけい》に、数取趣者《そくしゅしゅしゃ》ありというは、皆これ一我なり。但だ事に随《したが》って名を異《こと》にするのみ。

経典に「尊貴」とあるが、これはナーラーヤナの神のことである。

経典に「自然《じねん》」とあるが、一部の哲学者は考えて次のようにいう。「あらゆる存在するところのものは、皆、自然のままで、しかも実在する。創造者は存在しない。たとえば蓮華が生育して、その花の色があざやかできれいなようにである。これはいったい誰が色づけしたのだろうか。植物のトゲの端が鋭利なのは、いったい誰が削ってつくったのだろうか。だから、さまざまな存在するところのものは、皆、おのずからそうなのである、ということを知る」。

経典に「内我」というのは、ある者が考えるのに、「身体のなかに心を離れて別箇に自我性があって、よくこの身体を動かして、さまざまなはたらきをするのである」と。

経典に「人量」というのは、神我の分量は人の身体に等しい。もし身体が小さければ神我も小さい。身体が大きければまた神我も大きい、と考える。

経典に「遍厳」というのは、この神我はよくさまざまな存在するものを創造する。しかも世間において尊く勝れて、あまねく厳《おごそ》かであることは、自我がなすところのものである、と考える。

経典に「もしは寿者」というが、これはある哲学者が考えるのに、「あらゆる存在するところのもの、中略、地・水・火・風の四つの粗大な要素、草や木などに至るまで皆、寿命がある。草木を切ってしまっても、後から生えるようなのは、まさしくそれには命があるということを知る。また、草木は夜になれば葉を閉じ合わせる。これは草木にも神経のはたらきがあることを知る。眠るからである」。

経典に「補特伽羅《ふとがら》」というのは、その者の主旨としての教えに、数取趣者《そくしゅしゅしゃ》が存在するというのは、皆、これは唯一の自我である。ただその場合のことにしたがって名称が違うだけである。

耶羅延天　ナーラーヤナの音写。ヒンドゥー教の最高神の一つであるヴィシュヌ神のこと。

神我　プルシャ、またはアートマンの訳語。実在する自我の意。実体的な自我が身体の大小にしたがって分量の大小があると説くのは、中世のジャイナ教の説である。

補特伽羅　プドガラの音写。個人存在。数取趣者はプドガラの訳。しばしば六趣（地獄・餓鬼・畜生・阿修羅・人間・天）を取って輪廻するところから、生ける者を数取趣と名づける。プドガラという一種の自我の存在を説くのは、部派仏教のなかの犢子部《とくしぶ》である。上座部・説一切有部《せついっさいうぶ》などは阿修羅を除く五趣を説く。

経云若識者、謂有一類執、此識遍一切処。乃至地水火風虚空界、識皆遍満其中。（中略）経云阿頼耶者、是執持含蔵義、亦是室義。（中略）経云知者見者、謂有外道計、身中有知者見者、能知苦楽等事。復有計、能見者、即是真我。（中略）経云能執所執、謂有外道言、身中離識心、別有能執者、即是真我。能運動身口意、作諸事業。（中略）経云内知外知者、亦是知者別名。分為二計。有計内知為我。謂身中別有内証者、即是真我。或以外知為我。謂能知外塵境界者、即是真我也。経云社怛梵者、謂与知者外道宗計大同。但部党別異故、特出之耳。経云若摩奴闍者、智度翻為人。即是人執也。具訳当言人生。此是自在天外道部類。計人即従人生故、以為名。唐三蔵云意生、非也。末那是意。今云末奴。声転義別、誤耳。

経に「もしは識《しき》」と云うは、いわく、有る一類の執すらく、「この識は一切処《いっさいしょ》に遍ぜり、乃至《ないし》地・水・火・風・虚空界にも、識は皆その中に遍満《へんまん》せり」と。

経に「阿頼耶《あらや》」と云うは、これ執持《しゅうじ》・含蔵《がんぞう》の義なり、またこれ室の義なり。

経に「知者・見者」と云うは、いわく、有る外道《げどう》の計《けい》すらく、「身中に知者・見者あり、よく苦楽等の事を知る」と。また有るが計すらく、「能見者《のうけんじゃ》とは、すなわちこれ真我《しんが》なり」と。

経に「能執《のうしゅう》・所執《しょしゅう》」と云うは、いわく、有る外道の言わく、「身中に識心《しきしん》を離れて別に能《のう》執者《しゅうしゃ》あり。すなわちこれ真我なり。よく身《しん》・口《く》・意《い》を運動して、諸《もろもろ》の事業《じごう》を作《な》す」と。

経に「内知・外知《げち》」と云うは、またこれ知者の別名なり。分かって二計となす。有るが計すらく、「内知を我とす。いわく、身中に別に内証《ないしょう》の者あり、すなわちこれ真我なり。或いは外知を以て我となす。いわく、よく外塵《げじん》の境界《きょうがい》を知る者は、すなわちこれ真我なり」と。

経に「社怛梵《しゃとぼん》」と云うは、いわく、知者にして外道《げどう》の宗計《しゅうけい》と大同なり。但し、部党別異《ぶとうべつい》なるが故に、特にこれを出《いだ》すのみ。

経に「もしは摩奴闍《まぬじゃ》」と云うは、『智度《ちど》』には翻じて人となす。すなわちこれ人執《にんしゅう》なり。具《つぶ》さに訳せば、まさに人生《にんしょう》と言うべし。これはこれ自在天《じざいてん》外道の部類なり。人はすなわち人より生ずと計するが故に、以て名とす。唐の三蔵《さんぞう》の意生《いしょう》と云うは、非なり。末那《まな》はこれ意なり。今は末奴《まぬ》と云う。声転《しょうてん》じて義別なり、誤まれるのみ。

経典に「もしは識」というのは、ある一部の者が執《と》われて、「この識はすべてのところにゆきわたっている。中略、地・水・火・風・虚空の領域にも識は皆、そのなかにあまねく満ちている」という。

経典に「阿頼耶《あらや》」というのは、これは執持・含蔵の意味がある。また室の意味がある。

経典に「知者・見者」というのは、ある哲学派の者が考えるのに、「身体のなかに認識主体があって、よく不快感・快感などのことを知る」と。また、ある者が考えるのに、「見る主体とは、つまりこれが真実の自我にほかならない」と。

経典に「能執・所執」というのは、ある哲学派の者はいう、「身体のなかに、心の存在を離れて別箇に享受する主体が存在する。すなわちこれが真実の自我である。よく身体・言葉・意《こころ》を動かして、さまざまなはたらきをする」と。

経典に「内知・外知《げち》」というのは、認識主体の別名である。これを分けると二つの考えがある。ある者が考えるのには、「内知を自我とする。つまり身体のなかに別箇に内面的にさとる者があって、これがつまり真実の自我である。または外知を自我とする。つまりよく眼《げん》・耳《に》・鼻《び》・舌《ぜつ》・身《しん》の対象である色《しき》・声《しょう》・香《こう》・味《み》・触《そく》を認識する者は、それが真実の自我である」という。

経典に「社怛梵《しゃとぼん》」というのは、つまり認識主体であって、哲学派の一派の者のおもとの教えとほぼ同じである。だが党派が違うから、とくにこれを示すだけである。

経典に「もしは摩奴闍《まぬじゃ》」というのは、『大智度論《だいちどろん》』では、これを「人」と翻訳している。つまりこれは自己に対する執著《しゅうじゃく》である。正確に訳すと、まさしく「人生《にんしょう》」というのがよい。このものは自在天外道とよばれる者の一派が説くものである。人はすなわち人より生ずるを考えるから、「人生」、つまり人より生ずるものと名づける。唐の玄奘《げんじょう》三蔵は「意生《いしょう》」と訳したが、これはよくない。末那《まな》というのは意のことである。今の場合は末奴《まぬ》という。音韻を転換して意味は違っている。だから、末那というのは誤まりである。

阿頼耶 アーラヤの音写。ある哲学学派の一派では、このアーラヤが身体を保持し、あらゆる存在するものを含蔵すると説く。ダルマパーラ（護法）一派の唯識派が説く第八阿頼耶識とは異なる。
社怛梵 ジニャトヴァンの音写。
摩奴闍 マヌジャの音写。人類の始祖マヌ（Manu）から生じたもの、すなわち人間の意。ただし、マヌには人の意味もあるので、人より生じたもの、すなわち人生の訳語があると思われる。
智度 『大智度論』のこと（大正二五・三一五下）。
意生 マヌジャ（manuja）をマナジャ（manaja）と解したもの。マナ＝マナス（manas）は「意」を意味し、ジャ（-ja）は「……を生ずる」の意。
末那 マナス（manas）の音写。
末奴 マヌ（manu）の音写。

経云摩納婆者、是毘紐天外道部類。正翻応言勝我。言我於身心中、最為勝妙也。彼常於心中、観我可一寸許。（中略）経云常定生者、彼外道計、我是常住不可破壊、自然常生無有更生。故以為名也。経云声非声者、声即是声論外道、若声顕者計、声体本有、待縁顕之、体性常住。若声生者計、声本生、待縁生之、生已常住。彼中復自分異計。如余処広釈。非声者、経与前計有異。彼計声是遍常。此宗悉撥為無、堕在無善悪法。亦無声字処、以此為実也。経云、秘密主、如是等我分、自昔以来、分別相応、希求順理解脱者、経中略与三十事。若随類

差別、則有無量無辺。（中略）

経に「摩納婆《まのうば》」と云うは、これ毘紐天外道《びちゅうてんげどう》の部類なり。正翻《しょうほん》にはまさに勝我《しょうが》と言うべし。言わく、「我《が》は身心の中に於いて最も勝妙《しょうみょう》なりとす。彼れ常に心中に於いて、我は一寸ばかりなるべし」と観ず。

経に「常定生《じょうじょうしょう》」と言うは、彼《か》の外道《げどう》の計《けい》すらく、「我《が》はこれ常住《じょうじゅう》なり、破壊《はえ》すべからず、自然《じねん》に常に生じて、更に生ずることあることなし」と。故に以て名とす。

経に「声《しょう》・非声《ひしょう》」と云うは、声はすなわちこれ声論外道《こえろんげどう》なり。もしは声顕者《こえけんじゃ》の計すらく、「声の体《たい》は本有《ほんぬ》なり、縁を待ってこれを顕《あら》わす、（声の）体性《たいしょう》は常住なり」。もしは声生者《こえしょうしゃ》の計すらく、「声は本生《ほんしょう》なり、縁を待ってこれを生ず、生じおわりて、常住なり」と。彼《か》の中にまた自ら異計《いけい》を分かつ。余処《よしょ》に広く釈するが如し。非声とは前の計と異なりあり。彼れは「声はこれ遍《へん》・常《じょう》なり」と計す。此の宗は悉《ことごと》く撥《はつ》して無《む》となし、無善悪《むぜんあく》の法に堕在《だざい》す。また声字《しょうじ》なきところ、これを以て実となす。

経に「秘密主よ。かくの如く等の我分《がぶん》は、昔より以来《このかた》、分別と相応して、理に順じて解脱《げだつ》することを希求《けぐ》す」とは、経の中には略して三十の事を挙ぐ。もし類に随《したが》って差別《しゃべつ》せば、すなわち無量無辺あり。

経典に「摩納婆」というのは、ヴィシュヌ神を信奉する者たちの部類である。正確な翻訳ではまさしく勝《すぐ》れた自我〔勝我〕というのがよい。自我は身心のなかでも、最も勝れて妙《たえ》なるものである、とする。ヴィシュヌ神の信奉者は、いつも心のなかで、「自我は一寸ほどの大きさである」と観想する。

経典で「常定生」というのは、そうした一派の者たちが考えるのに、自我は永遠であって、破壊することができない。おのずから、いつも生じ、このうえさらに生ずるということはない、と。だから、このように名がつけられる。

経典に「声・非声」というのは、そのうちの「声」は言語哲学を説く者たちの学説である。もしもミーマーンサー学者、あるいは文法学者の考えによれば、語の本体は本来実在する。たまたま発音という機縁をえて、語が外に顕《あら》われる。だから、語の実体は永遠である。もしもヴァイシェーシカ学者またはニヤーヤ学者の考えによれば、語はもともと生ずるものである。たまたま発音という機縁をえて、語を生ずる。ひとたび生じたならば、永遠である、と。かれらのうちには、また自然に違った考えの一派もあるが、他のところで、それについては詳しく注解するとおりである。「非声」というのは、前の考えと違う。この者たちは、語は遍《あまね》く存在し、永遠であると考える。この教えでは、すべてを否定して、善悪はないという教えにおちいる。また音声・文字がないというのをもって真実だとする。

経典に「秘密主よ云々」というのは、経典のなかには要略して三十の事柄〔三十種外道〕をあげる。もしもその類にしたがって区別すれば、量り知れず際限もない。

摩納婆　マーナヴァ（māṇava. もしくはマーナヴァカ māṇavaka）の音写。『大日経』では儒童と訳す（五六頁注参照）。

毘紐天外道　毘紐はヴィシュヌの音写。ヒンドゥー教、とくにヴィシュヌ派が奉ずる最高神。ヴィシュヌ神を信仰する一派。

声論外道　言語哲学を説く一派。主としてミーマーンサー学派・文法学派・ヴァイシェーシカ学派（ニヤーヤ学派をふくむ）の言語哲学者。

声顕者　声顕論者ともいう。声はシャブダの訳で、語のこと。語は先天的に常住性のものであって、音声（発音）すなわち言語音として、時たま現われただけのものであると主張する者。ミーマーンサー学派・ヴェーダーンタ学派の一派・文法学派の見解。

声生者　声生論者ともいう。語は社会的契約によってひとたび成立したのちには、常住となるが、音声としての語そのものは無常であると主張する者。ヴァイシェーシカ学派の見解。

〔一五〕　順世の八心

経云、秘密主、愚童凡夫類、猶如羝羊、或時有一法想生、所謂持斎。彼思惟此少分、発起歓喜、数数修習。秘密主、是初種子善業発生者、羝羊是畜生中、性最下劣。但念水草及婬欲事、余無所知。故順西方語法、以喩不知善悪因果愚童凡夫也。（中略）経云、復以此為因、於六斎日、施与父母男女親戚、是第二牙種者、此六斎日、即是智度中、上代五通仙人、勧令此日断食。既順善法、又免鬼神災横。如彼広説也。（中略）経、云復以此施授与非親識者、是第三疱種者、謂欲成此守斎善法、修習無貪慧捨之心。（中略）

経に「秘密主よ、愚童凡夫《ぐどうぼんぶ》の類は、猶《なお》し羝羊《ていよう》の如くなれども、或る時に一法《いっぽう》の想《そう》生ずることあり、いわゆる持斎《じさい》なり。彼れこの少分《しょうぶん》を思惟《しゆい》して歓喜を発起《ほつき》し、数々《そくそく》に修習《しゅじゅう》す。秘密主よ。これ初めの種子の善業《ぜんごう》の発生《ほつじょう》するなり」と云うは、羝羊はこれ畜生の中にて性《しょう》、最も下劣なり。但だ水草と及び婬欲との事をのみ念じて、余は知るところなし。故に、西方の語法に順じて、以て善悪の因果を知らざる愚童凡夫に喩《たと》うるなり。

経に「またこれを以て因として、六斎日《ろくさいにち》に於いて父母《ぶも》男女《なんにょ》親戚に施与す、これ第二の牙種《げしゅ》なり」と云うは、この六斎日はすなわちこれ『智度』の中に、上代の五通《ごずう》仙人は勤めてこの日に断食せしむ。既に善法《ぜんぼう》に順じて、また鬼神の災横《さいおう》を免がる。彼れに広く説くが如し。

経に「またこの施を以て非親識《ひしんしき》の者に授与す、これ第三の疱種《ほうしゅ》なり」と云うは、いわく、この守斎《しゅさい》の善法を成《じょう》ぜんと欲《ねご》うて、無《む》貪《とん》慧《え》捨《しゃ》の心を修習《しゅじゅう》す。

経典に「秘密主よ云々」というのは、牡羊は畜生のなかでその性質が最も低く劣っている。ただ水と草と婬欲を満足させることだけを思って、他のことは知るところがない。だからインドの語法にしたがって、善悪の行為の報いを知らない愚かな児童のような凡庸の者にたとえるのである。

経典に「またこれを以て云々」というのは、この六斎日はすなわち『大智度論』のなかに、世界の初めの聖人はこの日に断食することを勧めた。善い行ないにしたがって、鬼神の災難をもまぬがれた、と詳しく説くとおりである。

経典に「またこの施を以て云々」というのは、この六斎日の戒しめを守るという善い行ないを成就しようと欲して、貪りを去って恵み施す心を繰り返し実践する（ということである）。

六斎日　毎月の八日・十四日・十五日・二十三日・二十九日・三十日の六日は、一日中食事をとらない、すなわち不食《ふじき》の斎《とき》をもつので、これを六斎日という。

智度　『大智度論』巻第十三（大正二五・一六〇上～下）。善き心が僅かに芽ばえ動くのを、植物が種子より芽を出すのに喩えたもの。

上代五通仙人　世界の最初の聖人、すなわち梵王五通の聖人。梵王はブラフマー神。五通は五神通で、(1)天眼通、(2)天耳通、(3)宿命通、(4)他心通、(5)神足通の五種の超人間的能力。五通仙のことは『金剛針論』（大正三二・一七〇中）にもみえる。

経云、復以此施与器量高徳者。是第四葉種、謂已能習行慧捨。藉此為因、漸能甄択所施之境。（中略）経云、復以此施、歓喜授与伎楽人等、及献尊宿。是第五敷華者、謂慧性漸開、復甄別所施之境、見其利他之益、以伎楽人能化大衆、令其歓喜故賞其功。凡如此類衆多。是以云等也。尊宿耆旧、多所見聞、及学行高尚、世所師範。（中略）経云、復以此施、発親愛心而供養之。是第六成果者、謂所習醇熟、非直歓喜而已、復能以親愛心、施与尊行之人。（中略）

経に「またこの施を以て器量高徳《きりょうこうとく》の者に与う。これ第四の葉種《ようしゅ》なり」と云うは、いわく、すでによく慧捨《えしゃ》を習行《しゅうぎょう》す。これを因《いん》とするによって、漸くよく所施《しょせ》の境を甄択《けんちゃく》す。

経に「またこの施を以て、歓喜《かんぎ》して伎楽《ぎがく》の人等に授与し、及び尊宿《そんしゅく》に献《こん》ず。これ第五の敷華《ふけ》なり」とは、いわく、慧性《えしょう》漸く開け、また所施の境を甄別《けんべつ》して、その利他《りた》の益《やく》を見るに、伎楽の人はよく大衆《だいしゅ》を化《け》して、それをして歓喜せしむるを以ての故に、その功を賞す。凡《およ》そかくの如きの類は衆多《しゅた》なり。これを以て「等」と云うなり。「尊宿」というは耆宿《ぎしゅく》にして、見聞するところ多く、及び学行《がくぎょう》高く尚くして、世の師範とするところなり。

経に「またこの施を以て、親愛の心を発《おこ》して、しかもこれを供養す。これ第六の成果《じょうか》なり」と云うは、いわく、所習醇熟《じゅんじゅく》して、直に歓喜するのみにあらず、またよく親愛の心を以て尊行《そんぎょう》の人に施与《せよ》す。

経典に「またこの施を以て云々」というのは、すでによく恵み施しを習慣として行なう。これをもととして、次第によく施すところの対象を明らかに選ぶ。

経典に「またこの施を以て云々」というのは、智慧の本性が次第に開け、また施すところの対象を明らかに区別して、その他の者のためにする利益をみると、音楽を奏する人はよく人びとを導き、人びとを喜ばせるから、そのはたらきを賞讃する。だいたいこのような類《たぐ》いは多くあるので、「等」という。「尊宿」というのは老齢の徳望ある者で、多くのことを見聞し、また実践するところは高く貴くして、世の人びとの模範とするところである。

経典に「またこの施を以て云々」というのは、習うところがよく熟して、ただすぐに喜ぶだけでなく、またよく親しみ愛する心をもって、すぐれた徳ある人に施す。

復次秘密主、彼護戒生天、是第七受用種子者、謂已能造斎施見其利益、即知三業不善、皆是衰悩因縁。我当捨之護戒而住。（中略）経云、秘密主、以此心生死流転、於善友所聞如是言、此是天大天、与一切楽者。若虔誠供養、一切所願皆満。所謂自在天等。乃至彼聞如是心懐慶悦、慇重恭敬随順修行。秘密主、是名愚童異生生死流転無畏依第八嬰童心、已知尊行之人宜応親近供養、又見持戒能生善利。即是漸識因果。（中略）経云、秘密主、復次殊勝行、随彼所説中殊勝住、求解脱慧生等者、謂即此第八無畏依中、復有殊勝心也。（中略）

「また次に、秘密主よ、彼れ戒を護《まも》って天に生ずるは、これ第七の受用種子《じゅゆうしゅうじ》なり」とは、いわく、すでによく斎施《さいせ》を造《な》し、その利益《りやく》を見て、すなわち知んぬ、三業《さんごう》の不善は、皆これ衰《すい》悩《のう》の因縁なり。我れまさにこれを捨てて戒を護って住すべし。

経に「秘密主よ、この心を以て生死《しょうじ》に流転《るてん》して、善友《ぜんにゅう》の所に於いて、かくの如くの言を聞く、これはこれ天なり、大天なり、一切《いっさい》の楽《らく》を与うるものなり。もし虔誠《けんじょう》に供養《くよう》すれば、一切の所願《しょがん》は皆《みな》満つ。いわゆる自在天《じざいてん》等なり。乃至《ないし》彼れ、かくの如くなるを聞いて、心に慶悦《きょうえつ》を懐き、慇重《いんじゅう》に恭敬《くぎょう》し、随順《ずいじゅん》して修行す。秘密主よ。これを愚童異生《いしょう》の生死流転《しょうじるてん》の無畏依《むいえ》の第八の嬰童心《ようどうしん》と名づく」と云うは、すでに尊行《そんぎょう》の人には、宜《よろ》しく親近《しんごん》し供養すべしと知り、また持戒《じかい》してよく善利《ぜんり》を生ずるを見る。すなわちこれ漸《ようや》く因果《いんが》を識《し》る。

経に「秘密主よ、また次に殊勝《しゅしょう》の行《ぎょう》あり、彼《か》の所説の中に随《したが》って殊勝に住して、解脱《げだつ》を求むる慧《え》生ず」等と云うは、いわく、すなわちこの第八の無畏依の中《うち》に、また殊勝の心あるなり。

「また次に、秘密主よ云々」というのは、すでによく食事を施し、その利益《りやく》をみて、つまり、次のように知るのである。わたくしはまさしくこれを捨てて、戒を護って生活するであろう。身体・言葉・意《こころ》のはたらきが善くないのは、皆、これは悩みのもとである。経典に「秘密主よ云々」というのは、すでに徳のある人には、親しみ近づいて供養すべきであると知り、また戒をまもって、よくすぐれた結果を得るのをみる。つまり、これは次第に因果(の理法)をよく知ることである。

経典に「秘密主よ云々」などというのは、つまり、この第八のおそれなき境地のなかに、また並びなくすぐれた心があるということである。

〔二六〕六十心

爾時金剛手、復請仏言、惟願世尊説彼心。如是説已、仏告金剛手秘密主言、秘密主、諦聴、心相謂貪心無貪心瞋心慈心癡心智心乃至云何受生心謂諸有修習行業彼生、心如是同性、此答前問中諸心相句也。初列六十心名、次釈其相。(中略)第卅二歌詠心、梵本欠文不釈。阿闍梨言、此喩伝法音也。(中略)第六十心、梵本欠文。阿闍梨云、少一猨猴心也。猨猴之性、身心散乱常不暫住。行人亦爾。其性躁動不安故、多所攀縁。猶如猨猴放一捉一。大略言之、

衆生尽然。（中略）

「その時に、金剛手《こんごうしゅ》はまた仏に請《こ》いたてまつりて言《もう》さく、惟《ただ》し願わくは、世尊よ、彼《か》の心を説きたまえ。かくの如く説きおわって、仏は金剛手秘密主に告げて言《のたま》わく、秘密主よ、諦《あきら》かに聴《き》け、心相《しんそう》とは、いわく、貪心《とんしん》・無貪心《むとんしん》・瞋心《しんしん》・慈心《じしん》・癡心《ちしん》・智心《ちしん》、乃至《ないし》云何《いかん》が受生心《じゅしょうしん》、いわく、諸《こ》れに行業《ぎょうごう》を修習《しゅじゅう》して、彼れに生ずることあり、心はかくの如く同性《どうしょう》なり」とは、これ前の問いの中の諸《もろもろ》の心相の句に答うるなり。初めには六十心の名を列《つら》ね、次にはその相を釈す。

第三十二に「歌詠心《かようしん》」とは、梵本に文欠けて釈せず。阿闍梨《あじゃり》の言わく、これ伝法《でんぼう》の音に喩《たと》うるなり。

第六十心は、梵本に文欠けたり。阿闍梨の云わく、一の猨猴心《えんこうしん》を少《か》くなり。猨猴の性《しょう》は、身心散乱して常に暫くも住せず。行人《ぎょうにん》もまた爾《しか》り。その性躁動《そうどう》にして不安なるが故に、攀縁《はんねん》するところ多し。猶《なお》猨猴の一を放ちて一を捉《とら》うるが如し。大略これを言わば、衆生も尽《ことごと》く然《しか》り。

「その時に、金剛手は云々」というのは、これは前の質問のなかのさまざまな心のすがた〔心相〕に関する句に答えたものである。初めに六十種の心の名を列挙し、次にその心のすがたを注解する。

第三十二に「歌詠心《かようしん》」というのは、サンスクリット原本では文を欠いていて注解していない。わが師、善無畏三蔵《ぜんむいさんぞう》が言われるのには、これは真理の教えを伝える音曲に喩えたものである。

第六十心は、サンスクリット原本に文を欠く。わが師、善無畏三蔵は次のように云われる。これは猨猴心が一つ欠けているのである。猨猴（猿）の性質は、身と心とが散り乱れて、しばらくの間も落ち着いていられないのが常である。修行者の場合も同じである。その性根がさわがしく動いて安定しないから、心が外界の対象に乱されることが多い。ちょうど猿が一つの枝から手を放して次の枝につかま（り、常に飛びまわってい）るようなものである。おおよその点でいえば、生きとし生けるものもすべて同様である。

六十心　六七頁以下参照。
阿闍梨　ここでは『大日経疏』の口述者である善無畏三蔵をさす。

経云、秘密主、一二三四五再数、凡百六十心。越世間三妄執、出世間心生。乃至四分之一、度於信解者、亦是答諸心想及心殊異也。由有無明故、生五根本煩悩心。謂貪瞋癡慢疑。所以不説五見者、以属見煩悩多在六十心中也。此五根本煩悩、初再数為十、第二再数成二十、第三再数成四十、第四再数成八十、第五再数成一百六十心。故云一二三四五再数成百六十心也。（中略）

経に「秘密主よ、一、二、三、四、五、再数すれば、凡《およ》そ百六十心あり。世間の三妄執《さんもうじゅう》を越えて、出世間《しゅつせけん》の心生ず。乃至《ないし》四分が一に信解《しんげ》を度《ど》す」と云うは、またこれ諸《もろもろ》の心想《しんそう》と及び心の殊異《しゅい》とを答うるなり。無明《むみょう》あるに由《よ》るが故に、五根本煩悩《ごこんぽんぼんのう》の心を生ず。いわく、貪《とん》・瞋《じん》・癡《ち》・慢《まん》・疑《ぎ》なり。五見《ごけん》を説かざる所以《ゆえん》は、見《けん》に属する煩悩の多くは六十心の中に在《あ》るを以てなり。この五根本煩悩を、初めに再数すれば十となり、第二に再数すれば二十と成り、第三に再数すれば四十と成り、第四に再数すれば八十と成り、第五に再数すれば一百六十心と成る。故に一、二、三、四、五、再数すれば百六十心と成ると云うなり。

経典に「秘密主よ云々」というのは、またこれはさまざまな心のすがたと心の異なることを答えていったものである。根源的な無知があるからして、五種の根本の煩悩が生ずる。それは貪《むさぼ》り・瞋《いか》り・愚かさ・心の高ぶり・疑いである。五つの誤まった見解を説かないわけは、見解に属する煩悩の多くは六十心のなかにあるからである。この五種の根本の煩悩をはじめに二倍すれば十となり、第二に二倍すれば二十となり、第三に二倍すれば四十となり、第四に二倍すれば八十となり、第五に二倍すれば一百六十心になる。だから、一、二、三、四、五と二倍すれば百六十心となる、というのである。

五根本煩悩　五根本ともいう。貪り・瞋り・愚かさ・高ぶり・疑い・邪悪な見解の六大煩悩のうちの第六を除いたもの。

五見　五つの誤まった見解。⑴有《う》身《しん》見。実体的自我があるとする我見《がけん》と、すべてのものはわがものであるとする我所見《がしょけん》とをいっしょにしたもの。⑵辺執《へんしゅう》見。すべては消滅する、またはすべては永遠であるとするもの。⑶邪見。因果の理法はないとするもの。⑷見取見《けんしゅけん》。自分の見解がもっとも勝れているとするもの。⑸戒禁取《かいこんしゅ》見。仏教以外の教えのような、誤まった戒律や誓いによってさとりが得られるとするもの。

〔一七〕三妄執

越世間三妄執出世間心生者、若以浄菩提心為出世間心、即是超越三劫瑜祇行。梵云劫跛、有二義。一者時分、二者妄執。若依常途解釈、度三阿僧祇劫得成正覚。若秘密釈、超一劫瑜祇行、即是度百六十心等一重麁妄執、名一阿僧祇劫。超二劫瑜祇行、又度一百六十心等一重細妄執、名二阿僧祇劫。真言門行者、復越一劫、更度百六十心等一重極細妄執、得至仏慧初心。故云三阿僧祇劫成仏也。若一生度此三妄執、則一生成仏。何論時分耶。然就第一重内、最初解了唯蘊無我時、即名出世間心生也。度世間六十心、離我倒所生三毒根本、名越三妄執也。(中略)

「世間の三妄執《さんもうじゅう》を越えて、出世間《しゅつせけん》の心《しん》生ず」とは、もし浄菩提心《じょうぼだいしん》を以て出世間の心とせば、すなわちこれ三劫《さんごう》を超越《ちょうおつ》する瑜祇《ゆぎ》の行《ぎょう》なり。梵《ぼん》に劫跛《ごうは》と云うに、二義あり。一には時分《じぶん》、二には妄執なり。もし常途《じょうと》の解釈に依《よ》らば、三阿《さんあ》僧祇《そうぎ》劫《こう》を度《ど》して正覚《しょうがく》を成《じょう》ずることを得《う》。もし秘密の釈《しゃく》ならば、一劫を超ゆる瑜祇の行とは、すなわちこれ百六十心等の一重の麁《そ》妄執を度するを一阿僧祇劫と名づく。二劫を超ゆる瑜祇の行とは、また一百六十心等の一重の細《さい》妄執を度するを二阿僧祇劫と名づく。真言門《しんごんもん》の行者《ぎょうじゃ》、また一劫を越ゆとは、更に百六十心等の一重の極細《ごくさい》妄執を度して、仏慧《ぶって》の初心に至ることを得。故に三阿僧祇劫の成仏と云うなり。もし一生にこの三妄執を度すれば、すなわち一生に成仏す。何ぞ時分を論ぜんや。然《しか》も第一重の内に就《つ》いて、最初に唯蘊無我《ゆいうんむが》を解了《げりょう》する時を、すなわち出世間の心は生ず、と名づく。世間の六十心を度して、我倒所生《がとうしょしょう》の三毒の根本を離るるを越《おつ》三妄執と名づくるなり。

「世間の三妄執を越えて、出世間の心生ず」というのは、もしも清らかなさとりを求める心をもって世間を超出した心とするならば、とりもなおさず、これは三つのほとんど無限に長い時間を越えるような、密教の瞑想実践者の行為である。サンスクリット語で劫跛《カルパ》というのに二つの意味がある。一つには時間区分〔時分〕、二つには虚妄の執念〔妄執〕である。もし普通の（、すなわち顕教《けんぎょう》の）解釈によれば、ほとんど無限に近い時間である三阿僧祇劫をかけて正しい覚《さと》りを得ることができる。もし（密教の）秘密の解釈によれば、きわめて長い時間の単位である一劫を越えるような密教の瞑想者の修行は、つまりこれは百六十心などの一重《いちじゅう》のおおまかな虚妄の執《とら》われを越えるのを一阿僧祇劫と名づける。二劫を越える密教の瞑想者の修行は、また百六十心などの一重の細かな虚妄の執われを越えるのを二阿僧祇劫と名づける。真言の教えを奉ずる修行者が、また一劫を越えるというのは、さらに百六十心などの一重の極めて微細な虚妄の執われを越えて、仏の智慧を求めて発《おこ》す最初の心に到達することができることである。だから、三阿僧祇劫の成仏《さとり》という。もしも一生において、この三つの虚妄の執われを越えることができれば、そのまま一生において成仏《さとり》を得る。どうして時間の区分をあげつらうことがあろうか。しかも第一重のうちについて、最初に、存在するものは五つの存在要素のみで実体的なものは存しないこと〔唯蘊無我〕を明らかに知るときを、つまり世間を超出した心が生ずると名づけるのである。世間の六十心を越えて、実体としての自我があると思う妄想から生ずる貪《むさぼ》り・瞋《いか》り・癡《おろ》かさの三毒と呼ばれる煩悩のもとを離れるのを、三つの虚妄の執われを越える〔越三妄執〕と名づけるのである。

三劫　三阿僧祇劫の略。三無数劫ともいう。菩薩が仏になるまでに要するほとんど無限に近い時間を三つに分けたもの。菩薩が実践し向上する五十の修行段階のうち、十信・十住・十行・十廻向とよばれる四十の階位を第一阿僧祇劫、次の十地のうち初地から七地までを第二阿僧祇劫、八地から十地までを第三阿僧祇劫とする。

瑜祇行　瑜祇はヨーギンの音写。密教の瞑想を実践する者の修行。

劫波　サンスクリット語のカルパ、または俗語のカッパの音写。単に劫ともいう。時間の単位のきわめて長いもの。ほとんど永遠に近い時間、宇宙的時間。その長さについては、磐石《ばんじゃく》劫、芥子《けし》劫などの喩えがある。

越三妄執　三妄執は三劫（時間の単位、前注参照）のことをいうが、密教では、時間の単位ではなく、それぞれ自我に対する執われ（我執《がしゅう》＝麁妄執）、存在するものに対する執われ（法執《ほっしゅう》＝細妄執）、根源的無知の惑い（無明執《むみょうしゅう》＝極細妄執）に解し、これを超越するのが、越三妄執だとする。

〔一八〕十地（十種の修行段階）

経云、秘密主、信解行地、観察三心無量波羅蜜多慧観四摂法。信解地無対無量不思議。建立十心無辺智生者、此経宗、従浄菩提心以上十住地、皆是信解中行。唯如来名究竟一切智地。（下略）

経に「秘密主よ、信解行地《しんげぎょうじ》に、三心《さんじん》と無量波羅蜜多《はらみった》の慧観《えかん》と四摂法《ししょうぼう》とを観察す。信解地は無対《むたい》なり、無量なり、不思議なり。十心《じっしん》を建立《こんりゅう》し無辺の智生ず」と云うは、この経宗《きょうしゅう》は、浄菩提心《じょうぼだいしん》より以上の十住地《じゅうじゅうじ》は、皆これ信解の中の行《ぎょう》なり。唯《ただ》し如来をのみ究竟一切智地《くきょういっさいちじ》と名づく。

経典に「秘密主よ云々」というのは、この『大日経』の教えのむねとするところは、清らかなさとりを求める心より以上の十住地《じゅうじゅうじ》は皆これは信解《しんげ》（信じて了解すること）のなかの実践である。ただ如来だけを究竟一切智地《くきょういっさいちじ》と名づけるのである。

従浄菩提心以上十住地　浄菩提心は最初の修行段階（初地《しょじ》）で、十住地は十種の修行段階。歓喜地・離垢地・発光地・焔慧地・難勝地・現前地・遠行地・不動地・善慧地・法雲地。ただし、密教では最初の段階（初地）である歓喜地をそのまま仏のさとりの位（仏地）とみる。旧訳では十住、新訳では十地というので、新旧の訳語を合わせた造語。この例は『大日経疏』に多く認められる。たとえば、旧訳の観世音と新訳の観自在を合わせて観世自在とするなど。

信解　一六頁注参照。

究竟一切智地　究極的な全智の境界。

大毘盧遮那成仏経疏巻第三

沙門一行阿闍梨記

入真言門住心品第一之余

〔一九〕六つの畏れなきこと

経云、爾時執金剛秘密主、白仏言世尊、願救世者演説心相、菩薩有幾種得無畏処。乃至当得一切法自性平等無畏者、猶是答前心相句。（中略）仏言秘密主、彼愚童凡夫、修諸善法害不善法、当得善無畏者。善義通於浅深。今此中意、明十善業道。（中略）経云、若如実知我、当得身無畏者、如修循身観時、見此身三十六物之所集成、五種不浄悪露充満、終不為此而生貪愛。（中略）

経に「その時に、執金剛秘密主は、仏に白《もう》して言《もう》さく、世尊よ、願わくは、救世者《ぐぜしゃ》よ。心《しん》相《そう》を演説したまえ、菩薩は幾《いくば》くの種の無畏処《むいしょ》を得ることありや。乃至《ないし》、まさに一切法自性《いっさいほうじしょう》平等無畏《びょうどうむい》を得べきや」というは、猶《なお》これ前《さき》の心相の句を答う。

仏の言《のたま》わく、「秘密主よ。彼《か》の愚童凡夫《ぐどうぼんぶ》は、諸《もろもろ》の善法を修《しゅ》し、不善の法を害するときには、まさに善無畏《ぜんむい》を得べし」とは、善の義は、浅深《せんじん》に通ず。今この中の意は、十善業道《じゅうぜんごうどう》を明かす。

経に云わく、「もし実の如く我れを知るときは、まさに身無畏《しんむい》を得べし」とは、循身観《じゅんしんかん》を修する時の如きは、この身は三十六物の集成《しゅうじょう》するところにして、五種の不浄《ふじょう》は悪露《おろ》充満すと見て、終《つい》にこれが為には貪愛《とんない》を生ぜず。

経典に「その時に云々」というのは、なおこれは前の心のすがたについての句に対して答えたものである。

仏が申されるのに、「秘密主よ云々」というのは、善の意味は浅い意味と深い意味とに共通する。今、この文中の善の意味は、十善業道《じゅうぜんごうどう》を明らかにしたものである。

経典にいう、「もし実の如く云々」というのは、循身観《じゅんしんかん》を修行するときについてみると、この身体は三十六の構成要素が集まって出来ているのであって、五種類の不浄のものは、きたない液が充ち満ちているとみて、結局、そのために、身体に対して愛着を生ずることがない。

十善業道　十善・十善業ともいう。十の善き行ない。(1)殺さず、(2)盗まず、(3)男女の道を乱さず、(4)嘘を言わず、(5)飾り言葉を口にせず、(6)悪口を言わず、(7)二枚舌を使わず、(8)貪ぼらず、(9)怒らず、(10)邪まな見解をいだかない。

循身観　身《しん》・受《じゅ》・心《しん》・法《ぼう》の四念処観《しねんじょかん》という観想法の

うち、身念処《しんねんじょ》観をいう。身体の不浄を観想するとき、頭から足さきまで、身体の三十六の構成要素をことごとく不浄であるとみるので、「身をめぐる観想」（循身観）とよばれる。三十六物は外相十二、身器十二、内含十二を合わせたもので、『人本欲生経』に見える。『大智度論』巻第一（大正二五・六二中）に「内身の三十六物を観ず」とある。

五種不浄　身体を観想するときの五種の不浄。不浄観。⑴種子不浄。過去における自己の煩悩と父親の精液よりなる身体であるとみて、不浄を観想する。⑵住処不浄。母の胎内に十ヵ月とどまった身体であるとみて不浄を観想する。⑶自体不浄。この身体は地・水・火・風という粗大な原質よりなるとみて不浄を観想する。⑷自相不浄。この身体は九つの穴より汚れたものを出すとみて不浄を観想する。⑸究竟不浄。身体は死後、墓に葬られ、腐り、悪臭を放ち、朽ちはてるとみて不浄を観想する。『大智度論』巻第十九（大正二五・一九八下～一九九上）にみえる。

経云、若於取蘊所集我身、捨自色像観、当得無我無畏者、謂観唯蘊無我時、於陰界入中、種種分析推求我不可得。捨此自色像者、譬如因樹則有樹影現、若無樹者影由何生、今五蘊尚従縁生都無自性。（中略）経云、若害蘊住法攀縁、当得法無畏者、謂行者心住蘊中、欲令発起離著。（中略）経云、若害法住無縁、当得法無我無畏者、即是無縁乗心、観察法無我性、於心外有無影像、智都無所得。（中略）経云、若復一切蘊界処、能執所執我寿命等、及法無縁空自性無性。此空智生、当得一切法自性平等無畏者、謂観自心畢竟空性時、我之与蘊法及無縁、皆同一性。所謂自性無性。此空智生、即是時極無自性心生也。於業煩悩等、都無所縛亦無所脱。故云得一切法自性平等。（中略）

経に云わく、「もし取蘊所集《しゆうんしよじゆう》の我身《がしん》に於いて、自らの色像《しきぞう》を捨てて観ずるときには、まさに無我無畏《むがむい》を得《う》べし」とは、いわく、唯蘊無我《ゆいうんむが》を観ずる時、陰《おん》・界《かい》・入《にゆう》の中に於いて、種々に分析《ぶんしやく》し推求《すいぐ》するに、我《が》は不可得《ふかとく》なり。この自らの色像を捨つとは、譬《たと》えば樹に因《よ》って、すなわち樹の影現ずることあり、もし樹なきときは、影は何に由《よ》ってか生ぜんやというが如く、今五蘊《ごうん》すら尚《なお》縁より生じて、都《すべ》て自性《じしよう》なし。

経に云わく、「もし蘊を害して法の攀縁《はんねん》に住するときには、まさに法無畏を得べし」とは、いわく、行者の心、蘊の中に住するとき、離著《りじやく》を発起《ほつき》せしめんと欲《おも》う。

経に云わく、「もし法を害して無縁に住するときには、まさに法無我《ほうむが》無畏を得べし」とは、すなわちこれ無縁乗《むえんじよう》の心をもって、法の無我性《むがしよう》を観察《かんざつ》し、心外有無《しんげうむ》の影像《ようぞう》に於いて、智は都《すべ》て所得《しよとく》なし。

経に云わく、「もしまた一切の蘊《うん》・界《かい》・処《しよ》と、能執《のうしゆう》・所執《しよしゆう》と我《が》と寿命等と、及び法と無縁とは、空《くう》にして自性は無性《むしよう》なり、と。この空智《くうち》の生ずるときには、まさに一切法の自性は平等なりとして無畏を得べし」とは、いわく、自心の畢竟《ひつきよう》ずるに空なる性《しよう》を観ずる時、我と蘊と法と、及び無縁とは、皆《みな》同一性なり。いわゆる自性は無性なり。この空智が生ずれば、すなわちこの時に、極無自性心《ごくむじしようしん》は生ずるなり。業煩悩《ごうぼんのう》等に於いて、都《すべ》て所縛《しよばく》なく、また所脱《しよだつ》なし。故に「一切法自性平等を得《う》」と云う。

経典にいう、「もし取蘊所集の我身云々」というのは、（すべての存在するものは）ただ色《しき》・受・想・行・識の五つの構成要素の集まりであり固定的な実体をもたないことを明らかに見るとき、（五つの）構成要素・（十二の）認識領域・（十八の）存在要素についてさまざまに分析し推論し追求するが、固定的実体なるものは（けっきょく）認得することができない。自らの身体の姿かたちを捨てるというのは、たとえば、樹木があるから樹の影が生ずる、もし樹木がないときは、何によって影が生ずることがあろうか、というように、いま五つの構成要素すら条件によって生起するものであり、すべてそれ自体の固定的実体性をもたないのである。

経典にいう、「もし蘊を害して云々」というのは、修行者の心が五つの構成要素のうちにとどまるとき、それへの執著から離れる心をおこさせようと願うのである。

経典にいう、「もし法を害して云々」というのは、とりもなおさず無縁乗の心をもって、存在するものの固定的実体性をもたないことを明らかに見て、心のほかに（実在するものはなく）相対的なものの影像に対して、智はいっさい認得するところがない。

経典にいう、「もしまた一切の云々」というのは、いうところの自らの心を極めて、それは空なる性質のものであることを観想するとき、我《が》と蘊《うん》と法と無縁とは皆、同一の本性のものである。いうところのそれ自体の本性は実体性のないものである。こうした空《くう》を見る智慧が生ずるならば、他ならぬこの時点で、極無自性心《ごくむじしょうしん》が生ずる。報いをもたらすはたらきと貪り・瞋《いか》り・癡《おろ》かさ・慢《あなど》り・疑いなどの煩悩などですべて束縛されることなく、またそれから脱れることもない。だから、あらゆる存在するところのもののそれ自体の本性は平等であるということが認得されるのである。

唯蘊無我　八五頁注参照。
陰界入　蘊処界。八六頁注参照。
五蘊　五つのあつまりで、色・受・想・行・識。
無縁乗心　八八頁注参照。
我　実体的な個体存在、固定的な実体性。
蘊　五蘊。
法　存在するところのもので、これらを実在するものとみる。
無縁　原因・条件のないこと、存在しないもの。非存在、虚無。
極無自性心　心の本体はもともと生起しないものであるが、その心の本体そのものもまた認得することができないとさとる心。

〔二〇〕十縁生句

経云、秘密主、若真言門修菩薩行諸菩薩、深修観察十縁生句、当於真言行通達作証。乃至如実遍知一切心相者、是略答前問中修行句也。如下文万行方便中、無不藉此十縁生句浄除心垢。是故当知最為旨要。真言行者特宜留意思之。（中略）

経に云わく、「秘密主よ、もし真言門《しんごんもん》に菩薩の行《ぎょう》を修《しゅ》する諸《もろもろ》の菩薩は、深修《じんしゅ》して十縁《じゅうえん》生句《しょうく》を観察《かんざつ》し、まさに真言行に於いて通達《つうだつ》し作証《さしょう》すべし。乃至《ないし》実の如く遍《あまね》く一切の心相を知る」とは、これ略して前の問いの中の修行の句を答うるなり。下文の万行方便《まんぎょうほうべん》の中の如きは、この十縁生句に藉《よ》って、心垢《しんく》を浄除《じょうじょ》せざることなし。この故にまさに知るべし、最も旨《し》要《よう》となす。真言行者は特に宜しく意を留めてこれを思うべし。

経典にいう、「秘密主よ云々」というのは、これは要略して前の質問のうちの修行の句に対して答えたものである。下の文章にある「万行方便」のなかのようなのは、この十縁生句によって、心の垢《あか》を清らかに除かないものはない。だから、まさしく知るがよい、もっとも肝要とすると。真言の実践者は特に心をこめてこれを思わなければならない。

十縁生句　幻・陽炎・夢・影・乾闥婆城・響・水月・浮泡・虚空華・旋火輪の十句。すべてのものは条件によって生ずることを、これらの一つずつについて観想して、その実体性を否定すること。九九頁注参照。

万行方便　あらゆる善行をもって導き救う手だてとすること。

経云、云何為十。謂如幻陽焰夢影乾闥婆城響水月浮泡虚空花旋火輪。乃至云何為幻。謂如呪術薬力、能造所造種種色像、惑自眼故、見希有事。展転相生往来十方、然彼非去非不去。何以故本性浄故。如是真言幻、持誦成就能生一切者、仏説薬力不思議。如人以薬力故、昇空隠形履水蹈火、此事非諸論師等、能建立因量出其所由。亦非可生疑、謂定応爾或不応爾。過如是籌度境界。唯親行此薬執持行用者、乃証知耳。（下略）

経に云わく、「云何《いかん》が十とする。いわく、幻・陽炎・夢・影・乾闥婆城《げんだつばじょう》・響・水月・浮泡・虚空花・旋火輪の如し。乃至《ないし》云何が幻とする。いわく、呪術《しゅじゅつ》・薬力《やくりき》、能造《のうぞう》・所造《しょぞう》の種々の色像《しきぞう》の如きは、自らの眼を惑わすが故に、希有《けう》の事を見る。展転相生《てんでんそうしょう》し、十方に往来すれども、然《しか》も彼れ去《こ》にあらず、不去《ふこ》にあらず。何を以ての故にとならば、本性は浄なるが故に。かくの如く真言の幻も、持誦《じじゅ》成就して、よく一切を生ず」とは、仏の薬力の不思議を説きたまえり。人の薬力を以ての故に、空に昇り、形を隠し、水を履《ふ》み、火を蹈《ふ》むが如きは、この事は諸論師《ろんじ》等のよく因量《いんりょう》を建立《こんりゅう》して、その所由《しょゆ》を出だすべきにあらず。また疑いを生じて、定んで爾《しか》るべし、或いは爾《しか》るべからずと謂《い》うべきにあらず。かくの如くの籌度《ちゅうたく》の境界を過ぎたり。唯《ただ》し親《まのあた》りこの薬を行《ぎょう》じて、執持行用《しゅうじぎょうゆう》する者のみ、乃《いま》し証知《しょうち》するのみ。

経典にいう、「云何が十とする云々」というのは、仏が薬の力のはたらきが不思議であるのを説かれたものである。人は薬の力によって、空に昇ったり、姿を隠したり、水上を行き、火を踏むといったようなことは、この事実は多くの論師《ろんじ》（哲学者）たちが理由をたてて、そのよって来たるところを指摘するようなことのできないものである。また、それを疑って必ずそうであるとか、またはそんなことはあり得ないというようなものではない。このようなおもんばかりの領域を越えている。ただ自らこの薬の偉力を実際に試して、執《と》り持《たも》ち、用いる者だけが、まさしくそれを明らかに知るのである。

理趣釈

大楽金剛不空真実三昧耶経般若波羅蜜多理趣釈巻上

開府儀同三司特進試鴻臚卿粛国公食
邑三千戸賜紫贈司空謚大鑒正号大広
智大興善寺三蔵沙門不空奉　詔訳

〔一〕序説

如是者、所謂結集之時所指是経也。我聞者、蓋表親従仏聞也。一時者、当説経之時、其地六種震動、或天雨衆花。余時則無此相。又三乗種性皆獲聖果、乃称一時也。婆伽梵者、能破義也、所破者破四魔也。又有六義、如声論所釈。熾盛自在与端厳等也。成就殊勝者、毘盧遮那自覚聖智也。

「かくの如く」とは、いわゆる結集《けつじゅう》の時、指《ゆびさ》すところのこの経なり。「我れ聞けり」とは、蓋《けだ》し親しく仏に従って聞くことを表わすなり。「一時」とは、まさに経を説くの時、その地、六種に震動し、或いは天、衆《おお》くの花を雨《あめふ》らす。余時にはすなわちこの相なし。また三乗の種性《しゅしょう》、皆聖果《しょうか》を獲《う》、すなわち「一時」と称《い》うなり。「婆伽梵《ばがぼん》」とは、能破《のうは》の義なり、所破《しょは》は四魔《しま》を破《は》するなり。また六義あり、声論《こえろん》に釈するところの如し。熾盛《しじょう》・自在と端厳《たんごん》と等なり。「殊勝（の一切如来の金剛加持《こんごうかじ》の三摩耶智《さんまやち》）を成就し」とは、毘盧遮那《びるしゃな》の自覚の聖智《しょうち》なり。

「かくの如く」というのは、いうところの仏典編集の時、指示する本経のことである。「我れ聞けり」というのは、思うに目のあたり仏にしたがって教えを聞くことを表わす。「一時」というのは、まさしく仏が経典を説きたもう時、その大地は六種に震動し、あるいは天上の神がみは多くの花を雨降らせた。この他の時には、こうした奇瑞はない。また、それぞれに三つの教えをいただく者たちは皆、聖道によって得る成果を得るので、すなわち「一時」というのである。「婆伽梵」というのは、よく破るもの〔能破〕の意味である。破られるもの〔所破〕とは四つの魔を破るのである。また六つの意味がある。文法論で解釈するとおりである。（すなわち）熾盛・自在・端厳などの意味がある。「殊勝（の一切如来の金剛加持の三摩耶智）を成就し」というのは、毘盧遮那如来の自らの覚《さと》りである聖なる智慧のはたらきのことである。

六種震動　大地が六種に震動することで、仏が説法するときの奇瑞、予徴として現われるとされる。

三乗種性　三乗は三つの乗物で、乗物は教えにたとえる。声聞・縁覚・菩薩のそれぞれに応じた教え。種性は正しくは種姓（ゴートラの訳語）。修行する者の素質・能力をいい、さとりの可能性をも意味する。

婆伽梵　バガヴァーン（バガヴァットの主格）の音写。世尊と訳す。尊い人、尊い師などの意。『大智度論』巻第二（大正二五・七〇中～下）に有徳・巧分別・有名声・能破の四つの意味があると説く。

四魔　人びとをおびやかし悩ます四つのものを悪魔にみたてたもの。⑴煩悩魔、⑵陰魔《おんま》（色・受・想・行・識の五蘊《ごうん》）、⑶死魔、⑷他化自在天魔（人の善行をさまたげる他化自在天王）。

六義　『仏地経論』巻第一に、自在・熾盛・端厳・名聞・吉祥・貴尊の六つの意味をあげているのがそれである（大正二六・二九二上～中）。

声論　シャブダ・ヴィディヤーで、文法論の意。ミーマーンサー学派に代表される、いわゆる声論師とは異なる。

一切如来者、准瑜伽教中五仏是也。其五仏者、即尽虚空遍法界無尽無余仏、聚成此五身也。金剛加持者、表如来十真如十法界十如来地、以成上下十峰金剛大空智処。加持者、表如来於中道十六大菩薩普賢智、従此展転流出、共成三十七位、已成解脱輪大曼荼羅。三昧耶智者、誓也、亦曼荼羅也。勿令将来最上乗者、不従師受而専意自受也。是故得知修最上乗者必須師受三昧耶、然後可修行也。

「一切如来」とは、瑜伽教《ゆがきょう》中に准《じゅん》じて、五仏これなり。その五仏とは、すなわち虚空《こくう》を尽し法界《ほっかい》に遍ずる、尽きることなく余すことなき仏にして、聚《あつ》まってこの五身を成すなり。「金剛加持」とは、如来の十真如《じっしんにょ》・十法界・十如来地《じゅうにょらいじ》を表わし、以て上下十峰の金剛の大空智《だいくうち》の処《しょ》を成《じょう》ず。「加持《かじ》」とは、如来、中道《ちゅうどう》に於いて十六大菩薩《ぼさつ》の普賢智《ふげんち》を表わし、これより展転《てんでん》し流出《るしゅつ》して、共に三十七位を成じ、すでに解脱輪《げだつりん》の大曼荼羅《だいまんだら》を成ず。「三昧耶智《さんまやち》」とは、誓《ちかい》なり、また曼荼羅《まんだら》なり。「最上乗を将来《しょうらい》せしむることなかれ」とは、師受《しじゅ》に従わずして意を専らにして自ら受くるなり。この故に、最上乗を修するを知ることを得る者は、必ず須《すべから》く三昧耶を師受し、然《しか》る後に修行すべきなり。

「一切如来」とは、密教のなかに説かれるのに準じて、五仏のことである。その五仏というのは、大空をきわめ真理の世界にひろがるところの尽きることも余すこともない仏であって、集合して、この五つの仏身を成している。「金剛加持」とは、如来の完全なる絶対真理・完全なる真理の世界・完全なる如来の位を表わして、上下の完全な峰の堅固不壊《ふえ》なる十方の世界が大空とみる智慧の存在を成就する。「加持」とは、如来が中道において十六大菩薩の慈悲のきわみのもととなる智慧を表わし、その智慧より連続して流れ出し、いっしょに三十七の階位を成就し、まぎれもなく解脱輪の大曼荼羅を成就する。「三昧耶智」とは、誓いのこと、また曼荼羅のことである。「最上乗を将来せしむることなかれ」とは、師より真理の教えを受けずに、全く自ら真理を受け楽しむことである。だから、最上乗、すなわち最上の教えを修《おさ》めることを知ることができる者は、きっと教え〔三昧耶〕を師より受けて、その後に修行しなければならない。

瑜伽教　密教のこと。瑜伽はヨーガの音写で、一般には宗教的な瞑想であるが、三密瑜伽《さんみつゆが》というように、三密、すなわち身体・言葉・意《こころ》のそれぞれの秘密のはたらきが相応するところに、密教の最高の瞑想が完成すると説かれるので、そうした教えを瑜伽教という。

五仏　大日・阿閦《あしゆく》・宝生・無量寿・不空成就の金剛界の五如来。

十真如……　十は満数、すなわち完全性を表わしたもので、十種という意味ではない。

中道　二極の対立を離れた中正の道。本来、三論宗の用語。

十六大菩薩　金剛界曼荼羅の三十七尊のうち、東方阿閦如来をかこむ金剛薩埵《さった》・金剛王・金剛愛・金剛喜の四菩薩、南方宝生如来をかこむ金剛宝・金剛光・金剛幢《どう》・金剛笑の四菩薩、西方無量寿如来をかこむ金剛法・金剛利・金剛因・金剛語の四菩薩、北方不空成就如来をかこむ金剛業《ごう》・金剛護・金剛牙《げ》・金剛拳の四菩薩を合わせた総称。

三十七位　さとりに到る三十七の修行法で、四念《しねん》処《じょ》・四正勤《ししょうごん》・四《し》如意《にょい》足《そく》・五根《ごこん》・五力《ごりき》・七覚支《しちかくし》・八正《はっしょう》道《どう》を合わせたもの。金剛界の三十七の諸尊が象徴する。

解脱輪　五解脱輪のこと。金剛界の五仏（五如来）が住するそれぞれの月輪をいう。

三昧那智　三昧耶はサマヤの音写。真実相（曼荼羅）をさとった智慧、仏の智慧（五仏の智慧）をさし、さらにはここで説くように、曼荼羅そのものをさす。

最上乗　この上もない乗物で、乗物は教えをたとえたもの。一般には大乗仏教をいうが、ここでは密教のこと。

三昧耶　密教では、平等・誓願・驚覚《きょうがく》・除垢障《じょくしょう》の意味があるとされるが、ここでは根本の教義を意味する。

已得一切如来灌頂宝冠為三界主者、如来在因地、従灌頂師、入三昧耶智曼荼羅、阿闍梨加持弟子身中本有如来蔵性、発金剛加持、以成修真言行菩薩法器。則堪任持明等乃至伝受印可等灌頂階位。以此為初因、由三密四智印相応、成究竟三界法王主、以為果。

「すでに一切如来の灌頂宝冠《かんじょうほうかん》を得て三界《さんがい》の主となり」とは、如来、因地《いんじ》に在《あ》って、灌頂の師に従い、三昧耶智《さんまやち》の曼荼羅《まんだら》に入り、阿闍梨《あじゃり》、弟子の身中の本有《ほんぬ》の如来蔵性《にょらいぞうしょう》を加持《かじ》して金剛の加持を発《おこ》し、以て真言行《しんごんぎょう》を修する菩薩の法器《ほっき》と成す。すなわち持明《じみょう》等を堪任《かんにん》し、乃至《ないし》印可《いんか》等、灌頂の階位を伝受す。これを以て初因《しょいん》となし、三密《さんみつ》によって四智印《しちいん》相応して、究竟三界《くきょうさんがい》の法王主《ほうおうしゅ》と成り、以て果《か》となす。

「すでに一切如来云々」とは、如来がまだ修行の段階にあって灌頂を授ける師にしたがい、仏の智慧の世界である曼荼羅に入り、密教の師が弟子の身体のなかに本来具有する如来蔵性に不可思議な力のはたらきを加えて堅固不壊の不可思議な力のはたらきをよび起こし、真言の実践行を修める菩薩としての教えを受けるに適《ふさ》わしい者にする。すなわち真言陀羅尼《だらに》などをよく守り、中略、師が弟子に与える許可など、灌頂の位階を伝え受ける。これを当初の原因とし、身体・言葉・意《こころ》の秘密のはたらきによって四つの智慧のしるしが相応して、究極のすべての世界の真理の王としての主人公になり、このことをもって結果とする。

灌頂　本書一一四頁注参照。

阿闍梨　アーチャーリヤの音写。軌範師などと訳す。一般に師をいう。密教における伝法の教師、高僧の敬称。

如来蔵性　すべての人びとが本来有する如来としての徳性。

持明　ヴィディヤー・ダラの訳。一般には持明者と訳し、叙事詩『マハーバーラタ』などでは、本来は呪言を身につける者の意であるが、持は陀羅尼、明は真言であると解される。

四智印　大円鏡智《だいえんきょうち》・平等性智《びょうどうしょうち》・妙観察智《みょうかんざっち》・成所作智《じょうしょさち》の四種の仏の智慧のしるし。

已証一切如来一切智智瑜伽自在。已証一切如来者、同上所説五仏也。一切智智者、唯仏自証之智、皆以瑜伽法相応、獲得於法自在。能作一切如来一切印者、四智印也。平等種種事業於無尽無余一切衆生界、一切意願作業皆悉円満。能作、由獲瑜伽自在故能作。一切如来、五仏亦如前釈。一一仏皆有一切印平等羯磨処智、遍至無尽無余仏刹衆生界、能作種種利益、究竟安楽一切有情界悉令円満。上中下一一皆成九品悉地。

「すでに一切如来の一切智《いっさいち》智《ち》の瑜伽自在《ゆがじざい》を証す」。「すでに一切如来（の一切智智の瑜伽自在）を証す」とは、上の所説の五仏と同じなり。「一切智智」とは、唯だ仏のみの自証の智にして、皆《みな》瑜伽法と相応するを以て、法の自在を獲得《ぎゃくとく》す。「よく一切如来の一切印（平等《びょうどう》の種々の事業《じごう》）を作《な》し」とは、四智印なり。「平等の種々の事業（を作し）、無尽無余《むじんむよ》の一切の衆生界に於いて、一切意願《いがん》の作業《さごう》を皆悉《ことごと》く円満せしめ」。「能《よ》く（……）作し」とは、瑜伽自在を獲《う》ることによるが故に、「よく（……）作し」と。「一切如来」は、五仏、また前の釈の如し。一々の仏、皆、一切印平等羯磨処智《かつましょち》あり、遍《あまね》く無尽無余の仏刹《ぶっせつ》の衆生界《しゅじょうかい》に至り、よく種々の利益《りやく》を作《な》し、究竟《くきょう》じて一切の有情界《うじょうかい》を安楽《あんらく》にし悉《ことごと》く円満せしむ。上・中・下、一々皆九品《みなくぼん》の悉地《しつじ》を成《じょう》ず。

「すでに一切如来云々」。「すでに一切如来云々」というのは、上に説いた五仏と同じである。「一切智智」というのは、ただ仏だけのみずからのさとりの智慧であって、皆、密教の瞑想法と相応するから、真理が自在であることを得る。「よく一切如来の云々」というのは、四つの智慧のしるしである。「平等の云々」とあるが、「よく……なして」というのは密教の瞑想の自在を得ることによるから、「よく……なして」という。「一切如来」は五仏のことで、前に注解したとおりである。それぞれの仏には皆、一切印平等羯磨処智があり、ゆきわたって尽すことなく余すことのない（無数の）仏国土の人びとの住するところに至って、よくさまざまな利益を与えて、つまるところ、すべての生きとし生けるものの世界を安らかにし、ことごとく完成させる。上・中・下に階位を異にする者も、それぞれ皆、九種類の完成の境地を成就する。

一切印平等羯磨処智　すべてのしるし（印）である身体・言葉・意《こころ》の三つが平等であると知る実践的な智慧。

上中下……　上・中・下の三つの宗教的な素質の階位にそれぞれ上生・中生・下生があるから、上上品・上中品・上下品・中上品・中中品・中下品・下上品・下中品・下下品の九種類の品位があることになる。これを九品という。悉地は梵語シッディの音写で、成就と訳し、密教で得られるさとりの境地。

常恒三世一切時者、身語意業金剛大毘盧遮那如来也。常恒者、表如来清浄法界智。無始時来本有、処煩悩而不減、与浄法相応、証清浄而不増也。三世者、為過去未来現在是也。一切時者、在於異生時、後証聖果時。三業清浄猶如虚空。身語意業不被虚妄分別所生煩悩所染故也。金剛者、証得仏地一切法自在、得証身口意三密金剛。於蔵識中、修道煩悩習気、堅若金剛難摧、用以大空金剛智三摩地、証得法身光明遍照毘盧遮那如来也。

「常恒《じょうごう》に、三世《さんぜ》一切の時に、身語《しんご》意《い》業《ごう》の金剛の大毘盧《だいびる》遮那《しゃな》如来《にょらい》」。「常恒」とは、如来の清《しょう》浄法界智《じょうほっかいち》を表わす。無始時《むしじ》より来《このかた》、本有《ほんぬ》、煩悩《ぼんのう》に処して減ぜず、浄法《じょうぼう》と相応し、清浄を証して増せず。「三世」とは、過去・未来・現在となす、これなり。「一切の時」とは、異生《いしょう》に在《あ》る時と、後に聖果《しょうか》を証する時なり。三業《さんごう》の清浄なること猶《なお》し虚空の如し。身語意業は虚妄《こもう》分別、所生の煩悩、所染《しょぜん》に被《おお》われざるが故なり。「金剛」とは、仏地《ぶっち》にして一切法《いっさいほう》の自在を証得《しょうとく》し、身口《しんく》意《い》の三密の金剛を証するを得《う》。蔵識《ぞうしき》の中に於いて、煩悩の習気《じっけ》の堅きこと金剛の摧《くだ》き難きがごとくなるを修道し、大空《だいくう》金剛智の三摩地《さんまじ》を用以《もっ》て、法身《ほっしん》の光明遍照《へんじょう》の毘盧遮那如来を証得《しょうとく》するなり。

「常恒に云々」。「常恒」は如来の清らかな真理の世界の智慧を表わす。始めもないほどの遠い過去以来、本来存する智慧は煩悩にあっても減ずることなく、清らかなさとりと結びついてともにあり、清らかさを証《あか》しても増加することもなくそのままである。「三世」とは、過去・未来・現在のことである。「一切の時」とは、聖者と異なるなみの者としてある時と、なみの者が後に聖者としての成果を得た時のことである。身体・言葉・意《こころ》のはたらきが清らかであるのは、あたかも大空のようである。(なぜならば、)身体・言葉・意のはたらきは、誤まってみだりに思慮すること、生ずるところの煩悩、煩悩にけがされることによって覆われることがないからである。「金剛」とは、仏の境地に到って、あらゆる存在するものを自由自在にすることをさとり得て、身体・言葉・意の三つの秘密のはたらきが金剛のように堅固であることを証し得るのである。蔵識のうちにあって、堅くて金剛のように摧きがたい煩悩の余習を修道によって断ち切り、本源的な空をさとる金剛のように強固な智慧を起こす密教の深遠な瞑想の境地によって、法身の光明遍《あまね》く照らす毘盧遮那如来をさとり得るのである。

異生　さまざまな行為の果報によって、さまざまに異なった世界に生まれる者。凡夫。すなわち聖者に対して、愚かで凡庸な人間のこと。

仏地　さとりの境界で、仏の位をさす。ブッダ・ブーミの訳で、地は、さとりを生むところに喩えたもの。

蔵識　阿頼耶識《あらやしき》、すなわち、八識(眼・耳・鼻・舌・身・意・末那《まな》・阿頼耶の各識)の一つで、現実のもろもろの存在するものが展開する依りどころとなる基体ともいうべき根本の心。

修道　具体的な事象に即して煩悩を断ち切る修行の段階(仏教の真理を見る見道のあとの修行)。

習気　煩悩の余習・残気で、唯識説では阿頼耶識のうちに蔵されるとする。

大空金剛智三摩地　大空は十方の世界が空であることで、密教では不生不滅の万有の本源を意味する。金剛智は、どんな物をも砕くことのできる金剛のように、どんな頑迷な煩悩でも破る智慧。密教では、仏の四智の一つで、阿頼耶識を転換して得るところの大円鏡智をいう。三摩地は、サマーディの音写で、心の統一の意。密教では身体・言葉・意の三つのはたらきが仏のそれと平等になるさとりの境地。

法身　真理を身体としている、真理そのものとしての仏。

光明遍照毘盧遮那如来　毘盧遮那は（マハー）ヴァイローチャナの音写で、遍く照らすものを意味するので、光明遍照といったもの。これについては『大日経疏』の冒頭に詳しい。本書一七七頁参照。

経云、在於欲界他化自在天王宮中、一切如来常所遊処吉祥称嘆大摩尼殿、種種間錯、鈴鐸繒幡微風揺撃、珠鬘瓔珞半満月等、而為荘厳。他化自在天宮者、名為欲界頂。他化自在天王宮殿菩薩証得第六地位、現前地菩薩住般若波羅蜜観、多作此天衆王、為天人説般若波羅蜜。其天界五欲殊勝超越諸天。是故毘盧遮那仏、為金剛薩埵、説大楽大貪染、速疾加持現証瑜伽理趣。由是得聞不染世間雑染諸煩悩、超越摩羅之境。其宮殿、是大楽不空金剛薩埵大曼荼羅、皆従毘盧遮那仏福徳資糧出生。大妙金剛五宝所成金剛峯宝楼閣、其曼荼羅、四方八柱、列八位、四門、中位毘盧遮那遍照如来、内証之智解脱是也。其八位後当説。

経に云わく、「欲界《よくかい》の他化自在天王宮《たけじざいてんのうぐう》の中に在《いま》す一切如来の常に遊処《ゆうしょ》し吉祥称嘆《きっしょうしょうたん》したもうところの大摩尼《まに》殿なり、種々に間錯《けんさく》し、鈴鐸繒幡《れいたくそうばん》は微風に揺撃《ようげき》せられ、珠鬘瓔珞半満月《しゅまんようらくはんまんがち》等、しかも荘厳《しょうごん》をなす」。「他化自在天宮」とは、名づけて欲界の頂《ちょう》となす。他化自在天王宮殿の菩薩は第六地位《じい》を証得《しょうとく》し、現前地《げんぜんじ》の菩薩は般若波羅蜜観《はんにゃはらみつかん》に住して、多くはこの天衆《てんしゅ》の王となり、天人の為に般若波羅蜜を説く。その天界《てんがい》は五欲殊勝にして諸天に超越《ちょうおつ》す。この故に毘盧遮那仏、金剛薩埵《こんごうさった》の為に大楽《だいらく》・大貪染《だいとんぜん》を説き、速疾《そくしつ》に加持《かじ》して瑜伽《ゆが》の理趣《りしゅ》を現証《げんしょう》したもう。これによって世間の雑染《ぞうぜん》、諸《もろもろ》の煩悩に染せざるを聞くことを得、魔羅《まら》の境を超越す。その宮殿《くうでん》は、これ大楽不空《だいらくふくう》金剛薩埵の大曼荼羅なり、皆、毘盧遮那仏より福徳《ふくとく》の資糧《しりょう》を出生《しゅっしょう》す。その大妙《だいみょう》の金剛の五宝は金剛峯《こんごうぶ》の宝楼閣を成ずるところにして、その曼荼羅は、四方の八柱《はっちゅう》、八位に列《つら》なり、四門にして、中位に毘盧遮那遍照《へんじょう》如来あり、内証《ないしょう》の智、解脱《げだつ》、これなり。その八位は後にまさに説くべし。

経典にいう、「欲界の云々」。「他化自在天宮」とは、欲望の世界〔欲界〕の最高の場所をいう。この他化自在天王の宮殿にいる菩薩は第六の地位を得、修行の階位である十地《じゅうじ》のうちの第六位にある菩薩はさとりの真実の智慧の観想をなして、多くの者はこの神がみのなかの王となり、神がみや人間のためにさとりの真実の智慧を説く。その神がみの住む天上の世界は眼・耳・鼻・舌・身の五官の欲望が並びなくすぐれていて、多くの神がみのそれを越えている。だから、大日如来は金剛薩埵のために、大いなる安楽、大いなる五欲の対象のむさぼりを説き、速やかに不可思議な力のはたらきを加えて、密教の瞑想のことわりを現にさとっておられる。これによって世間のむさぼり、さまざまな煩悩に染まらないことを聞くことができて、悪魔の世界を超越する。その宮殿は大いなる楽しみを得て空しからざる金剛薩埵の大曼荼羅であって、皆、大日如来からさとりに向かうもととなる施与《ほどこし》などの善き行ないを生み出だす。大いに妙《たえ》なる堅固不壊《ふえ》なる五種の宝によって、堅固不壊のいただきをもつすばらしい楼閣がつくられているのであって、その曼荼羅は、四方の八つの柱が八つの位置に配列され、四つの門があり、中央の位置に大日なる遍照如来がいまして、内なるさとりの智慧、解脱を得られている。その八つの位置については、後で説くであろう。

他化自在天宮　六欲天の第六の他化自在天の住する宮殿。欲望の世界（欲界）の最高天にあり、他の神の仮りに作り出した欲望の対象を自由自在に享受することができるといわれる。

第六地位　菩薩の第六の修行段階である現前地のこと。次項参照。

現前地　菩薩の十の修行段階（十地）のうちの第六をいう。条件によって生起する現象界のすがたが目のあたりに現われる境地。

魔羅　サンスクリット語のマーラの音写。魔・悪魔で、仏法をさまたげるもの。

五宝　諸説あるも、一説には金・銀・真珠・珊瑚・琥珀。

経云、与八十倶胝菩薩衆俱。所謂金剛手菩薩摩訶薩、観自在菩薩摩訶薩、虚空蔵菩薩摩訶薩、金剛拳菩薩摩訶薩、文殊師利菩薩摩訶薩、纔発心転法輪菩薩摩訶薩、虚空庫菩薩摩訶薩、摧一切魔菩薩摩訶薩。与如是等大菩薩衆恭敬囲繞而為説法。一一菩薩同類種性、有十倶胝衆。

経に云わく、「八十倶胝《くてい》の菩薩衆《ぼさつしゅ》と倶《とも》なりき。いわゆる金剛手菩薩摩訶薩《こんごうしゅぼさつまかさつ》、観自在《かんじざい》菩薩摩訶薩、虚《こ》空蔵《くうぞう》菩薩摩訶薩、金剛拳《こんごうけん》菩薩摩訶薩、文殊師利《もんじゅしり》菩薩摩訶薩、纔発心転法輪《さいほっしんてんぼうりん》菩薩摩訶薩、虚《こ》空庫《くうこ》菩薩摩訶薩、摧一切魔《さいいっさいま》菩薩摩訶薩なり。かくの如き等の大菩薩衆の与《ため》に恭敬《くぎょう》し囲繞《いにょう》せられて、しかも為に法を説きたもう」。一々の菩薩は同類の種性《しゅしょう》にして、十倶胝《くてい》の衆《しゅ》あり。

経典にいう、「八十倶胝の云々」。（ここに登場する）それぞれの菩薩は同類のさとりを開く素質をもつものであって、十億の者たちがいる。

種性　種姓ともいう。サンスクリット語のゴートラの訳。さとりを得る種となるところのもとの素性・素質・能力をいう。先天的にさだまっているのを本《ほん》性住《しょうじゅう》、後天的に修行の結果得られるものを習所成《しゅしょじょう》という。

十倶胝　倶胝はサンスクリット語のコーティの音写。数の単位で、十の七乗というが、十万・千万・億・万億などともいう。十倶胝はその十倍。

金剛手菩薩者、在毘盧遮那前月輪中、表一切如来菩提心。初発菩提心、由金剛薩埵加持、修証普賢行願、証如来地。観自在菩薩者、在毘盧遮那後月輪、表一切如来大悲。随縁六趣、抜済一切有情、生死雑染苦悩、速証清浄三摩地。不著生死不証涅槃、皆由観自在菩薩金剛法現証。

金剛手《こんごうしゅ》菩薩は、毘盧遮那《びるしゃな》の前の月輪《がちりん》の中に在《あ》り、一切如来の菩提心《ぼだいしん》を表わす。初めて菩提心を発《おこ》し、金剛薩埵の加持《かじ》によって、普賢《ふげん》の行願《ぎょうがん》を修証《しゅしょう》し、如来地《にょらいじ》を証す。
観自在《かんじざい》菩薩は、毘盧遮那の後の月輪に在り、一切如来の大悲《だいひ》を表わす。六趣《ろくしゅ》に随縁《ずいえん》し、一切の有情《うじょう》の生死《しょうじ》の雑染《ぞうぜん》・苦悩を抜済《ばっさい》し、速やかに清浄三摩地《しょうじょうさんまじ》を証す。生死に著《じゃく》せず、涅槃《ねはん》を証さず、皆、観自在菩薩の金剛法によって現証《げんしょう》す。

金剛手菩薩は毘盧遮那如来の前の月輪のなかにあって、すべての如来のさとりを求める心を表わす。初めてさとりを求める心を発《おこ》し、金剛薩埵が不可思議な力のはたらきを加えることによって、普賢菩薩の他を救済する願いとその実践とを修行によってさとり、如来の境地をさとる。

観自在菩薩は大日如来の後の月輪のなかにあり、すべての如来の大いなるあわれみを表わす。六つの迷いの世界（地獄・餓鬼・畜生・修羅・人・天）の縁にしたがい、すべての生きとし生けるものの輪廻《りんね》の汚れ、苦悩を取り去って救い、たちまちに清らかな瞑想の境地をさとる。輪廻に執《とら》われず、さとりの世界（涅槃）に入らず、皆、観自在菩薩の堅固不壊《ふえ》の真理の教えによって現にさとるのである。

月輪　満月をかたどった円形で、金剛界の諸尊はそのなかに描く。

普賢行願　普賢菩薩の他を救済しようという願いと、その願いにもとづく実践修行をいう。なお、行願は一般的に大慈悲心をいう場合もある。

雑染　煩悩のこと。清浄の対で、汚れをいう。染は染汚《ぜんま》のもので、雑染は染汚と同じに用いられるが、善・悪・善悪いずれでもないものの三つに通じて、煩悩（有漏《うろ》）を総称する語。

虚空蔵菩薩者、在毘盧遮那右月輪、表一切如来真如恒沙功徳福資糧聚。由修虚空蔵菩薩行、行四種施。後当説。三輪清浄喩、若虚空。無尽有為無漏、成受用変化身資糧也。金剛拳菩薩、在毘盧遮那左月輪、表一切如来三種秘密。在金剛拳菩薩掌、由真言行菩薩、以入輪壇得灌頂者、得聞如来三業密教修行、獲得世出世殊勝悉地、浄除無始十種不善悪業、証得無障礙究竟智。文殊師利菩薩、在東南隅月輪、表一切如来般若波羅蜜多慧剣。住三解脱門、能顕真如法身常楽我浄。由菩薩証此智、便成等正覚也。纔発心転法輪菩薩者、在西南隅月輪、表一切如来四種輪、金剛界輪、降三世輪、遍調伏輪、一切義成就輪。由修真言行菩薩、得入如是等輪、依四種智印、以成十六大菩薩生、便証無上菩提。

虚空蔵《こくうぞう》菩薩は、毘盧遮那の右の月輪に在《あ》って、一切如来の真如《しんにょ》、恒沙《ごうじゃ》の功徳《くどく》、福資糧聚《ふくしりょうじゅ》を表わす。虚空蔵菩薩行《ぎょう》を修することによって、四種の施しを行ず。後にまさに説くべし。三《さん》輪清浄《りんしょうじょう》の喩《ゆ》は、虚空のごとし。無尽《むじん》の有為《うい》、無漏《むろ》は、受用《じゅゆう》・変化《へんげ》身《しん》の資糧となるなり。金剛拳《けん》菩薩は、毘盧遮那の左の月輪に在って、一切如来の三種の秘密を表わす。金剛拳菩薩の掌に在り、真言行《しんごんぎょう》の菩薩によって、以て輪壇《りんだん》に入って灌頂《かんじょう》を得る者は、如来の三業《さんごう》密教の修行を聞くことを得《え》、世出世《せしゅつせ》の殊勝の悉地《しつじ》を獲得して、無始《むし》の十種の不善悪業《ふぜんあくごう》を浄除《じょうじょ》し、無障礙《むしょうげ》の究竟智《くきょうち》を証得す。

文殊師利《もんじゅしり》菩薩は、東南隅の月輪に在って、一切如来の般若波羅蜜多《はんにゃはらみった》の慧剣《えけん》を表わす。三解《さんげ》脱門《だつもん》に住し、よく真如《しんにょ》・法身《ほっしん》・常楽我浄《じょうらくがじょう》を顕《あら》わす。菩薩によってこの智を証し、すなわち等《とう》正覚《しょうがく》を成《じょう》ずるなり。

纔発心転法輪《さいほっしんてんぼうりん》菩薩は、西南隅の月輪に在って、一切如来の四種輪《ししゅりん》、（すなわち）金剛界《こんごうかい》輪《りん》・降三世《ごうざんぜ》輪・遍調伏《へんじょうぶく》輪・一切義成就《いっさいぎじょうじゅ》輪を表わす。真言行を修する菩薩によって、かくの如き等の輪に入ることを得、四種智印に依って、以て十六大菩薩生《しょう》を成《じょう》じ、すなわち無上菩提《むじょうぼだい》を証す。

虚空蔵菩薩は大日如来の右の月輪のなかにあって、すべての如来の絶対真理、ガンジス河の砂に喩えられるほどの数限りないすぐれた徳、施与などの修行のもととなる善き行ないのあつまりを表わす。虚空蔵菩薩の実践行を修めることによって、四種の施しを行なう。これについては、後でまさしく説くであろう。

施す者と施される者と施す物との三者が清らかである〔三輪清浄〕という喩えは、あたかも大空のようなものである。尽きることのない無数の原因・条件によってつくられた生滅変化するもの、煩悩を離れることは、受用身と変化身とのたすけとなるものである。

金剛拳菩薩は大日如来の左の月輪のなかにあって、すべての如来の三種類の秘密を表わす。この金剛拳菩薩の手のひらにあって、真言の実践行をなす菩薩によって円形の壇場《だんじょう》に入って灌頂を受ける者は、如来の身体・言葉・意《こころ》のはたらきを説く密教の修行を聞くことができ、世間と世間を超越した世界との並びなくすぐれた効験を得て、始めも分からないほどの遠い過去からの十種の善《よ》からざる悪しき行ないを清らかに除き、さわりなき究極の智慧をさとり得る。

文殊師利菩薩は、（大日如来の）東南隅の月輪のなかにあって、すべての如来のさとりの智慧の完成を智慧の剣で表わす。さとりに至るための三つの部門に住し、よく絶対真理・法身・さとりの世界（涅槃）は永遠・安楽・絶対・清浄であることを明らかにする。菩薩によってこの智慧を得、すなわち正しくて完全な覚《さと》りを成就する。

纔発心転法輪菩薩は、（大日如来の）西南隅の月輪のなかにあって、すべての如来の四種類の輪、すなわち金剛輪・忿怒《ふんぬ》輪・蓮華輪・羯磨輪を表わす。真言の実践を修める菩薩によって、このような輪に入ることができ、四種の智慧のしるしによって、十六大菩薩の生を完成し、ただちにこの上なきさとりを得るのである。

四種施　灌頂施・義利施・法施・資生施。四〇五～四〇八頁参照。

三輪清浄　施す者（施者）・施される者（受者）・施しの内容である物（施物）が本来空《くう》なもので何らのとらわれがないこと。

受用（身）　仏身の種類の一つで、さとりの楽しみを自ら受ける自受用身と、他の者に享受させる他受用身とがある。

変化身　化身ともいう。また応身とも。応現した仏身で、生けるものを救うためにその素質に応じて仮りに姿を現わした仏身。

三種秘密　身密・口密・意密の三密。四一二頁以下参照。

輪壇　もと円形の壇場であるが、ここでは五輪成身《じょうしん》曼荼羅のことで、真言の実践者が自己自身を曼荼羅として観想し、地・水・火・風・空の五輪を自己の膝・腹・胸・面・頂に配する。

灌頂　四大海の水を頭頂より灌いで即位する国王のしるしとするのにちなんで、仏位に登るしるしにおこなう密教の作法。

三解脱門　三三昧ともいう。瞑想の目ざす三つの解脱《さとり》のことで、空・無相・無願をいう。空解脱門は存在するものの空を観想すること、無相解脱門は空であるから、すべて差別がなくかたちがないことを観想すること、無願解脱門は無相であるから願い求めるものは何もないと観想すること。

常楽我浄　さとりの世界の徳は、永遠であり、安楽であり、主体的能動的な自在なる者であり、清らかであることをいう。

四種輪　密教における四種輪（曼荼羅）で、⑴金剛輪。金剛部の曼荼羅に相当する。⑵忿怒輪。宝部の曼荼羅に相当する。⑶蓮華輪。蓮華部の曼荼羅に相当する。⑷羯磨輪。羯磨部の曼荼羅に相当する。

四種智印　四智印ともいう。四種曼荼羅のことで、諸尊の尊像などをいう大智印、諸尊の持物《じもつ》や印契《いんげい》をいう三昧耶《さんまや》智印、諸尊の徳を表わす文字などをいう法智印、諸尊のはたらきなどをいう羯磨《かつま》智印。

十六大菩薩生　三一九頁注参照。

虚空庫菩薩者、在西北隅、表一切如来広大供養儀。由修真言行菩薩、修得虚空庫菩薩瑜伽三摩地、於一念頃、身生尽虚空遍法界一一仏前。於大衆会、以種種雲海供養、奉献如来。便従一切仏、聞説妙法、速満福徳智慧資糧。以虚空為庫蔵、随縁諸趣、拯済利益諸有情、漸引致無上菩提、以為巧方便。摧一切魔菩薩、在東北隅、表一切如来大悲方便。外示現威怒、内懐悲愍。住加行位、護持修行、辟除諸障。成菩提時、摧伏天魔及摩醯首羅一切難調伏者、令彼等受化、致於無上菩提、以忿怒智而成究竟。

虚空庫菩薩は、西北隅に在って、一切如来の広大供養儀《こうだいくようぎ》を表わす。真言行を修する菩薩によって、虚空庫菩薩の瑜伽三摩地《ゆがさんまじ》を修得《しゅとく》す。一念の頃《きょう》に於いて、身、尽虚空遍法界《じんこくうへんほっかい》の一々の仏前に生ず。大衆会《だいしゅえ》に於いて、種々の雲海の供養を以て、如来に奉献《ぶこん》す。すなわち一切の仏より妙法を説くことを聞き、速やかに福徳智慧の資糧を満たす。虚空を以て庫蔵《こぞう》となし、諸趣に随縁《ずいえん》し、諸《もろもろ》の有情《うじょう》を拯済《じょうさい》し利益《りやく》し、漸く無上菩提を引致《いんち》し、以て巧方便《ぎょうほうべん》となす。

摧一切魔《さいいっさいま》菩薩は、東北隅に在って、一切如来の大悲《だいひ》方便を表わす。外に威怒《いぬ》を示現《じげん》し、内に悲愍《ひみん》を懐く。加行位《けぎょうい》に住し、修行を護持し、諸障を辟除《びゃくじょ》す。菩提を成《じょう》ずる時、天魔及び摩《ま》醯首羅《けいしゅら》、一切の難調伏者《なんじょうぶくしゃ》を摧伏《さいぶく》し、彼等をして化《け》を受けしめ、無上菩提に致し、忿怒智《ふんぬち》を以て究竟を成ず。

虚空庫菩薩は（大日如来の）西北隅にあって、すべての如来の広大なる供養儀式を表わす。真言の実践行を修める菩薩によって、虚空庫菩薩の瞑想の境地を修め得る。瞬間において、その身体は大空のひろがりの限りひろがっている真理の世界にいますそれぞれの仏のみ前に生ずる。多くの者たちの集まりにおいて、さまざまな雲や海のように広大無辺な供養をもって如来に献げたてまつる。すなわちそこですべての仏から妙《たえ》なる真理の教えを説くことを聞き、たちまちに福徳と智慧を得る素材となるものを満たす。大空を蔵として、さまざまな世界の縁にしたがって、多くの生きとし生けるものを救済し、利益して、次第にこの上なきさとりに導いてゆき、これをもって巧みな手だてとする。

摧一切魔菩薩は（大日如来の）東北隅にあって、すべての如来の大いなるあわれみによる救い導きの手だてを表わす。外にはいかめしい怒りを現わし、内には深いあわれみを懐いている。前の段階で修めたさとりを得るもとでにさらに修行を加える階位にあって、修行を護《まも》り持続し、もろもろの障りをはらい清める。菩提《さとり》を完成するとき、他化《たけ》自在天の魔王や大自在天をはじめ、すべての制しがたい者を摧き伏し、彼らに教化を受けさせてこの上ない菩提《さとり》に導き、（このような）怒りの智慧によって究極のさとりを完成するのである。

加行位　修行の効果を増加する段階、位。唯識説では五位（資糧位・加行位・通達位・修習位・究竟位）のうちの第二。

摩醯首羅　マヘーシュヴァラの音写。訳、大自在天。シヴァ神のこと。仏法をさまたげる者の代表者と目される。

如上所釈八大菩薩、摂三種法。所為菩提心大悲方便是也。如上所釈諸菩薩、包括一切仏法真言門及一切顕大乗。如是等大菩薩衆恭敬囲遶、八供養及四門菩薩等、以表如来三昧眷属。

如上に釈するところの八大菩薩は、三種法を摂《しよう》す。いわゆる菩提心・大悲・方便、これなり。如上に釈するところの諸菩薩は、一切の仏法、真言門及び一切の顕大乗《けんだいじよう》を包括す。かくの如き等の大菩薩衆が恭敬《くぎよう》し囲遶《いによう》し、八供養《はつくよう》及び四門《しもん》の菩薩等、以て如来の三昧《さんまい》の眷属《けんぞく》を表わす。

右のように注解するところの八大菩薩は、三種類の法を摂《おさ》める。いうところの、さとりを求める心〔菩提心〕、大いなるあわれみ〔大悲〕、救済の手だて〔方便〕、がこれである。右のように注解するところのもろもろの菩薩は、すべての仏の教え、真言の門戸およびすべての顕教の大乗仏教を包みこむ。このような偉大な菩薩たちがうやうやしく敬まい、とりかこみ、八供養の菩薩および四門の菩薩たちは、如来の瞑想の境地における随伴者たることを表わしている。

三種法　『大日経』住心品（本書三〇頁）の「菩提心を因とし、大悲を根とし、方便を究竟とす」という、いわゆる三句法門をいう。

八供養　金剛界三十七尊曼荼羅における内の四供養（金剛嬉・金剛鬘・金剛歌・金剛舞の四菩薩）と、外の四供養（金剛香・金剛華・金剛燈・金剛塗の四菩薩）の八供養菩薩。

四門菩薩　四摂菩薩ともいう。金剛界三十七尊のうちの金剛鉤・金剛索・金剛鎖・金剛鈴の四菩薩。

経云、而為説法。初中後善者、所説何法。諸大菩薩般若理趣。初善者、一切如来身密、一切契印身威儀也。中善者、一切如来語密、真言陀羅尼、法王教勅、不可違越也。後善者、本尊瑜伽、一切三摩地、無量智、解脱也。又一釈。初善者、増上戒学、中善者、増上心学、後善者、増上慧学。文義巧妙者、文巧、依声論、詞韻清雅、具六十四種梵音也。義妙者、依二諦、世俗勝義諦也。

経に云わく、「しかも為に法を説きたもう。初中後《しょちゅうこう》、善にして」とは、説くところは何の法ぞや。諸《もろもろ》の大菩薩の般若理趣なり。「初、善」とは、一切如来の身密《しんみつ》、一切の契印《げいいん》、身《しん》の威儀《いぎ》なり。「中、善」とは、一切如来の語密《ごみつ》、真言陀羅尼《しんごんだらに》、法王の教勅《きょうちょく》の違越《いおつ》すべからざるなり。「後、善」とは、本尊の瑜伽《ゆが》、一切の三摩地《さんまじ》、無量智《むりょうち》、解脱《げだつ》なり。

また、一の釈あり。「初、善」とは、増上戒学《ぞうじょうかいがく》、「中、善」とは、増上心学《ぞうじょうしんがく》、「後、善」とは、増上慧学《ぞうじょうえがく》。「文義巧妙《もんぎぎょうみょう》」とは、「文巧」は、声論《こえろん》に依らば、詞韻清雅《しいんせいが》にして、六十四種の梵音《ぼんのん》を具すなり。「義妙」とは、二諦《にたい》、世俗・勝義諦《しょうぎたい》に依るなり。

経典にいう「しかも為に云々」とは、説くところのものは、どのような真理の教えであるか。多くの偉大な菩薩のさとりの智慧のことわりである。「初、善」とは、すべての如来の身体の秘密のはたらき、すべての手指の組み合わせ〔契印〕、身体のふるまいである。「中、善」とは、すべての如来の言葉の秘密のはたらき、真言陀羅尼、真理の王である仏の教えを逸脱してはならないということである。「後、善」とは、本尊の瞑想の境地、すべての瞑想、量り知れない智慧、解脱《さとり》である。

もう一つの注解がある。「初、善」とは、戒に関する実践〔増上戒学〕、「中、善」とは、心に関する実践〔増上心学〕、「後、善」とは、智慧に関する実践〔増上慧学〕のことである。「文義巧妙」とは、「文巧」とは、インドの文法論によると、言葉の音韻が清く雅《みやび》やかであって、六十四種類のサンスクリット音を具《そな》えていることである。「義妙」とは二つの真理、すなわち世俗的な真理〔世俗諦〕、最高の真理〔勝義諦〕にもとづくということである。

六十四種梵音 仏の特徴を表わす六十四種の不可思議な音声。おそらくは古代インドにおける六十四種の文字が『方広大荘厳経』巻第四〔大正三・五五九下〕などに説かれるのにもとづくものか。

純一者、表如来瑜伽不与三乗同共教。故唯如来究竟内証、不共仏法、法園楽智。円満者、由如上智能断三界九地見道修道一切煩悩及習気、断二種障、二種資糧円満也。清浄者、表離垢清浄。由瑜伽法、一念浄心相応。便証真如実際、不捨大悲、於浄穢土、受用身変化身成仏。経云、潔白者、清浄法界本来不染、与無量雑染、覆蔽異生無明住地、其性亦不減。預聖流証仏地、其性亦不増加。

「純一」とは、如来の瑜伽《ゆが》は三乗と同共《どうぐ》の教ならざることを表わす。故に、唯だ如来の究竟《くきょう》の内証《ないしょう》は、不共仏法《ふぐうぶっぽう》、法園楽智《ほうおんらくち》なり。「円満」とは、如上の智によって、よく三界《さんがい》、九地《くじ》、見道《けんどう》、修道《しゅどう》、一切の煩悩及び習気《じっけ》を断ち、二種の障《しょう》を断ちて、二種の資糧、円満なり。「清《しょう》浄《じょう》」とは、離垢《りく》の清浄を表わす。瑜伽法によって、一念の浄心《じょうしん》相応す。すなわち真如《しんによ》・実際を証し、大悲《だいひ》を捨てず、浄穢土《じょうえど》に於いて、受用身《じゅゆうしん》・変化身《へんげしん》、成仏《じょうぶつ》す。経に云わく、「潔白《けっぱく》」とは、清浄の法界《ほっかい》は本来は不染《ふぜん》なるも、無量の雑染《ぞうぜん》の与《ため》に、異生《いしょう》の無明《むみょう》の住地《じゅうじ》を覆蔽《ふくへい》して、その性《しょう》また滅ぜず。聖流《しょうる》に預《あずか》り仏地《ぶつじ》を証して、その性《しょう》また増加せず。

「純一」とは、如来の瞑想の境地（の教え）は、教えを聞いてさとる者（声聞《しょうもん》）、独自にさとる者（縁覚《えんかく》）、ならびに菩薩と、同一にして共通の教えではないことを表わす。だから、ただ如来の究極の内なるさとりは、仏にのみある特質であり、真理の園《その》に遊ぶ楽しみの智慧である。

「円満」とは、以上のような智慧によって、よく、このすべての世界、菩薩の九つの修行段階、見道・修道とよばれる修行の階位、すべての煩悩、および煩悩によって印象づけられた残り気〔習気〕を断ち、さとりの世界に到るのをさまたげる惑いと、さとりをさまたげる迷いを断って、二種類の修行のもととなるたすけをまどかに満たすことである。

「清浄」とは、汚れを離れた清らかさを表わす。瞑想法によって、一瞬の清らかな心が相応する。すなわち、絶対真理、存在の究極のすがたをさとり、大いなるあわれみを捨てず、仏国土の浄土と現世の穢土《えど》において、受用身・変化身としてさとりを得る。

経典に「潔白」というのは、清らかな真理の世界はもともと汚れに染まらないものであるが、量り知れない汚染のために、迷えるなみの者の根源的無知のありかを覆いかくして、その本性はまた減少することがない。聖者の流れにあずかり仏の位を得て、その本性はまた増加することもない。

不共仏法 不共法ともいう。仏または菩薩のみが有する特質。十八不共法が一般に知られる。十力（処非処智力・業異熟智力・静慮解脱等持等至智力・根上下智力・種種勝解智力・種種界智力・遍趣行智力・宿住随念智力・死生智力・漏尽智力）・四無畏（正等覚無畏・漏永尽無畏・説障法無畏・説出道無畏）・三念住（第一念住・第二念住・第三念住）・大悲を合わせたもの。

法園楽智 法園は法の園で、仏国土・浄土。一本、法円楽智はよくない。

三界 欲望世界（欲界）・物質世界（色界）・精神世界（無色界）。

九地 菩薩の十種の修行階位（十地）のうちの初地（歓喜地）から第九地（善慧地）まで。

見道 苦・集《じゅう》・滅・道の四つの真理を観察する段階で、聖者の仲間に入った段階。

修道 見道を修めたのち、見道で得た真理を繰り返して見る段階。見道・修道に無学道を合わせて三道という。

二種障 二障ともいう。煩悩障と所知障のことで、煩悩障は煩悩という、さとりへの障害。所知障は知られるべきもの、すなわち認識対象に執われるときの障害。

二種資糧 福徳資糧（布施・持戒など）と智慧資糧（さとりの智慧を修めること）の二つ。

受用身変化身 受用身は三三二頁注参照。

異生 さまざまの異なった迷いの世界（地獄・餓鬼・畜生・修羅・人・天）に生まれるので、この名がある。凡夫のこと。

預聖流 聖者の流れに入ることで、聖道の最初の成果である預流果《よるか》のことをいう。

〔二〕大楽不空金剛薩埵の初集会

経云、説一切法清浄句門者、為修瑜伽行者、於生死流転不染故、広作利楽有情事故、速証無量三摩地解脱智慧故、速集広大福徳資糧故、超越一切魔羅毘那夜迦衆。速疾得世出世間勝願満足故、説如来大悲。愍念最上乗種性者、説十七種清浄瑜伽三摩地。是故、諸契経、説三界唯心、由心清浄有情清浄、由心雑染有情雑染。又説有情界是菩薩浄妙仏国土、由修得十七清浄句門是也。

経に云わく、「一切法の清浄句門《しょうじょうくもん》を説きたもう」とは、為《も》し瑜伽行《ゆがぎょう》を修する者は、生死流転《しょうじるてん》に於いて不染《ふぜん》の故に、広く有情《うじょう》を利楽《りらく》する事を作《な》すが故に、速やかに無量の三摩地《さんまじ》、解脱《げだつ》智慧《ちえ》を証するが故に、速やかに広大なる福徳の資糧を集むるが故に、一切の魔羅《まら》、毘那夜迦《びなやか》衆《しゅ》を超越《ちょうおつ》す。速疾《そくしつ》に世出世間《せしゅつせけん》の勝願《しょうがん》の満足を得るが故に、如来の大悲《だいひ》を説く。最上乗の種性《しゅしょう》を愍念《みんねん》する者は、十七種の清浄の瑜伽三摩地《ゆがさんまじ》を説く。この故に、諸《もろもろ》の契経《かいきょう》は、三界唯心《さんがいゆいしん》を説き、心の清浄によって有情は清浄、心の雑染《ぞうぜん》によって有情は雑染なり。また、有情界はこれ菩薩の浄妙《じょうみょう》の仏国土なりと説く。十七清浄句門を修得することによるが、これなり。

経典にいう「一切法の云々」とは、瞑想の実践を修める者は、迷いの世界に染まることがないから、広く生きとし生けるものを利益し安楽にするから、速やかに量り知れない瞑想、解脱《さとり》についての明らかな智慧を得るから、速やかに広大な善き行ないとそれによって得る福利を生ずるたすけとなる素材を集めるから、すべての魔羅、毘那夜迦たちを超越する。速やかに世間と世間を越える世界に対する勝れた願いを満たすことができるから、如来の大いなるあわれみを説きたもうということである。最上の教えをいただく同族の者たちをあわれみ思う者は、十七種類の清らかな瞑想世界のことを説きたもう。だから、さまざまな経典は、この全世界はただ心の現われにすぎないこと〔三界唯心〕を説き、心の清らかさによって、生きとし生けるものは清らかとなり、心の汚染によって生きとし生けるものは汚れに染まる。また、生けるものの世界は菩薩の清らかで妙《たえ》なる仏国土であると説く。「十七清浄句」の部門を修め得ることによるのが、このことである。

解脱智慧　解脱に対する智慧。煩悩を解脱するための智慧のはたらき。

魔羅　サンスクリット語のマーラの音写。悪魔、魔のこと。

毘那夜迦衆　毘那夜迦はサンスクリット語のヴィナーヤカの音写で、鬼神の一種。

三界唯心　三界唯一心ともいう。この世界のすべては唯一なる心より展開したもの、つまり全現象界は人の心から現われたものという。『華厳経』には、この道理を直観すべきことが説かれている。

十七清浄句　『理趣経』初段で説く十七種の清浄という句。

経云、所謂妙適清浄句是菩薩位者、妙適者、即梵音蘇囉多也。蘇囉多者、如世間那羅那哩娯楽。金剛薩埵亦是蘇囉多。以無縁大悲、遍縁無尽衆生界、願得安楽利益。心曾無休息、自他平等無二故、名蘇囉多耳。由修金剛薩埵瑜伽三摩地、得妙適清浄句。是故獲得普賢菩薩位。欲箭清浄句是菩薩位者、由修欲金剛瑜伽三摩地、得欲箭清浄句。是故獲得欲金剛菩薩位。触清浄句是菩薩位者、由修金剛髻離吉羅瑜伽三摩地、得触清浄句。是故獲得金剛髻離吉羅菩薩位。愛縛清浄句是菩薩位者、由修愛縛金剛瑜伽三摩地、得愛縛清浄句。是故獲得愛金剛菩薩位。一切自在主清浄句是菩薩位者、由修金剛傲瑜伽三摩地、得一切自在主清浄句。是故獲得金剛傲菩薩位。見清浄句是菩薩位者、由修意生金剛瑜伽三摩地、得見清浄句。是故獲得意生金剛菩薩位。適悦清浄句是菩薩位者、由修適悦金剛瑜伽三摩地、得適悦清浄句。是故獲得適悦金剛菩薩位。愛清浄句是菩薩位者、由修貪金剛瑜伽三摩地、得愛清浄句。是故獲得貪金剛菩薩位。

経に云わく、「いわゆる妙適清浄《みょうてきしょうじょう》の句、これ菩薩の位なり」とは、「妙適」は、すなわち梵音《ぼんのん》の蘇囉多《そらた》なり。蘇囉多は、世間の那羅那哩《ならなり》の娯楽の如し。金剛薩埵《こんごうさった》もまたこれ蘇囉多なり。無縁の大悲を以て、遍《あまね》く無尽の衆生界を縁じ、安楽利益《りやく》を得んことを願う。心、曾《かつ》て休《く》息《そく》することなく、自他平等無二《むに》の故に、蘇囉多と名づくるのみ。金剛薩埵の瑜伽三摩地を修することによって、「妙適清浄の句」を得。この故に、普賢《ふげん》菩薩の位を獲得《ぎゃくとく》す。

「欲箭《よくせん》清浄の句、これ菩薩の位なり」とは、欲金剛の瑜伽三摩地を修することによって、

「欲箭清浄の句」を得。この故に、欲金剛菩薩の位を獲得す。

「触《そく》清浄の句、これ菩薩の位なり」とは、金剛髻離吉羅《けいりきら》の瑜伽三摩地を修することによって、「触清浄の句」を得。この故に、金剛髻離吉羅菩薩の位を獲得す。

「愛縛《あいばく》清浄の句は、これ菩薩の位なり」とは、愛縛金剛の瑜伽三摩地を修することによって、「愛縛清浄の句」を得。この故に、愛金剛菩薩の位を獲得す。

「一切自在主《じざいしゅ》清浄の句、これ菩薩の位なり」とは、金剛傲《ごう》の瑜伽三摩地を修することによって、「一切自在主清浄の句」を得。この故に、金剛傲菩薩の位を獲得す。

「見《けん》清浄の句、これ菩薩の位なり」とは、意生《いしょう》金剛の瑜伽三摩地を修することによって、「見清浄の句」を得。この故に、意生金剛菩薩の位を獲得す。

「適悦《てきえつ》清浄の句、これ菩薩の位なり」とは、適悦金剛の瑜伽三摩地を修することによって、「適悦清浄の句」を得。この故に、適悦金剛菩薩の位を獲得す。

「愛清浄の句、これ菩薩の位なり」とは、貪《とん》金剛の瑜伽三摩地を修することによって、「愛清浄の句」を得。この故に、貪金剛菩薩の位を獲得す。


経典にいう「いわゆる妙適清浄の句、これ菩薩の位なり」とは、妙適はつまりサンスクリット語音の蘇囉多である。蘇囉多は世間でいう那羅那哩の楽しみのようなものである。金剛薩埵もまた、これは蘇囉多である。無条件の大いなるあわれみをもって、ひろく限りない生きとし生けるものの世界を対象にして、安楽と利益が得られることを願われている。（したがって）仏の心はいまだかつて休むことがなく、仏みずからと他のすべての生きとし生けるものが平等でわけへだてがないから、（比喩的に）蘇囉多と名づけるだけのことである。金剛薩埵の瞑想の境地を修めることによって、「妙適清浄の句」を得る。これによって、善賢菩薩の位を得る。

「欲箭清浄の句云々」とは、欲金剛の瞑想の境地を修めることによって、「欲箭清浄の句」を得るということである。これによって欲金剛菩薩の位を得る。

「触清浄の句云々」とは、金剛髻離吉羅菩薩の瞑想の境地を修めることによって、「触清浄の句」を得るということである。これによって金剛髻離吉羅菩薩の位を得る。

「愛縛清浄の句云々」とは、愛縛金剛の瞑想の境地を修めることによって、「愛縛清浄の句」を得るということである。これによって愛金剛菩薩の位を得る。

「一切自在主清浄の句云々」とは、金剛傲菩薩の瞑想の境地を修めることによって、「一切自在主清浄の句」を得るということである。これによって金剛傲菩薩の位を得る。

「見清浄の句云々」とは、意生金剛菩薩の瞑想の境地を修めることによって、「見清浄の句」を得るということである。これによって意生金剛菩薩の位を得る。

「適悦清浄の句云々」とは、適悦金剛菩薩の瞑想の境地を修めることによって、「適悦清浄の句」を得るということである。これによって、適悦金剛菩薩の位を得る。

「愛清浄の句云々」とは、貪金剛菩薩の瞑想の境地を修めることによって、「愛清浄の句」を得るということである。これによって、貪金剛菩薩の位を得る。

蘇囉多 サンスクリット語のスラタの音写。漢訳の妙適は妙《たえ》なる適合の意。性交のこと。

那羅那哩娯楽 那羅那哩はサンスクリット語のナラナリーの音写。ナラは男、ナリーは女。娯楽は男女の遊び、たわむれであるが、ここでは男女の合体、すなわち性交をいう。

獲得普賢菩薩位 普賢菩薩は、密教では金剛薩埵と同体とされる。

金剛髻離吉羅菩薩 五秘密菩薩の一つ。触金剛・金剛喜悦ともいう。髻離吉羅はサンスクリット語のケーリキラの音写。ケーリは遊戯・たわむれ、キラは遊ぶこと。

慢清浄句是菩薩位者、由修金剛慢瑜伽三摩地、得慢清浄句。是故獲得金剛慢菩薩位。荘厳清浄句是菩薩位者、由修春金剛瑜伽三摩地、得荘厳清浄句。是故獲得春金剛菩薩位。意滋沢清浄句是菩薩位者、由修雲金剛瑜伽三摩地、得意滋沢清浄句。亦云喜悦清浄句。是故獲得雲金剛菩薩位。

「慢清浄の句、これ菩薩の位なり」とは、金剛慢の瑜伽三摩地を修することによって、「慢清浄の句」を得。この故に、金剛慢菩薩の位を獲得す。

「荘厳清浄の句、これ菩薩の位なり」とは、春金剛の瑜伽三摩地を修することによって、「荘厳清浄の句」を得。この故に、春金剛菩薩の位を獲得す。

「意《い》滋《し》沢《たく》清浄の句、これ菩薩の位なり」とは、雲金剛の瑜伽三摩地を修することによって、「意滋沢清浄の句」を得。また云う、「喜悦清浄の句」。この故に、雲金剛菩薩の位を獲得す。

「慢清浄の句云々」とは、金剛慢菩薩の瞑想の境地を修めることによって、「慢清浄の句」を得るということである。これによって金剛慢菩薩の位を得る。

「荘厳清浄の句云々」とは、春金剛菩薩の瞑想の境地を修めることによって、「荘厳清浄の句」を得るということである。これによって春金剛菩薩の位を得る。

「意滋沢清浄の句云々」とは、雲金剛菩薩の瞑想の境地を修めることによって、「意滋沢清浄の句」を得るということである。また「喜悦清浄の句」（を得る）という。これによって雲金剛菩薩の位を得る。

光明清浄句是菩薩位者、由修秋金剛瑜伽三摩地、得光明清浄句。是故獲得秋金剛菩薩位。身楽清浄句是菩薩位者、由修冬金剛瑜伽三摩地、得身楽清浄句。是故獲得冬金剛菩薩位。

「光明清浄の句、これ菩薩の位なり」とは、秋金剛の瑜伽三摩地を修することによって、「光明清浄の句」を得。この故に、秋金剛菩薩の位を獲得す。

「身楽清浄の句、これ菩薩の位なり」とは、冬金剛の瑜伽三摩地を修することによって、「身楽清浄の句」を得。この故に、冬金剛菩薩の位を獲得す。

「光明清浄の句云々」とは、秋金剛菩薩の瞑想の境地を修めることによって、「光明清浄の句」を得ることである。これによって秋金剛菩薩の位を得る。

「身楽清浄の句云々」とは、冬金剛菩薩の瞑想の境地を修めることによって、「身楽清浄の句」を得ることである。これによって、冬金剛菩薩の位を得る。


色清浄句是菩薩位者、由修色金剛瑜伽三摩地、得色清浄句。是故獲得色金剛菩薩位。声清浄句是菩薩位者、由修声金剛瑜伽三摩地、得声清浄句。是故獲得声金剛菩薩位。香清浄句是菩薩位者、由修香金剛瑜伽三摩地、得香清浄句。是故獲得香金剛菩薩位。味清浄句是菩薩位者、由修味金剛瑜伽三摩地、得味清浄句。是故獲得味金剛菩薩位。


「色《しき》清浄の句、これ菩薩の位なり」とは、色金剛の瑜伽三摩地を修することによって、「色清浄の句」を得。この故に、色金剛菩薩の位を獲得す。

「声《しょう》清浄の句、これ菩薩の位なり」とは、声金剛の瑜伽三摩地を修することによって、「声清浄の句」を得。この故に、声金剛菩薩の位を獲得す。

「香清浄の句、これ菩薩の位なり」とは、香金剛の瑜伽三摩地を修することによって、「香清浄の句」を得。この故に、香金剛菩薩の位を獲得す。

「味清浄の句、これ菩薩の位なり」とは、味金剛の瑜伽三摩地を修することによって、「味清浄の句」を得。この故に、味金剛菩薩の位を獲得す。

「色清浄の句云々」とは、色金剛菩薩の瞑想の境地を修めることによって、「色清浄の句」を得ることである。これによって色金剛菩薩の位を得る。

「声清浄の句云々」とは、声金剛菩薩の瞑想の境地を修めることによって、「声清浄の句」を得ることである。これによって声金剛菩薩の位を得る。

「香清浄の句云々」とは、香金剛菩薩の瞑想の境地を修めることによって、「香清浄の句」を得ることである。これによって香金剛菩薩の位を得る。

「味清浄の句云々」とは、味金剛菩薩の瞑想の境地を修めることによって、「味清浄の句」を得ることである。これによって、味金剛菩薩の位を得る。

何以故。一切法自性清浄故、般若波羅蜜多清浄者、雖一切法本来清浄、由有客塵煩悩習気、覆蔽身心輪廻六趣。由獲得瑜伽理趣四種智印、所謂大智印、三昧耶智印、法智印、羯磨智印、如前菩薩一一具四種印、相応方得離垢清浄。便証普賢大菩薩位。設使因縁不具不得四智印、如経所説一聞於耳、獲得勝福決定不異、疾証無上正等菩提、以為正因。

「何を以ての故に。一切の法は自性清浄《じしょうしょうじょう》なるが故に、般若波羅蜜多《はんにゃはらみった》も清浄なり」とは、一切の法は本来、清浄なりと雖《いえど》も、客塵煩悩《かくじんぼんのう》の習気《じっけ》あるによって、身心《しんじん》を覆蔽《ふくへい》して六趣を輪廻《りんね》す。瑜伽理趣の四種智印《ししゅちいん》、いわゆる大智印・三昧耶《さんまや》智印・法智印・羯磨《かつま》智印を獲得《ぎゃくとく》することによって、前の菩薩の如く一々、四種印を具し、相応してまさに離垢《りく》清浄を得《う》。すなわち普《ふ》賢《げん》大菩薩の位を証す。設使《たと》い因縁《いんねん》具せずして四智印を得ずとも、経の所説の如く一《ひと》たび耳に聞かば、勝福《しょうふく》を獲得して決定《けつじょう》して異ならず、疾《すみ》やかに無上正等菩提《むじょうしょうとうぼだい》を証し、以て正因《しょういん》となす。

「何を以ての故に云々」とは、すべての存在するところのものは、もともと清らかではあっても、偶発的な煩悩の残り気があることによって、身体と心を覆いかくして六つの迷いの世界をへめぐる。瞑想のことわりの四種類の智慧のしるし、いうところの大智印・三昧耶智印・法智印・羯磨智印を得ることによって、前の菩薩のように、それぞれ四種類のしるしを具え、相応じてまさしく汚れを離れた清らかさを得る。すなわち普賢大菩薩の位を得るのである。たとえ条件がそろわなくて四つの智慧のしるしを得なくても、経典に説くところのとおりに、ひとたび耳に聞くならば、勝れた福徳を得て、決定的に相違することなく、早く無上の正しい完全なさとりを得る。以上のようなことをもって、(さとりを得ることとの)直接の原因とする。

客塵煩悩　客塵は心の本性に関係のない偶発的な汚れで、煩悩などをさす。

六趣　六つの迷いの者がおもむくところ。地獄・餓鬼・畜生・阿修羅・人間・天(神)。

四種智印　四智印ともいう。それぞれ大曼荼羅・三昧耶曼荼羅・法曼荼羅・羯磨曼荼羅に当る。

四種印　前掲四種智印のこと。

金剛手、若有聞此清浄出生句般若理趣、乃至菩提道場、一切蓋障及煩悩障法障業障、設広積集必不堕於地獄等趣、設作重罪消滅不難。若能受持日日読誦作意思惟、即於現生証一切法平等金剛三摩地、於一切法皆得自在、受於無量適悦歓喜、以十六大菩薩生獲得如来及執金剛位者、毘盧遮那仏在大衆中、為未来有情修瑜伽者、対諸十地菩薩、説受持読誦具修行福利。速滅無始時来無量諸重業障、乃至、尽未来際、以悲愍広大願力、周遊六趣利楽有情。由聞及修、不染不受諸不善異熟業、獲得世間出世間殊勝悉地。即於十六大生、作金剛薩埵菩薩等乃至金剛拳菩薩、最後身便成毘盧遮那身也。

「金剛手《こんごうしゅ》よ、もしこの清浄出生《しょうじょうしゅっしょう》の句の般若理趣を聞くことあらば、乃《いま》し菩提道場に至るまで、一切の蓋障《がいしょう》及び煩悩障《ぼんのうしょう》・法障《ほっしょう》・業障《ごっしょう》、設《たと》い積習《しゃくじゅう》するも必ず地獄等の趣《しゅ》に堕せず。設《たと》い重罪を作《な》すとも消滅せんこと難《かた》からず。もしよく受持《じゅじ》して日々《にちにち》に読誦《どくじゅ》し作意思惟《さいしゆい》せば、すなわち現生《げんじょう》に於いて一切法平等の金剛の三摩地《さんまじ》を証して、一切の法に於いて、皆、自在を得、無量の適悦歓喜《てきえつかんぎ》を受け、十六大菩薩生《しょう》を以て如来と及び執金剛《しゅうこんごう》との位を獲得《ぎゃくとく》すべし」とは、毘盧遮那仏《びるしゃなぶつ》は大衆《だいしゅ》中に在《まし》まして、未来の有情《うじょう》の為に瑜伽《ゆが》を修する者、諸《もろもろ》の十地《じゅうじ》の菩薩に対して、受持し読誦して、修行の福利を具することを説きたもう。速やかに無始《むし》より時来《このかた》の無量の諸《もろもろ》の重業障《じゅうごっしょう》を滅す、乃至《ないし》、未来際《みらいさい》を尽すまで、悲愍《ひみん》、広大の願力《がんりき》を以て、六趣を周遊して有情《うじょう》を利楽《りらく》す。聞《もん》及び修《しゅ》によって、不染《ふぜん》にして、諸《もろもろ》の不善、異熟《いじゅく》の業《ごう》を受けず、世間出世間《しゅつせけん》の殊勝の悉地《しつじ》を獲得す。すなわち十六大生《しょう》に於いて、金剛薩埵《さった》菩薩等乃至金剛拳《けん》菩薩と作《な》り、最後身はすなわち毘盧遮那《びるしゃな》身《しん》と成るなり。

「金剛手よ云々」とは、大日如来は多勢の者たちのなかにおわしまして、未来の生きとし生けるもののために密教の瞑想を修める者や、さまざまな十地の菩薩に対して、本経を受けて忘れぬようにし、読みあげて、さらには修行をして福徳と利益とが得られることを説きたもう。そして、たちどころに始めも分からぬほどの遠い過去から犯してきた量り知れないほどのさまざまな重い悪業のさわりを消滅させる、中略、永劫の未来まで、あわれみと人びとを救うという広大な願いとをもって、六つの迷いの世界をへめぐって生きとし生けるものを利益し安楽にする。教えを聞き、実践修行することによって、煩悩にけがされず、さまざまな善からざること、行為の結果をもたらすはたらきを受けることがなく、世間と世間を超出した世界とのきわめて勝れた完成の境地（効験）を得る。すなわち十六の大菩薩に代表される十六の生の段階（金剛界曼荼羅における十六大菩薩の世界）において、金剛薩埵菩薩など、中略、金剛拳菩薩となり、最後の仏身は大日如来の身体となるのである。

十地菩薩　菩薩の修行すべき五十二の段階のうちで、第四十一位から第五十位までの聖位の段階にある者をいう。十地は三〇三頁注参照。

六趣　三五〇頁注参照。

十六大生　十六大菩薩生の略。十六大菩薩は、金剛界曼荼羅三十七尊のうちの十六大菩薩。三一九頁注参照。この十六大菩薩によって代表される十六の生の段階。また、これらの菩薩の功徳を一身に生ずることをいう。

時婆伽梵、一切如来大乗現証三昧耶一切曼荼羅持金剛勝薩埵、於三界中調伏無余、一切義成就金剛手菩薩摩訶薩、為欲顕明此義故、熙怡微笑、左手作金剛慢印、右手抽擲本初大金剛、作勇進勢、説大楽金剛不空三昧耶心者、婆伽梵義如前所釈。一切如来、大曼荼羅中五方仏也。大乗有七義。一者法大、二者心大、三者勝解大、四者意楽大、五者資糧大、六者時大、七者究竟大。由諸菩薩承此大乗、証得無上正等菩提。現証者、瑜伽師所証三摩地境也。三昧耶者、名為本誓。亦名時、亦名期契、亦為曼荼羅之異名。一切曼荼羅者、於本部四種曼荼羅、一大曼荼羅、二三昧耶曼荼羅、三法曼荼羅、四羯磨曼荼羅、以此四種曼荼羅、摂瑜伽一切曼荼羅。金剛勝薩埵者、金剛義菩提心是也。勝謂最勝、薩埵名勇猛。於三界中調伏者、三界謂欲界色界無色界。於中能調伏摩醯首羅等諸天難調伏者、令得受化無余。一切義成就者、普賢菩薩異名也。金剛手菩薩摩訶薩者、此菩薩本是普賢、従毘盧遮那仏二手掌、親受五智金剛杵、即与灌頂。名之為金剛手。菩薩摩訶薩者、如前所釈。

「時に婆伽梵《ばがぼん》は、一切如来の大乗現証三昧耶《だいじょうげんしょうさんまや》の一切曼荼羅の持金剛《じこんごう》の勝《すぐ》れし薩埵にして、三界《さんがい》の中に於いて調伏《じょうぶく》して余りなく、一切の義を成就したもう。金剛手《こんごうしゅ》菩薩摩訶薩《まかさつ》は、重ねてこの義を顕明《けんみょう》せんと欲《ねが》うが為の故に、熙怡微笑《きいみしょう》して左手に金剛慢の印を作《な》し、右手に本初《ほんしょ》の大金剛を抽擲《ちゅうちゃく》して勇進の勢いを作《な》し、大楽《だいらく》金剛不《ふ》空《くう》三昧耶《さんまや》の心を説きたもう」とは、「婆伽梵」の義は前に釈するところの如し。「一切如来」とは、大曼荼羅中の五方仏なり。「大乗」に七義あり。一には法大、二には心大、三には勝解《しょうげ》大、四には意楽《いぎょう》大、五には資糧大、六には時大、七には究竟《くきょう》大なり。諸《もろもろ》の菩薩はこの大乗を承くることによって、無上正等《しょうとう》菩提を証得す。「現証」とは、瑜伽《ゆが》師《し》の証するところの三摩《さんま》地《じ》の境なり。「三昧耶」とは、名づけて本誓《ほんぜい》となす。また時と名づけ、また期契《きけい》と名づけ、また曼荼羅の異名となす。「一切曼荼羅」とは、本部の四種曼荼羅、一に大曼荼羅、二に三昧耶曼荼羅、三に法曼荼羅、四に羯《かつ》磨《ま》曼荼羅に於いて、この四種曼荼羅を以て、瑜伽の一切の曼荼羅を摂《しょう》す。「金剛の勝れし薩埵」とは、金剛の義は菩提心、これなり。「勝」は最勝をいい、「薩埵《さった》」は勇猛《ゆうみょう》に名づく。「三界の中に於いて調伏《じょうぶく》し」とは、三界は欲界《よくかい》・色界《しきかい》・無《む》色界《しきかい》をいう。中に於いてよく摩醯《まけい》首羅《しゅら》等の諸天の調伏《じょうぶく》し難き者を調伏し、無余を受化《じゅけ》することを得しむ。「一切の義を成就したもう」とは、普賢《ふげん》菩薩の異名なり。「金剛手菩薩摩訶薩」とは、この菩薩は本《もと》これ普賢にして、毘盧遮那《びるしゃな》仏の二手の掌より親《まのあた》り五智金剛杵《しょ》を受け、すなわち灌頂《かんじょう》を与う。これを名づけて金剛手となす。「菩薩摩訶薩」は前に釈するところの如し。

「時に婆伽梵は云々」とあるが、そのうちの「婆伽梵」の意味は、前に注解したとおりである。「一切如来」とは、大曼荼羅のなかの五仏である。「大乗」には、七つの意味がある。一つには真理の教えが大である意、二つには心が大である意、三つには勝れた了解が大であること、四つには心の願いが大であること、五つには修行のもととなるたすけが大であること、六つには（真理の教えを説く）時が大であること、七つには究極的なものが大であることである。さまざまな菩薩は、この大乗の教えを謹んで受けることによって、無上の正しい完全な菩提《さとり》をさとり得る。「現証」とは、瞑想をする者が得るところの瞑想の世界の境界である。「三昧耶」とは、（仏菩薩の）もとの誓いに名づける。また、「三昧耶」を時とも名づけ、また期契《きけい》とも名づけ、また曼荼羅の別名のことでもある。「一切曼荼羅」とは、もとの部類の四種の曼荼羅、すなわち一つには大曼荼羅、二つには三昧耶曼荼羅、三つには法曼荼羅、四つには羯磨曼荼羅において、この四種類の曼荼羅によって瞑想の世界を表現するすべての曼荼羅を摂《おさ》める。「金剛の勝れし薩埵」とは、金剛の意味は、さとりを求める心（を形容したもの）が、これである。「勝」とは最も勝れていること、「薩埵」とは勇ましく猛《たけ》き者に名づける。「三界の中に於いて調伏し」とは、三界は欲望の世界・物質の世界・精神の世界をいう。（三界の）なかで、よく摩醯首羅などの神がみのような制し伏しがたい者を制し伏し、余りなきすべてを導き救う。「一切の義を成就したもう」とは、普賢菩薩の異名である。「金剛手菩薩摩訶薩」とは、この菩薩はもとは普賢菩薩なのであって、毘盧遮那仏の二つの手のひらより親しく五つの智慧を象徴する金剛杵を受けて、つまり頭頂より水を灌《そそ》ぐ灌頂の儀式を行なう。この菩薩を金剛杵を手にする者と名づける。「菩薩摩訶薩」は、前に注解したとおりである。

大乗現証三昧耶　秘密の教えを実践修行して、現に真理の智慧を開顕し証《あか》すことをもとの誓い（本誓）とすること。この場合の三昧耶は本誓を意味する。

大楽金剛不空三昧耶　大いなる安楽が金剛のように堅固不壊で空しからず、真実であることをもとの誓い（本誓）とすること。

七義　大乗の大にこの七つの意味があるとする出典は不詳。

三昧耶　サンスクリット語サマヤの音写。下にいう「期契」は、もとの誓い（本誓）と同義か。

四種曼荼羅　以下にいう大曼荼羅・三昧耶曼荼羅・法曼荼羅・羯磨曼荼羅のこと。普通、曼荼羅といえば、絵画的な表現をとったものをさすが、大曼荼羅は諸尊の形像を描いたもの、三昧耶曼荼羅は諸尊の印契や持物で象徴したもの、法曼荼羅は諸尊の種子や真言で表わしたもの、羯磨曼荼羅は諸尊の動作などを表わしたものをいう。

摩醯首羅　サンスクリット語マヘーシュヴァラの音写。訳、大自在天。シヴァ神をいう。ヒンドゥー教の最高神の一。

五智金剛杵　両尖端が五つに分かれた金剛杵で、いわゆる五鈷杵。五つの股はそれぞれ大日如来の法界体性智、阿閦《あしゅく》如来の大円鏡智、宝生如来の平等性智、無量寿如来の妙観察智、不空成就如来の成所作智の如来の五智を表わすので、これを五智金剛杵という。

為欲重顕明此義故者、所謂顕明大智印幖幟。首戴五仏宝冠、熙怡微笑、左手作金剛慢印、右手抽擲本初大金剛、作勇進勢本初者、本来清浄法界也。左手作金剛慢印者、為降伏左道左行有情、令帰順道。右手抽擲五智金剛杵作勇進勢者、令自他甚深三摩地、順仏道念念昇進、獲得普賢菩薩之地。即説大楽金剛不空三昧耶。

「重ねてこの義を顕明《けんみょう》せんと欲《ねが》うが為の故に」とは、いわゆる大智印《だいちいん》の幖幟《ひょうじ》を顕明し、首《こうべ》に五仏の宝冠を戴く。「熙怡微笑《きいみしょう》して、左手に金剛慢の印を作《な》し、右手に本初《ほんしょ》の大金剛を抽《ちゅう》擲《ちゃく》して、勇進の勢いを作《な》し」とは、本来、清浄《しょうじょう》の法界《ほっかい》なり。「左手に金剛慢の印を作し」とは、左道左行《さどうさぎょう》の有情《うじょう》を降伏《ごうぶく》せんが為に、順道《じゅんどう》に帰せしむ。「右手に五智金剛杵を抽擲《ちゅうちゃく》して勇進の勢いを作し」とは、自他をして甚深《じんじん》の三摩地《さんまじ》にして、仏道に順じ念念に昇進し、普賢《ふげん》菩薩の地《じ》を獲得せしむ。すなわち「大楽金剛不空三昧耶《だいらくこんごうふくうさんまや》」を説く。

「重ねてこの義を云々」とは、いうところの大智印の仏菩薩のしるしを明らかに表わし、頭に五仏の宝冠を戴くのである。「熙怡微笑して云々」とは、もともと清らかな真理の世界のことを説いたものである。「左手に云々」とは、邪しまな道にあって邪しまな道を実践している生きとし生けるものを制圧するために、正しい道に帰するようにさせるのである。「右手に云々」とは、自身と他者とともに、非常に深い瞑想にあって、仏道にしたがい、ひと思いごとに高次元の段階に昇り進み、普賢菩薩の位を得させる。すなわち、大いなる安楽にして堅固不壊《ふえ》の空しからざる、さとりの境界〔三昧耶〕を説くのである。

大智印　大いなる智慧のしるしの意で、諸尊の形像を描いた大曼荼羅のことをいう。

五仏宝冠　大日如来の五智宝冠。宝玉で飾った冠が宝冠で、もと国王の冠であったが、ここでは大日・阿閦《あしゅく》・宝生・無量寿・不空成就の五如来の尊像を配した宝冠。

金剛慢印　本文、慢は曼。親指を内に握って拳をつくり、人差し指の端を親指の節にあてて立てた、いわゆる金剛拳を腰にあてた印。

左道左行有情　邪道の人びとの意。左道は正しい道理に背いた道、邪道に同じ。左行は同じく正しい道理に背いて行くこと。

本誓心真言吽字。吽字者、因義。因義者、謂菩提心為因。即一切如来菩提心。亦是一切如来不共真如妙体、恒沙功徳、皆従此生。此一字具四字義。且賀字以為本体、賀字従阿字生。由阿字一切法本不生故、一切法因不可得。其字中有汚声。汚声者、一切法損減不可得。其字頭上有円点半月。即謂麼字者、一切法我義不可得。我有二種、所謂人我法我、此二種皆是妄情所執。名為増益辺。若離損減増益即契中道。

本誓《ほんぜい》の心真言《しんしんごん》は「吽《うん》」字。吽字は因の義。因の義とは、いわく、菩提心を因となす。すなわち一切如来の菩提心なり。またこれ一切如来の不共《ふぐう》の真如《しんによ》の妙体《みようたい》、恒沙《ごうじゃ》の功徳《くどく》、皆これより生ず。この一字に四字の義を具す。且《しばら》く賀字《かじ》を以て本体となし、賀字は阿字《あじ》より生ず。阿字によって一切の法は本不生《ほんぶしょう》なるが故に、一切の法の因は不可得《ふかとく》なり。その字の中に汚声《うしょう》あり。汚声とは、一切の法の損減不可得なり。その字の頭上に円点の半月あり。すなわちいわく、麼字《まじ》は、一切の法の我《が》の義不可得なり。我に二種あり、いわゆる人我《にんが》・法我《ほうが》にして、この二種は皆これ妄情《もうじょう》の所執《しょしゅう》なり。名づけて増益《ぞうやく》の辺となす。もし損減・増益を離るれば、すなわち中道《ちゅうどう》に契《かな》う。

（すべての者を救済しようという仏の）もとの誓いを表わす心髄の真言は「吽《うん》」字である。吽字は原因を意味する。原因の意味とは、さとりを求める心を原因とするということである。すなわちすべての如来のさとりを求める心（この場合は、さとり、すなわち心）である。またそれはすべての如来の独自の絶対真理の妙《たえ》なる本体、ガンジス河の砂ほどもある無数の功徳は、皆これより生ずる。この一字に四字の意味を具《そな》える。かりに賀《か》字を本体とし、賀字は阿字より生ずる。阿字によってすべての存在するところのものは本来、生起しないものであるから、すべての存在するところのものの原因は、認得することができない。その字のなかに汚《う》音がある。汚音というのは、すべての存在するところのものが損ない減少するのを認得することはできない。その字の上に円《まど》かな点の半月がある。すなわちこの麼字は、すべての存在するものの実体性の意味を認得することはできない。実体性には二種類がある。いうところの個体存在の実体性と存在するものの実体性とである。この二種類は皆これは虚妄の心のはたらきの執着するところである。これを増し加わることの一面と名づける。もしも、損ない減少すること、増し加わることを離れれば、そのまま中道に適《かな》うことになる。

吽字　吽はフーム（hūṃ）の音写。これをh, a, ū, mの四音節に分解して、語義を解釈する。空海『吽字義』（『弘法大師空海全集』第二巻、筑摩書房刊）、三〇一頁以下参照。

菩提心為因　これは『大日経』住心品に見える三句法門（菩提心為因・大悲為根・方便為究竟）の第一句で、さとりを求める心がさとりの原因となる意。本書三〇頁参照。

恒沙　恒は恒河の略で、ガンジス河。ガンジス河の砂は無数のものを喩えるのに用いられる。

此一字具四字義　hūṃ を h, a, u, m と語分解し、四音節（字）の意味をもつ意。

賀字　フ（h）の音写字が賀の意。

阿字　ア（a）の音写字が阿の意。

汚声　ウ（u）の音写字が汚の意。

損減不可得　ウ（u）はウーナ（ūna）の頭文字であるとして、ウーナには損減、すなわち減少の（もの）という意味があるので、あらゆる存在するものには損減を認得できないという意味が汚の声にはあるということ。

其字頭上……　ム（m）の上に鼻音止声の点が付せられて、ム（ṁ）となる意。

麼字　ム（m）の音写字が麼の意。

人我法我　人我は、個人存在としての自我が実在するとみる実体的自我。法我は、存在するものは固定的に実在するとみる実体的存在。これら両者の実在性を否定するのが、大乗および密教の立場である。

中道　釈尊が『初転法輪経』などで説いた中道は、不苦不楽の中道といわれるように、極端な苦行主義と極端な快楽主義とを退けた立場であった。ここでは二つの極端、二つの対立するものを離れた中正の道をいう。ナーガールジュナの『中論《ちゅうろん》』で、縁起《えんぎ》・空《くう》・仮《け》とシノニムとして取りあつかう中道の意味をふまえて、密教の立場における中道が説かれると思われる。

　唵字者、金剛薩埵法智印明也。

　麼字者、欲金剛法智印明也。

　賀字者、金剛悦喜法智印明也。

　蘇字者、愛金剛法智印明也。

　佉字者、慢金剛法智印明也。

嚩字者、意生金剛法智印明也。

日囉字者、金剛髻離吉羅法智印明也。

娑字者、愛金剛法智印明也。

多嚩字者、金剛傲法智印明也。

弱字者、春金剛法智印明也。

吽字者、雲金剛法智印明也。

鑁字者、秋金剛法智印明也。

穀字者、冬金剛法智印明也。

蘇字者、色金剛法智印明也。

囉字者、声金剛法智印明也。

多字者、香金剛法智印明也。

薩多鑁字者、味金剛法智印明也。

唵字《おんじ》は、金剛薩埵《さつた》の法智《ほっち》の印明《いんみょう》なり。

麼《ま》字は、欲金剛の法智の印明なり。

賀《か》字は、金剛悦喜の法智の印明なり。

蘇《そ》字は、愛金剛の法智の印明なり。

佉《か》字は、慢金剛の法智の印明なり。
嚩《ば》字は、意生《いしょう》金剛の法智の印明なり。
日《じ》囉《ら》字は、金剛髻離《けいり》吉羅《きら》の法智の印明なり。
娑《さ》字は、愛金剛の法智の印明なり。
多《た》嚩《ば》字は、金剛傲《ごう》の法智の印明なり。
弱《じゃく》字は、春金剛の法智の印明なり。
吽《うん》字は、雲金剛の法智の印明なり。
鑁《ばん》字は、秋金剛の法智の印明なり。
穀《こく》字は、冬金剛の法智の印明なり。
蘇《そ》字は、色《しき》金剛の法智の印明なり。
囉《ら》字は、声《しょう》金剛の法智の印明なり。
多《た》字は、香金剛の法智の印明なり。
薩《さ》多《と》鑁《ばん》字は、味《み》金剛の法智の印明なり。

唵字は、金剛薩埵が真理を観察する智慧を表わす印契《いんげい》と真言である。
麼字は、欲金剛菩薩が真理を観察する智慧を表わす印契と真言である。
賀字は、金剛悦喜菩薩が真理を観察する智慧を表わす印契と真言である。
蘇字は、愛金剛菩薩が真理を観察する智慧を表わす印契と真言である。

佉字は、慢金剛菩薩が真理を観察する智慧を表わす印契と真言である。

嚩字は、意生金剛菩薩が真理を観察する智慧を表わす印契と真言である。

日囉字は、金剛髻離吉羅菩薩が真理を観察する智慧を表わす印契と真言である。

娑字は、愛金剛菩薩が真理を観察する智慧を表わす印契と真言である。

多嚩字は、金剛傲菩薩が真理を観察する智慧を表わす印契と真言である。

弱字は、春金剛菩薩が真理を観察する智慧を表わす印契と真言である。

吽字は、雲金剛菩薩が真理を観察する智慧を表わす印契と真言である。

鑁字は、秋金剛菩薩が真理を観察する智慧を表わす印契と真言である。

穀字は、冬金剛菩薩が真理を観察する智慧を表わす印契と真言である。

蘇字は、色金剛菩薩が真理を観察する智慧を表わす印契と真言である。

囉字は、声金剛菩薩が真理を観察する智慧を表わす印契と真言である。

多字は、香金剛菩薩が真理を観察する智慧を表わす印契と真言である。

薩多鑁字は、味金剛菩薩が真理を観察する智慧を表わす印契と真言である。

唵字　オーム (oṃ) の字。
麼字　マ (ma) の字。
賀字　ハー (hā) の字。
蘇字　ス (su) の字。

佉字　カ (kha) の字。
嚩字　ヴァ (va) の字。
日囉字　ジュラ (jra) の字。
娑字　サ (sa) の字。

多嚩字 トヴァ（tva）の字。
弱字 ジャフ（jaḥ）の字。
吽字 フーム（hūṃ）の字。
鑁字 ヴァム（vaṃ）の字。
縠字 ホーフ（hoḥ）の字。
蘇字 ス（su）の字。
囉字 ラ（ra）の字。
多字 タ（ta）の字。
薩多鑁 ストゥヴァム（stvaṃ）の字。

＊ 以上は、oṃ mahāsukha-vajra-satva jaḥ hūṃ vaṃ hoḥ suratas tvaṃ. を一音節ずつに語分解したもの。全文の訳は「大楽金剛よ、ジャフ・フーム・ヴァム・ホーフ、妙適（性交の楽しさ）よ、汝に帰依する」。ジャフ・フーム・ヴァム・ホーフは、金剛鉤菩薩・金剛索菩薩・金剛鎖菩薩・金剛鈴菩薩の、いわゆる四摂《ししょう》菩薩の種子（象徴的な字）であり、真言である。なお、薩多鑁をサトヴァム（satvam）と解し、（金剛）薩埵よ、とも解される。

此密言十七字、則為十七菩薩種子、即成法曼荼羅。若画一一菩薩本形、即成大曼荼羅。若画本聖者所執持幖幟、即成三昧耶曼荼羅。如前種子字各書本位、即名法曼荼羅。各鋳本形安於本位、即成羯磨曼荼羅。

この密言《みつごん》の十七字は、すなわち十七菩薩の種子《しゅじ》となり、すなわち法曼荼羅を成《じょう》ず。もし一々の菩薩の本形《ほんぎょう》を画かば、すなわち大曼荼羅を成ず。もし本《もと》の聖者《しょうじゃ》の執持《しゅうじ》するところの幖《ひょう》幟《じ》を画かば、すなわち三昧耶《さんまや》曼荼羅を成ず。前の種子の字の如く各々本位を書かば、すなわち法曼荼羅と名づく。各々本形を鋳して本位に安んずれば、すなわち羯磨《かつま》曼荼羅を成ず。

この（菩薩の本《もと》の誓いを示す）秘密の言葉である十七字は、つまり十七菩薩の（出生する）種子となり、いいかえると、法曼荼羅を成就する。もしもそれぞれの菩薩のもとの形を描くならば、すなわち大曼荼羅を成就する。もしも、もとの聖者が執《と》り持つところの象徴を画けば、すなわち三昧耶曼荼羅を成就する。前の種子の字のように、それぞれ本来の位を画けば、すなわち法曼荼羅と名づける。それぞれ本来の形を鋳造してもとの位地に安置すれば、すなわち羯磨曼荼羅を成就する。

大曼荼羅・法曼荼羅・三昧耶曼荼羅・羯磨曼荼羅　四種曼荼羅。三五六頁注参照。

次説安立次第分曼荼羅位。中央九位外院更加一重中央、安金剛薩埵。依薩埵菩薩前、安欲金剛。右辺安髻離吉羅。後安愛楽金剛。左安金剛慢。右辺前隅安意生金剛。右辺後隅安髻離吉羅。左辺後隅安愛金剛。左辺前隅安傲金剛。以次外院如前。次第安布四隅。初安春金剛、次安雲金剛、次安秋金剛、次安冬金剛。外院前安色金剛、右安声金剛、後安香金剛、左安味金剛。既安布已、則修行者結三昧耶等印、成本尊瑜伽、加持四処、五方仏灌頂被甲、誦四字明令召入令縛令歓喜。献閼伽即与四智印相応、入三摩地念誦。或瑜伽師坐於中位、三摩地中、如前布列。即誦十七字真言、心縁一一理趣清浄句、入一一理趣門、遍周法界、乃至第十七位周而復始。以心得三摩地為限。即名為大楽不空真実修行瑜伽儀軌。已上大楽不空金剛薩埵初集会品。

次に、安立《あんりゅう》の次第を説いて曼荼羅位を分かつ。中央の九位の外院《げいん》に更に一重の中央を加えて、金剛薩埵《さつた》を安んず。薩埵菩薩の前に依って、欲金剛を安んず。右辺に髻離吉羅《けいりきら》を安んず。後に愛楽《あいぎょう》金剛を安んず。左に金剛慢を安んず。右辺の前隅に意生《いしょう》金剛を安んず。右辺の後隅に髻離吉羅を安んず。左辺の後隅に愛金剛を安んず。左辺の前隅に傲《ごう》金剛を安んず。以て次の外院は前の如し。次第に四隅に安布《あんぷ》す。初めに春金剛を安んじ、次に雲金剛を安んじ、次に秋金剛を安んじ、次に冬金剛を安んず。外院の前に色《しき》金剛を安んじ、右に声《しょう》金剛を安んじ、後に香金剛を安んじ、左に味金剛を安んず。既に安布しおわんぬれば、すなわち修行者は三昧耶《さんまや》等の印を結んで、本尊の瑜伽《ゆが》を成《じょう》じ、四処《ししょ》を加持《かじ》し、五方仏《ごほうぶつ》の灌頂《かんじょう》、被甲《ひこう》し、四字の明《みょう》を誦《じゅ》して召入《しょうにゅう》せしめ、縛せしめ、歓喜《かんぎ》せしむ。閼伽《あか》を献《こん》じてすなわち四智印《しちいん》と相応し、三摩地《さんまじ》に入って念誦《ねんじゅ》す。或いは瑜伽師は中位に坐して、三摩地中は前の如く布列す。すなわち十七字の真言《しんごん》を誦して、心に一々の理趣の清浄句《しょうじょうく》を縁じて、一々の理趣門に入り、法界《ほっかい》に遍周《へんしゅう》し、乃至《ないし》第十七位に周《あまね》くして復《ふた》び始む。心を以て三摩地を得るを限りとす。すなわち名づけて大楽不空真実修行瑜伽儀軌《だいらくふくうしんじつしゅぎょうゆがぎき》となす。已上《いじょう》、大楽不空金剛薩埵初集会品《しょしゅうえぼん》。

次に、（諸尊を）安置する順序を説き、曼荼羅の展開の段階を分ける。中央の九段階の外の区画にさらに一重の中央の区画を加えて、金剛薩埵菩薩を安置する。この薩埵菩薩の前に欲金剛菩薩を安置する。右辺に髻離吉羅金剛菩薩を安置する。後に愛楽金剛菩薩を安置する。左に金剛慢菩薩を安置する。右辺の前方の隅に意生金剛菩薩を安置する。右辺の後方の隅に髻離吉羅金剛菩薩を安置する。左辺の後方の隅に愛金剛菩薩を安置する。左辺の前の隅に傲金剛菩薩を安置する。

次に描くところの外の区画は前のとおりである。順序にしたがって、四隅に（諸尊を）安置する。初めに春金剛菩薩を安置し、次に雲金剛菩薩を安置し、次に秋金剛菩薩を安置し、次に冬金剛菩薩を安置する。外の区画の前に色金剛菩薩を安置し、右に春金剛菩薩を安置し、後に香金剛菩薩を安置し、左に味金剛菩薩を安置する。

すでに安置したならば、そこで修行者は三昧耶印などの印を結んで、本尊の瞑想世界を成就し、胸・額・喉・頭頂の四ヵ所に不可思議な力のはたらきを加え、中央と東・南・西・北の五つの方位に位地する仏の頭頂に水を灌《そそ》ぎ、金剛の甲冑を身につけ、四字の真言を唱えて、諸仏を招き入れ、束縛し、歓ばせる。清らかな水を献げて、四種の智慧のしるしと相応じ、瞑想に入って、心に念じながら真言を唱える。

あるいは瞑想を行なう者は、中間の位置に座して、瞑想中は前のとおりに（諸仏を）布《し》き列ねる。すなわち十七字の真言を唱えて、心にそれぞれの真理のことわりの清らかな句を対象とし、それぞれの真理のことわりの門戸に入り、真理の世界にあまねくひろがり、中略、第十七の段階にあまねくゆきわたって、再び最初からこの観想を始める。心をもって瞑想世界を得るのを限度とする。すなわち、これを「大楽不空真実修行瑜伽儀軌」と名づける。以上が大楽不空金剛薩埵の初集会の章である。

中央九位外院…… 五〇六頁図2参照。

薩埵菩薩 サットヴァ・ボーディサットヴァの音写略。語義については本書一一七頁注参照。

髻離吉羅 ケーリキラーの音写。触金剛。一二一頁注参照。

三昧耶等印 三昧耶智印・法智印・羯磨智印。

五方仏 大日（中央）・阿閦（東）・宝生（南）・無量寿（西）・不空成就（北）。

被甲 金剛のように堅固な甲冑を身に着けること。甲冑は大慈悲を表わす。

四字明 鉤・索・鎖・鈴の四摂菩薩の一字の呪（であり、種子）のジャフ・フーム・ヴァン・ホーフ。

四智印 大智印・三昧耶智印・法智印・羯磨智印。

十七字真言 本書三六〇～三六四頁参照。

第十七位 味清浄句是菩薩位。一一八～一二〇頁参照。

大楽不空真実修行瑜伽儀軌 書名。略称、金剛薩埵修行儀軌。大楽不空は金剛薩埵の異名。

〔三〕 毘盧遮那の理趣会

時婆伽梵毘盧遮那如来。婆伽梵者、如前所釈。毘盧遮那如来、名遍照。報身仏、於色界頂第四禅色究竟天成等正覚、為諸菩薩、説四種自証自覚聖智、説四智菩提。

「時に婆伽梵《ばがぼん》毘盧遮那《びるしやな》如来」。「婆伽梵」は、前に釈するところの如し。「毘盧遮那如来」は、遍照《へんじよう》と名づく。報身仏《ほうじんぶつ》は、色界《しきかい》の頂の第四《だいし》禅色究竟天《ぜんしききようてん》に於いて等正覚《とうしようがく》を成《じよう》じ、諸《もろもろ》の菩薩の為に、四種の自証・自覚・聖智《しようち》を説き、四智の菩提を説く。

「時に婆伽梵毘盧遮那如来」とあるうち、「婆伽梵」は前に注解したとおりである。「毘盧遮那如来」は遍く照らすものと名づける。報身仏は物質世界〔色界〕の頂上にある第四《だいし》禅色究《ぜんしきく》竟天《きょうてん》において完全なるさとりを成就し、菩薩たちのために四種の自らの証《あか》し・自らの覚《さと》り・聖なる智慧を説き、四つの智慧によるさとりを説くのである。

報身仏　過去の修行の結果が報われることで現われる仏身。
第四禅色究竟天　物質世界（色界）に属する四つの天（四禅天）の最高処に位置する天。
四種……　金剛・義・法・業の四種の平等性。
四智　仏の智慧である、(1)大円鏡智、(2)平等性智、(3)妙観察智、(4)成所作智。

所謂金剛平等現正等覚。以大菩提金剛堅固故者、由如来浄阿頼耶於大円鏡智相応、証得堅固無漏之三摩地、能浄無始無明地微細煩悩。義平等現等正覚。以大菩提一義利故者、第七無漏末那、与第八浄阿頼耶識中無漏種子、能縁所縁平等平等、離能取所取故、証得平等性智、流出随其衆生愛楽身。由如衆色摩尼、能作無辺有情義利。

「いわゆる金剛平等現正等覚《げんしょうとうがく》なり。大菩提は金剛堅固なるを以ての故に」とは、如来の浄阿《じょうあ》頼耶《らや》は大円鏡智《だいえんきょうち》に相応することによって、堅固なる無漏《むろ》の三摩地《さんまじ》を証得《しょうとく》し、よく無始《むし》の無明《むみょう》地《じ》、微細《みさい》の煩悩を浄《きよ》めたもう。

「義平等の現等正覚なり。大菩提は一義利《いちぎり》なるを以ての故に」とは、第七無漏の末那《まな》は、第八浄阿頼耶《じょうあらや》識《しき》中の無漏の種子《しゅうじ》と能縁《のうえん》・所縁《しょえん》が平等平等にして能取《のうしゅ》・所取《しょしゅ》を離るるが故に、平等性智《びょうどうしょうち》を証得し、その衆生に随《したが》って愛楽身《あいぎょうしん》を流出《るしゅつ》す。衆色《しゅしき》の摩尼《まに》の如くなるによって、よく無辺の有情《うじょう》の義利《ぎり》を作《な》したもう。

「いわゆる金剛平等現正等覚なり云々」とは、如来の清らかな阿頼耶《あらや》は大円鏡智に相《あい》応ずることによって、堅固な、煩悩のない瞑想世界をさとり得て、よく始めも分からぬほどの遠い過去からの根源的無知の領域、極めて細かな煩悩を清められるのである。

「義平等の現等正覚なり云々」とは、第七の煩悩のない末那《まな》は、第八の清らかな阿頼耶識のなかの煩悩のない種子と認識主観・認識対象が全く平等であって、主観・客観の対立を離れているから、平等性智を得て、人びとにしたがって愛楽《あいぎょう》身を流出する。さまざまな色をもつ宝石のようであることによって、よく際限もない多くの生きとし生けるもののために利益《りやく》を与えたもうのである。

浄阿頼耶　清らかな阿頼耶識。第八識ともいう。最も根源的な認識のはたらきで、純粋に清らかなものとみる立場と、若干の汚れをまじえるとみる立場とがある。

大円鏡智　大きな円い鏡がものをありのままに映し出すように、そのとおりにものを知る仏の智慧。第八阿頼耶識を転回して得られるとされる。

第七無漏末那　第七末那識。第八阿頼耶識にもとづいてはたらく認識で、自我意識のこと。したがって迷いのもととなるので、汚れた認識という意味で染《ぜん》汚《ま》意《い》ともいう。
無漏種子　さとりを得るもととなる種子。種子は可能力。この種子は第八阿頼耶識のなかに本来具《そな》わっているものであり、また現象によって新たに熏《くん》じ付けられ、阿頼耶識に留められるとされる。
平等性智　あらゆるものが本質的には平等であるとみて、大いなる慈悲を生ずる仏の智慧。第七末那識を転回して得られるとされる。
愛楽身　すべてのものを慈愛し救済することを願う仏身。

法平等現等覚。以大菩提自性清浄故者、猶如来清浄意識、与妙観察智相応、証得一切法本性清浄、於浄妙仏国土、為諸菩薩、能転無上法輪。一切業平等現等覚。以大菩提一切分別無分別性故者、由如来無漏五識、与成所作智相応、現三業化、於浄妙国土及雑染世界、任運無功用無分別、作仏事有情事。

「法平等の現等覚なり。大菩提の自性清浄《じしょうしょうじょう》なるを以ての故なり」とは、猶《なお》し如来の清浄の意識は、妙観察智《みょうかんざつち》と相応し、一切法の本性《ほんしょう》の清浄を証得《しょうとく》し、浄妙《じょうみょう》の仏国土に於いて、諸《もろもろ》の菩薩の為によく無上の法輪を転じたもう。

「一切業《いっさいごう》の平等現等覚なり。大菩提は一切分別《ふんべつ》無分別の性《しょう》なるを以ての故なり」とは、如来の無漏《むろ》の五識《ごしき》は、成所作智《じょうしょさち》と相応することによって、三業《さんごう》を現じて化《け》し、浄妙の国土及び雑《ぞう》染《ぜん》の世界に於いて、任運《にんぬん》に無功用《むくゆう》、無分別にして、仏事《ぶつじ》、有情事《うじょうじ》を作《な》したもう。

「法平等の現等覚なり云々」とは、なお如来の清らかな意識は妙観察智と相応《あい》じ、すべての存在するところのものの本来の性質は清らかであることをさとり得て、清らかな妙《たえ》なる仏国土において、さまざまな菩薩のために、よく無上の真理の教えの輪を転回したもうのである。

「一切業の平等現等覚なり云々」とは、如来の煩悩のない眼・耳・鼻・舌・身の五つの認識作用は成所作智と相応ずることによって、身体・言葉・意《こころ》の三つのはたらきを現わして人びとを教え導き、清らかで妙なる国土、および汚れに染まった世界において、自然のままに、なんら意志的努力を加えず、思慮分別することなくして、仏のなすべき事、人びとのなすべき事をなしたもうのである。

妙観察智　あらゆるものの差別の相を正しく認識する仏の智慧。第六意識を転回して得られるとされる。

無漏五識　汚れのない五つの認識のはたらきで、如来の眼識・耳識・鼻識・舌識・身識。前五識ともいう。

成所作智　人びとを救済するために、なすべきことを成就する仏の智慧。実践智。前五識を転回して得られるとされる。

雑染　あらゆる煩悩の総名で、善・悪・無記《むき》（善でも悪でもないもの）の三つの性質をかね具えているが、狭義には貪り・瞋《いか》り・愚かさの三毒煩悩をさす。原語はサムクレーシャで、汚れを意味する。

金剛手、若有聞此四出生法、読誦受持、設使現行無量重罪、必能超越一切悪趣、乃至当坐菩提道場、速能剋証無上正覚者、仏告金剛手菩薩、為未来有情、聞此中修理趣福利、心不猶預能発浄信修行、則現世悪報及来生能転定業、疾証無上菩提也。

「金剛手よ、もしこの四出生《ししゅつしょう》の法を聞いて、読誦《どくじゅ》し受持《じゅじ》することあらば、設使《たと》い現に無量の重罪を行《ぎょう》ずとも、必ずよく一切の悪趣《あくしゅ》を超越して、乃至《ないし》まさに菩提道場に坐して、速やかによく無上正覚《しょうがく》を剋証《こくしょう》すべし」とは、仏、金剛手菩薩に告げたまい、未来の有情の為に、この中に理趣を修するの福利を聞いて、心、猶予せずしてよく浄信《じょうしん》を発《おこ》して修行すれば、すなわち現世の悪報及び来生《らいしょう》の能転《のうてん》の定業《じょうごう》（滅し）、疾《すみ》やかに無上の菩提を証するなり。

「金剛手よ云々」とは、仏が金剛手菩薩にお告げになり、未来の人びとのために、このなかに真理のおもむきを修めて得る福徳利益《りやく》を聞いて、心に、たちどころに清らかな信仰を起こして修行するならば、そのまま現世の悪しき報い、未来の生涯において生ずる定まった行為の報いがなくなり、速やかに無上のさとりを証《あか》すのである。

四出生法　あらゆる如来のさとりに金剛平等・義平等・法平等・業平等の四法があること。一二七頁注参照。

菩提道場　さとりの場。たんに道場ともいう。本来は釈尊がブッダガヤーでさとりを開いたときの菩提樹下の金剛座をいったもの。

時婆伽梵、如是説已、欲重顕明此義故此句可以意解不釈。熙怡微笑、持智拳印、説一切法自性平等心者、熙怡微笑持智拳印者、希奇於事、表修行者具一切結使諸煩悩、纔結毘盧遮那大智印、誦心真言、等同遍照尊、則応受一切世間殊勝供養。応受一切如来諸大菩薩礼敬。是故有此微笑也。

「時に婆伽梵は、かくの如く説きおわって、重ねてこの義を顕明《けんみょう》せんと欲《ねが》うが故に、この句は意を以て解すべく、釈せず。熙怡微笑《きいみしょう》して、智拳印《ちけんいん》を持《じ》して、一切法の自性《じしょう》平等の心を説きたもう」とは、「熙怡微笑して、智拳印を持して」とは、希奇《きい》なるかな、事に於いて、修行者は一切の結使《けっし》、諸《もろもろ》の煩悩を具すも、纔《わず》かに毘盧遮那《びるしゃな》の大智印《だいちいん》を結び、心真言《しんしんごん》を誦《じゅ》し、遍照尊《へんじょうそん》に等同《とうどう》なることを表すれば、すなわちまさに一切世間の殊勝の供養を受くべし。まさに一切如来と、諸《もろもろ》の大菩薩の礼敬《らいきょう》を受くべし。この故に、この「微笑」あるなり。

「時に婆伽梵は云々」とあるうち、「熙怡微笑して、智拳印を持して」というのは、不可思議の事であって、修行者はすべての束縛と執着、さまざまな煩悩を具《そな》えながらも、辛うじて毘盧遮那仏の大智印を結び、心髄の真言を唱え、この光明あまねく照らす毘盧遮那仏と等しく同一であることを表わせば、とりもなおさず、まさしくすべての世間の人びとの特に勝れた供養を受けるであろう。まさしくすべての如来と、さまざまな大菩薩の敬礼を受けるであろう。このようなわけで、この「微笑」があるのである。

大智印　大曼荼羅ともいう。諸尊などの身で、形像　として綵画したものをも含む。

𑖁𑖾 悪引字心真言者、具含四字為一体。

𑖀 阿字菩提心義。如此字、一切字之為先。於大乗法中、趣向無上菩提、菩提心為先。

𑖁 阿引字者行義。則四智印。瑜伽教中修行速疾方便。由集福徳智慧資糧、証成無上菩提正因。第三字極長高声。

𑖀𑖽 暗字者等覚義。由証無辺智解脱三摩地陀羅尼門、摧伏四種魔羅、受十方一切如来三界法王灌頂、転正法輪。

𑖁𑖾 悪《あく》引字の心真言《しんしんごん》は、具《つぶ》さに四字を含んで一体となす。

𑖀 阿《あ》字は菩提心の義。この字の如きは、一切字はこれを先となす。大乗法の中に於いて、無上菩提に趣向するに、菩提心を先とす。

𑖁 阿引字は行《ぎょう》の義。すなわち四智印なり。瑜伽教《ゆがきょう》中に修行するに速疾《そくしつ》に方便《ほうべん》もてす。福徳・智慧の資糧を集むることによって、無上菩提の正因《しょういん》を証成《しょうじょう》す。第三字は極めて長く高声なり。

𑖀𑖽 暗字は等覚《とうがく》の義。無辺智《むへんち》・解脱《げだつ》・三摩地《さんまじ》・陀羅尼門《だらにもん》を証することによって、四種の魔羅《まら》を摧伏《ざいぶく》し、十方の一切如来、三界《さんがい》の法王の灌頂《かんじょう》を受けて、正法輪《しょうぼうりん》を転ず。

 悪引字の心髄の真言は、完全に四字をそのなかに含んで一体となっている。

 阿字は、さとりを求める心を意味する。この字の意味するように、すべての字は阿字を先とする。大乗の真理の教えのなかで、無上のさとりにおもむくのに、さとりを求める心を先とする。

 阿引字は、実践することを意味する。すなわち、四つの智慧のしるしを示す。瞑想の教えのなかで修行し、速やかに救いの手だてをもって実践する。福徳と智慧とを得る（二種類の）たすけとなる素材を集めることによって、無上のさとりを得る正しい原因をあかす。（右のうちの）第三の字音は極めて長くのばし、高く発音する。

 暗字は、完全なさとりを意味する。限りのない智慧・解脱《さとり》・瞑想・陀羅尼の部門をあかすことによって、四種の悪魔を摧《くだ》き伏し、十方のすべての如来、全世界の真理の王たる仏が頭頂から水を灌がれるのを受けて、正しい真理の輪を転回する。

悪引字　アーフ（āḥ）の音写。ア（a）・アー（ā）・アム（aṃ）・アーフ（āḥ）の四字の徳を具え、五智（法界体性智・大円鏡智・平等性智・妙観察智・成所作智）をふくむ大日如来を象徴する。

阿字　ア（a）の音写。

阿引字　アー（ā）の音写。

四智印　大智印・三昧耶智印・法智印・羯磨智印で、『五秘密儀軌』『陀羅尼門諸部要目』にみえる。しかし空海は『即身成仏義』で、これを大曼荼羅・三昧耶曼荼羅・法曼荼羅・羯磨曼荼羅と同体異名であるとした。これについての解釈は諸説がある。

暗字　アム（aṃ）の音写。

陀羅尼門　陀羅尼はダーラニーの音写。訳、総持《そうじ》。仏菩薩などの説いた文言で、不可思議のはたらきをもつとされる。陀羅尼門は密教の経典類または陀羅尼を読誦する実践部門。

四種魔羅　四魔ともいう。人びとを悩ます四つのものを魔になぞらえたもの。⑴煩悩魔、⑵陰魔（さまざまな苦を生ずる五蘊、すなわち色・受・想・行・識）、⑶死魔、⑷他化自在天魔（人びとの善行をさまたげる第六天、すなわち欲望世界の最高天）。『大智度論』巻五十六、六十八（大正二五・四五八下、五三三下）その他にみえる。

第四悪字者涅槃義。由断二種障、謂煩悩所知之障、証得四種円寂。所謂一者自性清浄涅槃、二者有余依涅槃、三者無余依涅槃、四者無住処涅槃。前三通異生声聞縁覚、第四唯仏独証、不同諸異乗。則此四字是毘盧遮那仏自覚聖智四種智解脱。外現四大転輪王菩薩、所謂第一金剛薩埵、第二金剛宝菩薩、第三金剛法菩薩、第四金剛羯磨菩薩是也。

第四の悪字は涅槃の義。二種の障《しょう》、いわく、煩悩・所知《しょち》の障を断つことによって、四種の円寂《えんじゃく》を証得《しょうとく》す。いわゆる一には自性《じしょう》清浄涅槃、二には有余依《うよえ》涅槃、三には無余依涅槃、四には無住処《むじゅうしょ》涅槃。前の三は異生《いしょう》・声聞《しょうもん》・縁覚《えんがく》に通じ、第四は唯《た》だ仏のみ独り証して、諸《もろもろ》の異《い》乗《じょう》に同ぜず。すなわちこの四字はこれ毘盧遮那仏の自覚聖智・四種智・解脱《げだつ》なり。外に四大転輪王《てんりんのう》菩薩を現ず、いわゆる第一金剛薩埵、第二金剛宝菩薩、第三金剛法菩薩、第四金剛羯《かつ》磨《ま》菩薩、これなり。

第四の悪字は、さとりの世界を意味する。二種の障害、すなわち、さまざまな煩悩・知られるべき対象の障害を断つことによって、四種類の完全なるさとりの世界を得る。いうところの、一つにはそれ自体の本性が清らかなさとりの世界、二つには身体が残っていて得たさとりの世界、三つには身体をもなくなったさとりの世界、四つには住することがないところの（、しかもそのところに住する）さとりの世界である。このうち、前の三つは迷いにあるなみの者・教えを聞いてさとる者・独自にさとる者に共通し、第四はただ仏だけがひとり得るもので、さまざまな異なった教えとは同じでない。すなわちこの四字というのは、毘盧遮那仏の自らの覚《さと》りである聖なる智慧・四種の智慧・解脱である。外には四大転輪王菩薩の姿をとって現われる。いうところの第一金剛薩埵、第二金剛宝菩薩、第三金剛法菩薩、第四金剛羯磨菩薩が、これである。

悪字…… アフ（aḥ）の音写。梵字𑖀𑖾の∴は涅槃点というので、このような解釈がある。

四字 ア（a）・アー（ā）・アム（aṃ）・アフ（aḥ）の四字。

四種智 四智ともいう。大円鏡智・平等性智・妙観察智・成所作智。大日如来（毘盧遮那仏）の自覚聖智、すなわち真理の世界それ自体を現わす智慧である、法界体性智《ほっかいたいしょうち》を開いたもの。

修行者応建立曼荼羅。中央毘盧遮那仏、背日輪頭冠瓔珞、身著白穀繪衣、結智拳印、坐師子座。身如月殿。毘盧遮那仏前、金剛薩埵菩薩、背月輪戴五仏冠、右手持金剛杵、左手持鈴、半跏而坐。毘盧遮那仏右辺、虚空蔵菩薩、背月輪、右手持金剛宝、左手施願、半跏而坐。毘盧遮那後、観自在菩薩、左手持蓮華、右手開敷花勢、亦半跏而坐。於毘盧遮那仏左辺月輪、金剛羯磨菩薩、二手作旋舞置於頂上勢。内四隅安四内供養、各各如本形。外四隅置外四供養、各各持本供養具。四門置鉤索鎖鈴菩薩、各住本威儀。毘盧遮那仏成等正覚、由四種瑜伽三摩地、所謂金剛薩埵金剛宝金剛法金剛羯磨等瑜伽三摩地、従金剛薩埵至羯磨、次第流出嬉戯鬘歌舞等菩薩。又従四内供養、依次流出香花燈塗香等四外供養菩薩。又従四大菩薩、各流出四門菩薩、四種曼荼羅、大智三昧耶法羯磨輪也。如前大楽中所説類同。若修瑜伽者、成就般若理趣、位於中位、即誦毘盧遮那仏真言。

修行者、まさに曼荼羅《まんだら》を建立《こんりゅう》すべし。中央毘盧遮那仏《びるしゃな》は、背に日輪、頭冠、瓔珞《ようらく》あり、身に白穀繒衣《びゃくこくそうえ》を著《ちゃく》し、智拳印《ちけん》を結んで、師子座《しし ざ》に坐したもう。身、月殿《がつでん》の如し。毘盧遮那仏の前に金剛薩埵《さった》菩薩あり、背に月輪《がちりん》あって五仏冠《ごぶつかん》を戴き、右手に金剛杵《しょ》を持ち、左手に鈴を持って、半跏《はんか》にして坐す。毘盧遮那仏の右辺の虚空蔵《こくうぞう》菩薩は、背に月輪あり、右手に金剛宝を持ち、左手は施願《せがん》にして、半跏にして坐す。毘盧遮那の後の観自在《かんじざい》菩薩は、左手に蓮華を持ち、右手は開敷花《かいふけ》の勢いで、また半跏にして坐す。毘盧遮那仏の左辺の月輪に於いて、金剛羯磨《かつま》菩薩は二手旋舞《せんぶ》を作《な》して頂上に置くの勢いなり。内の四隅に四の内供養《ないくよう》を安んじ、各々本形《ほんぎょう》の如し。外の四隅には外《げ》の四供養を置き、各々本《もと》の供養具を持つ。四門に鉤《こう》・索《さく》・鎖《さ》・鈴《れい》の菩薩を置き、各々本の威儀に住す。

毘盧遮那仏は等正覚《とうしょうがく》を成《じょう》じ、四種の瑜伽三摩地《ゆがさんまじ》、いわゆる金剛薩埵・金剛宝・金剛法・金剛羯磨《かつま》等の瑜伽三摩地によって、金剛薩埵より羯磨に至るまで、次第に嬉戯《きけ》・鬘《まん》・歌《か》・舞《ぶ》等の菩薩を流出《るしゅつ》す。また四の内供養より次《つい》でに依って香《こう》・花《け》・燈《とう》・塗香《ずこう》等の四の外供養菩薩を流出す。また四大菩薩より各々四門の菩薩、四種曼荼羅、大智・三昧耶《さんまや》・法・羯磨輪《かつまりん》を流出するなり。前の如く大楽《だいらく》の中の所説は類同なり。もし瑜伽《ゆが》を修する者、般若理趣《はんにゃりしゅ》を成就し、中位に位すれば、すなわち毘盧遮那仏の真言《しんごん》を誦《じゅ》す。

修行者は、まさしく曼荼羅を作るがよい。中央の毘盧遮那仏は、背に日輪があり、頭に冠をかむり、身を装身具で飾り、体には白いちぢみ絹・うす絹の衣をつけ、智拳印を結んで、師子座に坐しておられる。体は月の宮殿のように真白である。毘盧遮那仏の前に金剛薩埵菩薩がいる。その背には月輪があり、五仏の宝冠をいただき、右手に金剛杵を持ち、左手には五鈷鈴《ごこれい》を持って、半跏座に坐している。毘盧遮那仏の右のほとりの虚空蔵菩薩は、背に月輪があり、右手には金剛宝を持ち、左手は施願印《せがんいん》を結び、半跏座に坐している。毘盧遮那の後の観自在菩薩は、左手に（蕾の）蓮華を持ち、右手は満開の蓮華のようなかたちを示し、これまた半跏座に坐している。毘盧遮那仏の左のほとりの月輪にある金剛羯磨菩薩は、二つの手はぐるぐる旋《めぐ》らし舞うようにして、頭頂の上に置くようなかたちを示す。内の四隅には四つの内供養の菩薩を安置し、それぞれもとの形のようにする。外の四隅には外の四供養の菩薩を安置し、それぞれもとの供養の道具を持つ。

（東・南・西・北の）四門に金剛鉤菩薩・金剛索菩薩・金剛鎖菩薩・金剛鈴菩薩を安置し、それぞれもとのふるまいに住している。

毘盧遮那仏は正しい完全なるさとりを成就し、四種類の瞑想の境地、いうところの金剛薩埵・金剛宝・金剛法・金剛羯磨などの瞑想の世界によって、金剛薩埵より金剛羯磨に至るまで、次つぎに金剛嬉戯・金剛鬘・金剛歌・金剛舞などの菩薩を流出する。またこの四つの内の供養菩薩より、順序にしたがって金剛香・金剛花・金剛燈・金剛塗香《ずこう》などの四つの外《げ》の供養菩薩を流出する。また四大菩薩より、それぞれ東・南・西・北の四門の菩薩、四種曼荼羅、大智輪・三昧耶輪・法輪・羯磨輪を流出するのである。

前のとおりに、大いなる安楽のなかで説くところは、ほぼ同じである。もしも瞑想を修める者が、さとりの智慧のことわりを成就し、中央の位（である毘盧遮那仏の位）に住すれば、そのまま毘盧遮那仏の真言を唱えるのである。

智拳印　一五二頁注参照。

師子座　一六頁注参照。

五仏冠　大日・阿閦・宝生・無量寿・不空成就の五仏をあしらった宝冠。

金剛宝　金剛のように堅固な宝石。

施願　施願印。右手を開いたまま垂らし、掌を外向きにする印契。

四大菩薩　二〇頁参照。

四種曼荼羅……　四種曼荼羅は大曼荼羅・三昧耶曼荼羅・法曼荼羅・羯磨曼荼羅で、これにそれぞれ対応するのが、大智輪・三昧耶輪・法輪・羯磨輪の四輪。輪は輪円具足の略で、曼荼羅の訳。諸尊の形像、印契・持物、種子・真言、動作を表わす曼荼羅の意。

嚩日囉二合駄都悪五字引
自作本尊瑜伽、以四字明、召請曼荼羅聖衆、誦四出生法、運心、一一出生、遍周法界、周而復始。皆以五智相応、念念能滅諸宿障悪業。現生証菩薩地、後十六生証成毘盧遮那無辺法身。能現於無量浄穢諸刹土報化、現証無上菩提。
大楽金剛不空真実三昧耶経般若波羅蜜多理趣釈巻上

嚩《ば》日《ざ》囉《ら》二合駄《だ》都《と》悪《あく》五字引
自ら本尊の瑜伽《ゆが》を作《な》し、四字明《しじみょう》を以て曼荼羅の聖衆《しょうじゅ》を召請《しょうしょう》して、四出生法《ししゅっしょうぼう》を誦《じゅ》し、心を運んで、一々出生《しゅっしょう》し、法界《ほっかい》に遍周《へんしゅう》して、周《あまね》くして復《ふた》び始む。皆、五智と相応するを以て、念々よく諸《もろもろ》の宿障《しゅくしょう》・悪業《あくごう》を滅す。現生《げんしょう》に菩薩地《ぼさつじ》を証し、後の十六生に毘盧遮那の無辺の法身《ほっしん》を証成《しょうじょう》す。よく無量の浄穢《じょうえ》の諸《もろもろ》の刹土《せつど》に於いて報化《ほうけ》を現じ、無上菩提を現証《げんしょう》す。
大楽金剛不空真実三昧耶経般若波羅蜜多理趣釈《だいらくこんごうふくうしんじつさんまやきょうはんにゃはらみったりしゅしゃく》　巻の上

嚩日囉二合駄都悪五字引
自分自身、本尊の深い瞑想を行ない、四字の真言で曼荼羅の聖者たちを招いて、四出生法を唱え、心をめぐらして、それぞれの聖者たちを生み出だし、真理の世界にゆきわたって、あまねくして、再びもとにもどって始める。皆、五つの智慧と相応《あい》ずるから、一瞬の思いごとに、よくさまざまな過去世からの障害《さわり》、悪しき行ないの障害を滅ぼす。この世の生涯において菩薩の位を得、後の十六の生涯において毘盧遮那如来の際限もない真理の身体をさとり完成する。よく量り知れないほど清らかであり、また穢《けが》れた、さまざまの国土に報身《ほうじん》・化身《けしん》としての仏身を現じ、無上の菩提《さとり》を現にさとる。

大楽金剛不空真実三昧耶経般若理趣釈　巻の上

嚩日囉……　ヴァジュラ・ダートゥ・アーフ (vajra-dhātu āḥ) の音写。金剛界よ、アーフの意。

四字明　前掲の真言を va, jra, dhā, tu (āḥ) の四音節に分解するので、四つの字音よりなる持明《じみょう》、すなわち真言のこと。

四出生法　すべての如来のさとりに、金剛平等・義平等・法平等・業《ごう》平等の四法があるのをいう。これは『理趣経』の毘盧遮那理趣会の段（三六八頁以下）に説くのにもとづく。ここにある四種現等覚は大円鏡智・平等性智・妙観察智・成所作智の四智で、金剛部・宝部・法部・羯磨部の四部の教えである。出生は『理趣経』のサンスクリット原典によれば、ニルハーラ (nirhāra) の訳語で、その語根 (nir-hṛ) からみて、「……から取り出す」「……から抜き取る」意味があるので、引発・成就・出現などの漢訳語があり、「現等覚出生般若理趣」とは、現等覚、すなわちさとりを出生する般若理趣という意味に解される（『密教大辞典』巻上、九四〇頁中〜下を参照）。

報化　報身と化身。報身は過去世における修行を完成した報いとして現われた仏の身体。化身は衆生を教化救済するために変化《へんげ》して現われる仏の身体。

大楽金剛不空真実三昧耶経般若波羅蜜多理趣釈巻下

開府儀同三司特進試鴻臚卿粛国公食邑三千戸賜紫贈司空諡大鑒正号大広智大興善寺三蔵沙門不空奉　詔訳

〔四〕降三世の理趣会

時調伏難調釈迦牟尼如来者、於閻浮提五濁末法、為調伏九十五種異類外道、現八相成道、皆得受化、致於仏道。現生釈迦族姓中、乃姓釈迦氏。牟尼者寂静義。身口意寂静故称牟尼。於須弥頂三十三天金剛宝峯楼閣中、毘盧遮那仏転輪。輪有四種、所謂金剛輪宝輪法輪羯磨輪。其四輪皆摂在二輪中、所謂正法輪教令輪。即彼毘盧遮那、於閻浮提化相成仏。度諸外道、即於須弥頂示現威猛忿怒形、降伏魔醯首羅等驕佚我慢、妄自恃具一切智。由貪瞋癡一切雑染熏習蔵識、為令彼等清浄、離諸煩悩故、示現左右脚踏魔醯首羅及烏摩妃。

「時に、難調《なんじょう》を調伏《じょうぶく》する釈迦《しゃか》牟《む》尼《に》如来《にょらい》」とは、閻浮提《えんぶだい》の五濁末法《ごじょくまっぽう》に於いて、九十五種の異類外道《げどう》を調伏せんが為に、八相成道《はっそうじょうどう》を現じ、皆、化《け》を受くることを得《え》、仏道に致したもう。釈迦の族姓《ぞくしょう》の中に現生《げんしょう》し、すなわち釈迦氏を姓とす。牟尼とは寂 静《じゃくじょう》の義なり。身《しん》・口《く》・意《い》の寂静の故に、牟尼と称す。須弥《しゅみ》の頂《ちょう》の三十三天の金剛宝峯楼閣《こんごうほうぶろうかく》中に於いて、毘盧遮那仏《びるしゃなぶつ》は輪を転じたもう。輪に四種あり、いわゆる金剛輪・宝輪・法輪・羯磨《かつま》輪なり。その四輪は、皆二輪中に摂在《しょうざい》す、いわゆる正法輪《しょうぼうりん》・教 令輪《きょうりょうりん》なり。すなわち彼《か》の毘盧遮那は、閻浮提に於いて相を化《け》して成仏したもう。諸《もろもろ》の外道を度し、すなわち須弥の頂に於いて威猛《いみょう》の忿怒形《ふんぬぎょう》を示現し、魔醯首羅《まけいしゅら》等の驕佚《きょういつ》、我慢《がまん》にして、妄《みだ》りに自ら一切智を具するを恃《たの》むを降伏《ごうぶく》す。貪《とん》・瞋《じん》・癡《ち》一切の雑染熏習《ぞうぜんくんじゅう》の蔵識《ぞうしき》によって、彼等をして清 浄《しょうじょう》ならしめ、諸《もろもろ》の煩悩を離れしめんが為の故に、示現《じげん》して左右の脚に魔醯首羅及び烏摩妃《うまひ》を踏みたもう。

「時に、難調《なんじょう》を調伏《じょうぶく》する釈迦牟尼如来」というのは、この人間の住む世界の悪世における五種の汚れにけがれた末の世において、仏教とは異なった九十五種の教えを奉ずる者たちを制し伏するために、釈迦牟尼如来の一生涯における八つの主な出来事のうちの第五の成道《じょうどう》を現わし、皆、その教えの導きを受けることができて、仏道に引き入れたもうのである。

　釈迦族にお生まれになり、すなわち釈迦氏を姓とする。牟尼とは静まりの意味である。身体・言葉・意《こころ》のはたらきが静まっているから、牟尼と申しあげる。世界の中心をなす須弥《しゅみ》山《せん》の頂《いただき》にある三十三天の金剛宝峯《ほうぶ》楼閣のなかにおいて、毘盧遮那仏は（真理の教えの）輪を回転したもうのである。輪には四種類がある。いうところの金剛輪・宝輪・法輪・羯磨《かつま》輪である。その四つの輪は、皆、二つの輪のうちに摂《おさ》めてある。いうところの正法輪・教令輪である。すなわち、かの毘盧遮那仏は、この人間の住む世界において、お姿を変えて現われ、さとりを得たもうのである。さまざまな仏教以外の教えを奉ずる者たちを救われる。すなわち須弥山の頂において、威力あって猛《たけ》だけしい怒りのお姿を示し現わし、魔醯首羅《まけいしゅら》などのおごり、慢心し、みだりに自らをたのみとして、あたかも全智を具《そな》えているかのように自認する者を降《くだ》し伏される。貪《むさぼ》り・瞋《いか》り・愚かさといったすべての汚れの残り気を蔵する第八阿頼《あら》耶識《やしき》によって、かれらを清らかにし、さまざまな煩悩を離れさせようとするがために、(毘盧遮那仏は怒りのお姿を)示し現わして、左右の足で魔醯首羅とその妃である烏摩《うま》を踏みつけたもうのである。

閻浮提　サンスクリット語ジャンブ・ドゥヴィーパの音写。人間の住む世界。

五濁末法　五濁悪世ともいう。五濁は悪世における五つの汚れ。(1)劫濁、時代の濁り。(2)見濁、思想の乱れ。(3)煩悩濁、煩悩のはびこり。(4)衆生濁、人びとの資質が悪化すること。(5)命濁、寿命が短くなること。末法は末の世。正法五百年、像法五百年、末法一万年(異説あり)という仏教史観にもとづく。

九十五種異類外道　仏教以外の諸派を九十五種に分けるのは、初期仏教以来の定型的な数である。

八相成道　釈尊の生涯の八つの主要な出来事。(1)降兜率、(2)托胎、(3)出胎、(4)出家、(5)降魔、(6)成道、(7)転法輪、(8)入滅。このうちの成道を重んじて、とくに八相成道という。

牟尼　サンスクリット語ムニの音写。沈黙を守る者、静まれる者の意。ここでは寂静と訳す。

須弥頂三十三天　須弥はサンスクリット語スメールの音写で、仏教世界観において、世界の中心にある山。その頂上に三十三天がある。三十三天は六欲天の一で、中央に帝釈天、その四方に八人の天があるので、三十三天とよばれる。忉利天《とうり》ともいう。『リグ・ヴェーダ』で諸神について三十三天の分類をしたのに由来する。

金剛輪……　真理を象徴する八輻の法輪。

正法輪　仏の説いた正しい真理の教えを輪に喩えたもの。輪は本来武器で、敵を摧破するはたらきをもつように、正法輪は人びとの迷いを破り、さとりへと導くもの。

教令輪　仏の教令、すなわち教勅を輪とするもの。仏が忿怒形の明王のすがたをとってあらわれるはたらき。

魔醯首羅　サンスクリット語マヘーシュヴァラの音写。訳、大自在天。ヒンドゥー教で世界創造の最高神とされる。またシヴァ神の別名ともいう。

雑染熏習蔵識　雑染は有漏《うろ》のことで、煩悩をいう。熏習はもと香のかおりづけで、ここでは煩悩が自己の心の本体（蔵識、第八阿頼耶識）に印象づけられ、残留すること。

烏摩妃　烏摩はサンスクリット語ウマーの音写。大自在天すなわちシヴァ神の神妃。ウマーはドゥルガーまたはパールヴァティーなどともいう。

由入慾無戯論性瑜伽三摩地故、獲得一切瞋無戯論性。由入瞋無戯論性瑜伽三摩地故、獲得一切癡無戯論性。由入癡無戯論性瑜伽三摩地故、獲得一切法無戯論性。由一切法無戯論性瑜伽三摩地故、獲得般若波羅蜜多無戯論性。五種無戯論智、成降三世曼荼羅、中央安降三世、於降三世前安忿怒薩埵菩薩、後安忿怒善哉菩薩、右辺安忿怒王菩薩、左辺安忿怒愛菩薩。四内隅、安四忿怒内供養、於外四隅、安四忿怒外供養。東門安弓箭画契、其南門安剣、西門輪、北門三股叉、一一皆如前四種曼荼羅。皆以降伏以為三摩地。修行者欲降伏三界九地煩悩怨敵故、誦此当部中五種無戯論般若理趣。欲降伏諸天頻那夜迦、及悪人危害仏法者、運心入五種無戯論瑜伽三摩地、自身作降三世瑜伽大智印、与四印相応、誦一字明、相応入実相。理趣義同前。此忿怒吽字、金剛部摂。猛利故速得成弁阿毘遮盧迦。如広瑜伽経等所説。

「欲《よく》無《む》戯論《けろん》性《しょう》」の瑜伽《ゆが》三摩地《さんまじ》に入ることによるが「故に」、一切の「瞋《しん》無戯論性」を獲得《ぎゃくとく》す。「瞋無戯論性」の瑜伽三摩地に入ることによるが「故に」、一切の「癡《ち》無戯論性」を獲得す。「癡無戯論性」の瑜伽三摩地に入ることによるが「故に」、「一切法の無戯論性」を獲得す。「一切法の無戯論性」の瑜伽三摩地に入ることによるが「故に」、「般若波羅蜜多《はんにゃはらみった》無戯論性」を獲得す。

五種の無戯論智に降三世《ごうざんぜ》曼荼羅《まんだら》を成《じょう》じ、中央に降三世を安んじ、降三世の前に忿怒《ふんぬ》薩埵《さった》菩薩を安んじ、後に忿怒善哉《ぜんざい》菩薩を安んじ、右辺に忿怒王菩薩を安んじ、左辺に忿怒愛菩薩を安んず。四の内隅に四忿怒の内《ない》の供養を安んじ、外の四隅に四忿怒の外《げ》の供養を安んず。東門に弓箭画契《きゅうせんがけい》を安んじ、その南門に剣を安んじ、西門に輪、北門に三股叉《さんこさ》あり、一々皆、前の四種曼荼羅の如し。皆、降伏《ごうぶく》を以て三摩地《さんまじ》となす。

修行者、三界九地《さんがいくじ》の煩悩怨敵《おんてき》を降伏《ごうぶく》せんと欲するが故に、この当部中の五種の無戯論《むけろん》の般若理趣を誦《じゅ》す。諸天、頻那夜迦《びなやか》、及び悪人の、仏法を危害する者を降伏《ごうぶく》せんと欲すれば、心を運んで五種の無戯論の瑜伽三摩地に入り、自身、降三世の瑜伽大智印《だいちいん》をなして四印《しいん》と相応し、一字明《いちじみょう》を誦して、相応して実相に入る。理趣の義、前に同じ。この忿怒の吽字《うんじ》は、金剛部に摂《しょう》す。猛利《みょうり》の故に、速やかに阿毘遮盧迦《あびしゃろか》を成弁《じょうべん》することを得《う》。広く『瑜伽経』等の所説の如し。

「瞋無戯論性」を得る。「瞋無戯論性」の瞑想の境地に入る「故に」、すべての「癡無戯論性」を得る。「癡無戯論性」の瞑想の境地に入る「故に」、「一切法の無戯論性」を得る。「一切法の無戯論性」の瞑想の境地に入る「故に」、「般若波羅蜜多無戯論性」を得る。「慾無戯論性」の瞑想の境地に入る「故に」、すべての

五種の善悪の相対性を超えた絶対をさとる智慧〈無戯論智〉は降三世明王の曼荼羅を成立させ、中央に降三世明王を安置し、降三世明王の前に忿怒薩埵菩薩を安置し、その後に忿怒善哉菩薩を安置し、右のほとりに忿怒王菩薩を安置し、左のほとりに忿怒愛菩薩を安置する。四つの内の隅には四忿怒の内の供養菩薩を安置し、外の四つの隅には四忿怒の外の供養菩薩を安置する。東門には弓箭画契を安置し、その南門には剣を安置し、西門には輪があり、北門には三股叉がある。それぞれ皆、前に説かれた四種曼荼羅のとおりである。皆、降し伏することをもって瞑想の境地とする。

修行者はこのすべての世界、すなわち欲望の世界・物質の世界・精神の世界、九つの修行の階位における煩悩や敵を降し伏そうと願うから、この当部門のなかの五種の善悪の相対性を超えた絶対〈無戯論〉のさとりの智慧のことわりを唱える。もろもろの神がみ、頻那夜迦、および悪人で、仏の真理の教えをそこなう者を降し伏そうと願えば、心をめぐらして五種の善悪の相対性を超えた絶対〈無戯論〉の瞑想世界の境地に入り、行者自身が降三世明王

の瑜伽大智印を結んで、四印と相応し、一字の真言を唱えて、相応して真実のありのままの世界に入る。（さとりの智慧の）ことわりの意味は前のとおりである。この怒りを表わす吽《うん》字は金剛部に摂《おさ》める。たけだけしい強さによって、速やかに制し伏するのを成就することができる。これについては広く『瑜伽経』などに説くところのとおりである。

四忿怒内供養　……四忿怒は摧一切魔《さいいっさいま》菩薩のさとりの境界である、⑴忿怒平等、⑵忿怒調伏、⑶忿怒法性、⑷忿怒金剛性。内供養は金剛界三十七尊のうち、⑴金剛嬉、⑵金剛鬘、⑶金剛歌、⑷金剛舞の四菩薩。次の外供養は、同じく、⑴金剛香、⑵金剛華、⑶金剛燈、⑷金剛塗の四菩薩。

弓箭画契　弓矢を画き、それをもって制し伏する契機とすること。

三股叉　三鈷叉、三股戟ともいう。尖端を三股（三つまた）に作った戟。

四種曼荼羅　大・三昧耶・法・羯磨、四つの曼荼羅。

三界九地　三界は欲望世界（欲界）、物質世界（色界）、精神世界（無色界）の三つの世界。九地は欲界と、色界の四種の瞑想段階である（初禅・二禅・三禅・四禅の）四禅と、無色界の四種の瞑想段階である（空無辺処・識無辺処・無所有処・非想非非想処の）四無色で、三界を分けたもの。欲界に一地、色界・無色界にそれぞれ四地があるので、合わせて九地となる。地は修行の階位で、生成・住持・住所の意味があるとされる。

当部　金剛部。金剛界の諸尊の五つの部類（仏部・金剛部・宝部・蓮華部・羯磨部）のうちの一。忿怒形の諸尊のグループ。

頻那夜迦　サンスクリット語ヴィナーヤカの音写。鬼神の一種。

瑜伽大智印　五相成身観《ごそうじょうしんがん》を実践して本尊の身を実現することで、大智印は大曼荼羅ともいう。五相成身観は⑴通達菩提心（さとりを求める心を理論的に認知する）、⑵修菩提心（さとりを求める心を実証する）、⑶成金剛心（自身と本尊が融通無礙であることを証得する)、⑷証金剛身(自身が本尊の身と同一体であること)、⑸仏身円満(観行が成就して自己と本尊と完全に合一すること)の五つの観想法。
四印　大智印・三昧耶印・法印・羯磨印。
一字明　サンスクリット語フーム(hūṃ)の音写、吽の一字の真言。
金剛部　前注「当部」参照。
阿毘遮盧迦　サンスクリット語アビチャーラカの音写。訳、調伏・降伏など。
瑜伽経等　広く密教の経典を総称して、一般に『瑜伽経』という。

是故釈迦牟尼仏告金剛手言、若有人聞此理趣受持読誦、設害三界一切有情不堕悪趣、為調伏故疾証無上正等菩提者、害三界一切有情、一切有情者、由貪瞋癡為因、受三界中流転。若与理趣相応、則滅三界輪廻因。是故害三界一切有情、不堕悪趣、為調伏貪等三毒也。故得速証無上菩提。是故如来密意作如是説。

この故に釈迦牟尼仏《しゃかむにぶつ》、「金剛手《こんごうしゅ》」に告げて言《のたま》わく、「もし人、この理趣を聞いて受持《じゅじ》し読誦《どくじゅ》することあらば、設《たと》い三界の一切の有情《うじょう》を害すとも悪趣に堕せず、調伏をもっての故に、疾《と》く無上正等菩提《しょうとうぼだい》を証すべし」とは、「三界の一切の有情を害す」の、「一切の有情」とは、すなわち貪《とん》・瞋《じん》・癡《ち》を因となすによって、三界の中の流転《るてん》を受く。もし理趣と相応すれば、三界の輪廻《りんね》の因を滅す。この故に、三界の一切の有情を害すとも、悪趣に堕せず、貪等の三毒を調伏するが為なり。故に速やかに無上菩提を証することを得《う》。この故に、如来は密意《みっち》もてかくの如くの説を作《な》す。

だから、釈迦牟尼仏は、「金剛手」に告げて申されるのには、「もし人云々」とは、「三界の一切の有情《うじょう》を害す」といううちの、「一切の有情」とは、貪り・瞋《いか》り・愚かさが原因となって、全世界のなかを迷いつづける。もしも（さとりの智慧の）ことわりと相応《あい》ずるならば、すなわち全世界に迷いつづける原因を滅ぼす。このようなわけで、全世界のすべての生きとし生けるものをそこなうことがあっても悪しき所に落ちないのは、貪りなどの三つの煩悩を制し伏するためである。だから、早く無上のさとりをさとることができる。だから、如来は秘密の意図をもって、このような説をなしたもうたのである。

時金剛手大菩薩、欲重顕明此義故、持降三世印、以蓮華面微笑、而怒顰眉猛視、利牙出現住降伏立相、説此金剛吽迦囉心。持降三世印者、三世所謂魔醯首羅義。由此印得降伏、浄信引入仏道。以蓮華面微笑而怒顰眉者、聖者住内心、与観自在悲愍心相応、外示現忿怒也。猛視者、於四種眼中第三忿怒眼義也。利牙出現者、与金剛薬叉三摩地相応。住降伏立相者、降三世立印、其二足相去可立。五摽屈右膝舒左膝、両足右踏摩醯首羅、左踏烏摩。其修行者若与降伏法相応者、如前大智印、誦一字明、如前人名、想彼人在左足下。不経一七日、則彼人三毒及煩悩悉皆散滅。修行者作降伏三世本尊瑜伽観已、自住曼荼羅中央、運心布前右後左四忿怒八供養四門、如本教口誦五無戯論般若理趣、運心遍法界周而復始。由此修行、証得無量三摩地、頓集福徳智慧、以為成仏資糧。此一品唯通修降三世修瑜伽者、以為儀軌余皆備諸広本。已上降三世品。

「時に金剛手大菩薩は、重ねてこの義を顕明《けんみょう》せんと欲《ねが》うが故に、降三世《ごうざんぜ》の印を持《じ》し、蓮華面《れんげめん》を以て微笑《みしょう》して、しかも怒《たけ》く眉を顰《ひそ》めて猛《たけ》く視《み》、利牙《りげ》を出現し、降伏《ごうぶく》の立相《りっそう》に住して、この金剛吽迦羅《うんから》の心を説きたもう」。（このうちの）「降三世の印を持し」とは、三世はいわゆる魔醯首羅《まけいしゅら》の義なり。この印によって降伏することを得《え》、浄信もて仏道に引入《いんにゅう》す。「蓮華面を以て微笑して、しかも怒《たけ》く眉を顰《ひそ》めて」とは、聖者《しょうじゃ》は内心に住して、観自在《かんじざい》の悲愍《ひみん》の心と相応し、外には忿怒《ふんぬ》を示現《じげん》するなり。「猛《たけ》く視《み》」とは、四種の眼中に於いて第三の忿怒眼の義なり。「利牙《りげ》を出現し」とは、金剛薬叉《やくしゃ》の三摩地《さんまじ》と相応す。「降伏《ごうぶく》の立相《りっそう》に住して」とは、降三世の立印なり、その二足相《あい》去って立すべし。五磔《ごたく》、右膝を屈し左膝を舒《の》べて、両足の右には摩醯首羅を踏み、左には烏摩《うま》を踏む。

その修行者にして、もし降伏法と相応する者は、前の如き大智印にて、一字明《いちじみょう》を誦《じゅ》し、前の如き人名にて、彼《か》の人、左の足下に在《あ》るを想え。一七日《いちしちにち》を経《へ》ずして、すなわち彼の人の三毒及び煩悩 悉《ことごと》く皆、散滅《さんめつ》す。修行者は三世を降伏する本尊の瑜伽観《ゆがかん》を作《な》しおわりて、自ら曼荼羅の中央に住し、心を運《めぐ》らして前の右、後の左に四忿怒・八供養・四門を布《し》き、本《もと》の教えの如く五無戯論《ごむけろん》の般若理趣《はんにゃりしゅ》を口誦《くじゅ》し、心を運《めぐ》らして法界《ほっかい》に遍じ、周《あまね》くして復《ふた》び始む。この修行によって無量の三摩地を証得《しょうとく》し、頓《とん》に福徳智慧を集めて、以て成仏の資糧となす。この一品《いっぽん》、ただ通じて降三世を修し瑜伽を修する者は、以て儀軌《ぎき》となし、余は皆 諸《もろもろ》の広本を備えよ。已上《いじよう》、降三世《ごうざんぜ》品《ぼん》。

「時に金剛手大菩薩は云々」とあるうち、「降三世の印を持し」とは、三世はいうところの魔醯首羅の意味である。このしるし（、すなわち降三世印）によって制し伏することができ、清らかな信仰によって仏道に引き入れる。「蓮華面を以て微笑《みしよう》して、しかも怒《たけ》く眉を顰《ひそ》めて」とは、聖者は心のうちに住して、観自在菩薩のあわれみの心と相《あい》応じ、外には怒りを示し現わす。「猛《たけ》く視《み》」とは、四種の眼のうちの第三の忿怒《ふんぬ》眼《げん》を意味する。「利《り》牙《げ》を出現し」とは、金剛薬叉《やくしや》明王の瞑想の境地と相応ずる。「降伏《ごうぶく》の立相《りつそう》に住して」とは、降三世明王の立っているポーズの印契《しるし》のことで、その両足を互いに離して立つのがよい。（両足は）五搩《ごたく》（のはば）にし、右膝を屈し、左膝をのばして、両足のうちの右には摩醯首羅を踏み、左には烏摩を踏みつける。

その修行者がもしも降伏法と相応ずれば、前のような大智印を結んで一字の真言を唱え、前のような人名で、かの人は、左の足下にあることを観想するがよい。七日間がたたないうちに、そのまま、かの人の三毒に喩えられる貪り・瞋《いか》り・愚かさ、およびその他のすべての煩悩は皆、散って亡びてしまう。

修行者は三世を降《くだ》し伏する本尊の瞑想の観想法をなしおわり、自身が曼荼羅の中央に住して、心をめぐらして前の右、後の左に四忿怒尊、八供養菩薩、四門を置き、もとの教えのとおりに五つの善悪の相対を超えた絶対性のさとりの智慧のことわりを口に出して唱え、心をめぐらして真理の世界にひろげ、あまねくひろがって再びもとにもどって始める。この修行によって量り知れない瞑想の境地をさとり得て、速やかに善行と智慧を積んで、成仏《さとり》のためのたすけとなる素材とする。この（降三世の章の）一章は、ただ通じて降三世の法を修め、瞑想を修める者だけが、これをもって密教の実修の規則とし、その他は皆、いろいろな詳しい本を準備するがよい。　以上が、降三世の章である。

三世　過去世・未来世・現在世。しかし、ここでは三毒（貪・瞋・癡）と、三界の主と称した摩醯首羅（大自在天）の二つの意味をもつ。降三世明王が摩醯首羅と烏摩妃を踏みつける姿は、三毒を降し伏する意味がある。

四種眼　諸説があるが、『略出念誦経』巻第一によると、除災に慈悲眼、増益に金剛眼、降伏に明目、阿毘遮羅（敬愛または鉤召の誤りか）には瞋怒眼とする。

金剛薬叉　サンスクリット語ヴァジラ・ヤクシャの漢梵合糅語。五大明王の一。三面六臂、または一面四臂の忿怒形の尊。

五摖　摖は指でものを測ること。親指と小指をはった間隔で、五摖はその五倍。

降伏法　調伏法ともいう。悪魔・怨敵などを降すための修法。五種法の一。

大智印　大曼荼羅。三七五頁注参照。

本尊瑜伽観　本尊を瞑想する観法。修行者である自己と本尊とが一体となるので、入我我入《にゅうががにゅう》観ともいう。本尊が我に入り、我が本尊に入ると観ずること。

四忿怒八供養　四忿怒は三九〇頁注参照。八供養は内外の八供養で同注参照。

五無戯論　(1)欲無戯論性、(2)瞋無戯論性、(3)癡無戯論性、(4)一切法無戯論性、(5)般若波羅蜜多無戯論性の五。

儀軌　密教の造像・念誦・瞑想・供養などの方法・規則。

〔五〕 観自在菩薩の理趣会

時婆伽梵者、如前所釈。得自性清浄法性如来者、是観自在王如来異名、則此仏名無量寿如来。若於浄妙仏国土、現成仏身、住雑染五濁世界、則為観自在菩薩。復説者、則其毘盧遮那仏為観自在菩薩。説一切法平等観自在智印出生般若理趣、説四種不染一切煩悩及随煩悩三摩地法。所謂世間一切欲清浄故、則一切瞋清浄、此則金剛法菩薩三摩地。所謂世間一切垢清浄故、則一切罪清浄、此則金剛利菩薩三摩地。所謂一切法清浄故、則一切有情清浄、此即金剛因菩薩三摩地。所謂世間一切智智清浄、則般若波羅蜜多清浄、此即金剛語菩薩三摩地。由瑜伽者得受四種清浄菩薩三摩地、於世間悲願、生於六趣、不被一切煩悩染汚、猶如蓮華、以此三摩地、能浄諸雑染。

「時に婆伽梵《ばがぼん》」とは、前に釈するところの如し。「自性清浄《じしょうしょうじょう》の法性《ほっしょう》を得たまえる如来」とは、これ観自在王如来の異名なれば、すなわちこの仏を無量寿《むりょうじゅ》如来と名づく。もし浄妙《じょうみょう》の仏国土に於いて、仏身を現成《げんじょう》し、雑染《ぞうぜん》の五濁《ごじょく》の世界に住すれば、すなわち観自在菩薩となす。「また……を説きたもう」とは、すなわちその毘盧遮那《びるしゃな》仏を観自在菩薩となす。「一切法の平等を観ずることの自在なる智印《ちいん》を出生《しゅっしょう》する般若理趣を説きたもう」とは、四種の不《ふ》染《ぜん》、一切の煩悩及び随煩悩《ずいぼんのう》の三摩地《さんまじ》法《ほう》を説きたもう。「いわゆる世間の一切の欲は清浄なるが故に、すなわち一切の瞋《しん》は清浄なり」とは、これすなわち金剛法《こんごうほう》菩薩の三摩地なり。いわゆる「世間の一切の垢《く》は清浄なるが故に、すなわち一切の罪は清浄なり」とは、これすなわち金剛利《こんごうり》菩薩の三摩地なり。いわゆる「(世間の)一切の法は清浄なるが故に、すなわち一切の有情《うじょう》は清浄なり」とは、これすなわち金剛因《こんごういん》菩薩の三摩地なり。いわゆる「世間の一切の智智《ちち》は清浄なるが故に、すなわち般若波羅蜜多は清浄なり」とは、これすなわち金剛語《こんごうご》菩薩の三摩地なり。瑜伽者は四種の清浄なる菩薩の三摩地を受くるを得ることによって、世間の悲願に於いて、六趣《ろくしゅ》に生じ、一切の煩悩に染汚《ぜんま》されざること、猶《なお》し蓮華《れんげ》の如く、この三摩地を以て、よく諸《もろもろ》の雑染《ぞうぜん》を浄《きよ》む。

「時に婆伽梵」とは、前に注解するとおりである。「自性清浄の云々」とは、これは観自在王如来の別名であるから、いいかえると、この仏は無量寿如来と名づける。もしも清らかで妙《たえ》なる仏国土において仏身を完全に実現し、すべての煩悩の五つの汚れのある世界に住するから、すなわち、これを観自在菩薩とする。「また……を説きたもう」とあるのは、すなわち、その毘盧遮那仏を観自在菩薩とするのである。「一切法の平等を云々」とは、四種の汚れに染まらぬこと、すべての煩悩および副次的な煩悩(を消滅するところ)の瞑想法を説きたもうのである。「いわゆる世間の一切の欲は云々」とは、これはつまり金剛法菩薩の瞑想の境地である。いうところの「世間の一切の垢《く》は云々」というのは、これはつまり金剛利菩薩の瞑想の境地である。いうところの「(世間の)一切の法は云々」とあるのは、これはつまり金剛因菩薩の瞑想の境地である。いうところの「世間の一切の智智は云々」とあるのは、これはつまり金剛語菩薩の瞑想の境地である。瞑想をする者は四種の清らかな菩薩の瞑想の境地を受けることができることによって、世間の人びとに対する悲願において、六つの迷いの世界に生まれ、しかもすべての煩悩に汚染されないことは、たとえば蓮華の（泥のなかに生えて、しかも、その泥に汚されることなく、美しい花を咲かせる）ように、この瞑想の境地によって、よくさまざまな汚れたものを清らかにする。

観自在王如来　阿弥陀如来のこと。密教の経典・儀軌では、阿弥陀如来の代りに西方観自在王如来を説く。

五濁　五つの汚れ。⑴劫濁、時代の濁り。⑵見濁、思想の乱れ。⑶煩悩濁、煩悩のはびこり。⑷衆生濁、人びとの資質が悪化すること。⑸命濁、生けるものの寿命が短くなること。

四種不染　三毒不染（貪り・瞋り・癡さの三毒に染まらぬこと）・逆罪不染（末端のすべての垢や罪が清らかであって染まらぬこと）・凡体離染（すべてのものと生きとし生けるものが汚れを離れて本来清らかであること）・理智不染（証得する智慧と証得される理法とがともに本来清らかであること）。

金剛法菩薩……　以下、金剛利・金剛因・金剛語の各菩薩は、無量寿如来の徳を開いて表わした、いわゆる四親近《ししんごん》の菩薩。

是故仏告金剛手言、若有聞此理趣受持読誦作意思惟、設住諸欲、猶如蓮華不為客塵諸垢所染、疾証無上正等菩提、修行者持観自在菩薩心真言、欲求成就般若理趣。

この故に仏、「金剛手《こんごうしゅ》」に告げて言《のたま》わく、「もしこの理趣を聞いて、受持《じゅじ》し読誦《どくじゅ》し作意《さい》し思《し》惟《ゆい》することあらば、設《たと》い諸《もろもろ》の欲に住すとも、猶《なお》し蓮華の客塵《きゃくじん》の諸《もろもろ》の垢のために染《ぜん》せられざるが如く、疾《と》く無上正等菩提を証すべし」とは、修行者は観自在菩薩の心真言《しんしんごん》を持《じ》して、般若理趣を成就せんことを欲求《よくぐ》す。

このようなわけで、仏は「金剛手」に告げて申されるのには、「もしこの理趣を聞いて云々」というのは、修行者は観自在菩薩の心髄の真言をよく記憶して、さとりの智慧の真理のおもむきを成就しようと願い求めることである。

応建立曼荼羅。中央画観自在菩薩。如本儀形、前安金剛法、右安金剛利、左安金剛因、後安金剛語。於四内外隅、各安四内外供養。於東門画天女形、表貪欲。南門画蛇形表瞋。西門画猪形表癡。北門画蓮華形表涅槃。得入此輪壇、至無上菩提、一切諸惑皆不得染汚。

まさに曼荼羅を建立《こんりゆう》すべし。中央に観自在菩薩を画け。本の儀形《ぎぎよう》の如く、前に金剛法を安んじ、右に金剛利を安んじ、左に金剛因を安んじ、後に金剛語を安んず。四の内外の隅に各々四の内外の供養を安んず。東門に天女形を画き、貪欲《とんによく》を表わす。南門に蛇形を画き、瞋《しん》を表わす。西門に猪形を画き、癡《ち》を表わす。北門に蓮華形《れんげぎよう》を画き、涅槃《ねはん》を表わす。この輪壇《りんだん》に入ることを得て、無上の菩提《ぼだい》に至り、一切の諸惑《しよわく》、皆、染汚《ぜんま》することを得ず。

まさしく曼荼羅を制作するがよい。中央に観自在菩薩を画け。もとの軌範の形のとおりに、前に金剛法菩薩を安置し、右に金剛利菩薩を安置し、左に金剛因菩薩を安置し、後に金剛語菩薩を安置する。四つの内外の隅には、それぞれ四つの内外の供養菩薩を安置する。東門に天女の形を画き、貪りを表わす。南門に蛇の形を画き、瞋《いか》りを表わす。西門に猪の形を描き、愚かさを表わす。北門に蓮華の形を描き、さとりの世界を表わす。この円輪の壇場に入ることができて、無上のさとりに到り、すべてのさまざまな煩悩も、皆、汚染することができない。

或時自住壇中、作本尊瑜伽。心布列聖衆囲遶、以四字明召請。誦心真言、誦持四種清浄般若理趣、入一一門、遍周法界、周而復始。成一法界自他平等。或時想己身紇利字門、成八葉蓮華。胎中想金剛法、於八葉上想八仏。或時他身想吽字五股金剛杵。中央把処想十六大菩薩、以自金剛与彼蓮華。二体和合、成為定慧。是故瑜伽広品中、密意説二根交会五塵成大仏事。以此三摩地、奉献一切如来。亦能従妄心所起雑染速滅、疾証本性清浄法門。是故観自在菩薩、手持蓮華、観一切有情身中如来蔵性自性清浄光明、一切惑染所不能染。由観自在菩薩加持、得離垢清浄。

或る時は自ら壇中に住して、本尊の瑜伽《ゆが》を作《な》す。心に聖衆《しょうじゅ》の囲遶《いにょう》を布列し、四字明《しじみょう》を以て召請《しょうしょう》す。心真言《しんしんごん》を誦《じゅ》し、四種の清浄《しょうじょう》なる般若理趣を誦持《じゅじ》して、一々の門に入り、法界《ほっかい》に遍周して、周《めぐ》って復《ふた》び始む。一法界《いっぽっかい》の自他の平等を成《じょう》ず。或る時は己身《こしん》に紇利《きり》字門を想い、八《はち》葉《よう》の蓮華を成ず。胎中に金剛法を想い、八葉の上に八仏を想え。或る時は他身《たしん》に吽字《うんじ》の五股金剛杵を想え。中央の把処《はしょ》に十六大菩薩を想い、自金剛《じこんごう》を以て彼《か》の蓮華に与う。二体和合して、成じて定慧《じょうえ》となる。この故に瑜伽広品《ゆがこうほん》の中に、密意《みっち》もて、二根交会《にこんこうえ》して、五塵《ごじん》、大仏事《だいぶつじ》を成ずることを説く。この三摩地《さんまじ》を以て、一切如来に奉献《ぶこん》す。またよく妄心《もうしん》より起こるところの雑染《ぞうぜん》は速やかに滅し、疾《と》く本性《ほんしょう》の清浄の法門を証す。この故に観自在菩薩は、手に蓮華を持《じ》し、一切の有情身《うじょうしん》の中の如来蔵性《にょらいぞうしょう》の自性《じしょう》清浄の光明を観じて、一切の惑染《わくぜん》の染《ぜん》すること能《あた》わざるところなり。観自在菩薩の加持《かじ》によって、離垢《りく》の清浄を得《う》。

ある時には、自身が壇場のなかに住して本尊の瞑想をおこなう。心に聖者たちがとりかこんでいるさまを布《し》き列ね、四字の真言をもって、（諸尊を）招く。心髄の真言を唱え、四種類の清らかなさとりの智慧の真理のおもむきを唱えてよく記憶し、それぞれの門戸に入って真理の世界に行きわたり、ぐるっとめぐって、再びもとに戻って始める。（このようにして）唯一絶対の真理の世界における自分と他者とが平等なることを成就する。ある時は、自分自身において紇利《きり》字の部門を観想し、八葉の蓮華を成就する。胎のうちに堅固不壊《ふえ》の真理を観想し、八葉の上に八仏を観想せよ。ある時は、他者の身体に吽《うん》字の五股金剛杵を観想せよ。中央の把処に十六大菩薩を観想し、自らの金剛杵をもって、かの蓮華に与える。（金剛杵と蓮華の）二体が密接に結びあって瞑想と智慧とになる。だから、「瑜伽広品」のなかに、かくされた意図をもって、男女が性交して、人の本性を汚す五種の対象がそのまま大いなる仏の事《わざ》を成就することを説く。こうした瞑想の境地をもって、すべての如来に献げたてまつる。またよく虚妄の心より起こるところのすべての煩悩の汚れは速やかに滅び、早く本性の清らかなさとりに到る門戸を得る。だから、観自在菩薩は手に蓮華を持ち、すべての生きとし生けるものの身体のなかの如来となる可能性がそれ自体の本性として清らかな光明であるのを観想して、すべての煩悩の汚れも染めることができないのである。観自在菩薩の不可思議な力のはたらきが加わって、垢《けが》れを離れた清らかさを得るからである。

四字明　賀（ha）・囉（ra）・伊（i）・噁（aḥ）の真言。

四種清浄般若理趣　金剛法・金剛利・金剛因・金剛語の四菩薩の瞑想の境地が清らかであるというさとりの智慧のおもむき。

紇利字門　紇利はフリーヒの音写。訳、慚。観自在王如来の種子の部門。

八仏　阿閦《あしゆく》・宝生・無量寿・不空成就の四如来と、普賢・文殊・観自在・弥勒の四菩薩。

吽字五股金剛杵　フーム（hūṃ 吽）の梵字が変じて五股（胋、鈷）金剛杵となること。

十六大菩薩　金剛界三十七尊のうちの東方阿閦如来をかこむ金剛薩埵《さった》・金剛王・金剛愛・金剛喜の四菩薩、南方宝生如来をかこむ金剛宝・金剛光・金剛幢《どう》・金剛笑の四菩薩、西方無量寿如来をかこむ金剛法・金剛利・金剛因・金剛語の四菩薩、北方不空成就如来をかこむ金剛業《ごう》・金剛護・金剛牙《げ》・金剛拳の四菩薩を合わせたもの。

瑜伽広品　十万頌と称せられる広本『金剛頂経』をさすか。

二根交会　二根は男根と女根。男女の交接をもって密教のさとりの世界である大楽を象徴したもの。

五塵　色《しき》・声《しょう》・香《こう》・味《み》・触《そく》という五種の感覚的領域、対象。これらは人の心の本性を汚すという意味で、塵という。

如来蔵性　すべての人びとが、本性としてみずからのうちにそなえ持つところの如来の徳性、仏となる　可能性。

等同聖者、紇利字具四字、成一真言。賀字門者、一切法因不可得義。囉字門者、一切法離塵義、塵者所謂五塵、亦名能取所取二種執著。伊字門者、自在不可得、二点悪字義、悪字名為涅槃。由覚悟諸法本不生故、二種執著皆遠離、証得法界清浄。紇利字亦云慚義。若具慚愧、不為一切不善、即具一切無漏善法。是故蓮華部亦名法部。由此字加持、於極楽世界、水鳥樹林皆演法音、如広経中所説。若人持此一字真言、能除一切災禍疾病、命終已後、当生安楽国土、得上品上生。此一品通修観自在心真言行者、亦能助余部修瑜伽人也。已上観自在菩薩般若理趣会品。

等同《とうどう》の聖者《しょうじゃ》は、紇利《きり》字に四字を具して、一真言を成《じょう》ず。賀字門《かじもん》とは、一切法の因不可得《いんふかとく》の義なり。囉《ら》字門とは、一切法の離塵《りじん》の義、塵とはいわゆる五塵、また能取《のうしゅ》・所取《しょしゅ》の二種の執著に名づく。伊《い》字門とは自在不可得、二点は悪《あく》字の義、悪《あく》字を名づけて涅槃《ねはん》となす。諸法の本不生《ほんぶしょう》を覚悟することによるが故に、二種の執著、皆、遠離《おんり》し、法界《ほっかい》の清浄《しょうじょう》を証得《しょうとく》す。

紇利字はまた慚《ざん》の義と云う。もし慚愧《ざんぎ》を具すれば、一切の不善をなさず、すなわち一切の無漏《むろ》の善法を具す。この故に、蓮華部をまた法部と名づく。この字の加持《かじ》によって、極楽世界に於いて、水鳥樹林、皆、法音《ほうおん》を演《の》ぶること、広く経中の所説の如し。

もし人、この一字の真言を持《じ》すれば、よく一切の災禍・疾病《しっぺい》を除き、命終《みょうじゅう》しおわって後、まさに安楽国土に生じて、上品上生《じょうぼんじょうしょう》を得《う》。この一品《いっぽん》、通じて観自在の心真言《しんしんごん》の行《ぎょう》を修《しゅ》する者は、またよく余部を助けて瑜伽《ゆが》を修する人なり。已上《いじょう》、観自在菩薩般若理趣会品。

同等の聖者は、紇利字に四字を具《そな》えて一つの真言を成就する。（四字のうちの）賀字の部門は、すべての存在するところのものの原因は認得することができないという意味である。囉字の部門は、すべての存在するところのものは汚れを離れたものであるという意味であり、汚れというのは、いうところの五種の感覚の対象、また主観・客観の二種の執われに名づけたものである。伊字門は自在を認得することができないということで、二点は悪字を意味し、悪字をさとりの世界と名づける。さまざまな存在するところのものは本来が生起しないものであることを明らかに覚《さと》ることによって、二種の執われは、皆、遠ざかり離れ、真理の世界の清らかさをさとり得る。

紇利字はまた羞恥を意味するという。もしも罪のはじらいを具えれば、すべての善《よ》からざることをなさない。すなわち、すべての煩悩を離れた善きことがらを具える。だから、蓮華部をまた法部と名づけるのである。この字の不可思議な力のはたらきを加えることによって、極楽世界で、水鳥や樹木の林が皆、真理の教えを伝える音をのべることは、詳しく経典のなかに説くところのとおりである。

もしも、誰であっても、この一字の真言を記憶すれば、よくすべてのわざわい・病気を除いて、死して後にはまさしく安楽国土に生まれて、最高の位を得る。この品類で、通じて観自在菩薩の心髄の真言の実践を修める者は、またよくその他の部門を助けて瞑想を修める人である。　以上が、観自在菩薩般若理趣会の章である。

紇利字　紇利はフリーヒの音写。

四字　フリーヒ（hrīḥ）をハ（ha）・ラ（ra）・イー（ī）・アフ（aḥ）の四音節に分解したもの。

賀字門　賀はハ（ha）の音写。ハ字の部門。原因を意味するヘートゥの頭文字と解する。

囉字門　囉はラ（ra）の音写。ラ字の部門。塵を意味するラジャスの意味に解する。

五塵　色・声・香・味・触の五つの感覚の対象。

伊字門　伊はイー（ī）の音写。イー字の部門。自在を意味するイーシャの頭文字と解する。

二点悪字義　二点は梵字𑖀𑖾の：で、アフ（aḥ）の止声フ（ḥ）の音。悪はアフの音写。：は涅槃点とよばれるので、アフ（悪）字には涅槃の意味があると解したもの。

蓮華部・法部　いずれも金剛界五部のうちの一。

極楽世界　極楽浄土ともいう。極楽のことで、阿弥陀如来、すなわち密教の観自在王如来の浄土。西方十万億の仏国土をすぎたところにあるという。

上品上生　浄土教で分類する九つの階位の最上位。上・中・下の位（品）でそれぞれ上生・中生・下生があるので、上品上生・上品中生・上品下生・中品上生・中品中生・中品下生・下品上生・下品中生・下品下生の九となる。極楽浄土に往生するための平常の心のままで行なう善行（散善行）の九品類。

〔六〕虚空蔵の理趣会

時婆伽梵、如前釈已。一切三界主如来者、宝生仏也。宝生之変化、則虚空蔵菩薩是也。復説、此菩薩理趣修行。一切如来灌頂智蔵者、虚空蔵菩薩之異名。般若理趣者、如前所釈。所謂以灌頂施故、能得三界法王位、此則金剛宝菩薩三摩地行。所謂義利施故、得一切意願満足、此則金剛光菩薩三摩地。所謂以法施故、得円満一切法、此則金剛幢菩薩三摩地行。所謂資生施故、得身口意一切安楽、此則金剛笑菩薩三摩地行。灌頂施与何類。瑜伽者想自身虚空蔵菩薩。以金剛宝灌頂一切如来。義利施者、恵施沙門婆羅門資縁具。法施者、為施不現形、与天竜八部等説法等。資生施者、施与傍生之類也。修行者修虚空蔵菩薩三摩地行故。

「時に婆伽梵《ばがぼん》」は、前に釈するが如きのみ。「一切の三界《さんがい》の主なる如来」とは、宝生仏《ほうしょうぶつ》なり。宝生の変化《へんげ》は、すなわち虚空蔵《こくうぞう》菩薩、これなり。「また説きたもう」は、この菩薩の理趣の修行なり。「一切如来の灌頂智蔵《かんじょうちぞう》」とは、虚空蔵菩薩の異名なり。「般若理趣」とは、前に釈するところの如し。いわゆる「灌頂施《かんじょうせ》を以ての故に、よく三界の法王の位を得《う》」とは、これすなわち金剛宝菩薩の三摩《さんま》地行《じぎょう》なり。いわゆる「義利施の故に、一切の意願《いがん》の満足を得」とは、これすなわち金剛光菩薩の三摩地なり。いわゆる「法施《ほっせ》を以ての故に、一切の法を円満することを得」とは、これすなわち金剛幢《どう》菩薩の三摩地行なり。いわゆる「資生施《ししょうせ》の故に、身口意《しんくい》の一切の安楽を得」とは、これすなわち金剛笑菩薩の三摩地行なり。

「灌頂施」は、何《いず》れの類のためとするや。瑜伽者、自身を虚空蔵菩薩なりと想え。金剛宝を以て一切如来を灌頂す。「義利施」とは、沙門《しゃもん》・婆羅門《ばらもん》に資縁《しえん》の具を恵施《えせ》す。「法施」とは、施のために形を現ぜずして、天竜八部等のために法を説く等なり。「資生施」とは、傍生《ぼうしょう》の類に施与するなり。修行者、虚空蔵菩薩の三摩地行を修《しゅ》するが故なり。

「時に婆伽梵」は、前に注解したとおりである。「一切の三界の主なる如来」とは、宝生仏のことである。宝生如来が姿を変えたのが虚空蔵菩薩にほかならない。「また説きたもう」というのは、この菩薩の真理のおもむきの修行のことである。「一切如来の灌頂智蔵」とは、虚空蔵菩薩の別名である。「般若理趣」とは、前に注解したとおりである。いうところの「灌頂施を以ての故に云々」とは、これはつまり金剛宝菩薩の瞑想世界の実践のことである。いうところの「義利施の故に云々」とは、これはつまり金剛光菩薩の瞑想世界の実践のことである。いうところの「法施を以ての故に云々」とは、これはつまり金剛幢菩薩の瞑想世界の実践のことである。いうところの「資生施の故に云々」とは、金剛笑菩薩の瞑想世界の実践のことである。

「灌頂施」とは、どのようなことか。深い瞑想の実践者は、自分自身が虚空蔵菩薩であると想《おも》うがよい。金剛宝をもってあらゆる如来を灌頂することである。「義利施」とは、仏教の修行者やバラモンに修行のたすけとなる生活の道具を恵み施すことである。「法施」とは、施しのために姿を現わさずして天竜八部などのために教えを説くことなどである。「資生施」とは、畜生の類に施し与えることである。（なぜかというと、）修行者は虚空蔵菩薩の瞑想世界の実践を修めるからである。

灌頂施　灌頂は、如来の五つの智慧を象徴する五箇の瓶の水を弟子の頭頂に灌いで仏の位を継承させる密教の儀式で、灌頂施は、灌頂によって得た宝部の智慧を施すこと、すなわち灌頂によって五つの智慧を開顕する意。

義利施　利益、また金銭などの財宝を施すこと。

法施　仏の説いた真理の教えを施すこと。

資生施　生活のたすけとなる飲食・臥具などのさまざまなものを施すこと。

金剛宝　金剛のように堅固な宝。

沙門婆羅門　沙門はサンスクリット語シュラマナの音写で、仏教の出家修行者。婆羅門はブラーフマナの音写で、祭司階級。要するに、すべての宗教者をさす。沙門・婆羅門は初期仏教以来の呼称で、この場合の婆羅門は必ずしも司祭に限定されず、しばしば理想の宗教者の意味に用いられた。

天竜八部等　神がみをはじめとする八種のもの。天(神)・竜・夜叉・乾闥婆《けんだつば》・阿修羅《あしゅら》・迦楼羅《かるら》・緊那《きんな》羅《ら》・摩睺羅伽《まごらが》(大蛇)。これらは仏法を護る八部衆とされる。

傍生　動物(鳥やけもの)、畜生。サンスクリット語のティルヤンチャの直訳で、横にはう生きものの意味。

応建立本菩薩曼荼羅。曼荼羅中央画虚空蔵菩薩。如本形、前画金剛宝、右画金剛光、左画金剛幢、後画金剛笑。内外院四隅、各列内外四供養、如本形。東門安金剛杵、南門宝、西門蓮華、北門鈴。修行者若入此曼荼羅、令他人現生所求一切富貴階位悉得、滅一切貧窮業障、設盗一切有主所摂物者、六分之一不得不与取罪、速疾獲得一切悉地。或時瑜伽師坐曼荼羅中、作本尊瑜伽観。与諸聖衆囲遶、以四字明請召。即誦心真言、四種理趣門、運心遍法界、慈悲愍念貧窮孤露、常行恵施、三輪清浄、心無慳悋。常与等虚空三摩地相応、不久獲得虚空蔵菩薩身。

まさに本菩薩の曼荼羅を建立《こんりゅう》すべし。曼荼羅の中央に虚空蔵菩薩を画け。本《もと》の形の如く、前に金剛宝を画き、右に金剛光を画き、左に金剛幢《どう》を画き、後に金剛笑を画け。内外《ないげ》の院の四隅に、各々内外の四供養を列《つら》ぬること、本の形の如し。東門に金剛杵《こんごうしょ》を安んじ、南門に宝、西門に蓮華、北門に鈴なり。

修行者、もしこの曼荼羅に入れば、他人をして現生《げんしょう》に求むるところの一切の富貴・階位を悉《ことごと》く得せしめ、一切の貧窮《びんぐう》・業障《ごっしょう》を滅し、設《たと》い一切の有主《うしゅ》の所摂《しょしょう》の物を盗む者あるも、六分の一は不与取《ふよしゅ》の罪を得ず、速疾《そくしつ》に一切の悉地《しつじ》を獲得《ぎゃくとく》す。或る時は、瑜伽師、曼荼羅の中に坐して、本尊の瑜伽観を作《な》す。諸《もろもろ》の聖衆《しょうじゅ》に囲遶《いにょう》せられんがために、四字明《しじみょう》を以て請召《しょうしょう》す。すなわち心真言《しんしんごん》を誦《じゅ》し、四種の理趣門にて、心を運《めぐ》らして法界《ほっかい》に遍じ、貧窮孤露《びんぐうころ》を慈悲もて愍念《みんねん》し、常に恵施《えせ》を行じて、三輪清浄《しょうじょう》にして心に慳悋《けんりん》なし。常に等虚空三摩地《とうこくうさんまじ》と相応し、久しからずして虚空蔵菩薩の身《しん》を獲得す。

まさにこの菩薩の曼荼羅を制作するがよい。曼荼羅の中央に虚空蔵菩薩を画くがよい。もとの形のとおりに、前に金剛宝菩薩を画き、右に金剛光菩薩を画き、左に金剛幢菩薩を画き、後に金剛笑菩薩を画け。内院と外院との四隅にそれぞれ内と外との四供養菩薩を列ねることは、もとの形のとおりである。東門に金剛杵を安置し、南門に宝、西門に蓮華、北門には鈴である。

修行者がもしこの曼荼羅に入れば、他の人が現世の生涯で求めるところのすべての富貴・位階を残らず得させ、すべての貧乏や困窮、悪の行為のさわりを滅ぼし、たとえすべての所有者が持つものを盗む者があるとしても、六分の一は与えられないものを取る罪になることはない。速やかにすべての不可思議な効験を得る。

ある時には、瞑想をおこなう者は曼荼羅のなかに坐して、本尊の瞑想の観想法をおこなう。さまざまの聖者たちにとりかこまれるために、四字の真言をもって（かれらを）招く。すなわち心髄の真言を口に唱え、四種の真理のおもむきの門戸において、心をめぐらして真理の世界にひろげ、貧乏と困窮の者、身よりのない者をいつくしみあわれんで、常に恵み施して、施す者と施される者と施し物とがすべて清らかであって、心にものおしみがない。常に大空の何ものにもさまたげられないような自由の瞑想の境地と相《あい》応じて、久しからずして虚空蔵菩薩の身体を得るのである。

時虚空蔵大菩薩、欲重顕明此義故、熙怡微笑、以金剛宝鬘自繋首、説一切灌頂三昧耶宝心者、怛覧字者具四字、表四種理趣行門。多字真如不可得義、囉字離塵義、阿引字一切法本来寂静、猶如虚空。莽字一切法無我義。常与此心真言相応故、身心無礙有如虚空。按怛馱那法、尤於此部中、最速成就、所求一切伏蔵、皆得現前。真陀摩尼宝、能満一切衆生希求願故。已上虚空蔵品。

「時に虚空蔵大菩薩は、重ねてこの義を顕明《けんみょう》せんと欲《ねが》うが故に、熙怡微笑《きいみしょう》して、金剛宝鬘《こんごうほうまん》を以て自らその首《こうべ》に繋《か》け、一切灌頂三昧耶《いっさいかんじょうさんまや》の宝の心を説きたもう（怛覧《たらん》）」とは、「怛覧《たらん》」字は四字を具し、四種の理趣行門《りしゅぎょうもん》を表わす。多字は真如不可得《しんにょふかとく》の義、囉《ら》字は離塵《りじん》の義、阿引字は一切法の本来寂静《じゃくじょう》なること、猶《なお》し虚空の如し。莽《ま》字は一切法無我の義なり。常にこの心真言と相応するが故に、身心の無礙《むげ》なること、虚空の如し。怛駄那《たんだな》法を按ずるに、尤もこの部中に於いて最も速やかに成就し、求むるところの一切の伏蔵《ふくぞう》、皆、現前することを得《う》。真陀《しんだ》摩尼《まに》宝は、よく一切衆生の希求する願いを満たすが故に。已上《いじょう》、虚空蔵品。

「時に虚空蔵菩薩は云々」とは、「怛覧」の字は四字をそなえ、（この四字はそれぞれ）四種の真理のおもむきの実践部門を表わす。多字は絶対真理が認得することのできない意味であり、囉字は汚れを離れる意味、阿引字はすべての存在するところのものはもともと静まっていること、たとえば大空のようであることを意味する。莽字はすべての存在するものには固定的実体がないという意味である。常にこの心髄の真言と相《あい》応ずるから、身心がさわりなく自由なことは、たとえば大空のようである。怛駄那《たんだな》法をみるのに、この部門のうちにおいて最も速やかに成就し、求めるところのすべての秘めかくされた財宝は、皆、目の前に現われることができる。真陀摩尼宝は、よくすべての生きとし生けるものの求める願いを満たすからである。以上が、虚空蔵の章である。

怛覧字　怛覧はトゥラーム（trāṃ）の音写。以下、この字音を四音節に分解して、その語義を説く。

多字　多はトゥラームの第一音節タの音写。このタはタタター（tathatā）の頭文字に通ずるとみて、タタターは真如を意味するから、タは真如の意とみたもの。

囉字　囉は、トゥラームの第二音節ラの音写。塵を意味するラジャス（rajas）の頭文字ラに通ずるとみて、塵を離れること（離塵）の意味がある、とする。

阿引字　阿引はアーの音写。諸法（一切諸法）本不生を意味するアーディ・アヌトパーダ（ādy-anut-pāda）の頭文字アーに通ずるとみる。

莽字　莽はム（ṃ）の音写。無我を意味するナイラートムヤ（nairātmya）のム（m）に通ずるとみるもの。

怛駄那法　怛駄那はダンダナの音写か。語義不詳。

真陀摩尼宝　真陀摩尼はチンターマニの音写。訳、如意宝珠。

〔七〕金剛拳の理趣会

時婆伽梵、已如前釈。一切如来智印如来、不空成就之異名也。復説亦如前釈。一切如来智印加持者、是三密門身口意金剛也。般若理趣如前所釈。説四種印。所謂持一切如来身印、則為一切如来身者、是金剛業菩薩三摩地身。真言者由得身加持、得無礙身、於無辺世界、作広大供養。持一切如来語印、則得一切如来法者、此名金剛護菩薩三摩地。由此三摩地、能普護無辺有情界、常以大慈甲冑、而自荘厳、獲得如金剛不壊法身。持一切如来心印、則証一切如来三摩地、由真言者得金剛薬叉三摩地、能令尽蔵識中殺害心雑染種子、得大方便大悲三摩地、為調伏示現威猛忿怒金剛薬叉菩薩之身。持一切如来金剛印、即成就一切如来身口意業最勝悉地者、由修瑜伽者、得金剛拳菩薩三摩地、能成就一切真言教中三密之門。是故広瑜伽中説、身口意金剛合成名為拳。一切如来縛、是為金剛拳。

「時に婆伽梵《ばがぼん》」は、すでに前に釈するが如し。「一切如来の智印《ちいん》如来」とは、不空成就《ふくうじょうじゅ》の異名なり。「また説きたもう」もまた前に釈するが如し。「一切如来の智印の加持《かじ》」とは、これ三密《さんみつ》門の身口意《しんくい》の金剛なり。「般若理趣」は、前に釈するところの如し。四種の印を説く。「いわゆる一切如来の身印《しんにん》を持《じ》すれば、すなわち一切如来の身となる」とは、これ金剛業《ごう》菩薩の三摩地身なり。真言者は身の加持を得ることによって、無礙身《むげしん》を得《え》、無辺の世界に於いて、広大の供養を作《な》す。「一切如来の語印を持すれば、すなわち一切如来の法を得《う》」とは、これ金剛護菩薩の三摩地と名づく。この三摩地によって、よく普《あまね》く無辺の有情界を護り、常に大慈《だいじ》の甲冑《かっちゅう》を以て、しかも自ら荘厳《しょうごん》し、金剛の如き不壊《ふえ》の法身《ほっしん》を獲得《ぎゃくとく》す。「一切如来の心《しん》印《にん》を持すれば、すなわち一切如来の三摩地を証す」とは、真言者は金剛薬叉《やくしゃ》の三摩地を得ることによって、よく蔵識《ぞうしき》の中に殺害心《せつがいしん》の雑染《ぞうぜん》の種子を尽くさしめ、大方便《だいほうべん》の大悲《だいひ》三摩地を得、調伏《じょうぶく》の為に威猛忿怒《いみょうふんぬ》の金剛薬叉菩薩の身を示現《じげん》す。「一切如来の金剛印を持すれば、すなわち一切如来の身口意業《しんくいごう》の最勝の悉地《しつじ》を成就《じょうじゅ》す」とは、瑜伽《ゆが》を修する者によって、金剛拳菩薩の三摩地を得、よく一切の真言教の中の三密門を成就す。この故に、広く『瑜伽』の中に説かく、身口意の金剛合して成るを名づけて拳となす。一切如来の縛、これを金剛拳となす、と。

「時に婆伽梵」は、すでに前に注解したとおりである。「一切如来の智印如来」というのは、不空成就如来の別名のことである。「また説きたもう」もまた前に注解したとおりである。「一切如来の智印の加持」とは、三つの秘密のはたらきの部門における身体・言葉・意《こころ》の堅固不壊《ふえ》なることである。「般若理趣」とは、前に注解するとおりである。四種類の印《しるし》を説く。「いわゆる一切如来の身印を云々」というのは、これは金剛業《ごう》菩薩の象徴としての身体である。真言の実践者は身体に不可思議な力のはたらきを加えることができて、それによってさわりのない身体を得、限りない世界において広大なる供養をおこなう。「一切如来の語印を云々」というのは、これを金剛護菩薩の瞑想の境地と名づける。この瞑想の境地によって、あまねく限りない生きとし生けるものの世界をまもり、常に大いなる慈《いつく》しみの甲冑を身につけて自らを飾り、金剛のように堅固不壊《ふえ》の真理の身体を得るのである。「一切如来の心印を云々」というのは、真言の実践者は金剛薬叉《やくしや》の瞑想の境地を得ることによって、よく第八阿頼耶識《あらやしき》のなかの殺そうとする心の汚れた種子をなくして、大いなる救いの手だてとなる大いなるあわれみの瞑想の境地を得て、制し伏するために威《いか》めしく猛《たけ》だけしい怒りの金剛薬叉菩薩の姿を示し現わす。「一切如来の金剛印を云々」とは、密教の瞑想を修める者によって金剛拳菩薩の瞑想の境地が得られ、よくすべての真言の教えのなかの身体・言葉・意《こころ》の秘密のはたらきの部門を成就するということである。だから、広く『瑜伽経』のなかに説いていう、身体・言葉・意《こころ》の堅固不壊なるものが合一して成るものを、拳と名づける。すべての如来の束縛が金剛拳である、と。

金剛業菩薩…… 以下、金剛護・金剛牙（金剛薬叉）・金剛拳の各菩薩は不空成就如来の徳を開いたものを表わす四親近の菩薩。

金剛薬叉 ヴァジュラ・ヤクシャの漢梵合糅語。

蔵識 第八阿頼耶識のこと。サンスクリット語アーラヤには蔵の意があるので、この訳語がある。心の最も深い底にあるわれわれの識別作用。能蔵・所蔵・執蔵の三つの意味があるので、とくに蔵識という。

広瑜伽中説 不空訳『金剛頂一切如来真実摂大乗現証大教王経』（略称、『大教王経』）に広く説かれている意。

金剛拳 この印契については一四二頁注参照。

是故仏告金剛手、若有聞此理趣、受持読誦、作意思惟、由持身印、得一切成就 此句梵本初功能漢本在第四 由持語印、得一切口自在、由持心印、得一切智智、由持金剛印、得一切事業皆悉成就、疾証無上正等菩提。修行者欲成就般若理趣瑜伽者、応建立金剛拳曼荼羅。中央画一切如来拳菩薩。前画金剛業、右画金剛護、左画金剛薬叉、後画金剛拳。内外四隅各安内外四供養、於四門安四菩薩。東門染金剛、南門金剛髻梨吉羅、西門愛金剛、北門金剛慢。或時瑜伽者住曼荼羅中、自作本尊瑜伽、想諸眷属各住本位。以四字明召請一切聖衆。則誦一字真言、則誦四種金剛拳般若理趣、印運心一一理趣門、量同法界周而復始。一切三摩地皆得現前。悪字是涅槃義。四種涅槃摂一字中。四種者如前所釈。時婆伽梵、為欲顕明此義故、熙怡微笑、持金剛拳大三昧耶印、説此一切堅固金剛印悉地三昧耶自真実心者、如上句義、表本菩薩大智印威儀、兼讃語密功能。此是金剛拳菩薩儀軌。已上金剛拳理趣会品。

この故に、仏、「金剛手」に告げたまわく、「もしこの理趣を聞いて、受持《じゅじ》し読誦《どくじゅ》し、作意《さい》し思惟《しゆい》することあらば」、身印《しんにん》を持《じ》することによって、「一切の成就」を得《う》、この句、梵本は初めの功能、漢本は第四に在り。「一語印を持することによって、「一切」の口の「自在」を得、心印を持することによって、「一切の智智」を得、金剛印を持することによって、「一切の事業《じごう》」皆 悉《ことごと》く成就することを得て、「疾《と》く無上正等菩提《しょうとうぼだい》を証すべし」。

修行者にして般若理趣の瑜伽《ゆが》を成就せんと欲《ねが》う者は、まさに金剛拳の曼荼羅を建立すべし。中央に一切如来拳菩薩を画け。前に金剛業《ごう》を画き、右に金剛護を画き、左に金剛薬叉《やくしゃ》を画き、後に金剛拳を画け。内外の四隅に各々内外の四供養を安んじ、四門に四菩薩を安んず。東門に染《ぜん》金剛、南門に金剛髻梨吉羅《けいりきら》、西門に愛金剛、北門に金剛慢なり。

或る時には、瑜伽者《ゆがしゃ》は曼荼羅中に住し、自ら本尊の瑜伽を作《な》して、諸《もろもろ》の眷属《けんぞく》の各々本位に住するを想え。四字明《しじみょう》を以て一切の聖衆《しょうじゅ》を召 請《しょうしょう》す。すなわち一字真言を誦《じゅ》す、すなわち四種の金剛拳の般若理趣を誦して、印もて心を一々の理趣門に運らし、量、法界《ほっかい》に同じく、周《めぐ》ってまた始む。一切の三摩地《さんまじ》、皆、現前《げんぜん》することを得。悪字《あくじ》はこれ涅槃《ねはん》の義なり。四種の涅槃を一字の中に摂《しょう》す。四種は前に釈するところの如し。

「時に婆伽梵《ばがぼん》は、この義を顕明《けんみょう》せんと欲うが為の故に、熙怡微笑《きいみしょう》して金剛拳の大三昧耶《だいさんまや》の印を持して、この一切の堅固金剛の印の悉地《しつじ》の三昧耶なる自真実《じしんじつ》の心《しん》を説きたもう」とは、上の如き句義は、本の菩薩の大智印の威儀を表わし、兼ねて語密《ごみつ》の功能《くのう》を讃《さん》ず。これはこれ金剛拳菩薩の儀軌なり。已上《いじょう》、金剛拳理趣会品。

だから、仏が「金剛手」に告げて申されるのには、「もしこの理趣を聞いて、受持し読誦し、作意し思惟することあらば」、身印をしっかりとたもつことによって、「一切の成就」を得る。この句は、梵本の場合は初めのはたらきであり、漢訳本では第四にある。語印をしっかりとたもつことによって、「一切」の口の「自在」を得る。心印をしっかりとたもつことによって、「一切の智智」を得る。金剛印をしっかりとたもつことによって、「一切の事業」を皆、すべて成就することができる。（そして）「疾く無上正等菩提を証すべし」。

修行者であって、さとりの智慧の真理のおもむきとしての瞑想を成就しようと願う者は、まさしく金剛拳の曼茶羅を制作するがよい。中央に一切如来拳菩薩を画け。前に金剛業菩薩を画き、右に金剛護菩薩を画き、左に金剛薬叉菩薩を画き、後に金剛拳菩薩を画け。内と外との四隅に、それぞれ内外の四供養菩薩を安置し、東・南・西・北の四門に（次の）四菩薩を安置する。東門は染金剛菩薩、南門は金剛髻梨吉羅菩薩、西門は愛金剛菩薩、北門は金剛慢菩薩である。

ある時には、瞑想をおこなう者は曼茶羅のなかに住し、自身が本尊の瞑想をおこなって、さまざまな随伴者がそれぞれのもとの位置に住するのを観想するがよい。四字の真言をもって、すべての聖者たちを招く。すなわち、一字の真言を口に唱える。つまりこれは四種類の金剛拳のさとりの智慧の真理のおもむきを唱えることで、金剛拳印をもって心をそれぞれの真理のおもむきの門戸にめぐらす。その量《かさ》は真理の世界に同じで、ひろがりめぐって、また

（再び）始める。すべての瞑想の境地は皆、目のあたりに実現することができる。悪字は、これはさとりの世界を意味する。四種類のさとりの世界を一字のなかに摂《おさ》める。この四種類については、前に注解したところのとおりである。

「時に婆伽梵は云々」というのは、上のような文章の意味は、もとの菩薩の大智印の規律にかなったさまを表わし、合わせて言葉の秘密のはたらきのすぐれた力を讃える。これはまさしく金剛拳菩薩の実修の規則である。　以上が、金剛拳理趣会の章である。

身印・語印・心印・金剛印　四種智印、四智印ともいう。智印の智は決断、印は不改の意味があるとされる。(1)身印。身体の秘密のはたらきの力を加えるもので、すべての如来を供養することができる。(2)語印。言葉の秘密のはたらきの力を加えるもので、自ら金剛のような堅固な法身となり、生きとし生けるものを守ることができる。(3)心印。心の秘密のはたらきの力を加えることで、すべての如来のさとりを得る。(4)金剛印。身体・言葉・意《こころ》の三つの秘密のはたらきを総合したはたらきで、これによって即身成仏を実現する。

金剛髻梨吉羅　髻梨吉羅はケーリキラの音写。金剛髻梨吉羅菩薩。三四六頁注参照。

四字明　四字の真言のこと。ジャフ・フーム・バン・ホーフ。

悪字　悪はアフ（aḥ）の音写。

大智印　大曼荼羅のこと。

〔八〕文殊師利の理趣会

時婆伽梵一切無戯論如来者、是文殊師利菩薩之異名。復説転字輪般若理趣、転字輪者、是五字輪三摩地也。所謂諸法空、与無自性相応故者、是金剛界曼荼羅中金剛利菩薩三摩地。諸法無相、与無相性相応故者、是降三世曼荼羅忿怒金剛利三摩地、諸法無願、与無願相応故者、是遍調伏曼荼羅中蓮華利菩薩三摩地、諸法光明、般若波羅蜜多清浄故者、一切義成就曼荼羅中宝利菩薩三摩地。修瑜伽者、成就般若波羅蜜多。

「時に婆伽梵《ばがぼん》、一切の無戯論《むけろん》なる如来」とは、これ文殊師利《もんじゅしり》菩薩の異名なり。「また、転字《てんじ》輪《りん》の般若理趣を説きたもう」の、「転字輪」とは、これ五字輪の三摩地《さんまじ》なり。「いわゆる諸法は空なり、無自性《むじしょう》と相応するが故に」とは、これ金剛界曼荼羅の中の金剛利菩薩の三摩地、「諸法は無相なり、無相の性《しょう》と相応するが故に」とは、これ降三世《ごうざんぜ》曼荼羅の忿怒《ふんぬ》金剛利の三摩地、「諸法は無願《むがん》なり、無願の性《しょう》と相応するが故に」とは、これ遍調伏《へんじょうぶく》曼荼羅の中の蓮華利菩薩の三摩地、「諸法は光明《こうみょう》なり、般若波羅蜜多清浄《しょうじょう》なるが故に」とは、一切義成就《いっさいぎじょうじゅ》曼荼羅の中の宝利《ほうり》菩薩の三摩地なり。瑜伽《ゆが》を修《しゅ》する者は、般若波羅蜜多を成就す。

「時に婆伽梵云々」というのは、これは文殊師利菩薩の別名である。「また、転字輪の般若理趣を云々」というちの「転字輪」とは、これは五字輪としての瞑想の境地である。「いわゆる諸法は空なり云々」とは、これは金剛界曼荼羅のなかの金剛利菩薩の瞑想の境地、「諸法は無相なり云々」とは、これは降三世明王の降し伏する徳を表わす曼荼羅のなかの忿怒金剛利菩薩の瞑想の境地、「諸法は無願なり云々」とは、これは遍調伏曼荼羅のなかの蓮華利菩薩の瞑想の境地、「諸法は光明なり云々」とは、一切義成就曼荼羅のなかの金剛宝利菩薩の瞑想の境地である。瞑想を修める者は、さとりの智慧の完成を成就する。

文殊師利菩薩　文殊師利はサンスクリット語マンジュシュリーの音写。文殊菩薩ともいう。

転字輪　真言の一字ずつを輪のように連関させながら観想する仕方。一種の瞑想法。

五字輪　文殊菩薩の真言、オーム・ア・ラ・パ・チャ・ナ・スヴァーハーのうちのア・ラ・パ・チャ・ナ（a-ra-pa-ca-na）の五字を輪のように回転させる観想。

応立曼荼羅。曼荼羅者、布列八曼荼羅形。於中央画文殊師利童子形。四方安四仏、以虚空智剣、各繋四仏臂上、其四隅置四種般若波羅蜜印。外四隅安外四供養、四門安四種契印。東門画剣、南門画鑠底、西門鉢、北門梵甲。或時瑜伽師坐於曼荼羅中、作本尊瑜伽。運心布列聖衆、以四字明召請。誦一字明、則誦四種般若理趣。与心相応、遍周法界、周而復始。乃至一月、或六月一年、不久当得無礙弁才、証得無量三摩地門、文殊師利菩薩現前。

まさに曼荼羅を立《りゅう》すべし。曼荼羅とは八曼荼羅の形を布列《ふれつ》す。中央に文殊師利童子形《どうじぎょう》を画け。四方に四仏を安んじ、虚空智剣を以て、各々四仏の臂上《ひじょう》に繋《か》け、その四隅に四種の般若波羅蜜の印を置く。外《げ》の四隅に外《げ》の四供養を安んじ、四門に四種の契印《げいいん》を安んず。東門に剣を画き、南門に鑠底《しゃくてい》を画き、西門に鉢、北門に梵甲《ぼんこう》（を画け）。

或る時には瑜伽師《ゆがし》は曼荼羅中に坐して、本尊の瑜伽を作《な》す。心を運《めぐ》らして聖衆《しょうじゅ》を布列し、四字明《しじみょう》を以て召請《しょうしょう》す。一字明を誦《じゅ》すれば、すなわち四種の般若理趣を誦す。心と相応し、法界《ほっかい》に遍周して、周《めぐ》ってまた始む。乃至《ないし》一月、或いは六月、一年、久しからずしてまさに無《む》礙《げ》の弁才《べんざい》を得《え》、無量の三摩地門を証得《しょうとく》して、文殊師利菩薩、現前すべし。

まさに曼荼羅を制作するがよい。曼荼羅は、八曼荼羅の形を布《し》き列《つら》ねる。中央に文殊師利童子形を画け。四方に四仏を安置し、大空がいかなるさわりもないのに喩えられる智慧を象徴する剣〔虚空智剣〕をもって、それぞれ四仏の臂の上に懸け、その四隅に四種類のさとりの智慧の完成を表わす印《しるし》を置く。外の四隅には外《げ》の四供養菩薩を安置し、東・南・西・北の門に四種類の契印を安置する。東門に剣を描き、南門に鑠底を描き、西門に鉢を、北門に梵本を描け。

ある時には、瞑想をおこなう者は曼荼羅のなかに坐して、本尊の瞑想をおこなう。心をめぐらして聖者たちを布き列ね、四字の真言をもって招く。一字の真言を唱《あい》えれば、すなわち四種類のさとりの智慧の真理のおもむきを唱えることになる。心と相応じ、真理の世界にあまねくひろがり、めぐって再びもどってまた始める。中略、一月、あるいは六月、一年と、久しからずして、まさしくさわりなき弁説の才能を得て、量り知れない瞑想の世界の門戸をさとり得、文殊師利菩薩は、目のあたりに現われるであろう。

八曼荼羅　文殊師利を中尊とし、東方に阿閦（金剛利）、南方に宝生（忿怒金剛利）、西方に無量寿（蓮華利）、北方に不空成就（宝利）、四隅に般若波羅蜜の印を表わす梵篋（梵本）を描いた曼荼羅。

文殊師利童子形　マンジュシュリー・クマーラ・ブータの梵漢合糅語。クマーラに少年の意味があるので、童子形といったもの。

外四供養　香・華・燈・塗の四供養菩薩。

四種契印　東方に剣、南方に鑠底、西方に鉢、北方に梵篋をしるしとして描くこと。

鑠底　サンスクリット語シャクティの音写。訳は三股戟。さきを三股に作った戟で、三毒煩悩を制し伏し、諸尊を顕得する意味を表わす（左図参照。『密教大辞典』より）。

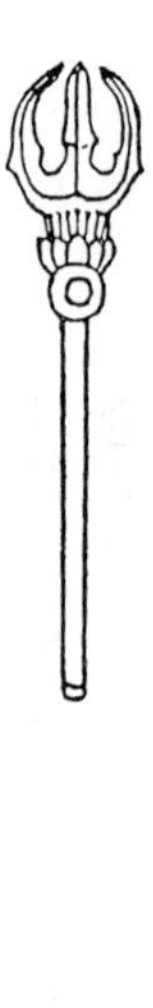

梵甲　梵匣の略で梵夾に同じ。サンスクリット原典、梵本。梵筴、梵篋とも書く。

四字明　ジャフ・フーム・バン・ホーフの、四字の真言。

時文殊師利童真、欲重顕明此義故、熙怡微笑、以自剣揮斫一切如来已、説此般若波羅蜜多最勝心者、一切有情無始輪廻、与四種識、積集無量虚妄煩悩、則為凡夫、在凡夫位名為識。預聖流至如来地名為智。以四智菩提、対治四種妄識。妄識既除則成熟法智。若妄執法、則成法執病是故智増菩薩、用四種文殊師利般若波羅蜜剣、断四種成仏智能取所取障礙。是故文殊師利、現揮斫四仏臂也。

「時に文殊師利童真《どうしん》、重ねてこの義を顕明《けんみょう》せんと欲《ねが》うが故に、熙怡《きい》微笑《みしょう》して、自らの剣を以て一切如来を揮斫《きしやく》しおわって、この般若波羅蜜多の最勝の心を説きたもう」とは、一切の有《う》情《じょう》は、無始《むし》より輪廻《りんね》し、四種の識のために、無量の虚妄《こもう》煩悩を積集《しやくじゅう》し、すなわち凡夫《ぼんぶ》となる。凡夫の位に在《あ》るを、名づけて識となす。聖流《しょうる》に預《あずか》るより如来地《にょらいじ》に至るまでを、名づけて智となす。四智《しち》の菩提《ぼだい》を以て、四種の妄識《もうしき》を対治《たいじ》す。妄識すでに除かるれば、すなわち熟法《じゅくほう》智を成《じょう》ず。もし妄執《もうじゅう》の法あらば、すなわち法執《ほっしゅう》の病いを成ず。この故に智増《ちぞう》の菩薩は、四種の文殊師利の般若波羅蜜の剣を用いて、四種の成仏の智の能取《のうしゅ》・所取《しょしゅ》の障礙《しょうげ》を断つ。この故に、文殊師利は現に四仏の臂を揮斫《きしやく》す。

「時に文殊師利童真云々」というのは、すべての生きとし生けるものはその始めもわからない遠い過去より迷いの世界に生死を繰り返し、四種類の識のために量り知れないいつわりによる煩悩を積み集めて、その結果、迷えるなみの者となる。なみの者の位にあるのを識と名づける。聖者の流れに預ることより、如来の位に至るまでを智と名づける。四つの智としてのさとりをもって、四種類のいつわりの識を断ち切る。いつわりの識が除かれたならば、すなわち熟法智を成就する。もしもいつわりの執われの対象となるものがあれば、すなわち存在するところのものへの執われの病いとなる。だから、智慧が増し加わる菩薩は、四種類の文殊師利菩薩のさとりの智慧の完成を象徴する剣を用いて、四種類の成仏《さとり》の智慧に対する主観・客観を分けるさまたげを断つ。だから、文殊師利菩薩は、現に四仏の臂を断ち切るのである。

文殊師利童真　マンジュシュリー・クマーラ・ブータの梵漢合糅語。クマーラは少年、ブータは「真実の」という意味があるとみて、真の訳語を当てたもの。

四種識　煩悩をともなう第八識と第七識と第六識と前五識。

預聖流　預流《よる》のこと。聖者としての流れに入る者。第一段階の聖者の位。

如来地　如来の境地、さとりの世界。

四智菩提　四つのさとりの智慧で、大円鏡智・平等性智・妙観察智・成所作智。

四種妄識　前掲四種識は煩悩をともなう、いわゆる有漏《うろ》の識だから、四種の妄識という。

熟法智　真理を成熟させる智慧。

四種成仏智　阿閦・宝生・無量寿・不空成就のさとりの智慧。

般若波羅蜜最勝心者、菴字。菴字者、覚悟義。覚悟有四種。所謂声聞覚悟、縁覚覚悟、菩薩覚悟、如来覚悟。覚悟名句雖同、浅深有異。自利利他資糧小大不同。以四種覚悟、総摂一切世間出世間、出世間上上。是故文殊師利菩薩、得法自在。故曰法王之子。已上文殊師利理趣品。

「般若波羅蜜（多）の最勝の心」とは、菴字《おんじ》なり。菴字とは、覚悟《かくご》の義なり。覚悟に四種あり。いわゆる声聞《しょうもん》の覚悟、縁覚《えんがく》の覚悟、菩薩の覚悟、如来の覚悟なり。覚悟の名句《みょうく》、同じと雖《いえど》も、浅深《せんじん》異なりあり。自利利他《じりりた》の資糧は小と大と同じからず。四種の覚悟を以て、総《す》べて一切の世間出世間、出世間上上を摂《しょう》す。この故に、文殊師利菩薩は法の自在を得《う》。故に法王の子という。已上《いじょう》、文殊師利理趣品。

「般若波羅蜜多の最勝の心」とは、菴字のことである。菴字は覚悟《さとり》を意味する。覚悟に四種類がある。いうところの、教えを聞いてさとる者の覚悟、独自にさとる者の覚悟、菩薩の覚悟、如来の覚悟である。覚悟の名称・語句は同じであるが、浅さと深さとが違っている。自らを利し他者を利するたすけとなる素材は、小乗と大乗とでは同じでない。四種類の覚悟をもって、統合して、すべての世間、世間を超えた世界、さらにそれより上の世界を摂《おさ》める。だから、文殊師利菩薩は真理の自在を得る。だから、真理の王の子というのである。以上が、文殊師利理趣の章である。

菴字　菴はオームの音写。

出世間上上　出出世間。出世間を超えた世界。菩薩の十の修行段階（十地）のうち、第八以上の境界をさす。

法王之子　法王子。菩薩をいう。次には仏（法王）の位にのぼる人だからであるが、文殊が他の王子（菩薩）の最上首であることから、特に文殊菩薩のことをいう。

〔九〕纔発意の理趣会

時婆伽梵、一切如来入大輪。如来者、是纔発意菩薩之異名也。復説入大輪般若理趣。大輪者、是金剛界大曼荼羅也。所謂入金剛平等、則入一切如来法輪者、由称此般若理趣金剛輪三摩地、則成入金剛界。属金剛界六種曼荼羅。六種曼荼羅、指帰中已釈訖。

入義平等則入大菩薩輪者、由称此般若理趣忿怒輪、則成入降三世。属降三世十種曼荼羅。其十種指帰中先已説訖。入一切法平等、則入妙法輪者、由称此般若理趣蓮華輪三摩地、則成入遍調伏。属遍調伏六種曼荼羅者、大密微細法業献四一印、乃成六種壇六種如前指帰中已説訖。入一切業平等、則入一切事業輪、由称此般若理趣羯磨輪三摩地、則成入一切義成就。属一切義成就六種曼荼羅。

「時に婆伽梵《ばがぼん》なる、一切如来の大輪《だいりん》に入りたもう如来は」とは、これ纔発意《さいほっち》菩薩の異名なり。「また大輪に入る般若理趣を説きたもう」の「大輪」とは、これ金剛界大曼荼羅なり。「いわゆる金剛平等に入るは、すなわち一切如来の法輪に入るなり」とは、この般若理趣の金剛輪三摩地《こんごうりんさんまじ》を称することによって、すなわち金剛界に入ることを成《じょう》ず。金剛界の六種曼荼羅に属す。六種曼荼羅は、『指帰《しいき》』の中にすでに釈しおわんぬ。「義平等に入るは、すなわち大菩薩輪《りん》に入るなり」とは、この般若理趣の忿怒《ふんぬ》輪《りん》を称することによって、すなわち降三世《ごうざんぜ》に入ることを成ず。降三世の十種の曼荼羅に属す。その十種は『指帰』の中に先にすでに説きおわんぬ。「一切法平等に入るは、すなわち妙法輪《みょうほうりん》に入るなり」とは、この般若理趣の蓮華輪三摩地を称することによって、すなわち遍調伏《へんじょうぶく》に入ることを成ず。遍調伏に属する六種曼荼羅とは、大密微細法業献四一印《だいみつみさいほうごうこんしいちいん》にして、すなわち六種の壇を成ず。六種は前の如く『指帰』の中にすでに説きおわんぬ。

「一切業《ごう》平等に入るは、すなわち一切事《じ》業輪《ごうりん》に入るなり」とは、この般若理趣の羯磨《かつま》輪三摩地を称することによって、すなわち一切義成就《いっさいぎじょうじゅ》に入ることを成ず。一切義成就の六種曼荼羅に属す。

「時に婆伽梵なる云々」というのは、これは纔発意《さいほっち》菩薩の別名である。「また大輪に入る云々」の「大輪」というのは、金剛界の大曼荼羅のことである。「いわゆる金剛平等に入るは云々」というのは、このさとりの智慧の真理のおもむきである金剛輪の瞑想の境地をいうことによって、すなわち金剛界に入ることを成就する。これは金剛界の六種曼荼羅に所属する。六種曼荼羅というのは、『十八会指帰《じゅうはってしいき》』のなかで、すでに注解した。

「義平等に入るは云々」というのは、このさとりの智慧の真理のおもむきである忿怒輪をいうことによって、すなわち降三世に入ることを成就する。これは降三世の十種の曼荼羅に所属する。その十種というのは、『十八会指帰』のなかで、さきにすでに説いた。

「一切法平等に入るは云々」というのは、このさとりの智慧の真理のおもむきとしての蓮華輪の瞑想の境地をいうことによって、すなわち、遍《あまね》く制し伏することに入ることを成就する。これは遍く制し伏することの六種曼荼羅に所属するが、この六種曼荼羅は大密微細法業献四一印であって、つまり六種の壇を成就する。六種は前のとおりに、『十八会指帰』のなかですでに説いた。

「一切業平等に入るは云々」というのは、このさとりの智慧の真理のおもむきとしての羯磨輪の瞑想の境地をいうことによって、すなわちすべてのことがらの成就に入ることを成就する。すべてのことがらの成就の六種曼荼羅に所属する。

羯磨輪　大輪すなわち大曼荼羅を金剛輪・忿怒輪・蓮華輪・羯磨輪の四種曼荼羅に分かつうちの一で、事業輪ともいう。北方に配し、涅槃の部門の徳を表わす。

纔発意菩薩　纔発意転法輪菩薩のこと。転法輪菩薩ともいう。

金剛界大曼荼羅　金剛界の諸尊の形像を描いた曼荼羅のこと。

金剛輪　金剛輪は前掲四種曼荼羅のうちの一。東方に配し、発心の部門の徳を表わす。金剛は清らかなさとりを求める心の堅固なるを意味する。

金剛界六種曼荼羅　金剛界大曼荼羅・陀羅尼曼荼羅・微細金剛曼荼羅・一切如来広大供養羯磨曼荼羅・四印曼荼羅・一印曼荼羅。

忿怒輪　四種曼荼羅の一。南方に配する。すべての者に利益を与えるはたらきをもつので、義利輪ともいう。

降三世十種曼荼羅　『金剛頂義訣』では欠文。降三世明王の降伏の徳を表わす曼荼羅。降三世明王を中尊とし、その前に忿怒薩埵菩薩、後に忿怒善哉菩薩、右に忿怒王菩薩、左に忿怒愛菩薩、内の四隅は忿怒内供養、外の四隅は忿怒外供養、東門に弓箭、南門に剣、西門に輪、北門に三股叉を描く。降三世曼荼羅は宗叡の請来したものや、補陀落院版などの図像では忿怒形でない。

蓮華輪　四種曼荼羅の一。西方に配する。これを遍調伏輪ともいうのは、すべての者を普く制し伏するはたらきをするからである。

大密微細法業献四一印　この「大密云々」は理解しがたいが、『金剛頂十八会指帰』巻一（大正一八・二八四下〜二八六上）によると、『金剛頂経』の初会に金剛界大品・降三世大品・遍調伏大品・一切義成就大品の四品があるといい、それぞれ、そこに説かれる六種曼荼羅を概説しているが、それにもとづき、遍調伏大品の六種曼荼羅に他の三品のそれを合糅した組み合わせであると思われる（右横線は本書に用いた呼称)。

『金剛頂十八会指帰』に説くところの遍調伏に属する六種曼荼羅であれば、左表の第三段の呼称でなければならないからである。

六種曼荼羅

	(金剛界大品)	(降三世大品)	(遍調伏大品)	(一切義成就大品)	(本書)
(1)	大	大	大	大	大
(2)	陀羅尼	秘密	三昧耶	秘密三昧耶	密
(3)	微細金剛	法	法	法	微細・法
(4)	一切如来広大供養羯磨	羯磨	羯磨	羯磨	業(羯磨)・献(供養)
(5)	四印	四印	蓮華部四印	四印	四(印)
(6)	一印	一印	蓮華部中一印	一印	一印

是纔発心転法輪大菩薩、欲重顕明此義故、熙怡微笑、転金剛輪、説一切金剛三昧耶心者、如前句義中説。金剛輪菩薩、大智印形状。金剛三昧耶心者、吽字是也。吽字具四輪義。若修金剛輪菩薩三摩地、応建立曼荼羅。画八輻輪形。当輪臍中、画金剛輪菩薩、於八輻間、画八大菩薩。如前布列。八輪外四隅、画四波羅蜜菩薩。内院四隅、安四内供養、外四隅、安四外供養。内隅四門、安四菩薩。東門金剛薩埵菩薩、南門降三世金剛、西門観自在菩薩、北門虚空蔵。瑜伽者、破三昧耶、或阿闍梨、非法失師位、由建立此輪壇、則復本阿闍梨位、修一切三摩地真言、速得成就。若引弟子入、若自身入、則成入一切世間出世間曼荼羅。或時瑜伽阿闍梨、自坐壇中、運心布列諸聖衆、以四字明請聖衆、則誦一字真言。次誦四種輪般若理趣、運

心遍周法界、不久当得如毘盧遮那仏転輪法王。已上纔発意菩薩理趣品。

これ「纔発心転法輪《さいほっしんてんぼうりん》大菩薩、重ねてこの義を顕明《けんみょう》せんと欲《ねが》うが故に、熙怡微笑《きいみしょう》し、金剛輪を転じて、一切金剛三昧耶《さんまや》の心を説きたもう」とは、前の句義の中に説くが如し。金剛輪菩薩は、大智印の形状《ぎょうじょう》なり。「金剛三昧耶心」とは、吽《うん》字これなり。吽字は四輪の義を具す。もし金剛輪菩薩の三摩地《さんまじ》を修《しゅ》すれば、まさに曼荼羅を建立《こんりゅう》すべし。八輻輪形《はっぷくりんぎょう》を画け。当輪の臍《ほぞ》の中に金剛輪菩薩を画き、八輻の間に八大菩薩を画け。前の布列の如し。八輪の外の四隅に、四波羅蜜《しはらみつ》菩薩を画け。内院の四隅に、四の内供養《ないくよう》を安んじ、外の四隅に、四の外供養《げくよう》を安んず。内隅の四門に四菩薩を安んず。東門は金剛薩埵《さった》菩薩、南門は降三世《ごうざんぜ》金剛、西門は観自在菩薩、北門は虚空蔵なり。瑜伽者、三昧耶を破り、或いは阿闍梨《あじゃり》、非法にして師位を失するも、この輪壇《りんだん》を建立することによって、すなわち本《もと》の阿闍梨位に復し、一切の三摩地の真言を修すれば、速やかに成就を得《う》。もしは弟子を引いて入り、もしは自身にして入れば、すなわち一切の世間・出世間《しゅつせけん》の曼荼羅に入ることを成《じょう》ず。或る時には瑜伽《ゆが》の阿闍梨、自ら壇中に坐し、心を運《めぐ》らして諸《もろもろ》の聖衆《しょうじゅ》を布列し、四字明《しじみょう》を以って聖衆を請《しょう》して、すなわち一字真言を誦《じゅ》す。次に四種輪《ししゅりん》の般若理趣を誦し、心を運らして法界《ほっかい》に遍周《へんしゅう》すれば、久しからずして、まさに毘盧遮那仏《びるしゃなぶつ》の如き転輪法王《てんりんほうおう》を得べし。已上《いじょう》、纔発意菩薩理趣品。

この「纔発心《さいほっしん》転法輪大菩薩云々」というのは、前の文中で説くとおりである。金剛輪菩薩は、大智印のかたちである。「金剛三昧耶心」というのは、吽字のことである。吽字は四輪の意味をもっている。もしも金剛輪菩薩の瞑想の境地を修めるならば、まさしく曼荼羅を制作するがよい。八輻輪のかたちを画け。この輪の中心に金剛輪菩薩を画き、八輻の間に八大菩薩を画け。前に列《つら》なり布《し》いたとおりである。八輪の外の四隅に、四波羅蜜菩薩を画け。内院の四隅に四つの内供養菩薩を安置し、外の四隅に四つの外供養《げくよう》菩薩を安置する。内の隅の東・南・西・北の四門に四菩薩を安置する。東門は金剛薩埵《さった》菩薩、南門は降三世《ごうざんぜ》金剛菩薩、西門は観自在菩薩、北門は虚空蔵菩薩である。瞑想をおこなう者が誓戒を破ったり、または密教の伝法の師で不正によって師の位を失なったとしても、この輪壇（曼荼羅）を制作することによって、そのままもとの密教の伝法の師の位に復帰し、すべての瞑想世界に関する真言を修めるならば、速やかに成就することを得る。もしも弟子を曼荼羅に引き入れ、または自身がそれに入れば、すなわち、すべての世間や世間を超越した世界の曼荼羅に入ることができる。ある時には瞑想の師が自身、輪壇のなかに坐し、心をめぐらしてさまざまな聖者たちを布《し》き列《つら》ね、四字の真言をもって聖者たちを招いて、すなわち一字の真言を唱える。次に四種類の輪で表現されるさとりの智慧の真理のおもむきを唱え、心をめぐらして真理の世界にあまねくひろがれば、久しくせずして、まさしく毘盧遮那仏のような教えを説く真理の王の位を得るであろう。以上が、纔発意菩薩理趣の章である。

吽字　吽はフームの音写。

金剛輪菩薩　纔発意転法輪菩薩をさす。金剛界曼荼羅における金剛因菩薩に相当する。
大智印　四種智印の一で、大曼荼羅に対応し、同一とする。
四輪　四種輪。金剛界十八会の初会の四大品の曼荼羅で、(1)金剛界輪、(2)降三世輪、(3)遍調伏輪、(4)一切義成就輪。輪はマンダラ（曼荼羅）の訳で同語。
八輻輪　八輻の輪宝。
八大菩薩　金剛手・観自在・虚空蔵・金剛拳・文殊師利・纔発意（心）転法輪・虚空庫・摧一切魔の諸菩薩。
四波羅蜜菩薩　金剛界三十七尊曼荼羅のうちで、大日如来の四方に配される金剛波羅蜜・宝波羅蜜・法波羅蜜・羯磨波羅蜜の各菩薩。

〔10〕虚空庫の理趣会

時婆伽梵、一切如来種種供養蔵、広大儀式如来者、是虚空庫菩薩之異名也。復説一切供養最勝出生般若理趣。所謂発菩提心、則為於諸如来広大供養者、此是金剛嬉戯菩薩三摩地菩提心義。一切如来以菩提心、為成仏増上縁、於菩提心法園楽、与智波羅蜜自娯。救済一切衆生、則為於諸如来広大供養也者、此是金剛鬘菩薩三摩地。由浄信心、入於仏法大海、得七宝如意宝鬘、済抜一切有情、満一切所求希願、令一切有情受諸戒品、以自荘厳。

「時に婆伽梵、一切如来を種々に供養する蔵《くら》をもって、広大の儀式にまします如来」とは、これ虚空庫《こくうこ》菩薩の異名なり。「また一切の供養の最勝を出生《しゅっしょう》する般若理趣を説きたもう。いわゆる菩提心を発《おこ》すは、すなわち諸《もろもろ》の如来に於いて広大に供養をなす」とは、これはこれ金剛嬉《き》戯《け》菩薩の三摩地菩提心の義なり。一切如来は菩提心を以て成仏の増上縁《ぞうじょうえん》となし、菩提心の法園《ほうおん》の楽《らく》に於いて、智波羅蜜《ちはらみつ》のために自ら娯《たの》しむ。
「一切衆生を救済するは、すなわち諸《もろもろ》の如来に於いて広大に供養をなす」とは、これはこれ金剛鬘《まん》菩薩の三摩地なり。浄信《じょうしん》の心によって仏法の大海に入り、七宝の如意宝鬘《にょいほうまん》を得《え》、一切の有情《うじょう》を済抜《さいばつ》し、一切の所求《しょぐ》の希願《きがん》を満たして、一切の有情をして諸《もろもろ》の戒品《かいぼん》を受けしめ、以て自ら荘厳《しょうごん》す。

「時に婆伽梵云々」というのは、これは虚空庫菩薩の別名である。「また一切の供養の最勝を云々」というのは、これはまさに金剛嬉戯《きけ》菩薩の瞑想世界としての菩提《さとり》を求める心の意味である。すべての如来は菩提《さとり》を求める心をもって成仏《さとり》を得るための力のすぐれた条件とし、菩提《さとり》を求める心が遊ぶ真理の園《その》の楽しさにおいて、智の完成のために自らたのしむのである。
「一切衆生を救済するは云々」というのは、これはまさに金剛鬘《まん》菩薩の瞑想の境地である。清らかな信ずる心によって仏の真理の教えの大海に入り、七つの宝の如意宝鬘を得、すべての生きとし生けるものを救って苦を抜き、すべての求めるところの願いを満たして、すべての生きとし生けるものにさまざまな戒の条項を受けさせ、そのことによって自らをみごとに飾るのである。

金剛嬉戯菩薩　金剛界三十七尊中の内の四供養菩薩の一。

法園　真理の園。この語は珍しく、他に用例が見当らない。

智波羅蜜　十波羅蜜の第十で、自ら真理の楽しみを受け、衆生をさとりに導く完全な智慧。十波羅蜜は十勝行ともいい、十の修行段階（十地）において修行する菩薩の十種の波羅蜜。六波羅蜜に方便・願・力・智の四波羅蜜を加えたもの。

金剛鬘菩薩　内の四供養菩薩の一。

仏法大海　仏法はしばしば大海に喩えられる。たとえば、「仏法の大海は信を能入とす」（『大智度論』巻第一、大正二五・六三上）。

七宝如意宝鬘　七つの宝の如意宝珠で飾られた花飾りの意。七宝は諸経論によって列名が異なる。一例をあげると、(1)金、(2)銀、(3)瑠璃、(4)頗黎《はり》、(5)硨《しゃ》磲《こ》、(6)赤珠、(7)瑪瑙《めのう》。如意宝は如意宝珠で、願いのままに宝を出すといわれる珠。鬘は華鬘《けまん》で、花輪のこと。

受持妙典、則為於諸如来広大供養者、此是金剛歌菩薩三摩地。由此三摩地、於仏集会中、能問答一切大乗甚深般若波羅蜜也。於般若波羅蜜多、受持読誦、自書教他書、思惟修習、種種供養、則為於諸如来広大供養者、此是金剛舞供養菩薩三摩地。由大精進、以金剛毘首羯磨解脱智、遍遊無辺世界、於諸仏前以広大供養、請説一切仏法般若波羅蜜等諸修多羅。以十種法行、頓積集福徳智慧二種資糧、獲得三種身。此菩薩主一切供養門。供養門者有多種、依蘇悉地教、有五種供養。又有二十種供養。於瑜伽教中、有四種供養。所謂菩提心供養、資糧供養、法供養、羯磨供養。如前四種、理趣門是。又有五種秘密供養。又有八種供養。又有十六種大供養。又有十七種雑供養乃至一切供養。悉皆摂入虚空庫菩薩供養儀軌中。

「妙典を受持《じゆじ》すれば、すなわち諸《もろもろ》の如来に於いて広大に供養をなす」とは、これはこれ金剛歌菩薩の三摩地なり。この三摩地によって、仏の集会《しゆうえ》の中に於いて、よく一切の大乗の甚深《じんじん》の般若波羅蜜《はんにやはらみつ》を問答するなり。「般若波羅蜜多に於いて、受持《じゆじ》し読誦《どくじゆ》し、自ら書し、他をして書せ教め、思《し》惟《ゆい》し、修習《しゆじゆう》し、種々に供養するは、すなわち諸《もろもろ》の如来に於いて広大に供養をなす」とは、これはこれ金剛舞《ぶ》供養菩薩の三摩地なり。大精進《だいしようじん》によって、金剛毘《び》首羯磨《しゆかつま》の解脱《げだつ》智を以て、遍《あまね》く無辺の世界に遊んで、諸仏の前《みまえ》に於いて広大の供養を以て、請《こ》うて一切の仏法の般若波羅蜜等の諸《もろもろ》の修多羅《しゆたら》を説く。十種の法行《ほうぎよう》を以て、頓《とん》に福徳智慧の二種の資糧を積集《しやくじゆう》し、三種身を獲得《ぎやくとく》す。

この菩薩は一切の供養門を主《つかさ》どる。供養門は多種あり、『蘇《そ》悉地《しつじ》』の教えに依れば、五種の供養あり。また二十種の供養あり。瑜《ゆ》伽《が》の教えの中に於いて、四種の供養あり、いわゆる菩提心供養・資糧供養・法供養・羯磨《かつま》供養なり。前の四種の如く、理趣門これなり。また五種の秘密供養あり。また八種の供養あり。また十六種の大供養あり。また十七種の雑供養《ぞうくよう》、乃至《ないし》一切の供養あり。悉《ことごと》く皆、虚空庫菩薩の供養儀軌の中に摂入《しようにゆう》す。

「妙典を受持すれば云々」というのは、これはまさしく金剛歌菩薩の瞑想の境地である。この瞑想の境地によって、仏たちの集まりの中にあって、よくすべての大いなる乗りものに喩えられる教えの極めて深い智慧の完成を問い答えるのである。

「般若波羅蜜多に於いて云々」とは、これはまさしく金剛舞《ぶ》供養菩薩の瞑想の境地である。

大いなる努力によって、金剛業《ごう》菩薩の煩悩を解脱する智慧のはたらきをもって、あまねく限りない世界に遊び、仏たちのみ前にあって広大な供養をなし、すべての仏の真理の教えである智慧の完成などの経典を説くことをお願いする。十種類の理法にかなった行ないを実践することによって、たちまちに善行と智慧とを修める二種類のさとりに向かうもとでを積み集め、法身《ほっしん》・報身《ほうじん》・化身《けしん》の三種類の仏の身体を得るのである。

この菩薩はすべての供養の門戸をつかさどる。供養の門戸には多くの種類があり、『蘇悉《そしつ》地経《じきょう》』によれば五種類の供養がある。また二十種の供養がある。この『理趣経』では四種類の供養があり、いうところの菩提心供養・資糧供養・法供養・羯磨供養である。前の四種類と同じく、真理のおもむきの門戸がこれである。また五種類の秘密供養がある。また八種類の供養がある。また十六種の大いなる供養がある。また十七種のさまざまな供養から、中略、すべての供養がある。皆ことごとく虚空庫菩薩の供養を実修する規則の中に摂《おさ》め入れるのである。

金剛歌菩薩　内の四供養菩薩の一。

金剛舞供養菩薩　単に金剛舞菩薩ともいう。内の四供養菩薩の一。

金剛毘首羯磨　金剛業菩薩の別名。毘首羯磨はヴィシュヴァカルマンの音写。訳、業、作業など。

解脱智　煩悩を解脱する智慧のはたらき。

修多羅　スートラの音写。訳、経。

十種法行　十種の理法にかなった行ない、すなわち、布施・持戒・忍辱《にんにく》・精進・禅定・智慧・方便・願・力・智の十波羅蜜で、菩薩の十種の実践徳目。

三種身　法身（真理そのもの）・報身（誓願とその実践によって報われて得た仏身）・化身（衆生を教

え導くためにさまざまに姿を変えて現われる仏身)。これは後述のように聖音唵（オーム）をア・ウ・ムの三字音に分解して、それぞれに仏身をあてたのによる。

蘇悉地教　『蘇悉地経』の教え。「供養花品第七」「塗香薬品第八」「分別焼香品第九」「燃燈法品第十」「献食品第十二」を予想する。

五種供養　花・塗香・焼香・燈明・飲食の五種の供養。前掲『蘇悉地経』に詳しい。

二十種供養　前述『蘇悉地経』の五種供養を細分したものか。

瑜伽教　ここでは『理趣経』をさす。

四種供養　この『理趣釈』は、この四種供養をそれぞれに、嬉・鬘・歌・舞の四菩薩の内なるさとり(内証）とする。他方、チベット語訳のアーナンダガルバ著『シュリー・パラマーディヤティーカー』

(1) 金剛嬉菩薩――金剛部供養の天女使		
(2) 金剛鬘菩薩――宝　部供養の天女使		虚空庫菩薩の内証
(3) 金剛歌菩薩――蓮華部供養の天女使		
(4) 金剛舞菩薩――羯磨部供養の天女使		

には、四種供養をそれぞれ金剛部・宝部・蓮華部・羯磨部のすべての如来に対する供養の意味に解する。この両説は上図のように対応する。

なお、四種供養はあらゆる種類の供養を包摂するものであり、『密教大辞典』上巻、九三六頁中～下に、次の解説があるので、参考までに掲げておく。「菩提心供養とは菩提心の発起が直に東方発心門金剛部の諸仏に対して広大の供養となるを云う。資糧供養とは財宝・資生の具等を施与して一切衆生を救済することが南方修行門宝部の諸仏に対して広大の供養となるを云う。法供養とは妙典の受持が直に西方証菩提門蓮華部の諸仏に対して広大の供養となるを云う。羯磨供養とは般若の妙智を以て二利の事業を満足することが直に北方涅槃門羯磨部の諸仏に対して広大の供養となるを云う」。

五種秘密供養　塗香・華鬘・焼香・飲食・燈明。

八種供養　八供養ともいう。嬉・鬘・歌・舞・香・華・燈・塗の八種の供養。これは金剛界の供養で、胎蔵の五種供養（五供養、五供。塗香・華鬘・焼香・飲食・燈明）に対する。

十六種大供養　十六大供養の意か。金剛界法の大供養会における四方四親近の菩薩、すなわち、中央大日如来は金剛・金剛法・金剛宝・金剛業の四波羅蜜、東方阿閦如来は金剛薩埵・金剛王・金剛愛・金剛喜、南方宝生如来は金剛宝・金剛光・金剛幢・金剛笑、西方無量寿如来は金剛法・金剛利・金剛因・金剛語、北方不空成就如来は金剛業・金剛護・金剛牙・金剛拳の諸菩薩に対する供養。『略出念誦経』巻第三（大正一八・二四五中）に「次に十六大供養の契をもって、まさに一切如来を供養すべし」と。また『教王経三十七尊心要』などにみえる。

十七種雑供養　業《ごう》部十七供養ともいう。金剛界法の大供養会における供養。修法のテキストである『次第』によって名目が不定であるが、『密教大辞典』上巻、八七〇頁上に掲げる元杲《げんごう》（九一四～九九五）の『金剛界念誦私記』によれば、次のとおりである。散華・焼香・燈明・塗香（以上、外の四供養）、宝類（内外八供養に通ずる惣印明）、翫具・宝樹・承事・観法（以上、内の四供養）、布施・浄戒・安忍・精進・禅定・智慧（以上、六度）、解脱・説法（以上、正後二智にして定慧の二徳）。なお、『教王経三十七尊心要』参照。

若修行者、欲求成就虚空庫菩薩者、応建立曼荼羅。中央画虚空庫菩薩。右手持羯磨杵、左手作金剛拳。按於左胯半跏坐月輪中。八大菩薩囲遶、内外四隅安八供養。四門応置四種宝。東門置銀、南門置金、西門置摩尼宝、北門置真珠。或時修行者坐曼荼羅中、自作本尊瑜伽観。以聖衆囲遶、以四字明召請。持一字真言、則誦四種般若理趣。運心遍法界、周而復始。乃至三摩地現前。若自入令他入此曼荼羅、然後受持一字真言。或加香花等種種供養具。若能運心供養仏菩薩、則供養具遍周法界、一一仏菩薩前成広大供養。時虚空庫大菩薩、欲重顕明此義故、熙怡微笑、説此一切事業不空三昧耶一切金剛心者、如前已釈。心真言者唵字是也。唵字三身義。亦名無見頂上義、亦名本不生義。亦是如来毫相功徳義。已上虚空庫菩薩理趣品。

もし修行者にして、虚空庫《こくうこ》菩薩を成就することを求めんと欲《ねが》う者は、まさに曼荼羅を建立《こんりゅう》すべし。中央に虚空庫菩薩を画け。右手は羯磨《かつま》杵《しょ》を持《じ》し、左手は金剛拳《こんごうけん》を作《な》す。左胯《さこ》に按《あん》じて半跏《はんか》して月輪《がちりん》の中に坐す。八大菩薩、囲遶《いにょう》し、内外《ないげ》の四隅に八供養を安んず。四門にはまさに四種の宝を置くべし。東門に銀を置き、南門に金を置き、西門に摩尼宝《まにほう》を置き、北門に真珠を置く。

或る時には修行者は曼荼羅中に坐し、自ら本尊の瑜伽観《ゆがかん》を作《な》す。聖衆《しょうじゅ》の囲遶を以て、四字明を以て召請《しょうしょう》す。一字真言を持《じ》して、すなわち四種の般若理趣を誦《じゅ》す。心を運《めぐ》らして法界《ほっかい》に遍じ、周《めぐ》ってまた始む。乃至《ないし》三摩地現前《げんぜん》す。もしこの曼荼羅に自ら入り他をして入れしむれば、然る後に一字真言を受持《じゅじ》す。或いは香花《こうげ》等の種々の供養の具を加う。もしよく心を運《めぐ》らして仏菩薩を供養すれば、すなわち供養の具は法界に遍周し、一々の仏菩薩の前《みまえ》に広大の供養を成《じょう》ず。

「時に虚空庫大菩薩は、重ねてこの義を顕明《けんみょう》せんと欲うが故に、熙怡微笑《きいみしょう》して、この一切事《じ》業《ごう》の不空三昧耶《ふくうさんまや》の一切金剛の心《しん》を説きたもう」とは、前にすでに釈するが如し。心真言《しんしんごん》は唵《おん》字、これなり。唵字は三身の義あり。また、無見頂上の義に名づけ、また本不生《ほんぷしょう》の義に名づく。またこれ如来の毫相《ごうそう》の功徳《くどく》の義なり。已上《いじょう》、虚空庫菩薩理趣品。

もしも修行者で、虚空庫菩薩を成就しようと願う者は、まさしく曼荼羅を制作するがよい。中央に虚空庫菩薩を画け。右手は羯磨杵を持ち、左手は金剛拳にして、左胯《さこ》において半跏座にして月輪のなかに坐す。八大菩薩がまわりをとりかこみ、内と外との四隅には八供養菩薩を安置する。東・南・西・北の四門にはまさしく四種類の宝を置くがよい。東門に銀を置き、南門に金を置き、西門に摩尼宝《まにほう》を置き、北門に真珠を置く。

ある時には、修行者は曼荼羅のなかに坐し、自身、本尊の瞑想観をおこなう。聖者たちのとりかこみを観想して、四字の真言をもって招く。一字の真言を唱え、すなわち四種類のさとりの智慧の真理のおもむきを唱える。心をめぐらして真理の世界にあまねくひろがってから、また（再び）始める。中略、瞑想の境地が現に実現するに至る。もしもこの曼荼羅に自身が入り、他の者を入れるならば、その後に一字の真言を受けて念ずる。あるいは香や花などのさまざまな供養のそなえものを加える。もしもよく心をめぐらして仏菩薩を供養するならば、とりもなおさず供養のそなえものは真理の世界にあまねくひろがり、それぞれの仏菩薩のみ前に広大な供養を成就することになる。

「時に虚空庫大菩薩は云々」というのは、前に注解したとおりである。心髄の真言は、唵字がこれである。唵字は、三つの身体の意味がある。また頂上を見ることがない意味に名づけたものであり、また本来生起しないことの意味に名づける。これはまた如来の白毫相《びゃくごうそう》の功徳をも意味する。　以上が、虚空庫菩薩の理趣の章である。

羯磨杵　金剛羯磨ともいう。三鈷杵を十字にクロスさせた法具で、さとりの智慧を象徴する。

金剛拳　親指を内にまげ、他の四指で握って拳をつくる印契。

摩尼宝　摩尼宝珠の略。摩尼はサンスクリット語マニの音写。宝石の意。

本尊瑜伽観　本尊と一体となる瞑想、観法。

四字明　四字の真言。四明ともいう。ジャフ（jaḥ）・フーム（hūṃ）・バン（baṃ）・ホーフ（hoḥ）。慈・悲・喜・捨の四摂法《ししょうぼう》によって人びとを引きよせる意を象徴する。

一字真言　一字の真言、オーム（oṃ）。

唵字　唵はオームの音写。

三身　法身・報身・化身。オームをア（a）・ウ（u）・ム（m=ma）の三字音に分解して、それぞれに三身の一つをあてるのは『守護国界主陀羅尼経』巻第九（大正一九・五六五下）にみえる。これは本来、ヒンドゥー教で、アを創造の神ブラフマー、ウを保持の神ヴィシュヌ、ムを破壊の神シヴァにあてて、それらを象徴したのと対応し、その起源は『シユヴェーターシュヴァタラ・ウパニシャッド』にもとめられる。然るに、『理趣釈』では、この三字音に、別に本不生・無見頂相・如来毫相功徳の三つの意味があるとする。アは本不生の不生を意味するアヌトパーダ（anutpāda）の頭文字であり、ウは無見頂相（肉髻）を意味するウシュニーシャ（uṣṇīṣa）の頭文字であり、ムは如来毫相の功徳を表わす宝珠をさす原語マニ（maṇi 摩尼）の頭文字であるからである。

毫相　白毫相の略。如来にそなわる三十二の身体的特徴（三十二相）の一で、眉間にある白い毛のうずをいう。

〔二〕 摧一切魔の理趣会

時薄伽梵者、如前所釈。能調伏持智拳如来、摧一切魔菩薩之異名也。或説一切調伏智蔵般若理趣。所謂一切有情平等故、忿怒平等者、是金剛降三世三摩地。由此定調伏他化自在魔王、受化引入仏道。一切有情調伏故、忿怒調伏。此是宝部中宝金剛忿怒三摩地。由此定能調伏摩醯首羅、受化入於仏道也。一切有情法性故、忿怒法性者、此是蓮華部中馬頭忿怒観自在三摩地。由此定調伏梵天、受化入於仏道。一切有情金剛性故、忿怒金剛性者、此是羯磨部中羯磨三摩地。由此定調伏那羅延、受化令入仏道也。何以故、一切有情調伏即為菩提者、本是慈氏菩薩、由此菩薩内入慈定、深矜愍難調諸天、外示威猛、令得受化、引入菩提。

「時に薄伽梵」とは、前に釈するところの如し。「よく調伏《じょうぶく》し智《ち》拳《けん》を持《じ》したまえる如来」とは、摧一切魔《さいいっさいま》菩薩の異名なり。或いは「一切を調伏する智蔵《ちぞう》の般若理趣を説きたもう。いわゆる一切の有情《うじょう》の平等の故に、忿怒《ふんぬ》は平等なり」とは、これ金剛降三世《ごうざんぜ》の三摩地《さんまじ》なり。この定《じょう》によって他化自在魔王《たけじざいまおう》を調伏し、受化《じゅけ》して仏道に引入《いんにゅう》したもう。「一切の有情の調伏の故に、忿怒は調伏なり」。これはこれ宝部の中の宝金剛の忿怒三摩地なり。この定によってよく魔醯首羅《まけいしゅら》を調伏し、受化して仏道に入るるなり。「一切の有情の法性《ほっしょう》の故に、忿怒は法性なり」とは、これはこれ蓮華部中の馬頭《ばとう》忿怒観自在の三摩地なり。この定によって梵天《ぼんてん》を調伏し、受化して仏道に入るるなり。「一切の有情は金剛性《こんごうしょう》の故に、忿怒は金剛性なり」とは、これはこれ羯磨部《かつまぶ》中の羯磨三摩地なり。この定によって那羅延《ならえん》を調伏し、受化して仏道に入るるなり。「何を以ての故に、一切の有情の調伏は、すなわち菩提のためなり」とは、本《もと》これは慈氏《じし》菩薩にして、この菩薩の内によって慈定《じじょう》に入り、深く難調《なんじょう》の諸天を矜愍《きょうみん》し、外には威猛《いみょう》を示して、受化を得さしめ、菩提に引入す。

「時に薄伽梵」とは、前に注解したところのとおりである。「よく調伏し云々」とは、摧一切魔菩薩の別名のことである。または「一切を調伏する云々」とは、これは金剛降三世明王の瞑想の世界である。この瞑想によって、他化自在魔王を制し伏して、教え導いて仏道に引き入れたもうのである。「一切の有情の調伏の故に云々」とあるが、これはまさに宝部のなかの宝金剛忿怒菩薩の瞑想の境地である。この瞑想によって、よく魔醯首羅を制し伏して、教え導いて仏道に入れるのである。「一切の有情の法性の故に云々」というのは、これはまさに蓮華部のなかの馬頭忿怒観自在菩薩の瞑想の世界である。この瞑想によって、梵天を制し伏して、教え導いて仏道に入れるのである。「一切の有情は金剛性の故に云々」というのは、これはまさに羯磨部のなかの活動の瞑想の境地である。この瞑想によって、那羅延を制し伏して、教え導いて仏道に入れるのである。「何を以ての故に云々」というのは、もとこれは弥勒菩薩のことであって、この菩薩のうちによってすべての者に対して慈悲の念《おも》いに住する瞑想に入って、深く制し伏しがたい神がみをあわれみ、外には威力ある猛《たけ》だけしさを示して、教え導きを受けることを得させ、さとりに引き入れる。

他化自在魔王　他化自在天。六欲天の第六で、欲界（欲望の世界）の最高の天である。この天に生じたものは、他の諸天が現じた欲望の対象を自由自在に享受するといわれるので、とくに悪魔の王といったもの。

宝金剛忿怒三摩地　宝金剛菩薩のいかりを示す瞑想世界。

魔醯首羅　マヘーシュヴァラの音写。訳、大自在天。最高神の一であるシヴァの別名。
馬頭忿怒観自在　馬頭観音。観音部のなかの唯一の忿怒形。
梵天　ヒンドゥー教の最高神の一。
羯磨三摩地　そのはたらきが本来全く清らかであることを示す瞑想世界。
那羅延　ナーラーヤナの音写。ヴィシュヌ神のこと。
慈氏菩薩　弥勒菩薩のこと。慈・悲・喜・捨の四無量心の第一の慈は仏のはたらきで、そうした仏となり得る家柄に生まれ、やがて仏となる菩薩ということで、この名称がある。
慈定　前項、四無量心の第一の慈、すなわちいつくしみの心に住してすべてのものにはたらきかけるための瞑想。

時摧一切魔大菩薩、欲重顕明此義故、熙怡微笑、以金剛薬叉形、持金剛牙、恐怖一切如来者、一切外道諸天、悉具如来蔵、是未来仏。令捨邪帰正故、名恐怖一切如来、如来者離五怖、得四無所畏、無能怖者也。今所恐怖、非在果位如来、乃在因位也。以説金剛忿怒大笑心者、此是金剛薬叉菩薩大智印也。郝字具四義。一切法本不生義、因義、二種我義。由迷一切法本不生理、為一切煩悩因。煩悩因起二種我。所謂人我法我。是故一切外道諸天、執我執法。令彼調伏、入金剛薬叉三摩地。即思此菩薩一字心真言、入一切法本不生門、則離一切煩悩因。煩悩既離、即証二種無我人空法空。則顕真如恒沙功徳。即超越三界九地妄心所起諸惑雑染。是故名為摧一切魔大菩薩也。

「時に摧一切魔大菩薩は、重ねてこの義を顕明《けんみょう》せんと欲《ねが》うが故に、熙怡微笑《きいみしょう》して、金剛薬叉《やくしゃ》の形を以て金剛牙《げ》を持《じ》し、一切如来を恐怖《くふ》せしめ」とは、一切の外道《げどう》・諸天は悉《ことごと》く如来蔵《にょらいぞう》を具し、これ未来仏《みらいぶつ》なり。邪を捨て正《しょう》に帰せしめるが故に、「一切如来を恐怖せしむ（る者）」と名づく。如来とは、五怖《ごふ》を離れ、四無所畏《しむしょい》を得《え》、よく怖るることなき者なり。今、恐怖するところは、果位《かい》の如来に在《まし》ますにあらず、乃《いま》し因位《いんに》に在すなり。以て「金剛忿怒大笑《だいしょう》心《しん》を説きたもう」とは、これはこれ金剛薬叉《やくしゃ》菩薩の大智《だいち》印《いん》なり。「郝《かく》」字は四義を具す。一切法本不生《ほんぷしょう》の義、因の義、二種の我《が》の義なり。一切法本不生の理に迷うことによって、一切の煩悩の因となる。煩悩の因は二種の我を起す。いわゆる人我《にんが》と法我となり。この故に一切の外道・諸天は、我に執し法に執す。彼れをして調伏《じょうぶく》せしめ、金剛薬叉の三摩地に入る。すなわちこの菩薩の一字の心真言《しんしんごん》を思い、一切法本不生門に入れば、すなわち一切の煩悩の因を離る。煩悩すでに離るれば、すなわち二種の無我なる人空《にんくう》・法空《ほっくう》を証す。すなわち真如《しんにょ》の恒沙《ごうじゃ》の功徳《くどく》を顕《あら》わす。すなわち三界九地《さんがいくじ》の妄心より起こるところの諸惑《しょわく》・雑染《ぞうぜん》を超越《ちょうおつ》す。この故に名づけて摧一切魔大菩薩となすなり。

「時に摧一切魔大菩薩は云々」とは、すべての仏教以外の教えを信奉する者、神がみは皆、如来となる可能性を具《そな》え、これは未来に出でます仏である。邪悪を捨て正しいところにもどさせるから、「一切如来を恐怖せしむ（る者）」と名づける。如来とは、五つの怖れを離れ、四つの畏《おそ》れなきところを得、よく怖れることのない者のことである。今、恐れ怖れるところは、さとりの位にある如来ではなく、今まさに修行の位にあるということである。だから、「金剛忿怒大笑心を云々」というのは、このものは金剛薬叉菩薩の大智印である。

「郝」の字は、四つの意味をもつ。すべての存在するところのものは本来生起しないという意味、原因の意味、二種類の実体性の意味である。すべての存在するところのものは本来生起しないという理法に迷うことによって、すべての煩悩の原因となる。煩悩の原因は、二種類の実体性を起こすことである。いうところの個体存在の実体性と、存在するところのものの実体性である。だから、すべての仏教以外の教えを信奉する者、神がみは、個体存在に執《とら》われ、存在するところのものに執われる。その者たちを制し伏して、（そのために）金剛薬叉菩薩の瞑想の境地に入る。

すなわちこの菩薩の一字の心髄の真言を心に念じ、すべての存在するところのものは本来生起しないとする門戸に入れば、すなわちすべての煩悩の原因を離れる。煩悩を離れてしまえば、すなわち二種類の実体性を否定したところの個体存在の空、存在するところのものの空をさとる。そのまま絶対真理のガンジス河の砂ほどもある多くの功徳を明らかにする。すなわち全世界、九つの修行の階位における虚妄の心より起こるところのさまざまな惑い、雑多な汚れを超越する。だから、これを摧一切魔大菩薩と名づける。

如来蔵　如来の胎の意。如来の母胎にやがて仏となるべきすべての者を胎児として宿すとも、すべての者の胎内に仏を宿して、やがて仏が生まれるとも解される。一般にはすべての者の心のなかに存する如来となり得る可能性のこと。

五怖　五怖畏。衆生のもつ五つのおそれで、不活畏（生活の不安）・悪名畏（悪名を受ける不安）・死畏（死のおそれ）・悪道畏（地獄などにおちる不安）・

大衆威徳畏（大衆の前に出るのをおそれること）。
四無所畏　四無畏ともいう。仏が教えを説くときにもつ四つのおそれのない自信で、(1)正等覚無畏、(2)漏永尽無畏、(3)説障法無畏、(4)説出道無畏。
大智印　四種曼荼羅のうちの大曼荼羅で、ここでは真実の実践者がみずから本尊の身となること。

郝字　ハフ（haḥ）の音写。摧一切魔菩薩の種子で、本文にあるように、一切法本不生・因・人我・法我の四つの意味がある。
三界九地　三界は欲界・色界・無色界で、全世界。九地は欲界に一地、色界と無色界にそれぞれ四地があるので、合わせると九地になる。『倶舎論』の説。

若瑜伽者、欲降伏一切世間出世間魔怨、応建立金剛薬叉曼荼羅。中央画摧一切魔菩薩。前安魔王天主、右安魔醯首羅、後安梵天、左安那羅延天。内四隅応置四部中牙印。外四隅安四外供養。四門応置四種印契。東門画三股忿怒杵、南門画金剛宝光焔熾盛、西門画金剛蓮華具光明、北門画羯磨金剛光明遍流。建立此壇已、自入令他入、則離一切怨敵悪人、所不能害。或時坐於輪中位、作本尊瑜伽。想聖衆囲遶。則誦四字明、召請聖衆。次誦一字明、誦四種般若理趣。起大慈心於衆生界、運心遍法界、周而復始。由此三摩地修行、設三界中一切有情、尽為魔雖作障難、不能傾動、修行者、所修一切世間出世間悉地、皆得満足。已上摧一切魔菩薩理趣品。

もし瑜伽者《ゆがしや》、一切の世間・出世間の魔怨《まおん》を降伏《ごうぶく》せんと欲《ねが》わば、まさに金剛薬叉《やくしや》曼荼羅を建《こん》立《りゆう》すべし。中央に摧一切魔菩薩を画け。前に魔王天主を安んじ、右に魔醯首羅《まけいしゆら》を安んじ、後に梵天《ぼんてん》を安んじ、左に那羅延天《ならえんてん》を安んず。内の四隅にまさに四部の中の牙印《げいん》を置くべし。外《げ》の四隅に四の外供養《げくよう》を安んず。四門にまさに四種の印契《いんげい》を置くべし。東門に三股《さんこ》忿怒杵《ふんぬしよ》を画き、南門に金剛宝の光焔熾盛《こうえんしじょう》なるを画き、西門に金剛蓮華の光明を具するを画き、北門に羯《かつ》磨《ま》金剛の光明遍流《へんる》するを画け。この壇を建立しおわって、自ら（曼荼羅の中に）入り、他をして入れしむれば、すなわち一切の怨敵《おんてき》・悪人を離れて、よく害する能《あた》わざるところなり。

或る時には輪《りん》の中位《ちゅうい》に坐して、本尊の瑜伽を作《な》す。聖衆《しょうじゅ》の囲遶《いにょう》を想え。すなわち四字明《しじみょう》を誦《じゅ》して、聖衆を召請《しょうしょう》す。次に一字明を誦し、四種の般若理趣を誦す。大慈心《だいじしん》を衆生界《しゅじょうかい》に起こして、心を遍法界《へんほっかい》に運《めぐ》らし、周《めぐ》ってまた始む。この三摩地《さんまじ》の修行によって、設《たと》い三界中の一切の有情《うじょう》が尽《ことごと》く魔のために障難《しょうなん》を作《な》すと雖《いえど》も、傾動《きょうどう》する能わず。修行者は、修むるところの一切の世間・出世間の悉地《しつじ》、皆、満足することを得《う》。已上《いじょう》、摧一切魔菩薩理趣品。

もしも瞑想をおこなう者が、すべての世間と世間を超えた世界の悪魔や敵を降《くだ》し伏そうと願うならば、まさしく金剛薬叉曼荼羅を制作するがよい。中央に摧一切魔菩薩を画け。前に魔王天主を安置し、右に魔醯首羅《まけいしゅら》を安置し、後に梵天を安置し、左に那羅延天《ならえんてん》を安置する。内の四隅にまさしく四部のなかの牙印を置くがよい。外の四隅に四つの外供養菩薩を安置する。東・南・西・北の四門に、まさしく四種の印契を安置するがよい。東門に三股忿怒杵を画き、南門に金剛宝の光のかがやきが盛んなのを画き、西門に金剛蓮華の光明を具《そな》えているのを画き、北門に羯磨《かつま》金剛の光明があまねく流れているのを画け。この壇を制作してから、自身、曼荼羅のなかに入って、他の者をも入れるならば、すなわちすべての敵や悪人を離れて、害《そこな》われることがない。

ある時には、輪壇（曼荼羅）のなかの中央の位に坐して、本尊と一体となる瞑想をおこなう。聖者たちがとりかこんでいるのを観想せよ。すなわち四字の真言を唱え、聖者たちを招く。次に一字の真言を唱え、四種類のさとりの智慧の真理のおもむきを唱える。大いなる慈《いつく》しみの心を生きとし生けるものの世界に対して起こし、心をあまねき真理の世界にめぐらして、めぐってまた当初より始める。この瞑想を修行することによって、たとえ全世界のなかのすべての生きとし生けるものが皆、悪魔のためにさまたげをなすことがあっても、傾けゆるがすことができず、修行者は修めるところのすべての世間と世間を超えた世界の不可思議な成就を、皆、満たすことができるのである。以上が、摧一切魔菩薩の理趣の章である。

魔王天主　他化自在天の主である魔王。

魔醯首羅　マヘーシュヴァラの音写。

那羅延天　那羅延はナーラーヤナの音写。

四部中牙印　四部は金剛界五部のうちの金剛部・宝部・蓮華部・羯磨部。牙印は牙《きば》の形を結び表わす印契。金剛薬叉菩薩の場合は、親指を内にまげ、他の四指で握って拳をつくり、両手の小指と人差指をのばして牙の形にして口の両端にあてる。

三股忿怒杵　羯磨鎮壇ともいう。横にした五鈷杵《ごこしょ》の上に三鈷を立てるもの。忿《いか》りを象徴した金剛杵。

羯磨金剛　羯磨杵、輪羯磨などともいう。法具の一種で、三鈷杵を十字にクロスさせたもの。仏の智慧を象徴する。

四字明　四字の真言。ジャフ・フーム・バン・ホーフ。前掲四四一頁注参照。

一字明　一字の真言、ハフ（haḥ）。

〔三〕降三世教令輪

時婆伽梵、一切平等建立如来者、是普賢菩薩之異名也。復説一切法三昧耶最勝出生般若理趣。所謂一切平等性故、般若波羅蜜多平等性者、是金剛部大曼荼羅。由入此曼荼羅、能悟一切有情皆有不壊金剛仏性。一切義利性故、般若波羅蜜多義利性者、此是宝部曼荼羅。由入此曼荼羅、証得如虚空真如恒河沙功徳故。一切法性故、般若波羅蜜多法性者、此是蓮華部大曼荼羅。由入此曼荼羅、証悟清浄法界如蓮華、不染諸惑。一切事業性故、般若波羅蜜多事業性者、即是羯磨部大曼荼羅。由入此曼荼羅、獲得迅疾身口意、至於十方一切世界仏集会、広大供養也。応知是金剛手、入一切如来菩薩三昧耶加持三摩地、説一切不空三昧耶心者、如前釈。

「時に婆伽梵《ばがぼん》、一切の平等を建立《こんりゅう》する如来」とは、これ普賢《ふげん》菩薩の異名なり。「また一切法《は》の三昧耶《さんまや》の最勝を出生《しゅつしょう》する般若理趣を説きたもう。いわゆる一切の平等性《びょうどうしょう》の故に、般若波羅蜜多《らみった》は平等性なり」とは、これ金剛部の大曼荼羅なり。この曼荼羅に入ることによって、よく一切の有情《うじょう》は皆、不壊《ふえ》の金剛の仏性《ぶっしょう》あるを悟る。「一切の義利性《ぎりしょう》の故に、般若波羅蜜多は義利性なり」とは、これはこれ宝部の曼荼羅なり。この曼荼羅に入ることによって、虚空の如き真如《しんにょ》の恒河沙《ごうがしゃ》の功徳を証得《しょうとく》するが故に。「一切の法性《ほっしょう》の故に、般若波羅蜜多は法性なり」とは、これはこれ蓮華部の大曼荼羅なり。この曼荼羅に入ることによって、清浄なる法《ほっ》界《かい》の蓮華の如く、諸《もろもろ》の惑《わく》に染まらざることを証悟す。「一切の事業性《じごうしょう》の故に、般若波羅蜜多は事業性なり」とは、すなわちこれ羯磨《かつま》部の大曼荼羅なり。この曼荼羅に入ることによって、迅疾《じんそく》に身口意《しんくい》の、十方一切の世界の仏の集会《しゅうえ》に至って、広大なる供養なるを獲得《ぎゃくとく》するなり。「まさに知るべし。この金剛手は、一切の如来と菩薩との三昧耶の加持《かじ》の三摩地《さんまじ》に入って、一切不空《ふくう》三昧耶の心を説きたもう」とは、前の釈の如し。

「時に婆伽梵云々」とは、これは普賢菩薩の別名である。「また一切法の三昧耶の云々」とは、これは金剛部の大曼荼羅である。この曼荼羅に入ることによって、よくすべての人びとは皆、堅固不壊《ふえ》の仏である本性を有することを悟る。「一切の義利性の故に云々」とは、このことは宝部の曼荼羅である。この曼荼羅に入ることによって、澄みきった大空のような絶対真理のガンジス河の砂ほどの無数の功徳をさとり得るからである。「一切の法性の故に云々」とは、このことは蓮華部の大曼荼羅である。この曼荼羅に入ることによって、清らかな真理の世界の蓮華のように、いろいろな迷いに染まらないことを悟る。「一切の事業性の故に云々」とは、つまりこれは羯磨部の大曼荼羅である。この曼荼羅に入ることによって、速やかに身体・言葉・意《こころ》が十方すべての世界の仏の集まりに至って、広大な供養となるを得るのである。「まさに知るべし云々」とは、前の注解のとおりである。

金剛部・宝部・蓮華部・羯磨部　金剛界の諸尊のグループ五部のうちの仏部を除いたもの。

大曼荼羅　四種曼荼羅、すなわち、大曼荼羅・三昧耶曼荼羅・法曼荼羅・羯磨曼荼羅の一。諸尊の尊像を描いた曼荼羅をいう。

吽字義、如初品所釈。瑜伽者、為成就四種曼荼羅、教勅外金剛部、成弁一切世間悉地故、応建立曼荼羅。其壇輪形三重、中輪画八輻。臍中先別画金剛手菩薩、安其臍中、八輻中画八大菩薩。各頭向外、又更一重画五類外金剛部諸天。所謂上界天王那羅延等四種。又画遊空日天等四種。又画住虚空四種頻那夜迦。四方各配四門。又画地居主蔵等四種天。又画地中猪頭等四神。如上等従東北隅、右旋布列令匝、頭皆向外。其第三重如前五種天之妃后、各配本天相対。此曼荼羅前誦持一字心、兼修四種般若理趣。運心遍法界、周而復始、不久身得同降三世金剛。於臍輪中、移出金剛手菩薩、自居其内。想自身作降三世金剛三摩地。結彼等五類教勅印、誦金剛手一字明、称彼等天真言。相和誦、皆得使役、応成弁所求皆遂。已上降三世教令輪品。

「吽《うん》」字の義は初品《しょぼん》に釈するところの如し。瑜伽者《ゆがしゃ》は、四種曼荼羅を成就せんが為に、外金《げこん》剛部《ごうぶ》に教勅《きょうちょく》して、一切の世間の悉地《しつじ》を成弁《じょうべん》するが故に、まさに曼荼羅を建立すべし。その壇輪《だんりん》の形は三重にして、中輪に八輻《はっぷく》を画け。臍中《さいちゅう》に先ず別に金剛手《こんごうしゅ》菩薩を画き、その臍中に安んじ、八輻の中に八大菩薩を画け。各々の頭は外に向け、また更に一重に五類の外金剛部の諸天を画け。いわゆる上界天王・那羅延《ならえん》等の四種なり。また、遊空《ゆくう》・日天《にってん》等の四種を画け。また虚空に住する四種の頻那夜迦《びなやか》を画け。四方に各々、四門を配す。また地居《じご》・主蔵《しゅぞう》等の四種天を画け。また地中の猪頭《ちょとう》等の四神を画け。上の如き等は、東北隅より、右旋《うせん》して布列し匝《めぐ》らしめ、頭は皆、外に向けしむ。その第三重は前の如く五種天の妃后《ひこう》を、各々、本《もと》の天に配して相《あい》対せしめよ。

この曼荼羅の前にて一字《いちじ》心《しん》を誦持《じゅじ》し、兼ねて四種の般若理趣を修《しゅ》す。心を遍法界《へんほっかい》に運《めぐ》らして、周《あま》ねくしてまた始むれば、久しからずして身、降三世《ごうざんぜ》金剛に同ずることを得《う》。臍輪《さいりん》の中に金剛手菩薩を移出し、自らその内に居《こ》す。自身に降三世金剛の三摩地を作《な》すと想え。彼等五類の教勅の印を結び、金剛手の一字明を誦し、彼等天の真言を称す。相《あい》和して誦し、皆、使役することを得《え》、まさに求むるところ、皆、遂ぐることを成弁《じょうべん》すべし。已上《いじょう》、降三世教令輪品《きょうりょうりんぼん》。

「吽」字の意味は、初品（第一章）で注解したとおりである。瞑想をする者は、四種の曼荼羅を完成するために、外金剛部の諸尊に命令して、すべての世間におけるすぐれた成果を完成するから、まさしく曼荼羅を作るべきである。その壇輪（曼荼羅の円輪）の形は三重であって、中央の円輪に八輻を画くがよい。中央にまず別に金剛手菩薩を画き、その中央に安置し、八輻のなかに八大菩薩を画くがよい。それぞれの頭は外の方に向け、またさらに一重には外金剛部の五類の諸天を画くがよい。いうところの上界の天王、那羅延天などの四種である。また遊空天・日天などの四種を画くがよい。また虚空に住する四種の頻那夜迦《びなやか》を画くがよい。四方にそれぞれ、四門を配する。また地居《じご》天・主蔵天などの四種の天を画くがよい。また地中の猪頭などの四神を画くがよい。右のような諸天は、東北の隅から右にめぐって布《し》きつらね、ぐるりとまわる。頭は皆、外の方に向ける。その第三重は前と同じように五類天の妃《きさき》をそれぞれ、もとの諸天に配して相対するようにする。

この曼荼羅の前で、一字の心髄の真言を読誦し、あわせて四種のさとりの智慧の真理のおもむきを修める。心を真理の世界にひろくめぐらし、めぐってまたもとにもどってはじめる。そうすれば、間もなくして、自身が降三世金剛と同一になることができる。中央の輪のなかに金剛手菩薩を移し出して、自らその菩薩のなかに住する。自身が降三世金剛の瞑想をおこなうと観想せよ。彼ら五類の諸天の教え戒しめの印契《いんげい》を結び、金剛杵を手にする者の一字の真言を唱え、彼ら諸天の真言を称《とな》える。（これによって）相和して唱え、皆、はたらかせることができて、まさしく求めるところのものをことごとくなし遂げ成就するであろう。

以上が、降三世教令輪の章である。

四種曼荼羅　大曼荼羅・三昧耶曼荼羅・法曼荼羅・羯磨曼荼羅。

外金剛部　曼荼羅の外廓四方に配される諸天のグループ。最外院《さいげいん》ともいう。

五類外金剛部諸天　五類諸天、五類天ともいう。『十八会指帰』によれば、上界天・虚空天・地居天・遊虚空天・地下天。『教王経』（大正一八・三七三上）などにもみえる。

上界天王　上界は上界天。五類天の一。『秘蔵記』は色界・無色界を、『教王経』は忉利《とうり》天の帝釈天を上界天とする。天王は四天王で、地居天に属する。

那羅延　ナーラーヤナの音写。四四四頁注参照。

遊空　遊空天、遊虚空天の略。五類天のうちで、日月、星宿などの諸天。

日天　スーリヤ神。十二天の一。胎蔵曼荼羅の外金剛部に配され、両手に蓮華をもち、五頭の赤い馬に引かせた車に乗る。

頻那夜迦　ヴィナーヤカの音写。鬼神の一種。その形像は種々に説かれ、象面人身。ヒンドゥー教ではシヴァとウマーの長子であるとする。

地居　地居天の略。五類天のうちの第四で、『秘蔵記』では四天王と忉利天をいう。『教王経』では火天・風天などを地居天に加える。

主蔵　主蔵天。地居天に属する。

地中猪頭等四神　第五の地下天に属する猪頭を有するものなどの四天。金剛界曼荼羅に描くものでは、金剛面天・燄摩天・歓喜天・水天。

五種天　前の五類天のこと。

〔三〕 外金剛部会

時婆伽梵如来者、是毘盧遮那仏也。復説一切有情加持般若理趣。所謂一切有情如来蔵、以普賢菩薩一切我故者、一切有情不離大円鏡智性、是故如来説一切有情如来蔵、以普賢菩薩同一体也。一切有情金剛蔵、以金剛蔵灌頂故者、一切有情不離平等性智性、是故如来説一切有情金剛蔵。金剛蔵者、即虚空蔵也。以金剛宝、獲得灌頂也。一切有情妙法蔵、能転一切語言故者、一切有情不離妙観察智性、是故如来説一切有情妙法蔵。妙法蔵者、観自在菩薩也。於仏大集会、能転法輪也。一切有情羯磨蔵。羯磨蔵者、即毘首羯磨菩薩也。能作所作性相応故者、一切有情不離成所作智性、能作八相成道所作三業化、令諸有情調伏相応也。此四種智、即四大菩薩現転輪王是也。時外金剛部、欲重顕明此義故、作歓喜声、説金剛自在自真実心者、外金剛部者、摩醯首羅等二十五種類諸天也。

「時に婆伽梵《ばがぼん》如来」とは、これ毘盧遮那仏《びるしゃなぶつ》なり。「また一切の有情《うじょう》を加持《かじ》する般若理趣を説きたもう。いわゆる一切の有情は如来蔵《にょらいぞう》なり、普賢《ふげん》菩薩の一切の我《が》を以ての故に」とは、一切の有情は大円鏡智《だいえんきょうち》の性《しょう》を離れず、この故に如来は「一切の有情の如来蔵」を説きたもう。

普賢菩薩と同一体を以てなり。「一切の有情は金剛蔵《こんごうぞう》なり、金剛蔵の灌頂《かんじょう》を以ての故に」とは、一切の有情は平等性智《びょうどうしょうち》の性を離れず、この故に如来は「一切の有情の金剛蔵」を説きたもう。「金剛蔵」とは、すなわち虚空蔵なり。金剛宝を以て、灌頂を獲得《ぎゃくとく》するなり。「一切の有情は妙法蔵《みょうほうぞう》なり、よく一切の語言《ごごん》を転ずるが故に」とは、一切の有情は妙観察智《みょうかんざっち》の性を離れず、この故に如来は「一切の有情の妙法蔵」を説きたもう。「妙法蔵」とは、観自在菩薩なり。仏の大集会《だいしゅうえ》に於いて、よく法輪を転ずるなり。「一切の有情は羯磨《かつま》蔵なり」の「羯磨蔵」とは、すなわち毘首羯磨《びしゅかつま》菩薩なり。「よく所作《しょさ》を作《な》す性《しょう》と相応するが故に」とは、一切の有情は成所作智《じょうしょさち》の性を離れず、よく八相成道《はっそうじょうどう》の所作の三業《さんごう》の化《け》を作して、諸《もろもろ》の有情をして調伏《じょうぶく》と相応せしむるなり。この四種の智は、すなわち四大菩薩の転輪王《てんりんのう》を現ずる、これなり。「時に外《げ》金剛部《こんごうぶ》は、重ねてこの義を顕明《けんみょう》せんと欲《ねが》うが故に、歓喜《かんぎ》の声を作して、金剛自在の自《じ》真実《しんじつ》の心《しん》を説きたもう」とは、外金剛部は摩《ま》醯首羅《けいしゅら》等の二十五種類の諸天なり。

「時に婆伽梵如来」とは、これは毘盧遮那仏のことである。「また一切の有情を加持する云々」とは、すべての人びとは大円鏡智の性質を離れない。だから、如来は「一切の有情の如来蔵」を説かれる。普賢菩薩と同一体だからである。「一切の有情は金剛蔵なり云々」とは、すべての人びとは平等性智の性質を離れない。だから、如来は「一切の有情の金剛蔵」を説かれる。「金剛蔵」とは虚空蔵菩薩のことである。金剛宝をもって灌頂を得るのである。「一切の有情は妙法蔵なり云々」とは、すべての人びとは妙観察智の性質を離れない。

だから、如来は「一切の有情の妙法蔵」を説かれる。「妙法蔵」とは、観自在菩薩のことである。仏の大きな集まりにおいて、よく真理の輪〔法輪〕を転ずるのである。「一切の有情は羯磨《かつま》蔵《ぞう》なり」の「羯磨蔵」とは、毘首《びしゅ》羯磨菩薩のことである。「よく所作を作す性と云々」とは、すべての人びとは成所作智の性質を離れない。よく釈尊の生涯のうちの八つの重要な出来事のうちの成道においてなすところの身体・言葉・意《こころ》の三つのはたらきによる教化を行ない、あらゆる人びとの身心を抑制させるのである。以上の四種類の智慧は、四大菩薩が転輪聖王《じょうおう》を出現させる智慧のことである。「時に外金剛部は云々」とは、外金剛部は摩醯首羅などの二十五種類のもろもろの天のことである。

大円鏡智・平等性智・妙観察智・成所作智　如来の四智。

灌頂　三三三頁注参照。

羯磨蔵　羯磨はカルマンの音写。活動・作用の意。はたらきが本来清らかで、純粋な活動を内に蔵する。はたらきの根源をなす実践智（成所作智）を蔵すること。

毘首羯磨菩薩　毘首羯磨はヴィシュヴァカルマンの音写。もと『リグ・ヴェーダ』に登場する天地創造または工芸の神。仏教では帝釈天の臣下、密教では虚空庫菩薩、『教王経』では金剛業菩薩の異名。

八相成道　釈尊の生涯のうちの八つの出来事の中心をなす成道を主としたもの。

四大菩薩　普賢・虚空蔵・観自在・毘首羯磨の四の偉大な菩薩。

転輪王　転輪聖王の略。古代インドの理想の帝王。三十二相を身にそなえ、輪宝を転じて世界を統一するという。

摩醯首羅　マヘーシュヴァラの音写。四六〇頁注参照。

心真言者怛唎字。怛字真如義。真如有七種。所謂流転真如、実相真如、唯識真如、安立真如、邪行真如、清浄真如、正行真如。唎字塵垢義。塵垢者五蓋義、能蓋覆真如。是故五趣輪廻生死輪中。為対治彼等難調諸天、建立五種解脱輪。毘盧遮那仏、為世間同類摂化、説摩醯首羅曼荼羅。中央画摩醯首羅、如来形。以八種天囲遶、四供養四門各画本形。若依世俗、是名外曼荼羅。若依勝義、則為普賢曼荼羅。以事顕於理故、即事即理、理事不相礙故、即凡即聖、性相同一真如也。已上外金剛会品。

心真言とは怛唎《たり》字なり。「怛《た》」字は真如の義なり。真如に七種あり。いわゆる流転真如《るてんしんにょ》・実相真如・唯識《ゆいしき》真如・安立《あんりゅう》真如・邪行《じゃぎょう》真如・清浄《しょうじょう》真如・正行《しょうぎょう》真如なり。「唎《り》」字は塵垢《じんく》の義なり。塵垢とは五蓋《ごがい》の義にして、よく真如を蓋覆《がいふく》す。この故に、五趣《ごしゅ》は生死《しょうじ》の輪中に輪廻《りんね》す。彼等難調《なんじょう》の諸天を対治《たいじ》せんが為に、五種の解脱輪を建立《こんりゅう》す。毘盧遮那仏は世間の同類の為に摂化《せっけ》し、摩醯首羅《まけいしゅら》曼荼羅を説きたもう。

中央に摩醯首羅を如来形《にょらいぎょう》に画け。八種の天を以て囲遶《いにょう》し、四供養・四門、各々、本《もと》の形に画け。もし世俗に依らば、これを外《げ》曼荼羅と名づく。もし勝義《しょうぎ》に依らばすなわち普賢《ふげん》曼荼羅となす。事を以て理を顕《あら》わすが故に、即事即理《そくじそくり》にして、理事《りじ》相礙《あいさまた》げざるが故に、即凡即聖《そくぼんそくしょう》にして、性相《しょうぞう》同一の真如なり。已上《いじょう》、外《げ》金剛会《こんごうえ》品《ぼん》。

心髄の真言は怛唎字である。「怛」字は絶対真理の意味である。絶対真理に七種類がある。いうところの、生滅する諸事象をつらぬく真実のすがたとしての絶対真理・すべての存在のあるがままの真実相としての絶対真理・すべてはただ表象のみとしての絶対真理・すべての生けるものの行為と現象のすべてを成立せしめている絶対真理・煩悩や邪《よこしま》な行ないなどの本体としての絶対真理・清らかな絶対真理・正しい行ないの本体としての絶対真理である。

「唎」字は心を汚す垢《あか》を意味する。心を汚す垢とは、五種の心を覆う煩悩の意味であって、これはよく絶対真理を覆いかぶすものである。だから、五つの迷いの世界にある者は生死の輪のなかにあって回転する。かれら制し伏しがたい神がみの煩悩を断つために、五種の解脱輪をつくる。毘盧遮那仏は世間の同じ類《たぐい》の者のために救いとって利益を与え、摩醯首羅曼茶羅を説きたもうたのである。

中央に摩醯首羅を如来の形にして画け。八種類の神をもってとりめぐらせる。四供養菩薩、東・南・西・北の四門は、それぞれもとの形に画け。もしも世間の通途によれば、これを外曼茶羅と名づける。もしも第一義によれば、すなわちこれは普賢曼茶羅である。差別的な現象をもって普遍的な真理を明らかにするから、差別的な現象に即して、それがそのまま普遍的な真理であって、普遍的な真理と差別的な現象とが相互にまたげることがないから、迷えるなみの者に即して、それがそのままさとれる聖者であって、本体と現象とが同一であるとする絶対真理である。以上が、外金剛会の章である。

怛唎字　怛唎はトゥリーの音写。

怛字　怛はタの音写。

唎字　唎はリーの音写。

五蓋　心をおおう五つの障害、すなわち煩悩。貪り・怒り・眠りこんだような無知・躁鬱状態・疑いをいう。

五趣　五道ともいい、地獄・餓鬼・畜生・人間・天（神）。五つのおもむくところの意で、迷いの五つの世界、迷えるものの生存のありよう。

五種解脱輪　五解脱輪ともいう。金剛界曼荼羅の大日・阿閦《あしゆく》・宝生・無量寿・不空成就の五智如来の住する五大月輪。

摩醯首羅曼荼羅　摩醯首羅はマヘーシュヴァラの音写。マヘーシュヴァラ、すなわち大自在天を主尊とする曼荼羅。

八種天　帝釈天（東方）・炎摩天（南方）・水天（西方）・多聞天（北方）・火天（東南方）・羅刹天（南西方）・風天（西北方）・伊舎那天（北東方）。

〔一四〕七母天の集会

爾時七母女天、頂礼仏足、献奉鉤召摂入能殺能成三昧耶真実心者、七母女天者、是摩訶迦羅天眷属也。献奉鉤召者、以金剛鉤印、能召一切両足多足等諸有情類。摂入者、以金剛索印、引入曼荼羅、及引入仏道。能殺者、殺害毀壊正法。損害多有情者、殺害不善心也。能成者、令修真言行、離世間障難、速得悉地也。三昧耶者、是彼天女本誓也、真実心者、毘欲字是。毘字一切法三有不可得、欲字一切乗不可得、由三有情、種種愛楽勝解不同。是故如来出興于世説五乗。所謂天乗梵乗声聞乗縁覚乗大乗。是故仏楞伽経中伽他説、乃至心流転、我説為諸乗。若心得転依、無乗及乗者、此天等亦有曼荼羅。中央画摩訶迦羅、以七母天囲遶。具如広経所説。摩訶迦羅者大時義。時謂三世無障礙義。大者是毘盧遮那法身無処不遍。七母天者、幷梵天母、表八供養菩薩、以事顕理也。已上七母天集会品。

「その時、七母《しちも》女天《にょてん》は仏足を頂礼《ちょうらい》して、鉤召《こうしょう》し摂入《しょうにゅう》し、よく殺《せつ》し、よく成《じょう》ずる三昧耶《さんまや》の真実の心を献奉《こんぶ》す」とは、七母女天とは、これ摩訶迦羅天《まかからてん》の眷属《けんぞく》なり。「献奉鉤召」とは、金《こん》剛鉤印《ごうこういん》を以て、よく一切の両足多足《りょうそくたそく》等の諸《もろもろ》の有情《うじょう》の類を召す。「摂入」とは、金剛索《さく》印を以て、曼荼羅に引入《いんにゅう》し、及び仏道に引入す。「よく殺す」とは、正法《しょうぼう》を毀《き》壊《え》するを殺害《せつがい》す。「多くの有情を損害す」とは、不善心を殺害するなり。「よく成ず」とは、真言行《しんごんぎょう》を修せしめ、世間の障難《しょうなん》を離れて、速やかに悉地《しつじ》を得さしむるなり。「三昧耶」とは、これ彼《か》の天女の本誓《ほんぜい》なり。「真実の心」とは、毘《び》欲《よく》字これなり。「毘」字は一切法の三有不可得《さんぬふかとく》、「欲」字は一切乗不可得なり。三有情によって、種々に愛楽《あいぎょう》し勝解《しょうげ》すること不同なり。この故に、如来、世に出興《しゅっこう》して五乗を説きたもう。いわゆる天乗・梵乗・声聞《しょうもん》乗・縁覚《えんがく》乗・大乗なり。この故に仏、『楞伽経《りょうがきょう》』中の伽陀《かだ》に説かく、乃至、心流転《るてん》して、我れ説いて諸乗となす。もし心、転依《てんね》を得れば、無乗及び乗者、この天等もまた曼荼羅あり。

中央に摩訶迦羅《まかから》を画け。七母《しちも》天《てん》を以て囲遶《いにょう》す。具《つぶ》さには広く経に説くところの如し。「摩訶迦羅」とは、大時《だいじ》の義なり。「時」は、いわく三世《さんぜ》に障礙《しょうげ》なき義なり。「大」とは、これ毘盧遮那法身《ほっしん》の遍ぜざる処《ところ》なきなり。「七母天」とは、梵天母《ぼんてんも》を幷せて、八供養菩薩を表わし、事を以て理を顕すなり。已上《いじょう》、七母天集会品。

「その時、七母女天は云々」とは、七母女天は摩訶迦羅《まかから》天の随伴者である。「献奉鉤召《こんぶこうしょう》」とは、金剛鉤印をもって、よくすべての両足あるもの、多足あるものなどのさまざまの生きとし生けるものの類を呼びよせる。「摂入《しょうにゅう》」とは、金剛索印をもって、曼荼羅に引き入れ、および仏道に引き入れる。「よく殺す」とは、正しい真理の教えを打ちこわすのを殺害することである。「多くの有情を損害す」とは、善からざる心を殺害するのである。「よく成ず」とは、真言の実践行を修めさせ、世間のさまたげを離れて、速やかに修行の効験を得させることである。「三昧耶」というのは、これは、かの女神のもとの誓いである。「真実の心」というのは、（心髄の真言である）毘欲字がこれである。「毘」字はすべての存在するところのものの三種の生存は認得できないということ、「欲」字はすべての教えは認得できないということである。三種の生存によって、さまざまに愛し求めることとやすぐれた了解があって同じではない。だから、如来が世にいでまして五つの教えを説きたもうたのである。いうところの天乗・梵乗・声聞乗・縁覚乗・大乗である。だから如来は、『入楞伽経《にゅうりょうがきょう》』のなかの詩頌で説いて言われる、中略、心が流れ転ずるので、わたくしは（それに応じて）さまざまの教え〔乗〕を説いたのである。もしも、心が依りどころを転換することができれば、教えのないもの、および教えをいただく者、この神がみにもまた曼荼羅がある。

中央に摩訶迦羅《まかから》を画け。七母天によって、これをとりかこむ。詳しくは広く経典に説くとおりである。摩訶迦羅とは大いなる時の意味である。時とはすなわち過去・未来・現在にさまたげがないという意味である。大とは毘盧遮那仏の真理そのものの身体が一定のところにとどまることなく、ゆきわたらないことがないという意味である。七母天とは、梵天母をも加えて、八供養菩薩を表わし、現象によって普遍的真理を示すのである。以上が、七母天集会の章である。

七母女天　七母天ともいう。『理趣釈』では、摩訶迦羅を中尊とする。そして七母天に梵天母を加えて八供養菩薩を表わすとする。五一三頁の図15参照。

摩訶迦羅天　摩訶迦羅はマハーカーラの音写。訳は、大黒（天）。七母女天の中尊。

金剛鉤印　両手首を交叉させたまま二つの拳を背中合せにつけ、二つの小指をからませ、左の人差指を立てたままで右の人差指を立てたのち招きよせるかたちで指を徐々にまげる印契。

金剛索印　前記金剛鉤印を結び、両方の人差指のさきをささえ合うようにあわせる。

毘欲字　毘欲はビョー（bhyo）の音写。

毘字　毘はブ（bh）の音写。

欲字　欲はヨー（yo）の音写。以上は毘欲を四音節に分解して説明したもの。左上の図参照。

bhyo
- bha（bhava 有）……三有の有情を鉤召して
- ya（yāna 乗）……仏乗に引入し
- ū（ūna 損減）……不善を損減し殺害して
- a（anutpāda 不生）……本不生の菩提を成ぜしむ。

三有　三種の生存の領域。欲望の世界における生存（欲有）、物質の世界における生存（色有）、精神世界における生存（無色有）。いずれも迷いの世界。

天乗梵乗　天乗は神がみの世界に生まれるための教えで、十善・瞑想（禅定）。梵乗は清らかな乗り物で、菩薩の教え。

楞伽経中伽陀 『大乗入楞伽経』（大正一六・六〇七上～中）のなかに説かれている詩頌。

転依 迷いの生存の根拠を転換すること。

摩訶迦羅 前掲、摩訶迦羅天に同じ。

梵天母 ブラフミーの訳。ブラフマー（梵天）の妃とされる。ここでは七母女天のなかの一尊。

八供養菩薩 香・華・燈・塗と嬉・鬘・歌・舞の八供養の菩薩。

〔一五〕三兄弟の集会

爾時麼度羯囉天三兄弟等、親礼仏足、献自心真言者、麼度羯囉三兄弟、是梵王那囉延摩醯首羅之異名也。薩嚩字者、薩字則一切法平等如虚空、嚩字一切法言説不可得也。此天亦有曼荼羅。曼荼羅画如弓形。三天次第而画。軌儀法則、如広経所説。為文繁不復具引。此三天表仏法中三宝三身。仏宝者、是金剛薩埵、法宝者、観自在菩薩、僧宝者、是虚空蔵菩薩。此三者皆従毘盧遮那心菩提心中流出。亦名三法兄弟、以事顕理也。已上三兄弟集会品。

「その時麼度羯囉《まどから》天三兄弟《けいてい》等、親しく仏足を礼《らい》し、自心の真言を献《こん》ず」とは、麼度羯囉三兄弟はこれ梵王《ぼんのう》・那囉延《ならえん》・摩醯首羅《まけいしゅら》の異名なり。薩嚩《さつば》字とは、薩字はすなわち一切法平等なること虚空の如く、嚩字は一切法言説《ごんぜつ》不可得なり。

この天もまた曼荼羅あり。曼荼羅は弓の如き形を画け。三天、次第して画け。儀軌《ぎき》法則《ほっそく》は広く経に説くところの如し。文繁《もんしげ》きため、また具《つぶ》さに引かず。この三天は仏法の中の三宝《さんぽう》・三身《さんじん》を表わす。仏宝とはこれ金剛薩埵《さった》、法宝とは観自在菩薩、僧宝とはこれ虚空蔵《こくうぞう》菩薩なり。この三は皆、毘盧遮那《びるしゃな》の心なる菩提心の中より流出す。また三法兄弟《さんほうけいてい》と名づけ、事を以て理を顕わすなり。已上《いじょう》、三兄弟集会品。

「その時麼度羯囉天三兄弟等云々」とは、麼度羯囉三兄弟は、梵王・那囉延・摩醯首羅の（三神の）別名である。薩嚩の字は、（このうち）薩字はすべての存在するところのものが平等であることは大空のようであり、嚩字はすべての存在するところのものは言葉で認得することができないことを意味する。

この天にもまた曼荼羅がある。曼荼羅は弓の形のように画くがよい。三神は順序にしたがって画くがよい。その画き方の規範・方則は詳しく経典に説くとおりである。文が煩雑なため、詳しく引用しない。この三神は仏法のなかの三宝・三身を表わす。仏宝とは金剛薩埵、法宝とは観自在菩薩、僧宝とは虚空蔵菩薩のことである。この三つは皆、毘盧遮那如来の心と同じさとりを求める心のなかから流れ出す。また三法兄弟と名づけ、現象をもって普遍的理法を表わす。以上が、三兄弟集会の章である。

麼度羯囉　マドゥカラの音写。一六〇頁注参照。
梵王　梵天の王、大梵天王。
那囉延　ナーラーヤナの音写。一六〇頁注参照。
摩醯首羅　マヘーシュヴァラ（大自在天）の音写。一六〇頁注参照。
薩嚩字　サットヴァ（sattva）の音写。
薩字　薩はサ（sat）の音写。存在する意のアス（$\sqrt{as}$）の現在分詞（存在を意味する）。

嚩宇　嚩はヴァ（va）の音写。言説を意味するヴアーチ（vāc）の頭文字とみる。

三身　法身・報身・応身。

〔二六〕四姉妹の集会

爾時四姉妹女天、献自心真言者、其第一名惹耶、第二名微惹耶、第三阿爾多、第四阿波羅爾多。此四天亦有曼荼羅。中央画都牟盧天。此天四姉妹之兄也。東西南北、各画一天女。其軌則如広経所説。四姉妹者、表瑜伽中四波羅蜜。所謂常波羅蜜、楽波羅蜜、我波羅蜜、浄波羅蜜是也。都牟盧表毘盧遮那仏。唅字真言者、一切法因不可得、其真言中帯莽字、詮一切法我不可得。即成実相般若波羅蜜。若欲修此天法者、与此一字相応、亦契世間出世間三摩地、威徳自在。一切見者、皆得歓喜。所出言詞、所求一切、皆得従命。已上四姉妹集会品。

「その時、四姉妹女天《ししまいにょてん》は、自心の真言を献《こん》ず」とは、その第一の名は惹耶《じゃや》、第二の名は微惹耶《びじゃや》、第三は阿爾多《あじた》、第四は阿波羅爾多《あぱらじた》なり。この四天にまた曼荼羅あり。中央に都牟盧天《とむろてん》を画け。この天は四姉妹の兄なり。東西南北に各々一天女を画け。その軌則は広く経に説くところの如し。四姉妹とは、瑜伽《ゆが》中の四波羅蜜《しはらみつ》を表わす。いわゆる常《じょう》波羅蜜・楽《らく》波羅蜜・我《が》波羅蜜・浄《じょう》波羅蜜これなり。都牟盧《とむろ》は、毘盧遮那仏を表わす。「唅《がん》」字の真言とは、一切法の因不可得《いんふかとく》にして、その真言の中に莽《もう》字を帯し、一切法の我《が》不可得を詮す。すなわち実相般若波羅蜜を成《じょう》ず。もしこの天法を修《しゅ》せんと欲《おも》わん者は、この一字と相応すれば、また世間・出世間の三摩地に契《かな》い、威徳自在なり。一切見者《けんじゃ》は皆、歓喜を得《え》、出だすところの言詞《ごんし》、求むるところの一切、皆、命に従うことを得《う》。已上《いじょう》、四姉妹集会品。

「その時、四姉妹女天は云々」とは、その（四姉妹の）うちの第一の名は惹耶、第二の名は微惹耶、第三の名は阿爾多、第四の名は阿波羅爾多である。この四神にもまた曼荼羅がある。中央に都牟盧天を画くがよい。この神は四姉妹の兄である。東・西・南・北にそれぞれ一神女を画け。その画き方の規則は詳しく経典に説くとおりである。四姉妹とは瞑想中の四波羅蜜を表わし、いうところの常波羅蜜・楽波羅蜜・我波羅蜜・浄波羅蜜が、これである。都牟盧は、毘盧遮那仏を表わす。「唅」字の真言は、すべての存在するところのものの原因は認得することができないものであって、その真言のなかに莽《もう》字をふくみ、すべての存在するところのものの実体は認得することができないことを言い表わす。つまり、実相般若波羅蜜を成就する。もしもこの神の実践法を修行しようと思う者は、この一字と相《あい》応ずれば、また世間と世間を超えたところの瞑想の世界に適《かな》い、威力ある徳を自由自在に発揮できる。すべての認識主体者は皆、真実の喜びを得、口にする言葉、求めるところのすべては皆、意のままにすることができる。以上が、四姉妹集会の章である。

惹耶　ジャヤー（jayā）の音写。
微惹耶　ヴィジャヤー（vijayā）の音写。
阿爾多　アジター（ajitā）の音写。
阿波羅爾多　アパラージター（aparājitā）の音写。

都牟盧天　トゥンブル（tunburu）またはストゥンブル（stunburu）の音写。四姉妹女天の兄。古くは音楽神（乾闥婆）の一。この神の考察については、栂尾祥雲著『理趣経の研究』三五三〜三五五頁参照。『ヴィシュヌ・プラーナ』ではトゥンブル（tumbru）とある。

四波羅蜜　さとりの世界（涅槃）にそなわっている常波羅蜜（常住の成就）・楽波羅蜜（安楽の成就）・我波羅蜜（自我の成就）・浄波羅蜜（清浄の成就）。

唅字　唅はハム（haṃ）の音写。因（業）不可得の訶（ha）——因を表わすhetuの頭文字——と吾我不可得の莽（ma）——吾我を表わすmamaの頭文字——とを合わせたものに、空点（𑖮𑖽）の・点をそえる。

莽字　莽はマ（ma）の音写。吾我を意味するママ（mama　わたくしのもの）の頭文字。

実相般若波羅蜜　般若を実相般若と観照般若に分けるうちの一。さとりの般若の智慧によって観照される対象であるところのすべての存在するものの真実にして絶対なるすがた。

一切見者　すべてを見るものの意で、絶対なる主体。純粋主体。本来はサーンキヤ哲学で純粋精神をさす一切見者（sarvadraṣṭṛ）の転用か。

〔一七〕四波羅蜜部の大曼荼羅

爾時婆伽梵無量無辺究竟如来者、是毘盧遮那異名也。為欲加持此教、令究竟円満故者、此教者、指理趣般若教也。復説平等金剛出生般若理趣。所謂般若波羅蜜多無量故、一切如来無量者、此顕金剛部中曼荼羅皆具五部、一一聖衆具無量曼荼羅、四印等亦無量也。般若波羅蜜多無辺故、一切如来無辺者、顕宝部中具五部曼荼羅、四印等亦無辺也。一切法一性故、般若波羅蜜多一性、一性者、顕蓮華部中具五部曼荼羅、四印等同一清浄法界性也。一切法究竟故、般若波羅蜜多究竟者、顕羯磨部具五部曼荼羅、等四印得至究竟無住涅槃也。金剛手、若有聞此理趣、受持読誦、思惟其義、彼於仏菩薩行皆得究竟者、此中曼荼羅広大、如一切教、集瑜伽経所説。薦福大和上金泥瑜伽曼荼羅是也。所以不説心真言者、彼教中一一聖衆、各有一字心真言、不可具載。今略指方隅。

「その時、婆《ば》伽《が》梵《ぼん》無量無《むりょうむ》辺究竟《へんくきょう》如来」とは、これ毘盧遮那の異名なり。「この教えを加持《かじ》して究竟《くきょう》し円満せしめんと欲《ねが》うが為の故に」とは、「この教え」とは理趣般若の教えを指すなり。「また平等金剛を出生《しゅっしょう》する般若理趣を説きたもう。いわゆる般若波羅蜜多は無量の故に、一切如来は無量なり」とは、これは金剛部の中の曼荼羅に皆、五部を具《ぐ》し、一々の聖衆《しょうじゅ》に無量の曼荼羅を具し、四印《しいん》等もまた無量なることを顕《あら》わすなり。「般若波羅蜜多は無辺の故に、一切如来は無辺なり」とは、宝部の中に五部の曼荼羅を具し、四印等もまた無辺なることを顕わすなり。「一切の法は一性《いっしょう》の故に、般若波羅蜜多は一性なり」とは、蓮華部の中に五部の曼荼羅を具し、四印等は同一の清浄の法界性《ほっかいしょう》なることを顕わすなり。「一切の法は究竟の故に、般若波羅蜜多は究竟なり」とは、羯磨《かつま》部の中に五部の曼荼羅を具し、四印に等しくして究竟の無住涅槃《むじゅうねはん》に至ることを得るを顕わすなり。「金剛手《こんごうしゅ》よ、もしこの理趣を聞きて受持《じゅじ》し読誦《どくじゅ》し、その義を思惟《しゆい》することあらば、彼は仏菩薩の行《ぎょう》に於いて、皆、究竟《くきょう》することを得ん」とは、この中の曼荼羅は広大にして、一切教《いっさいきょう》の如く『瑜伽経《ゆがきょう》』に説くところを集む。薦福《せんぷく》の大和上《だいわじょう》の金泥《こんでい》の瑜伽曼荼羅、これなり。心真言《しんしんごん》を説かざる所以《ゆえん》は、彼の教えの中の一々の聖衆《しょうじゅ》に、各々一字の心真言あり、具《つぶ》さに載《の》すべからざればなり。今は略して方隅を指す。

「その時、婆伽梵無量無辺究竟如来」とは、毘盧遮那如来の別名である。「この教えを加持し云々」とは、「この教え」というのは、理趣般若の教えを指す。「また平等金剛を出生する云々」とは、これは金剛部のなかに皆、五部の曼荼羅をそなえ、それぞれの聖者の群は量り知れない無数の曼荼羅をそなえ、四印などもまた量り知れないことを表わす。「般若波羅蜜多は無辺の故に云々」とは、宝部のなかに五部の曼荼羅をそなえ、四印などもまた限りないことを表わす。「一切の法は一性の故に云々」とは、蓮華部のなかに五部の曼荼羅をそなえ、四印などは同一の清らかな真理の世界性であることを表わす。「一切の法は究竟の故に云々」とは、羯磨部のなかに五部の曼荼羅をそなえ、四印などで究極の無住涅槃に到達することができるのを表わす。「金剛手よ云々」とは、このなかの曼荼羅は広大で、すべての教えのように『瑜伽経』に説くところを集めてある。大薦福寺《だいせんぷくじ》の金剛智《こんごうち》三蔵《さんぞう》の金泥の瑜伽曼荼羅がこれである。心髄の真言を説かないわけは、金剛智の教えのなかの一人ひとりの聖者たちにそれぞれ一字の心髄の真言があって、詳しく記《しる》すことができないからである。今は省略して方角を示す。

理趣般若教　般若理趣経。たんに『理趣経』とも。

五部曼荼羅　五部具会《ぐえ》の曼荼羅。五部は仏部・金剛部・宝部・蓮華部・羯磨部で、これらをそなえた曼荼羅。

四印　四智印ともいう。大智印・三昧耶印・法印・羯磨印。

無住涅槃　無住処涅槃。迷いの世界（生死）にも住さず、しかも人びとを救済するために迷いの世界にとどまって、さとりの世界（涅槃）にもおもむかない境地。

瑜伽経　金剛智訳『金剛頂瑜伽中略出念誦経』をさすか。

薦福大和上　真言密教付法の第五祖、金剛智のこと。南インドのバラモン出身でナーランダー寺に学び、唐の開元八年（七二〇）、長安に来て、大慈恩寺に住し、のち大薦福寺に移って大いに密教をひろめたので、この称がある。

〔一八〕五種秘密の三摩地

時婆伽梵毘盧遮那、得一切秘密法性、無戯論如来者、後当説五種秘密三摩地也。復説最勝無初中後大楽金剛不空三昧耶金剛法性般若理趣者、後当広釈。所謂菩薩摩訶薩、大欲最勝成就故、得大楽最勝成就者、此是欲金剛明妃菩薩三摩地也。菩薩摩訶薩、大楽最勝成就故、即得一切如来大菩提最勝成就者、此是金剛髻梨吉羅明妃菩薩三摩地。菩薩摩訶薩、得一切如来大菩提最勝成就故、即得一切如来摧大力魔最勝成就者、此是大楽金剛不空三昧耶金剛薩埵菩薩三摩地也。菩薩摩訶薩、得一切如来摧大力魔最勝成就故、即得遍三界自在主成就者、此是愛金剛明妃菩薩三摩地也。

「時に婆伽梵毘盧遮那《ばがぼんびるしゃな》の一切の秘密の法性《ほっしょう》を得て、無戯論《むけろん》なる如来」とは、後にまさに五種秘密の三摩地《さんまじ》を説くなり。「また最勝にして初中後《しょちゅうご》なき大楽金剛不空三昧耶《だいらくこんごうふくうさんまや》の金剛法性の般若理趣を説きたもう」とは、後にまさに広く釈すべし。「いわゆる菩薩摩訶薩《ぼさつまかさつ》は、大欲《だいよく》の最勝の成就の故に、大楽の最勝の成就を得《う》」とは、これはこれ欲金剛明妃《よくこんごうみょうひ》菩薩の三摩地なり。「菩薩摩訶薩は、大楽の最勝の成就の故に、すなわち一切如来の大菩提の最勝の成就を得」とは、これはこれ金剛髻梨吉羅《けいりきら》明妃菩薩の三摩地なり。「菩薩摩訶薩は、一切如来の大菩提の最勝の成就を得るが故に、すなわち一切如来の大力の魔を摧く最勝の成就を得」とは、これはこれ大楽金剛不空三昧耶金剛薩埵《さった》菩薩の三摩地なり。「菩薩摩訶薩は、一切如来の大力の魔を摧く最勝の成就を得るが故に、すなわち遍三界《へんさんがい》の自在の主たる成就を得」とは、これはこれ愛金剛明妃菩薩の三摩地なり。

「時に婆伽梵毘盧遮那云々」とは、後でまさしく説くであろう、五種秘密の瞑想の世界をいう。「また最勝にして云々」とは、後でまさしく詳しく注解するであろう。「いわゆる菩薩摩訶薩は、大欲の最勝の成就の故に云々」とは、これは欲金剛明妃菩薩の瞑想の世界のことである。「菩薩摩訶薩は大楽の最勝の成就の故に云々」とは、これは金剛髻梨吉羅明妃菩薩の瞑想の世界のことである。「菩薩摩訶薩は、一切如来の大菩提云々」とは、これは大楽金剛不空三昧耶金剛薩埵菩薩の瞑想の世界のことである。「菩薩摩訶薩は、一切如来の大力の魔を摧く云々」とは、これは愛金剛明妃菩薩の瞑想の世界のことである。

五種秘密　金剛薩埵を中尊とし、これをとりかこむ欲・触《そく》・愛・慢の四明妃のこと。右辺には欲・触の二尊、左辺には愛・慢の二尊を配する。

金剛髻梨吉羅明妃菩薩　髻梨吉羅はケーリキラの音写。身色は赤灰色、二手で胸の前に五鈷杵を抱く。

中尊の右方に位置する。

大楽金剛不空三昧耶金剛薩埵菩薩　金剛薩埵の詳名のこと。

菩薩摩訶薩、得遍三界自在主成就故、即得浄除無余界一切有情、住著沈淪、以大精進、常処生死、救摂一切、利益安楽最勝究竟皆悉成就者、此是金剛慢明妃菩薩三摩地。此五種三摩地、秘密中最秘密、今説修行曼荼羅像、同一蓮華座、同一円光、中央画金剛薩埵菩薩。右辺画二種明妃各本形、左辺亦画二種。具如金泥曼荼羅像東南隅是也。修行者得阿闍梨灌頂、方可修此五秘密。所獲福利、文広不可具説。得広経者、自応尋見耳。

「菩薩摩訶薩は、遍三界の自在の主たる成就を得るが故に、すなわち無余界《むよかい》の一切の有情《うじょう》を浄除《じょうじょ》せんがために、沈淪《ちんりん》に住著《じゅうじゃく》し、大精進《だいしょうじん》を以て、常に生死《しょうじ》に処して一切を救摂《くしょう》し、利益《りやく》し、安楽ならしむる最勝の究竟《くきょう》を皆悉《ことごと》く成就することを得《う》」とは、これはこれ金剛慢明妃菩薩の三摩地なり。この五種三摩地は、秘密中の最秘密なり。今、修行の曼荼羅の像を説かく、同一の蓮華座、同一の円光にして、中央に金剛薩埵菩薩を画け。右辺に二種の明妃、各々本《もと》の形なるを画き、左辺にもまた二種を画け。具《つぶ》さには金泥の曼荼羅の像の東南隅の如きがこれなり。修行者は阿闍梨《あじゃり》の灌頂《かんじょう》を得て、まさにこの五秘密を修《しゅ》すべし。獲《う》るところの福利、文は広くして具さに説くべからず。広経を得ん者は、自らまさに尋ね見るべきのみ。

「菩薩摩訶薩は遍三界の云々」とは、これは金剛慢明妃菩薩の瞑想の世界のことである。

この五種の瞑想世界は、秘密のなかの最も秘密なものである。今、修行のための曼荼羅の像を説くのに、同一の蓮華座、同一の円光で、中央に金剛薩埵菩薩を画くがよい。その右辺に二種の明妃のそれぞれもとの形を画き、左辺にもまた二種の明妃を画け。詳しくは金泥の曼荼羅の像の東南隅のようなのが、これである。

修行者は阿闍梨の灌頂を得て、まさにこの五秘密を修するがよい。得るところの福徳利益は、それを説く文は広大で、詳細には説くことができない。広大な経典を得ようとする者は、自分でまさに検《しら》べてみられよ。

阿闍梨灌頂　伝法灌頂ともいう。阿闍梨、すなわち真言の伝法の師となるために受ける灌頂。灌頂については三三三頁注参照。

菩薩勝慧者、乃至尽生死、恒作衆生利、而不趣涅槃者、此是金剛薩埵菩薩三摩地。行願義、如上文応知耳。般若及方便、智度所加持、諸法及諸有、一切皆清浄者、此是欲金剛明妃菩薩三摩地、行般若波羅蜜義摂也。欲等調世間、令得浄除故、有頂及悪趣、調伏尽諸有者、此是金剛髻梨吉羅明妃三摩地、行大静慮義摂也。如蓮体本染、不為垢所染、諸欲性亦然、不染利群生者、此是愛金剛明妃三摩地、行大悲所摂也。大欲得清浄、大安楽富饒、三界得自在、能作堅固利者、此是金剛慢明妃三摩地、行大精進所摂也。

「菩薩の勝慧《しょうえ》ある者は　乃《いま》し生死《しょうじ》を尽くすに至るまで　恒《つね》に衆生の利を作《な》して　しかも涅槃《ねはん》に趣かず」とは、これはこれ金剛薩埵菩薩の三摩地なり。行願《ぎょうがん》の義は、上の文の如くまさに知るべきのみ。

「般若と及び方便との　智度《ちど》をもって加持《かじ》するところにして　諸法及び諸有《しょう》　一切皆《みな》清浄《しょうじょう》ならしむ」とは、これはこれ欲金剛明妃菩薩の三摩地にして、行は般若波羅蜜の義に摂《しょう》するなり。

「欲等をもって世間を調《じょう》して　浄除《じょうじょ》することを得しむるが故に　有頂《うちょう》より悪趣《あくしゅ》に及ぶまで　調伏《じょうぶく》して諸有《しょう》を尽くす」とは、これはこれ金剛髻梨吉羅《けいりきら》明妃の三摩地にして、行は大《だい》静慮《じょうりょ》の義に摂するなり。

「蓮体《れんだい》の本染《ほんぜん》にして　垢《く》の為に染せられざるが如く　諸欲の性《しょう》もまた然り　不染《ふぜん》にして群生《ぐんじょう》を利す」とは、これはこれ愛金剛明妃の三摩地にして、行は大悲に摂するところなり。

「大欲清浄を得　大安楽にして富饒《ふにょう》なり　三界に自在を得て　よく堅固の利を作《な》す」とは、これはこれ金剛慢明妃の三摩地にして、行は大精進に摂するところなり。

「菩薩の勝慧ある者は云々」というのは、まさにこれは金剛薩埵菩薩の瞑想の境地である。

（この菩薩の）救済という他者を利益する願いとその実践の意味は、上の文にのべたとおりに、まさしく知るべきである。

「般若と及び方便との云々」というのは、まさにこれは欲金剛明妃菩薩の瞑想の境地であって、その実践はさとりの智慧の完成ということに摂《おさ》める。

「欲等をもって世間を調して云々」というのは、まさにこれは金剛髻梨吉羅明妃の瞑想の境地であって、その実践は大いなる静まりのことに摂める。

「蓮体の本染にして云々」というのは、まさにこれは愛金剛明妃の瞑想の境地であって、その実践は大いなるあわれみに摂めるところである。

「大欲清浄を得《はげ》云々」というのは、まさにこれは金剛慢明妃の瞑想の境地であって、その実践は大いなる励みに摂めるところである。

菩薩勝慧者……　百字の偈といわれる本経の結びの詩頌。

〔一九〕　むすび

成無上菩提、要妙速疾法門、雖有多種、皆摂四種法。所謂大慧、是般若波羅蜜也。二大静慮、是大三摩地也。三大悲、於生死苦、不疲倦。四大精進、済抜無辺有情、令証金剛薩埵。是故現自在位同一蓮華同一円光、体不異故。輔翼悲智、不染生死、不住涅槃。是故大欲得清浄金剛、大安楽富饒宝、三界得自在蓮、能作堅固利羯磨。則成金剛薩埵毘盧遮那仏大悲願行身也。金剛手等乃至十六大菩薩生得於如来執金剛位者、如前已釈可解。吽字亦如前釈。五種善哉句、従金剛部配乃至仏部。金剛修多羅者、指瑜伽教金剛乗法也。余句義、歓喜信受奉行者、嘱累流通分也。

大楽金剛不空真実三昧耶経般若理趣釈下巻

無上菩提、要妙の速疾《そくしつ》の法門を成《じょう》ずるに、多種ありと雖《いえど》も、皆、四種法に摂《しょう》す。いわゆる大慧《だいえ》はこれ般若波羅蜜なり。二に大静慮《だいじょうりょ》は、これ大三摩地なり。三に大悲は、生死の苦において、疲倦《ひけん》せず。四に大精進は無辺の有情《うじょう》を済抜《さいばつ》し、金剛薩埵《さった》を証せしむ。この故に、自在位にして同一の蓮華・同一の円光を現ず、体、異《こと》ならざるが故に。悲智《ひち》を輔翼《ほよく》し、生死に染せず、涅槃に住さず。この故に、「大欲清浄を得金剛　大安楽にして富饒《ふにょう》なり宝　三界に自在を得て蓮　よく堅固の利を作《な》す羯磨」。すなわち金剛薩埵、毘盧遮那仏の大悲願行《がんぎょう》の身《しん》を成ずるなり。「金剛手」等、乃至《ないし》「十六大菩薩生をもって如来執金剛《しゅうこんごう》の位を得べし」とは、前にすでに釈するが如《かな》く解《げ》すべし。「吽《うん》」字もまた前の釈の如し。

五種の「善き哉」の句は、金剛部より、乃至仏部に配す。「金剛の修多羅《しゅたら》」とは、瑜伽教《ゆがきょう》の金剛乗の法を指すなり。余の句義の「歓喜《かんぎ》し信受《しんじゅ》し」奉「行」せりとは、嘱累《しょくるい》の流通分《るずうぶん》なり。

大楽金剛不空真実三昧耶経般若理趣釈《だいらくこんごうふくうしんじつさんまやきょうはんにゃりしゅしゃく》　下巻

無上のさとり、要《かなめ》にして妙《たえ》なる速やかにさとりが得られる教えを成就するのには、多くの種類があるけれども、皆、四種の法に摂《おさ》める。すなわち、いうところの大いなる智慧は、さとりの智慧の完成である。二つに大いなる静まりは、大いなる瞑想の境地である。三つには大いなるあわれみで、生死の苦のなかで疲れ倦《う》むことがない。四つには大いなる励みつとめで、限りない生きとし生けるものを済《すく》って苦を抜き、（その者が）金剛薩埵であることをさとらせる。だから、思いのままの位にあって、同一の蓮華、同一の円光を現ずるのである。その本体は異なったものではないからである。あわれみと智慧とをおぎない助け、生死に染まらず、さとりの世界にも住することがない。だから、「大欲清浄を得云々」と。すなわち、これは、金剛薩埵が毘盧遮那仏の大いなるあわれみにもとづく、生きとし生けるものを救おうとする願いとそのための実践をなす体を成就することである。「金剛手」などから、中略、「十六大菩薩生云々」までは、前にすでに注解したとおりに理解するのがよい。「吽」字もまた前の注解のとおりである。

五種の「善き哉《かな》」の句は、金剛部より、中略、仏部までに配する。「金剛の修多羅」とは、瞑想の教えである堅固不壊の教え〔金剛乗〕の真理を指すのである。その他の言葉の「歓喜し信受」し「行」じたてまつったというのは、委嘱の結びの部分である。

大欲得清浄金剛……『理趣経』の四句をそれぞれ金剛部・宝部・蓮華部・羯磨部に配当したもの。

嘱累流通分　「嘱累」は委嘱で、教えをあとに伝えることを託する意。「流通分」は経典のむすびの部分で、経典を後世に伝持、流布させるため、その教えが弟子たちに与えられたことを記す部分。

解説

宮坂宥勝

一　大日経

空海（七七四〜八三五）の著作に数種の『大日経開題』があるように、すでに空海も『大日経』の呼称を用いているが、これは通称であって、詳しくは『大毘盧遮那成仏神変加持経《だいびるしゃなじょうぶつじんべんかじきょう》』という。

唐の『開元釈教録』によると、七二四年（開元一二）に、中インドより来唐した善無畏《ぜんむい》（インド名、シュバカラシンハ）が翻訳し、一行《いちぎょう》（六八三〜七二七）がこれを筆受した。全七巻三六品《ぼん》であるが、このうち第七巻は付随の儀軌《ぎき》である。その梵本は、かつてインドに学んだ無行《むぎょう》が請来したが、かれは不幸にも帰国の途中、北インドで亡くなったので、善無畏がこれを取りにゆかせて入手したもののようである。無行はナーランダーに留学したから、この地で本経の梵本を入手したこと、さらには本経それ自体がナーランダーで編集された可能性がある。『大日経』の成立は六世紀前半で、少なくとも六世紀中葉にはすでにおこなわれていたようである。

なお、第七巻の梵本は善無畏自身が北インドで入手したものである。『大日経』の梵本は、その断片が他の文献中の引用によって僅かながら知られている（松長有慶著『密教経典成立史論』）。

『大日経』の注解書に、『大毘盧遮那成仏経疏』（略称『大日経疏』『大疏』）二〇巻がある。これは善無畏が講述し、一行が筆受し、さらには加筆したもので、全七巻三六品のうち、前六巻三一品を詳細に注解してある。七二七年（開元一五）十月に一行が没したので、その同門の智儼《ちごん》、温古《おんこ》らが遺命によって疏を再治し、『大日経義釈』一四巻とした。わが国では『大日経疏』は東密（真言宗）、『大日経義釈』は台密（天台系の密教）で依用する。

また、『大日経』第七巻供養法の五品を善無畏が講説し、新羅《しらぎ》の不可思議《ふかしぎ》が筆受したものに『不可思議疏』二巻がある。前の二〇巻と合わせた二二巻本が『大日経疏』として伝えられた。チベット語訳は漢訳より遅れること約一世紀ほどのち、八世紀の初めレパチェン王のときに、インド人翻訳官シーレーンドラ・ボーディとチベット人学匠ペーチェクとが翻訳した。

チベット語訳の題名は、次のようである。

Rnam par snaṅ mdsad chen po mṅon par rdsogs par byaṅ chub pa rnam par sprul pa byin gyis rlob pa śin tu rgyas pa mdo sdeḥi dbaṅ poḥi rgyal po shes bya baḥi chos kyi rnam graṅs.（東北目録 No.494）

このサンスクリット原題は、漢訳のそれと若干異なって、Mahāvairocanābhisaṃbodhivikurvitādhiṣṭhānavaipulyasūtrendrarāja-nāma-dharmaparyāya（大毘盧遮那現等覚神変加持方広経のインドラ王と名づける法門）となっている。

チベット語訳は二九章よりなる。善無畏の『大日経疏』によると、サンスクリット本では「大広博経《だいこうばくきょう》因陀羅《いんだら》王《おう》」というとあるが、これはMahāvaipulyasūtrendrarājaと還本されるから、チベット所伝の題目に近いことが知られる。すなわち、善無畏は現行の『大日経』の原本の他に、もう一つの別本のサンスクリット原典をもっていたと思われる。

また漢訳の第七巻に相当する部分は、チベット語訳では別箇の儀軌になっている。すなわち、

Rnam par snaṅ mdsad chen po mṅon par byaṅ chub par gtogs paḥi mchod paḥi cho ga.（東北目録No.2664）

このサンスクリット原典は、Mahāvairocanābhisaṃbodhisaṃbuddhapūjāvidhi（大毘盧遮那現等覚所属供養儀軌）。訳者はペーサンラプガであるが、『デンカルマ目録』では、ケーサンラプガになっている。

八世紀にブッダグヒヤ（Buddhaguhya）が著した注解書に、次の二種がある。

Rnam par snaṅ mdsad mṅon par byaṅ chub par nam par sprul paḥi byin gyis brlabs kyi rgyud chen poḥi bśad pa.（東北目録No.2663参照）

このサンスクリット原題は、Vairocanābhisaṃbodhivikurvitādhiṣṭhānamahātantrabhāṣya（毘盧遮那現等覚神変加持大タントラ疏）であるが、未校訂であったので、一五世紀

にシュンヌペーが校訂した。校訂本は題名がチベット語訳は bśad pa（= bhāṣya 疏）が ḥgrel pa（= vṛtti 注）となっている相違をみる。これらは『大日経疏』とよばれるが、これに対して、ブッダグヒヤのいわゆる『略釈』がある。

Rnam par snaṅ mdsad mṅon par rdsogs par byaṅ chub paḥi rgyud kyi bsdus paḥi don.（東北目録 No.2662）

サンスクリット題名は、Vairocanābhisambodhitantrapiṇḍārtha（毘盧遮那現等覚タントラ要義）である。訳者はシーレーンドラ・ボーディとチベット人学匠のペーチェク・ラクシタとである。

『大日経』は、すでにわが国では奈良時代に、おそらく玄昉《げんぼう》（〜七四六）らによって請来され、書写も行なわれていたことは、『正倉院文書』の写経目録によってうかがうことができる。現存するもので、奈良西大寺所蔵の七六六年（天平神護二）に吉備由利《きびのゆり》が写したものがある。空海は入唐以前に『大日経』を入手し、披見していたと思われる。空海の『請来目録』には『大日経』を記載せず、『大日経疏』のみを記しているからである。『大日経』の内容は、次のとおりである。

大毘盧遮那成仏神変加持経	大日経疏
第一巻　入真言門住心品第一	第一巻〜第三巻半
入漫荼羅具縁真言品第二	第三巻半〜第六巻

解説

説百字生品第十九……………………………………第十八巻	
百字果相応品第二十……………………………………第十九巻	
百字位成品第二十一……………………………………第十九巻	
百字成就持誦品第二十二………………………………第十九巻	
百字真言法品第二十三…………………………………第十九巻	
説菩提性品第二十四……………………………………第十九巻	
三三昧耶品第二十五……………………………………第十九巻〜第二十巻	
説如来品第二十六………………………………………第十九巻	
説出世護摩法品第二十七………………………………第二十巻	
説本尊三昧品第二十八…………………………………第二十巻	
説無相三昧品第二十九…………………………………第二十巻	
世出世持誦品第三十……………………………………第二十巻	
嘱累品第三十一…………………………………………第二十巻	

第七巻

供養念誦三昧耶法門真言行学処品第一………………疏上	
増益守護清浄行品第二…………………………………疏下	
供養儀式品第三…………………………………………疏下	
持誦法則品第四…………………………………………疏下	
真言事業品第五…………………………………………疏下	

『大日経』全体の内容構成をみると、理論部門（教相《きょうそう》）と実修部門（事相《じそう》）とに分かれる。理論部門は第一巻「入真言門住心品第一」がそれであり、実修部門は第一・二巻「入漫荼羅《にゅうまんだら》具縁真言品《ぐえんしんごんぼん》第二」以下である。この第一巻にもとづいて描いたのが胎蔵曼荼羅（右図）で、『金剛頂経《こんごうちょうぎょう》』にもとづく金剛界曼荼羅とともに両部曼荼羅という。

『大日経疏』についていえば、わが国では古来、「住心品」を口《くち》ノ疏《しょ》、「具縁品」以下を奥《おく》ノ疏《しょ》とよんで区別している。

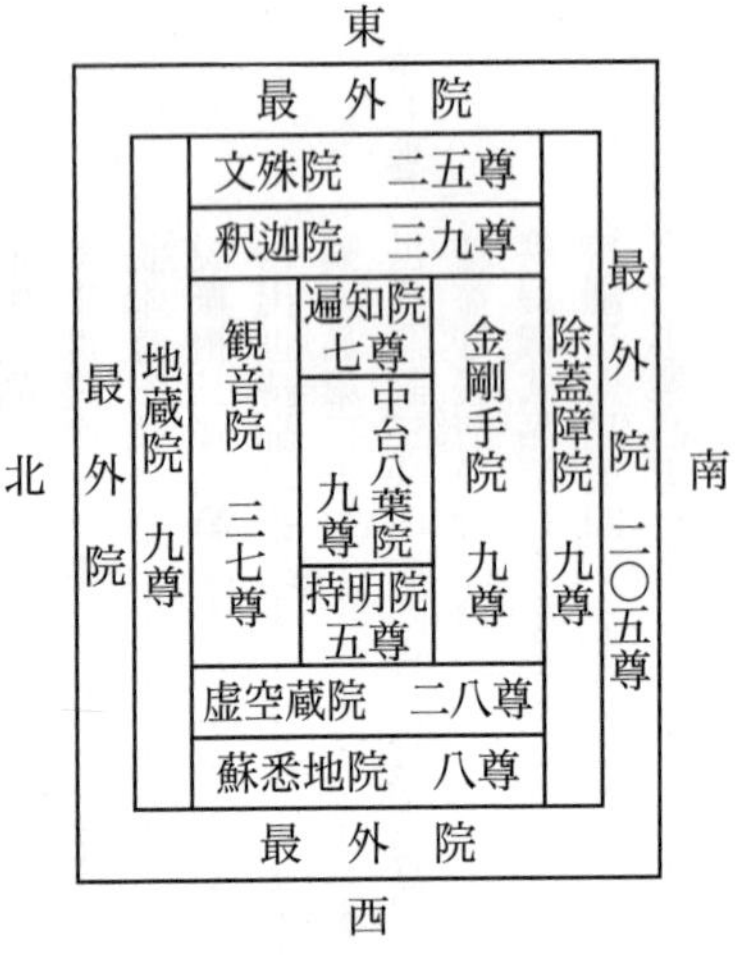

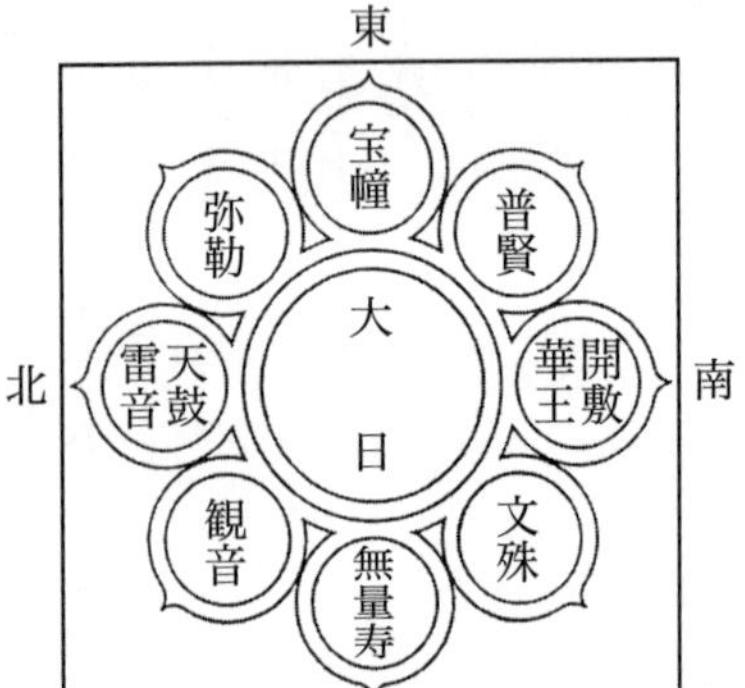

胎蔵曼荼羅の中台八葉院

「入真言門住心品」とは「真言の部門に入る心のありかたの章」を意味し、チベット語訳では「心の区別の章」となっている。そのあらましは、右のようである。

諸尊を代表する金剛薩埵《さった》が大日如来のさとりの絶対智について質問する。如来は絶対智を得る原因は菩提心（bodhicitta）であり、根は（大）悲であり、究極は方便（さとりに至る手だて）である、と説き示す。このうち菩提心には⑴白浄《びやくじよう》の信心（大日如来の絶対智をわれわれがすべて具《そな》えているという確信）、⑵さとりを求める心、⑶さとりの心、の三つの意味があるとされる。そして、さとりとは要するに「ありのままに自らの心（の実相）を知ること」（如実知自心《によじつちじしん》）である、とする。それはブッダグヒヤによれば「自らの心の空性《くうしよう》をさとること」である。

次に、悲は大悲であって、すべての人びと、生けるものに対する絶対の慈愛である。この大悲が絶対智であるさとりを得る根だというのである。

また、方便は人びとを導き救う手だてであって、具体的には菩薩の六つの実践行（六波羅《ろくはら》蜜《みつ》）すなわち布施《ほどこし》・持戒《いましめ》・忍辱《たえしのび》・精進《はげみ》・禅定《しずまり》・智慧《さとり》である（ブッダグヒヤの説）。これらの手だてがそのまま絶対智を得る目的であるという意味である。

以上の「菩提心を因とし、（大）悲を根とし、方便を究竟《くきよう》とす」というのは、三句の法門とよばれ、この「住心品」の根幹をなしている。

次に菩提心に関する九つの設問に対する大日如来の答説のかたちをとっている。

さらに次には仏教以外の諸宗教、哲学思想などにおける自我観を紹介して、迷いのうちにある凡庸な者（凡夫）の心のありかたが説かれている。これは倫理的道徳的自覚以前の世界（空海の十住心《じゅうじゅうしん》体系における第一異生羝羊《いしょうていよう》住心）である。次に、順世《じゅんせ》の八心段では倫理・道徳の世界（同じく第二愚童持斎《ぐどうじさい》住心）と宗教的自覚の世界（同じく第三嬰童無畏《ようどうむい》住心）を説く。さらに、六十心段では、人間の心の世界の種々相を詳細に分析して六十心を説く。

以上は世間の心であるが、次に三妄執《さんもうじゅう》を示すところの三劫《さんごう》段からは出世間《しゅっせけん》（世間を超えた世界）の心の種々相の世界が説かれる。ここには声聞《しょうもん》と縁覚《えんがく》との心の世界（同じく第四唯蘊《ゆいうん》無我《むが》住心、第五抜業因種《ばつごういんじゅ》住心）、唯識《ゆいしき》と中観《ちゅうがん》すなわちわが国の法相宗《ほっそうしゅう》と三輪宗《さんろんしゅう》の教理（同じく第六他縁大乗《たえんだいじょう》住心、第七覚心不生《かくしんふしょう》住心）、さらに天台宗、華厳宗、ついで真言宗に対応する教理（第八一道無為《いちどうむい》住心、第九極無自性《ごくむじしょう》住心、第十秘密荘厳《しょうごん》住心）がのべられる。

要するに、ここにはのちに空海が十住心体系を確立した基礎が認められる。それは一方においては真言密教の実践者の心の向上発展の過程を説くとともに、他方、あらゆる思想・哲学・宗教を一応、世間・出世間に分けて批判し、密教的世界にそれらすべてを包摂する。いわば、綜合仏教の体系をここにみることができよう。

次の六無畏《ろくむい》段は、これまでのべた心の世界の展開を六つの段階にまとめている。浅い心の世界からより深い心の世界へ、すなわち畏《おそ》れなき深い安らぎの心の世界へと指向するプロセスを分析している。

最後に十縁生句《じゅうえんしょうく》段では、次の「入漫荼羅具縁真言品」以下で取りあつかう実修部門（事相）に入る準備として、十縁生句観という観想がのべられている。

十縁生句とは、十の条件によって生じた実在しないものという意味である。幻（まぼろし）・陽焔（かげろう）・夢・影《よう》（かげ）・乾闥婆城《げんだつばじょう》（しんきろう）・響《こう》（やまびこ）・水月（水面に映った月）・浮泡（水のあわ）・虚空華（眼を患っている者などには空中にあるように見える花）・旋火輪（火のついた棒などをふりまわすと、火の輪のように見えるもの）をあげる。これらはすべてそれ自体の本性はないのであるから、同じように一切の存在するものをそれと同じものとして観じ、密教修行の過程における瞑想のいましめとするのが、十縁生句観である。

なお、これについて善無畏の『大日経疏』には、三種の観想にまとめて、それをあげる。(1)すべては原因・条件によって生ずるものであるから、それ自体空《くう》であると観想する即空《そくくう》観。(2)あらゆる存在するものは心の現われにすぎないと観想する即心《そくしん》観。(3)心と存在するところのものとは一つでもなく異なったものでもないと観想して、迷える凡庸な者の心のはたらきを離れる即不思議《そくふしぎ》観。

このように、「入真言門住心品」は密教の主要な教義がほとんど説き尽くされているばかりでなく、仏教概論的な内容が構成されていることが知られる。

二　理趣経

『理趣経』の梵本は、かつて中央アジアのカシュガルでその地のロシヤ総領事M・ペトロフスキーが一五葉を蒐集し、イギリスのインド学者R・ヘルンレが蒐集した二葉の断片を接合したものである。サンスクリット語で書かれているが、その第一〜四、六、一六、一七段の得益分《とくやくぶん》と流通分《るずうぶん》に当る部分は、中央アジア地方言のコータン語（ドイツのインド哲学者E・ロイマンは北方アーリヤ語と名づける）で書いてある。これがわが国の真言宗などで日常読《どく》誦《じゅ》している『理趣経』に相当する梵本であることを発見したのは、ドイツに留学しロイマンに師事していたわが国の渡辺海旭《かいきょく》であり、ロイマンが原典を出版した（E. Leumann, Zur nordarischen Sprache und Literatur, S. 84-99, 1912）。この原典は『百五十頌の般若波羅蜜多』（Adhyardhaśatikā Prajñāpāramitā）といっている。これについてのいくつかの研究成果は山田龍城著『梵語仏典の諸文献』八八〜八九頁参照。

漢訳は、次の六種がある。

㈠『大般若波羅蜜多理趣分』一巻、唐玄奘訳、六六〇〜六六三年。
いわゆる『大般若経』の第十会第五七八巻の「般若理趣分」で、「百五十頌般若」（Adhyardhaśatikā）といい、『金剛頂経』十八会のうちの第六会「般若理趣会」の要旨を説いたものとされる。

㈡『実相般若波羅蜜経』一巻、唐菩《ぼ》提流支《だいるし》訳、六九三年。

㈢『金剛頂瑜伽理趣般若経』一巻、唐金剛智訳、七四一年。
これは『理趣般若経』と略称する。おそらく金剛智に仮託された経典であろう。

㈣『大楽金剛不空真実三摩耶経《だいらくこんごうふくうしんじつさんまやきょう》、般若波羅蜜多理趣品』一巻、唐不空訳、七六三〜七七一年。

この不空訳本は、空海が主として依用したものであり、真言宗では最も重要な経典として、今日に至るまで日夕読誦している。

㈤『仏説遍照般若波羅蜜経』一巻、宋施護訳、九八〇年。

㈥『最上根本大楽《さいじょうこんぽんだいらく》金剛不空三昧大教王経』七巻、宋法賢訳、一〇〇一年。

これは『七巻理趣経』と通称されるところの、いわゆる広本である。

次に、チベット語訳がある。

㈠ Dpal mchog daṅ po shes bya ba theg pa chen poḥi stog paḥi rgyal po.（東北目録No.487）

サンスクリット原題はŚrī-paramādya-nāma-mahāyāna-kalparāja（吉祥なる最勝本初と名づける大乗儀軌分）という。前掲『七巻理趣経』のうち第一〜第一三分に相当する。

㈡ Dpal mchog daṅ poḥi sṅags kyi rtog paḥi dum bu shes bya ba.（東北目録No.488）

サンスクリット原題はŚrī-paramādyamantrakalpa-khaṇḍa-nāma（吉祥なる最勝本初真言儀軌分と名づける〈経〉）といい、『七巻理趣経』の第一四〜第二五分に相当する。

㈠はシュラッダーカラヴァルマンとチベット人学匠のリンチェンサンポの共訳。㈡はマントラカーラシャとチベット人学匠ハツェンポの共訳である。

㈢ Dpal rdo rje sñiṅ po rgyan shes bya baḥi rgyud kyi rgyal po chen po.（東北目録

No.490)

サンスクリット原題は Śrī-vajramaṇḍalālaṃkāra-nāma-mahātantrarāja（吉祥なる金剛道場荘厳と名づける大タントラ王）とあり、宋の施護訳『金剛場荘厳般若波羅蜜多教中一分』は、チベット語訳の巻尾の一部分に相当する。チベット語訳者はスガタシュリーとチベット人学匠のサキャパンディットと同じくロートゥテンパとである。

㈣ Ḥphags pa śes rab kyi pha rol tu phyin paḥi tshul brgya lṅa bcu pa.（東北目録No.489)

サンスクリット原題は、Ārya-prajñāpāramitānaya-śatapañcaśatikā（聖なる般若波羅蜜多理趣百五十）。さきの不空本と類本であるが、『般若理趣分』が参照される。

『理趣経』の原初形態は玄奘訳にみられるような般若経典の一種であった。しかるに菩提流支訳の『実相般若経』のように、密教的な解釈が施され、次第に前掲諸経典のような順序で発展した。この間に儀軌が加えられ、『金剛頂経』系の密教経典として確立されたものとみられている。

不空訳本は一七段よりなる。第一段は大楽不空初集会品《だいらくふくうしよしゆうえぼん》。第二段は毘盧遮那理趣会品《びるしやなりしゆえぼん》。第三段は降三世品《ごうざんぜぼん》。第四段は観自在菩薩理趣会品《かんじざいぼさつりしゆえぼん》。第五段は虚空蔵品《こくうぞうぼん》。第六段は金剛拳《こんごうけん》理趣品。第七段は文殊師利《もんじゆしり》理趣品。第八段は纔発意菩薩《さいほっちぼさつ》理趣品。第九段は虚空庫《こくうこ》菩薩理趣品。第一〇段は摧一切魔《さいいっさいま》菩薩理趣品。第一一段は降三世教令輪品《ごうざんぜきょうりょうりんぼん》。第一二段は外金剛会品《げこんごうえぼん》。第一三

段は七母《しちも》女天集会品《にょてんしゅうえぼん》。第一四段は三兄弟集会品《さんけいていしゅうえぼん》。第一五段は四姉妹《ししまい》集会品。第一六段は四波羅蜜部大曼荼羅品。第一七段は五種秘密三摩地《さんまじ》品。

本経の特色は、大日如来と金剛薩埵《さった》とを主要な尊格とする点にある。金剛薩埵は大日如来の修行階程（因位《いんに》）に位置する菩薩であると同時に、人間の理想像でもある。

大日如来が真理の教えを説く場所（会座《えざ》）に、金剛手《こんごうしゅ》・観自在・虚空蔵・金剛拳・文殊師利・纔発心転法輪《さいほっしんてんぽうりん》・虚空庫・摧一切魔の八大菩薩が集会し、これらの菩薩がそれぞれ大日如来の顕現《あらわれ》として各段の教主になっている。

第一段は金剛手すなわち五鈷金剛杵《ごここんごうしょ》を手にする金剛薩埵が教主で、大日如来が金剛薩埵の瞑想の世界に住して教えを説く。第二段は大日如来自らが教主であり、第三段以下第一〇段までは八大菩薩がそれぞれ教主となっている。八大菩薩は、いずれも大日如来の自内証《じないしょう》、すなわち自らの内なるさとりの境地を伝えるものである。

第一一段は初段から第一〇段までの教えをとりまとめたもので、教主は一切平等建立《いっさいびょうどうこんりゅう》如来である。その教えの核心は平等性《しょう》・義利《ぎり》性・法性《ほっしょう》・事業《じごう》性の四つの命題で示される。第一二段の教主は大日如来で、その教えの核心は如来蔵《にょらいぞう》・金剛蔵・妙法蔵・羯磨《かつま》蔵の四つの命題で示される。第一三段は大日如来に教え導かれた七母女天が帰依のまことを表明する。第一四段は同じく三兄弟（マドゥカラ神・ナーラーヤナ神・マヘーシュヴァラ神）が帰依のまことを表明する。第一五段は四姉妹天女（ジャヤー神・ヴィジャヤー神・アジター神・アパラージター神――外《げ》金剛部を代表する――）が帰依のまことを表明する。第一六段は無量無辺究竟如来すなわち大日如来がその内なるさとりの境地を無量・無辺・一性《いっしょう》・究竟《くきょう》という四つの命題で示す。

第一七段の教主は大日如来で、初段から第一五段までを総括した教え（大楽金剛不空三摩耶という金剛法性）を説く。ここでいう五秘密とは初段の十七清浄句《しょうじょうく》の中心をなす五句の尊格化で、金剛薩埵（中央）・欲（東）・触《そく》（南）・愛（西）・慢（北）の五菩薩を五秘密尊とする。

一般に大乗菩薩はすべてのものを救済するのを誓願とするが、その誓願を達するためには順次、五つの最勝なるものが成就されなければならない。次にのべる第一七段、「百字の偈」に配当すると、次のとおりである。

〔百字偈〕　〔五成就〕

㈠　菩薩勝慧者……大欲最勝成就

㈡　般若及方便……大楽最勝成就

㈢　欲等調世間……大菩提最勝成就

㈣　如蓮体本染……摧大力魔最勝成就

㈤　大欲得清浄……遍三界自在主成就

一七段のうちで最も重要なのは、第一段と第一七段とである。第一段には理趣会曼荼羅の基礎となっている十七清浄句が説かれる。これは男女の恋愛関係の過程をきわめて率直かつ大胆に一七段階に分析したものであって、すべてが清らかであると高唱している。が、これはもとよりさとりへの道を比喩的に説いたものである。これを文字どおりに具体的に実践したのが、真言宗の異端と目された立川流である。

第一七段は金剛薩埵とこれを取りかこむ欲・触《そく》・愛・慢の四明妃《みょうひ》との五秘密尊によって、この現実世界がそのままさとりの絶対の世界に転換するさまを端的に説き示している。

本経は経題のとおり、般若波羅蜜多理趣という「さとりの真実の智慧の完成に至ることわり（理趣――みちすじ、道）」を説いたものだが、その内容とするところは、密教における永遠の理想像ともいうべき金剛薩埵の大楽三昧《だいらくざんまい》の世界を明らかにしたものである。

大楽三昧というのは、大いなる絶対の安楽の境地であって、それはあらゆる存在するところのものが清らかな宇宙生命の活動そのものとして開けている絶対の風光をいう。たとえば、一般仏教（顕教）では断つべきものとされるわれわれの煩悩も、密教のさとりの立場からみるとき、それは宇宙生命の発現なのであって、取り除くべきものでなく、制御し浄化されるべきものである。したがって、大楽三昧においては捨つべきものも取るべきいかなるものも存しない。

それは俗なるものに対してシビアな否定精神を媒介した絶対肯定の世界であり、本経が生命讃歌の経典として仏教思想史上特異な意義と位置とを有するゆえんであろう。

第一七段は、そうした大楽三昧としての「さとりの真実の智慧」へのみちすじが説かれる。空海がこの段を「五種秘密三摩地章」といっているとおりに、金剛薩埵と欲・触・愛・慢の四明妃が同じ蓮台に坐し、同一の月輪《がちりん》のなかに存する、いわゆる五秘密曼荼羅が展開する。ここには本経所説の最極秘奥の教えが示されるので、深秘《じんぴ》の法門と名づけられる。

なお、欲・触・愛・慢は第一段の十七清浄句のうちに説かれる。

第二句の「異性のハートを射止める愛欲の矢が本来清らかであるという成句(=地位)は、そのまま菩薩の立場である」。

第三句の「異性と抱擁することが本来清らかであるという成句(=地位)は、そのまま菩薩の立場である」。

第八句の「異性に対する本能的欲望が本来清らかであるという成句(=地位)は、そのまま菩薩の立場である」。

第九句の「異性との性交に満ち足りることが本来清らかであるという成句(=地位)は、そのまま菩薩の立場である」。

第一七段において、大日如来は、「金剛杵を手にする者(=金剛薩埵)よ」とよびかけ、このさとりの真実の智慧へのみちすじを聞き、受け取ってよく記憶し、読みあげ、そのことわりを思考すれば、仏菩薩の実践行において、みな究極に到達することができるであろう、と説く。そこで、次に、なぜかとそのわけを示すのが、本経最後の第一七段、深秘の教えの部門における結びであって、「永遠の求道者にしてすぐれた智慧ある者は」ではじまるいわゆる「百字の偈」である。

『理趣経』には、この経典を読誦する功徳がくり返し説かれる。たとえば、第一七段には「金剛手よ、もしこの本初の般若理趣を聞いて、日々の晨朝に或いは誦《じゅ》し或いは聴くことあらば、彼は一切の安楽と悦意と大楽金剛不空三昧の究竟《くきょう》の悉地《しつじ》とを獲《え》、現世に一切法の自在悦楽を獲得《ぎゃくとく》し、十六大菩薩生《しょう》を以て、如来執金剛（＝金剛薩埵）の位を得べし」とある。

空海は、不空訳『般若理趣釈』（本書所収）をわが国に伝えた。これは不空訳『理趣経』の注解書である。この『般若理趣釈』にもとづいて描いたのが理趣経曼荼羅で、入唐八家の一人の宗叡《しゅうえい》によって、わが国に請来された。

なお、『理趣経』に関する空海の著作に『理趣経開題』（三本）一巻、『真実経文句』一巻がある（『弘法大師空海全集』第三巻、筑摩書房、所収）。

三　大日経疏

『大毘盧遮那成仏経疏』二〇巻が詳名で、『大日経疏』『大疏』と略称する。

善無畏（シュバカラシンハ）は七二五年（開元一三）に、『大毘盧遮那成仏神変加持経』七巻三六品を訳了してから、このうちの六巻三一品を一行《いちぎょう》のために講義し、一行がそれを筆録加筆したのが、二〇巻の草本である。七二七年（開元一五）十月八日に一行が華厳寺で入滅する直前で講義は終了した。

本書は、たんなる注解書ではなく、『大日経』を唐密教の立場で理解し、再編成した点、極めて重要な経疏であって、『大日経』を解読するためには不可欠なものである。

本書は、七巻本・一〇巻本・一四巻本・二〇巻本がある。わが国へは空海がはじめて請来し、『請来目録』にも記載されてあるのは、二〇巻本で、通常、草本とよばれるものである。しかるに、一行の遺言により、同門の智儼《ちごん》・温古《おんこ》がこれに手を加え再治して爛脱を除いたのが一四巻本で、『大日経義釈《ぎしやく》』という。

古来、二〇巻本は空海密教の立場上、東密（真言宗）でこれを用い、一四巻本は台密（天台宗）で依用してきた。天台宗の円仁は一四巻本、円珍は一〇巻本を伝えた。

わが国では、「入真言門住心品第一」は「口《くち》ノ疏」といい、「入漫荼羅具縁真言品第二」以下は「奥《おく》ノ疏」とよばれることは前に述べたが、いわゆる「口ノ疏」は真言密教の教学の基本をなすものであって、空海の著作の多くが「口ノ疏」を基礎とし、それよりの引用が非常に多く認められることからしても、空海がこの事をいかに重視したかが窺われよう。「奥ノ疏」は主として事相に関する記述であるが、事相のみならず、教相関係の重要な資料もふくまれることは、空海の『声字実相義《しようじじつそうぎ》』あるいは『吽字義《うんじぎ》』をみれば、「奥ノ疏」からの引用が、その骨子を形成していることで知られる。

二〇巻本は未再治で、いわゆる爛脱がある（なぜ爛脱があるかについては古来の説があるが、省略する）。

また、「経に曰《い》わく」として『大日経』の本文を引用するが、善無畏訳の現行の『大日経』と異なっている点については、つとに注目されている。従来の所見を紹介すると、善無畏は別本の『大日経』（梵本）を手もとに持っていた可能性があること、梵本を読みくだしながら一行に講義したということ、が考えられる。

また、善無畏は講説するに当って、『大日経』の何らかの注解書を参照したのではないかと思われる節がある。たとえば、すでに指摘されているとおり（神林隆浄訳『大毘盧遮那成仏経疏』国訳一切経、経疏第十三、解題三頁）、「入漫荼羅具縁真言品第二之余」の吉慶阿利《きつきようあり》沙偈《しやげ》のサンスクリット文がジャワ島古文書のなかにあることが、ライデン大学スパイヤー教授によって発見されている。

本書に収めた住心品疏以外では第二具縁品疏は主として曼荼羅の建立の仕方を説く。第三息障品疏《そくしようぼんしよ》以下第三十世出世持誦品《せしゆつせじじゆぼん》には曼荼羅・灌頂《かんじよう》・護摩《ごま》・印・真言などについて、それらの原型を『大日経』で説いているのを詳細に注解している。とくに、五字厳身観《ごじごんしんがん》は胎蔵法《たいぞうほう》の観法を代表するもので、金剛界法《こんごうかいほう》の五相成身観《ごそうじようしんがん》と対をなすものといえよう。

五字厳身観は、地・水・火・風・空の五つの粗大な物質要素（五大《ごだい》）を象徴する大日如来の種子ア（a）・ヴァ（va）・ラ（ra）・ハ（ha）・カ（kha）の五字を真言実践者の自身の腰下から臍・心《むね》・眉間・頂上へと五ヵ処に配し荘厳する観法で、自身が法界塔婆《ほつかいとうば》であり、大日如来であるとするもの。

『大日経義釈』の副注は覚苑《かくおん》の『義釈演密鈔』一〇巻があり、『大日経疏』の副注は宥範《ゆうはん》の『大日経疏妙印鈔』八〇巻が知られる。

四　理趣釈

『大楽《だいらく》金剛《こんごう》不空《ふくう》真実《しんじつ》三昧耶《さんまや》経《きょう》般若《はんにゃ》波羅蜜多《はらみった》理趣釈《りしゅしゃく》』上・下二巻を一般には『般若理趣釈』『理趣釈経』『理趣釈』などという。唐・不空（七〇五～七七四）が訳出し、一部加筆したものので、同じく不空訳『大楽金剛不空真実三摩耶経』（略称、『理趣経』）に対する漢訳唯一の注解書である。東密では金剛薩埵《さった》撰と伝える。大正蔵第一九巻No.1003に収める。上巻は「大楽不空金剛薩埵初集会品《しょしゅうえぼん》」「毘盧遮那《びるしゃな》理趣会品《りしゅえぼん》」を注解し、下巻は「降三世《ごうざんぜ》理趣会品」以下「五秘密《ごひみつ》三摩地品《さんまじぼん》」に至るまでの一五品を注解したもの。

わが国へは空海が最初に伝えたことは『請来目録』によって知られる。その後、台密の円仁・円珍、東密の恵運《えうん》がそれぞれ将来したが、ことに東密では『理趣経』を理解するのにはまったく『理趣釈』による。

全体的には『理趣経』の本文を引用しながら原則として逐語的に注解するが、各段ごとに曼荼羅を説いているので、理趣経曼荼羅制作の場合の典拠となっている。

『理趣釈』は仏典通途の科文《かもん》によって序分《じょぶん》・正宗分《しょうしゅうぶん》・流通分《るずうぶん》に分かれる。まず序分では五《ご》成就《じょうじゅ》（信《しん》成就—如是我聞《にょぜがもん》・時《じ》成就——一時《いちじ》・教主《きょうしゅ》成就・住処《じゅうしょ》成就・眷属《けんぞく》成就）を説く。教主は大日如来であるが、その五智《ごち》をのべ、住処は他化自在天宮殿《たけじざいてんぐうでん》、換言すれば金剛薩埵の大曼荼羅であるとする。眷属すなわち随伴者は八大菩薩である。大日如来を中心として八大菩薩を配する説会《せつえ》曼荼羅を説明する。

大楽不空金剛薩埵初集会品。大日如来が金剛薩埵の瞑想世界に入って説く十七清浄句門を理趣会十七尊に配し、主として十七清浄句門を中心に教説がのべられ、十七尊の四種《ししゅ》曼荼羅などを明かす十七清浄句曼荼羅が説明される。

毘盧遮那理趣会品。大日如来が自受用智身《じじゅゆうちしん》（自らさとりの境地の楽しみを享受するところの智慧を本体とする仏身）の瞑想世界に入って説くところのさとりの世界では、四種平等（金剛平等・義平等・法平等・一切業平等《いっさいごう》）が四智《しち》に相応して四仏《しぶつ》を出生するとし、四智出《しゅっ》生法《しょうぼう》を中心に証悟《しょうご》曼荼羅すなわち毘盧遮那理趣会曼荼羅を説明する。

降三世品以下の八品は、初段の八大菩薩のさとりの瞑想世界を説く。

降三世品。金剛薩埵が降三世明王の瞑想世界に入って五種無戯論性《むけろんしょう》の理趣を説くのを注解し、これを東方四親近《ししんごん》の薩（忿怒薩埵《ふんぬさった》）・王（忿怒王）・愛（忿怒愛）・喜（忿怒善哉《ぜんざい》）の四菩薩と降三世とに配し、降三世理趣会曼荼羅を説明する。

観自在《かんじざい》菩薩般若理趣会品。大日如来が観自在菩薩の瞑想世界に入り、すべての存在するものの平等を観ずる自在智印《じざいちいん》すなわち四種清浄の法門出生の般若理趣を注解し、四種清浄の教えを観自在菩薩のさとりの境位である無量寿《むりょうじゅ》如来の四親近の法・利・因・語の四菩薩の瞑想に配し、観自在菩薩の観照曼荼羅すなわち観自在菩薩理趣会曼荼羅を説明する。

虚空蔵《こくうぞう》菩薩理趣品。大日如来が虚空蔵菩薩の瞑想世界に入って説く四種施《ししゅせ》の教えを注解し、それを虚空蔵菩薩の四親近である宝（灌頂施《かんじょうせ》）・光（義利施）・幢《どう》（法施）・笑（資生《ししょう》施）の瞑想に配し、虚空蔵理趣会曼荼羅を明らかにする。

金剛拳《こんごうけん》理趣会品。大日如来が不空成就《ふくうじょうじゅ》如来の瞑想世界に入って説く四種智印（大智印・三味耶智印・法智印・羯磨《かつま》智印）をこの如来の四親近である業《ごう》（身印）・護（語印）・牙《げ》（心印）・拳（金剛印）の四菩薩の瞑想に配し、不空成就如来の修行の境位にある一切如来拳《いっさいにょらいけん》菩薩など十七尊の金剛拳理趣会曼荼羅を説明する。

文殊師利《もんじゅしり》菩薩理趣品。大日如来が文殊師利菩薩の瞑想世界に入って説く五字（𑖀《ア》𑖨《ラ》𑖢《パ》𑖓《チャ》𑖡《ナ》）転字輪《てんじりん》の般若理趣を注解し、これらを金剛界曼荼羅の金剛利、降三世曼荼羅の忿怒金剛利、遍調伏《へんじょうぶく》曼荼羅の蓮華利《れんげり》、一切義成就《いっさいぎじょうじゅ》曼荼羅の宝利《ほうり》の四菩薩の瞑想に配して説き、文殊師利などよりなる文殊師利理趣会曼荼羅を説明する。

纔発意《さいほっち》菩薩理趣品。大日如来が纔発心転法輪《さいほっしんてんぼうりん》菩薩の瞑想世界に入って説くところのすべての徳を有する曼荼羅の般若理趣を注解し、これを東方金剛輪（金剛平等）・南方忿怒輪（義平等）・西方蓮華輪（法平等）・北方羯磨輪《かつまりん》（業《ごう》平等）の四菩薩に配して、金剛輪菩薩などの十三尊よりなる纔発意菩薩理趣会曼荼羅を説明する。

虚空庫《こくうこ》菩薩理趣品。大日如来が虚空庫菩薩の瞑想世界に入って説いた一切供養最勝出生《いっさいくようさいしょうしゅっしょう》の般若理趣を注解し、これを嬉（発菩提心《ほつぼだいしん》）・鬘《まん》（救済一切衆生）・歌（受持《じゅじ》妙典）・舞《ぶ》（於般若波羅蜜多受持読誦《おはんにゃはらみったじゅじどくじゅ》）の四菩薩の瞑想に配し、虚空庫菩薩・八大菩薩などよりなる虚空庫菩薩理趣会曼荼羅を説明する。

摧一切魔《さいいっさいま》菩薩理趣品。大日如来が摧一切魔菩薩の瞑想世界に入って説く一切調伏智蔵《いっさいじょうぶくちぞう》の般若理趣を注解し、これを金剛部《こんごうぶ》中の降三世《ごうざんぜ》（忿怒《ふんぬ》平等）・宝部《ほうぶ》中の宝金剛忿怒（忿怒調伏）・蓮華部《れんげぶ》中の馬頭《ばとう》忿怒観自在（忿怒法性《ほっしょう》）・羯磨部《かつまぶ》中の羯磨（忿怒金剛性《ふんぬこんごうしょう》）の四尊の瞑想世界に配し、金剛薬叉《やくしゃ》曼荼羅すなわち摧一切魔菩薩理趣会曼荼羅を説明する。

降三世教令輪品《ごうざんぜきょうりょうりんぼん》。大日如来が普賢《ふげん》金剛薩埵の瞑想世界に入って説くすべての存在するところのもののうちの最勝の三昧耶《さんまや》を出生《しゅっしょう》する般若理趣を注解し、これを金剛部曼荼羅（一切平等性）・宝部曼荼羅（一切義利性）・蓮華部曼荼羅（一切法性）・羯磨部曼荼羅（一切事業《じごう》性《しょう》）の四種曼荼羅に配し、この曼荼羅の瞑想の実践を成就する者のために、金剛薩埵を中尊《ちゅうそん》として八大菩薩などを配する八輻輪相《はつぷくりんそう》の曼荼羅を説明する。

外金剛部会品《げこんごうぶえ》。大日如来が外金剛部の瞑想世界に入って説くところのすべての生けるものの当体は如来であることを知らせる般若理趣を注解する。これを大円鏡智《だいえんきょうち》・金剛波羅蜜菩薩＝普賢金剛薩埵（一切有情《うじょう》如来蔵）、平等性智《びょうどうしょうち》・宝《ほう》波羅蜜菩薩＝虚空蔵菩薩（一切有情金剛蔵）、妙観察智《みょうかんざっち》・法波羅蜜菩薩＝観自在菩薩（一切有情妙法蔵）、成所作智《じょうしょさち》・業《ごう》波羅蜜菩薩（一切有情羯磨蔵）の四智・四大菩薩に配し、また摩醯首羅天《まけいしゅらてん》を中尊とする摩醯首羅曼荼羅すなわち外金剛部会《え》曼荼羅を説明する。

七母《しちも》女天集会《にょてんしゅうえ》品。以下三品は前述の外金剛部会品の内容を別出したものである。七母女天集会品は大日如来のこの般若理趣の教えを聞き、如来の不可思議な力のはたらきを受けた七母女天が教化しがたい者たちを教え導くいわれ、そのもとの誓いを注解する。摩訶迦羅《まかから》を中尊とし、七母女天がこれをとりかこむ七母女天集会曼荼羅を説明する。

三兄弟《さんけいてい》集会品。梵天《ぼんてん》・那羅延《ならえん》・摩醯首羅の三兄弟が大日如来に帰依して、自心の真言を献ずるのを注解する。そして三兄弟の心髄の真言を注解して、梵天—仏宝《ぶっぽう》・金剛薩埵、那羅延—法宝《ほうぼう》・観自在菩薩、摩醯首羅—僧宝《そうぼう》・虚空蔵菩薩の三宝・三菩薩に配する。三兄弟はいずれも大日如来のさとりの心（菩提心）より流出した存在であることを明らかにする。なお、梵天以下はヒンドゥー教の創造神ブラフマー・維持神ヴィシュヌ・破壊神シヴァの三神、いわゆる三神一体（トゥリムールティ）を予想する。三兄弟集会曼荼羅が明らかにされる。

四姉妹集会品。惹耶（ジャヤー）・微惹耶（ヴィジャヤー）・阿爾多（アジター）・阿波羅爾多（アパラージター）の四姉妹が大日如来に帰依し、自心の真言を献げるのを明らかにする。四姉妹の兄の都牟盧（トゥムブル）を中尊とし、その四方に四姉妹を配する四姉妹集会曼荼羅を説明し、惹耶を常《じょう》波羅蜜、微惹耶を楽《らく》波羅蜜、阿爾多を我《が》波羅蜜、阿波羅爾多を浄《じょう》波羅蜜の四波羅蜜菩薩に配し、都牟盧は大日如来の顕現であるとする。

四波羅蜜部大曼荼羅品（仮称）。智法身《ちほっしん》大日如来の真実智である平等金剛出生の般若理趣を注解する。これを次に金剛部・金剛波羅蜜（般若波羅蜜無量）、宝部・宝波羅蜜（般若波羅蜜無辺）、法部・法波羅蜜（一切法一性《いっさいほういっしょう》）、羯磨部・業波羅蜜（一切法究竟《くきょう》）の四部・四波羅蜜菩薩に配し、仏部《ぶつぶ》の大日如来の無際智《むさいち》は四部・四波羅蜜として展開するから、四部のうちの諸尊はそれぞれに五部曼荼羅・四印《しいん》を有し、そのはたらきは無限であると注解する。なお、この曼荼羅は『一切教集瑜伽経《いっさいきょうしゅうゆがきょう》』で説くところであって、具体的には金剛智（三蔵《さんぞう》）の描いた金泥《こんでい》瑜伽曼荼羅すなわち四波羅蜜部曼荼羅であるとする。以上で、正宗分を終る。

最後に、「善哉《ぜんざい》」以下は五部に配し、「金剛修多羅《しゆたら》」以下は金剛乗法《こんごうじようほう》すなわち密教の真理の教え、終りの「歓喜《かんぎ》信受奉行《しんじゆぶぎよう》」の一句は流通分である。

この『理趣釈』は般若経典を背景とし、『金剛頂経』系の密教の立場で『理趣経』を解釈したものである。胎蔵法を注解した『大日経疏』とともに、もっとも重要な密教の聖典であることはいうまでもない。

図1　説会曼荼羅図（宗叡請来本）

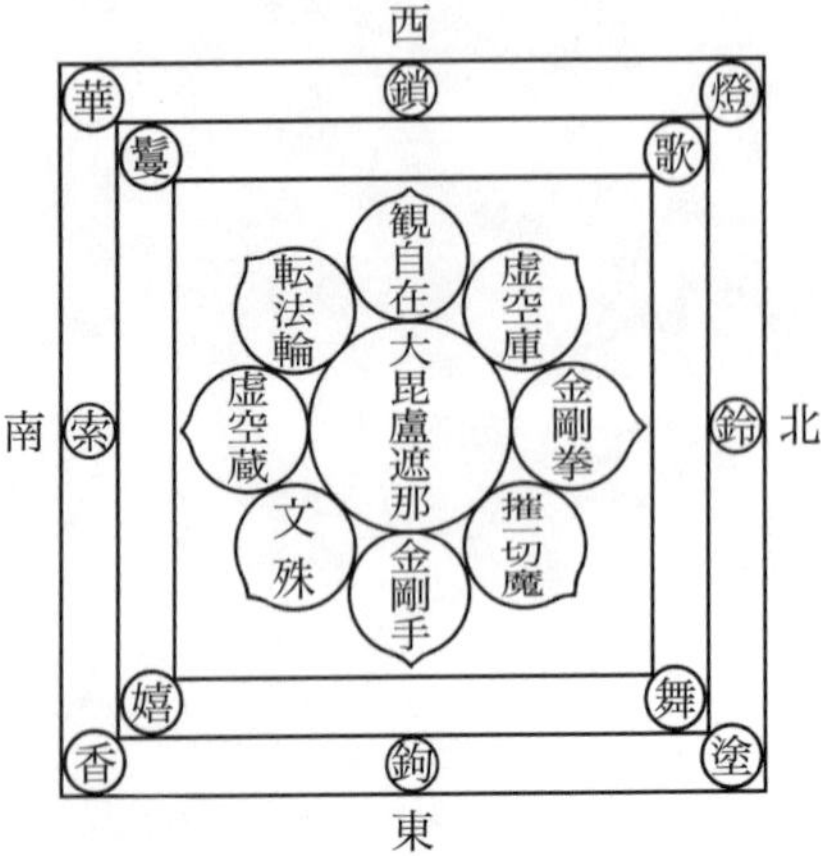

図2　初段 十七清浄句曼荼羅

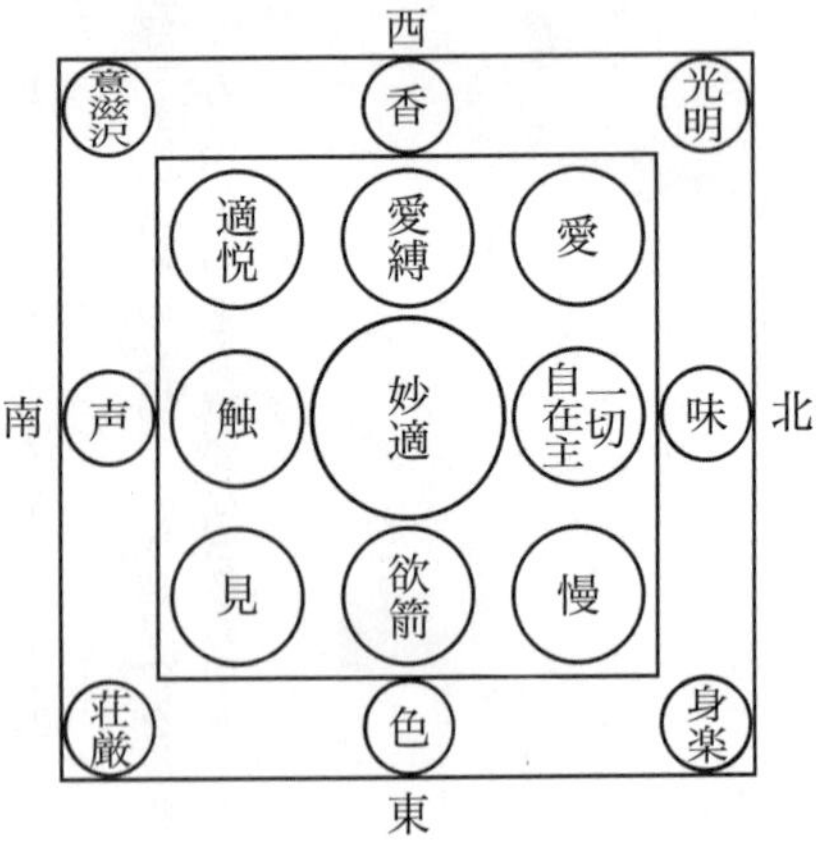

図３　宗叡請来の大楽曼荼羅

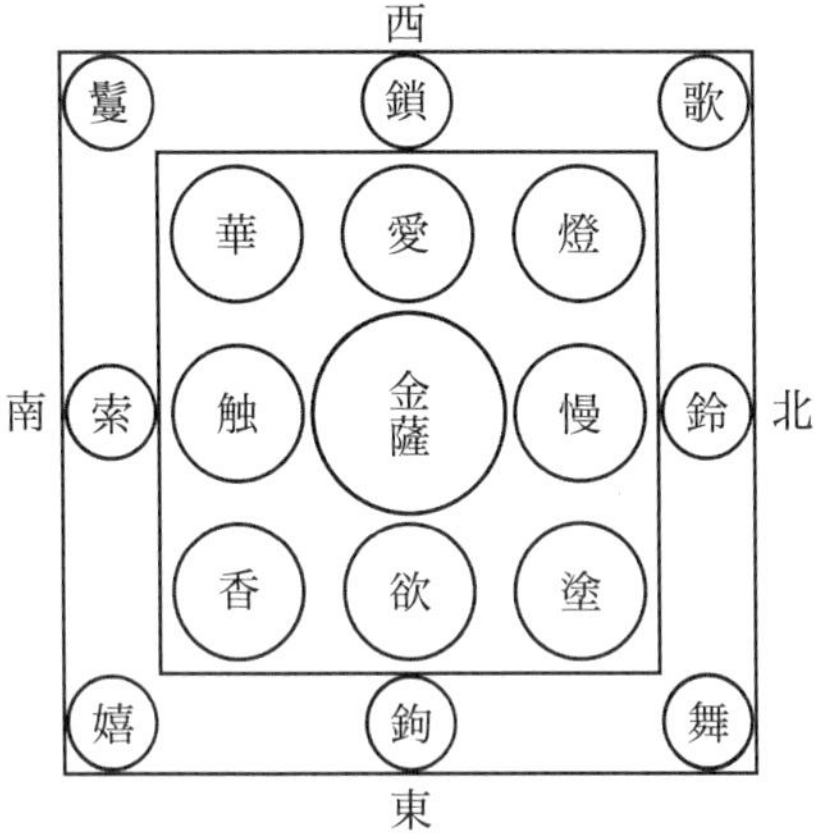

図４　第二段 毘盧遮那理趣会曼荼羅

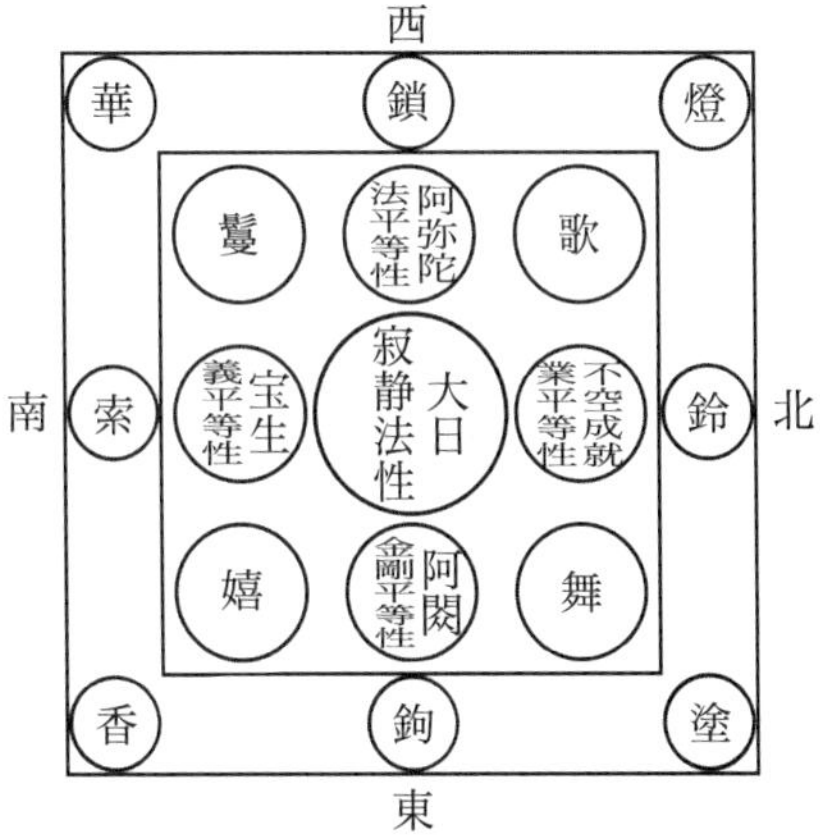

図5　第三段 降三世理趣会曼荼羅

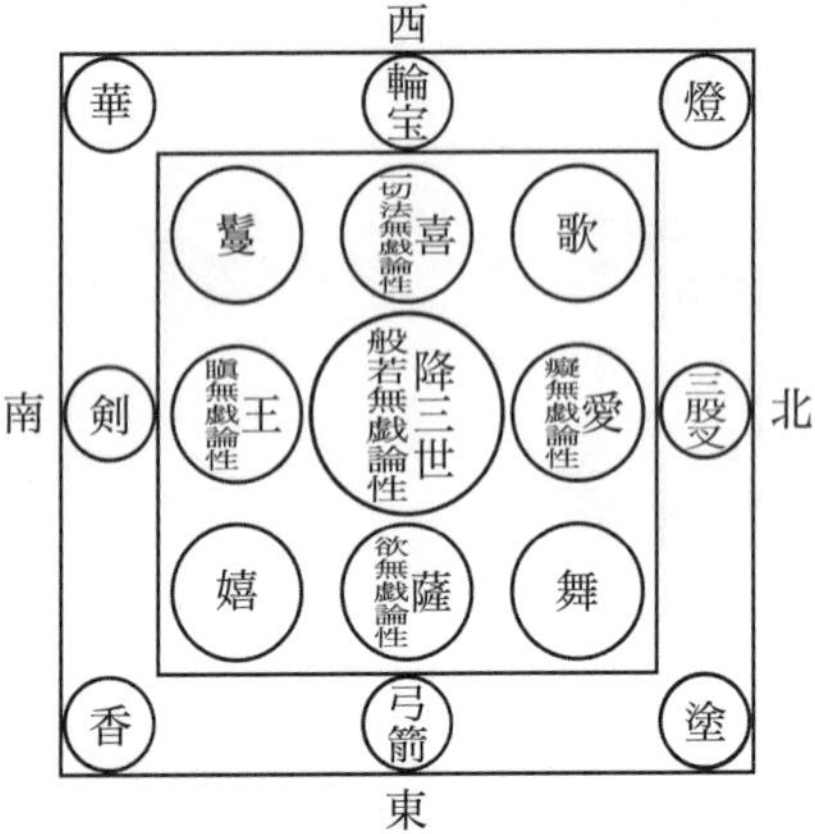

図6　第四段 観自在菩薩理趣会曼荼羅

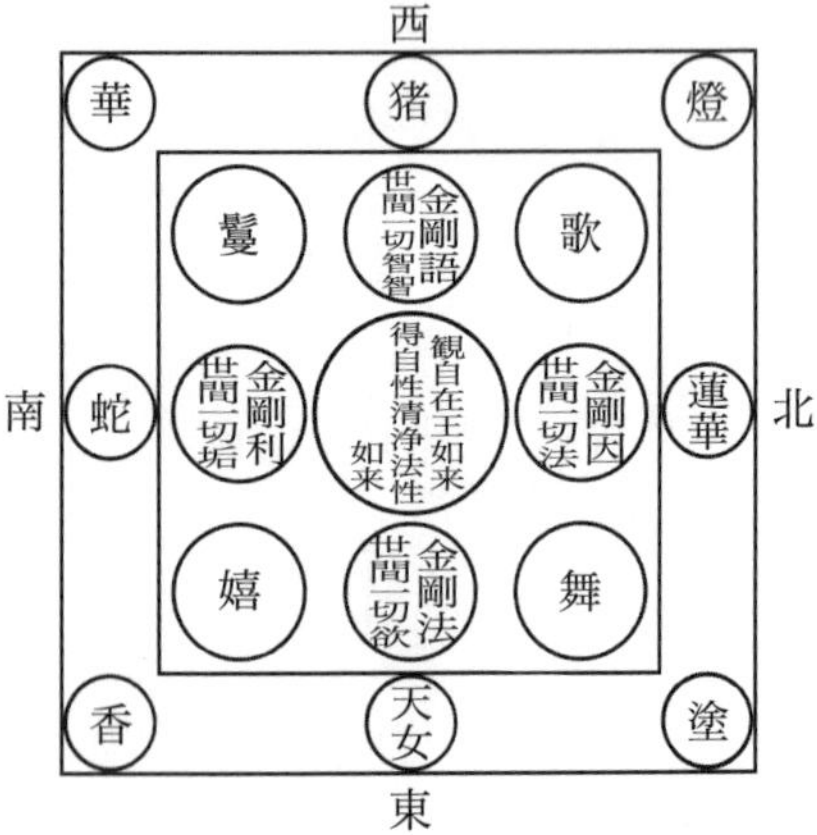

図７　第五段 虚空蔵理趣会曼荼羅

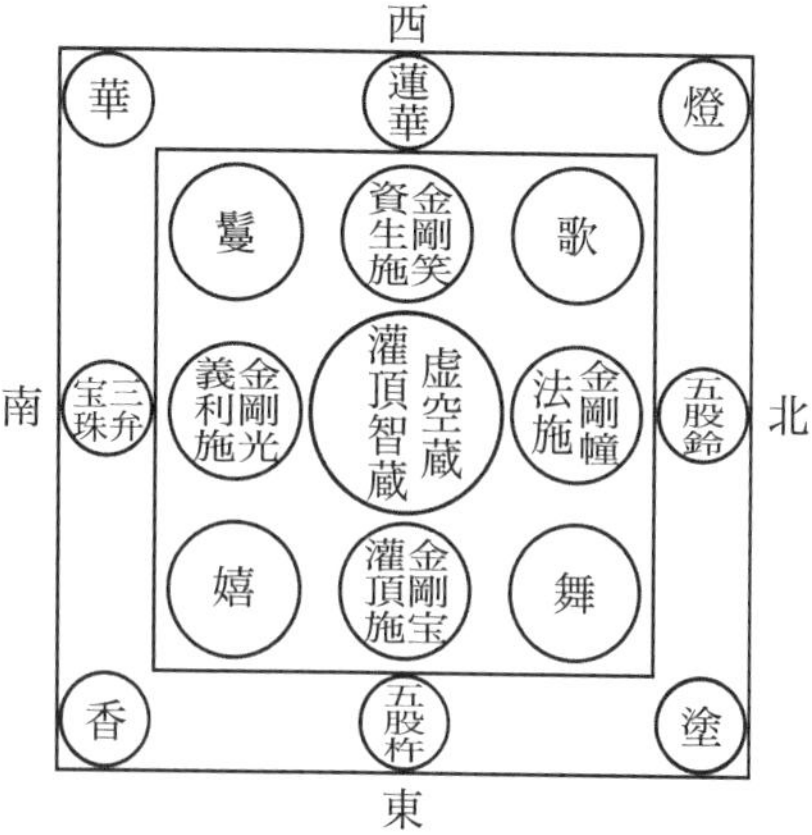

図８　第六段 金剛拳理趣会曼荼羅

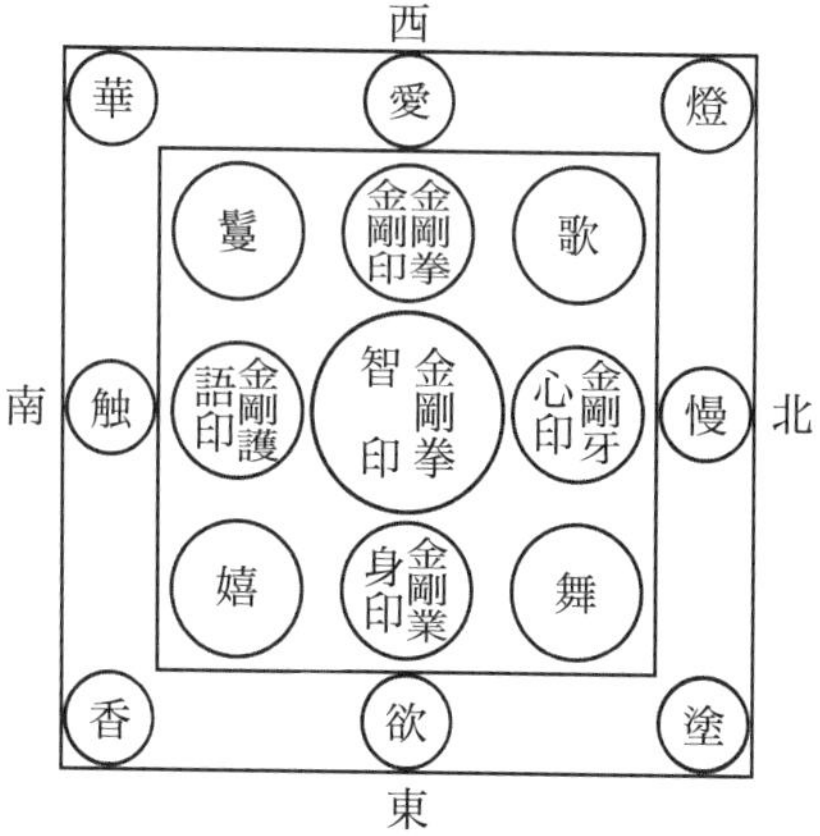

図９　第七段 文殊師利理趣会曼荼羅

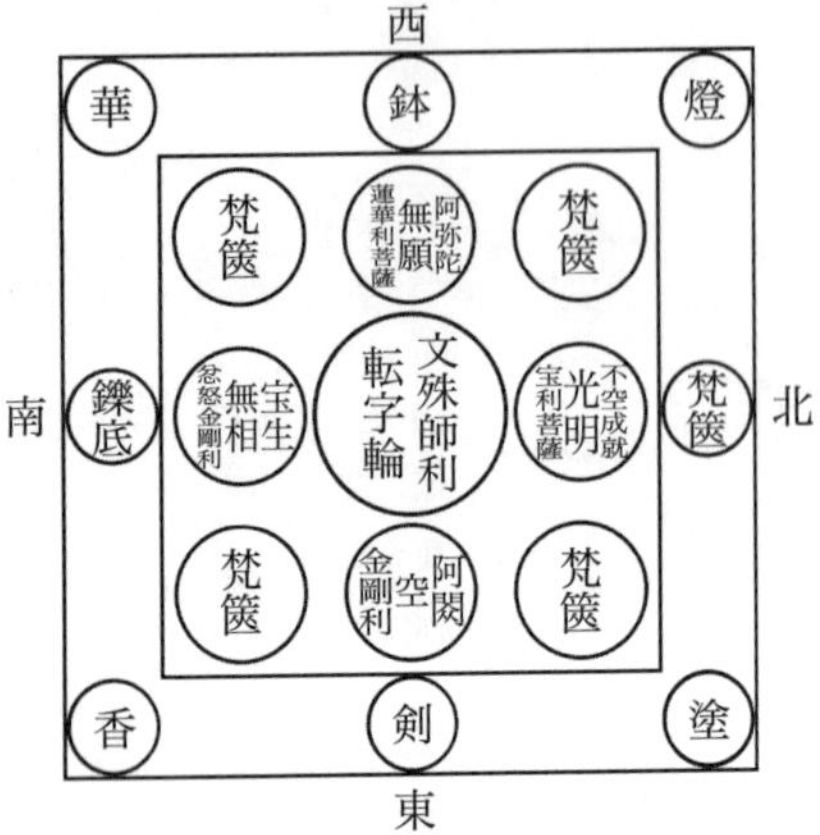

図10　第八段 纔発意菩薩理趣会曼荼羅

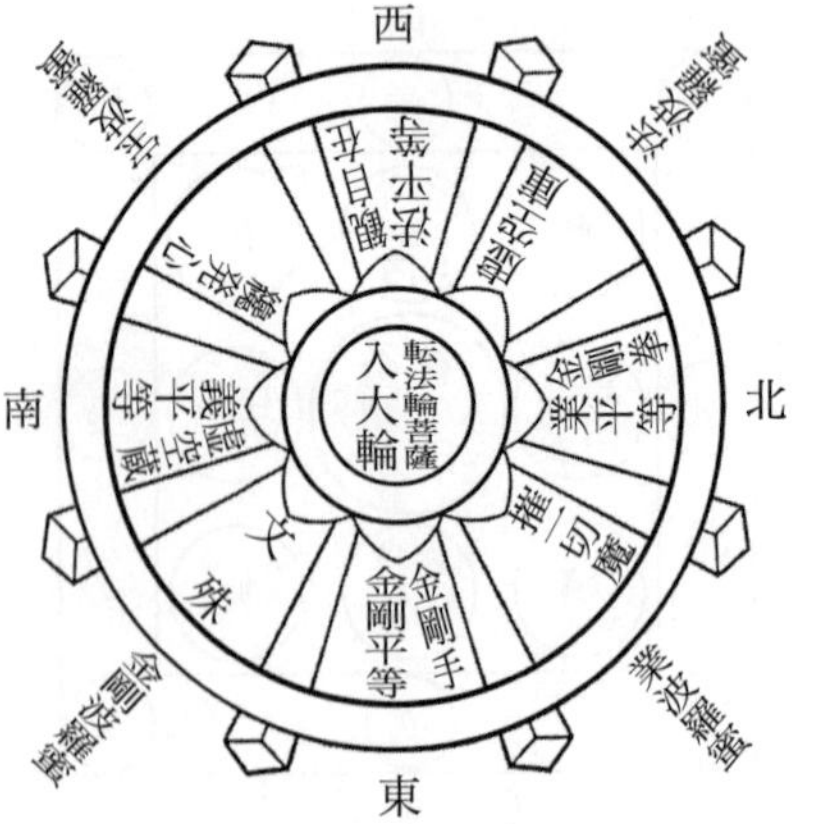

図 11　第九段 虚空庫菩薩理趣会曼荼羅

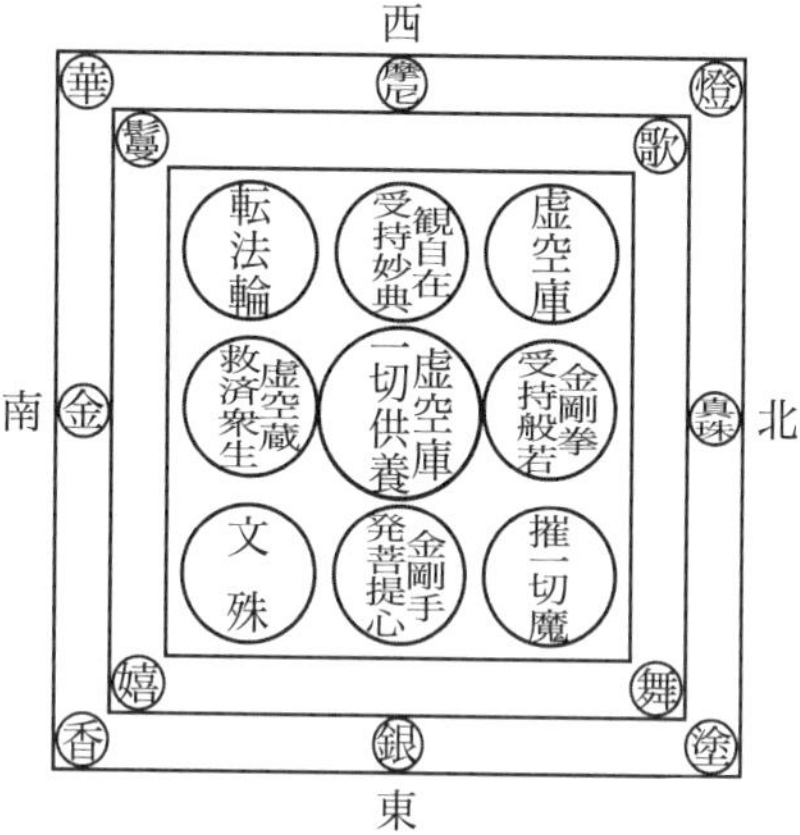

図 12　第十段 摧一切魔菩薩理趣会曼荼羅

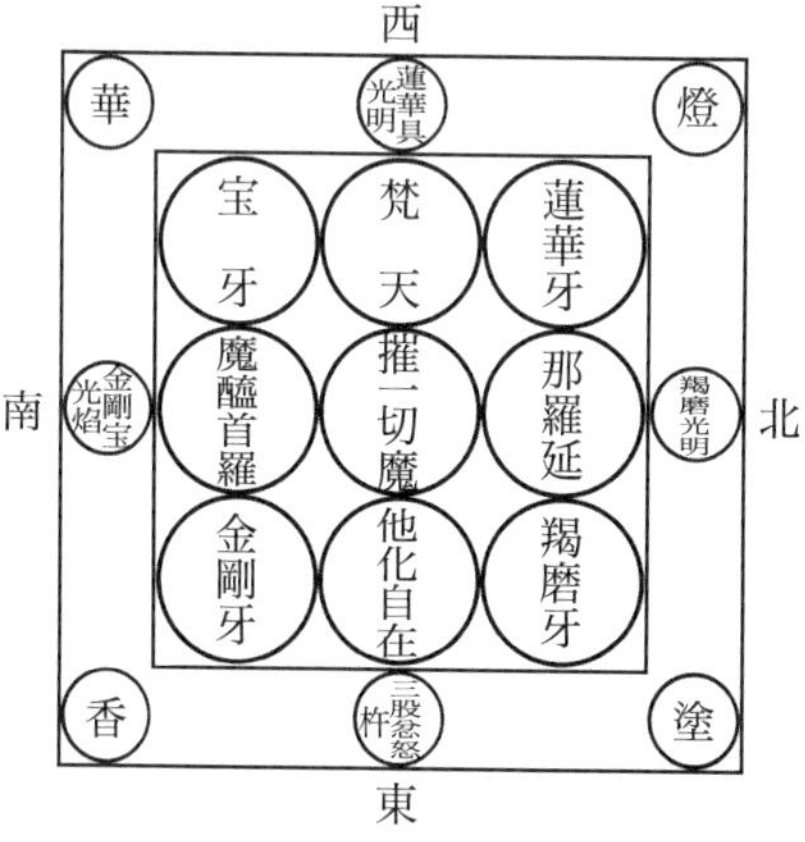

図 13　第十一段 降三世教令輪曼荼羅

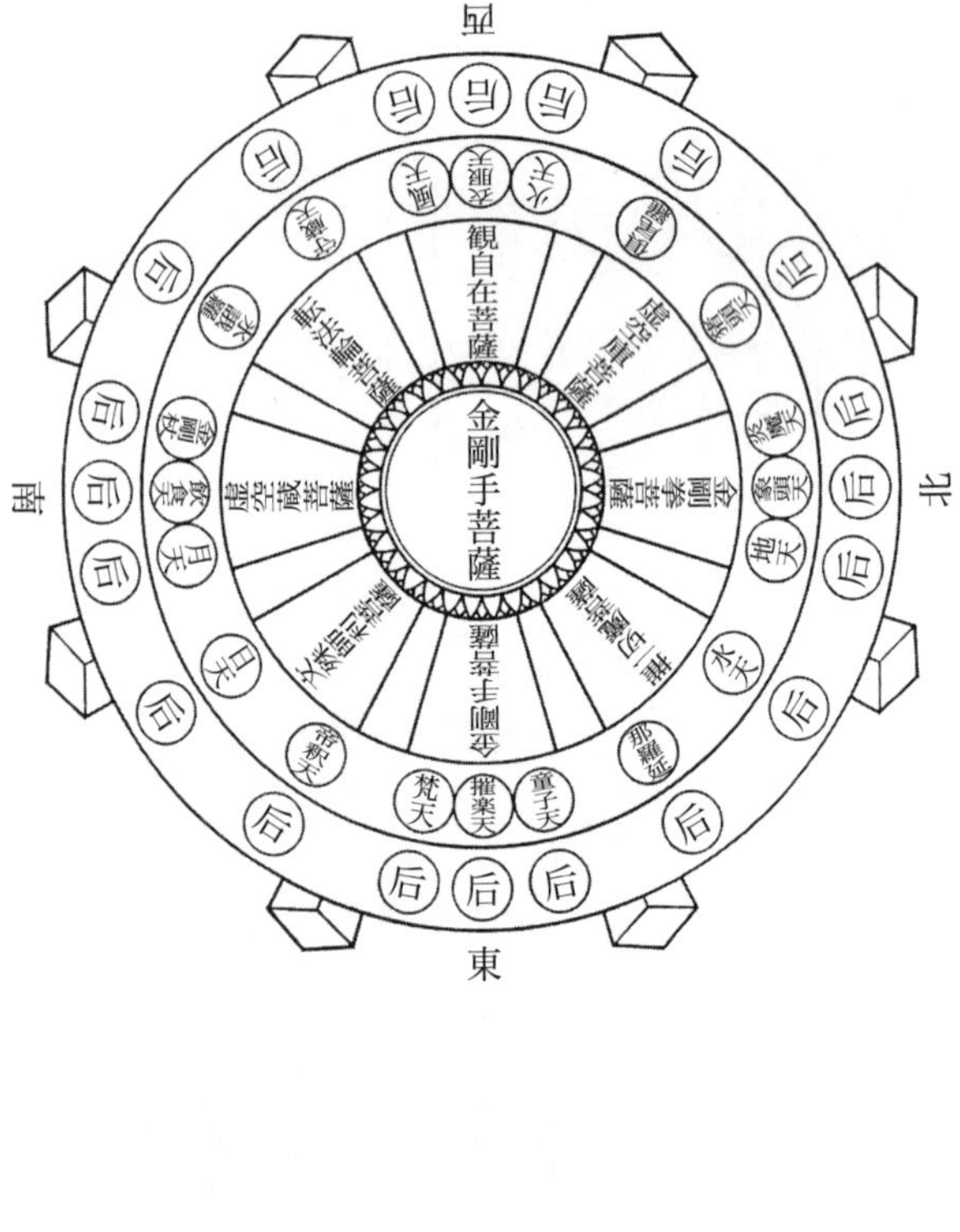

図 14　第十二段 外金剛部会曼荼羅

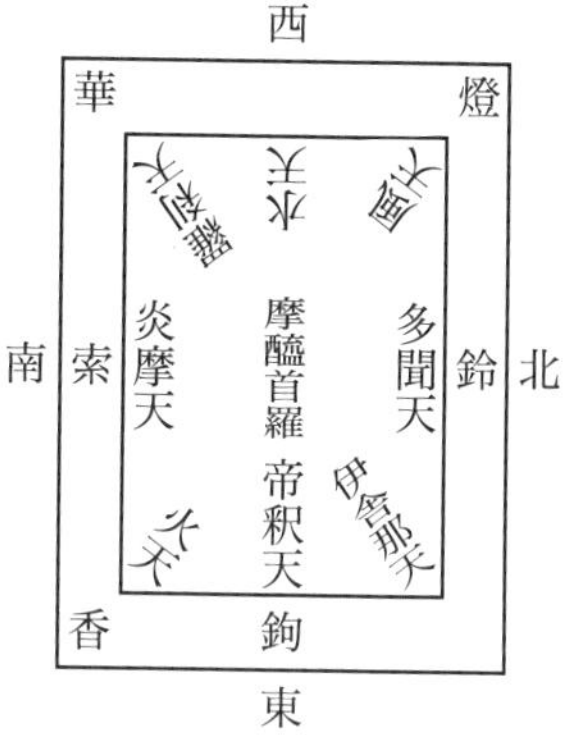

図 15　第十三段 七母女天集会曼荼羅

図 16　第十四段 三兄弟集会曼荼羅

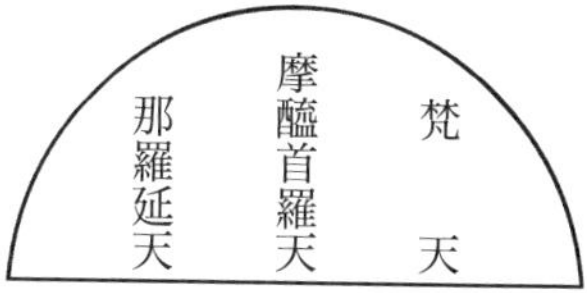

図 17　第十五段 四姉妹集会曼荼羅

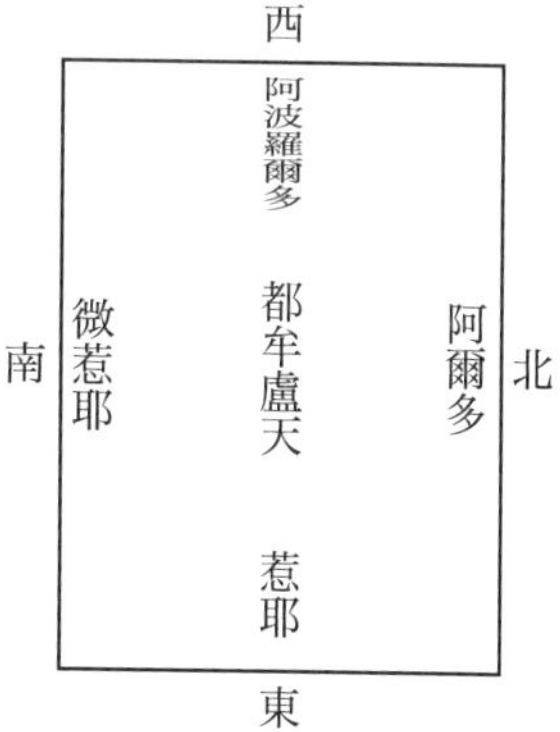

図 18　第十六段 四波羅蜜部曼荼羅

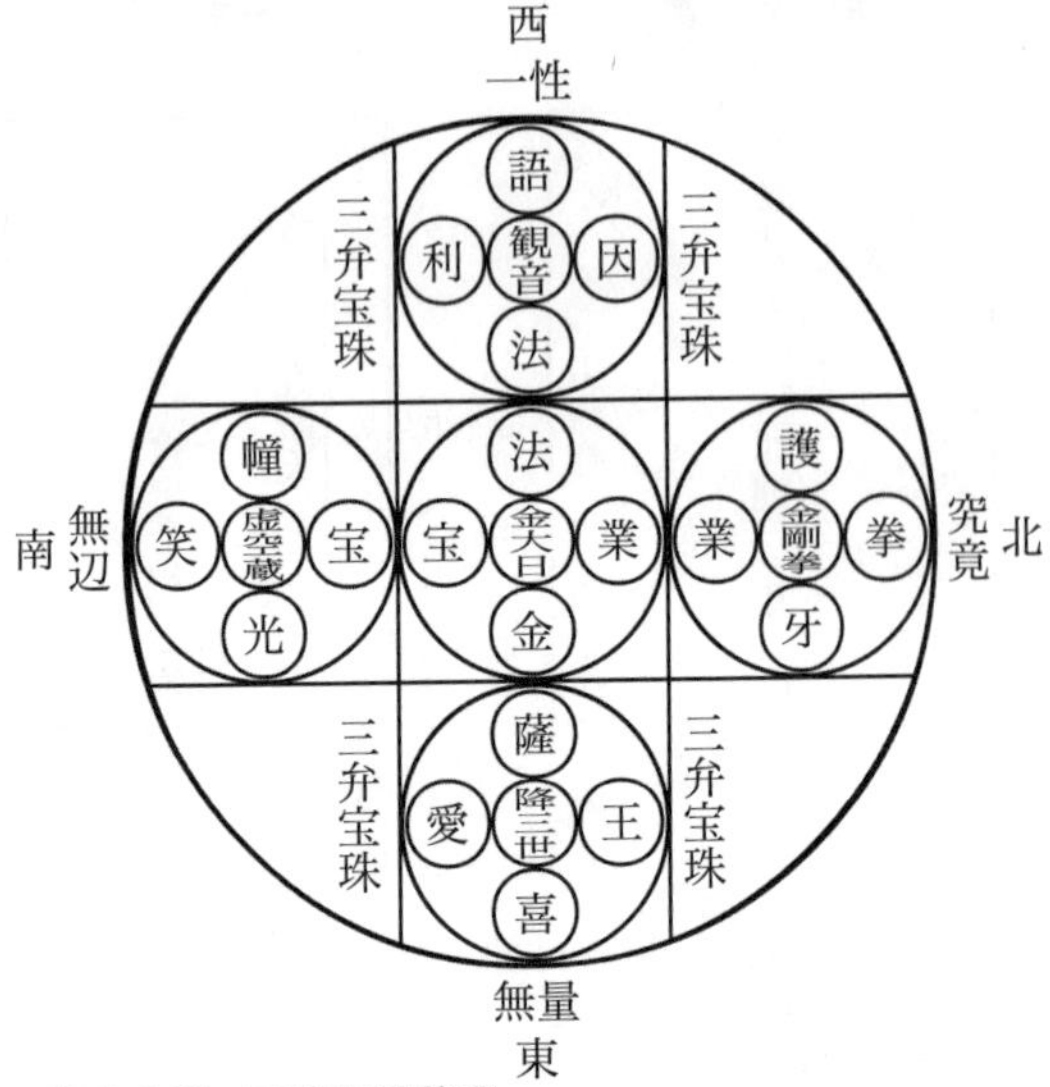

図 19　第十七段 五秘密曼荼羅

KODANSHA

本書の原本は、一九八六年、筑摩書房より「仏教経典選　8」『密教経典』として刊行されました。

宮坂宥勝（みやさか　ゆうしょう）

1921～2011。東北大学文学部印度学科卒業，同大学大学院修了。文学博士。専門は密教学。名古屋大学名誉教授，真言宗智山派管長，総本山智積院化主第68世，美術院評議員，岡谷市照光寺長老。単著『日本仏教のあゆみ』『密教思想の真理』『密教世界の構造』『インド古典論』『インド学密教学論考』，訳書『三教指帰・性霊集』『性霊集』をはじめとする多くの著作のほか，「宮坂宥勝著作集」がある。

講談社学術文庫

定価はカバーに表示してあります。

密教経典《みつきようきようてん》

大日経《だいにちきよう》・理趣経《りしゆきよう》・大日経疏《だいにちきようしよ》・理趣釈《りしゆしやく》

訳注　宮坂宥勝《みやさかゆうしよう》

2011年7月11日　第1刷発行
2025年2月12日　第13刷発行

発行者　篠木和久
発行所　株式会社講談社
東京都文京区音羽2-12-21 〒112-8001
電話　編集（03）5395-3512
販売（03）5395-5817
業務（03）5395-3615

装　幀　蟹江征治
印　刷　株式会社広済堂ネクスト
製　本　株式会社国宝社
本文データ制作　講談社デジタル製作

ISBN978-4-06-292062-9

「講談社学術文庫」の刊行に当たって

これは、学術をポケットに入れることをモットーとして生まれた文庫である。学術は少年の心を養い、成年の心を満たす。その学術がポケットにはいる形で、万人のものになることは、生涯教育をうたう現代の理想である。

こうした考え方は、学術を巨大な城のように見る世間の常識に反するかもしれない。また、一部の人たちからは、学術の権威をおとすものと非難されるかもしれない。しかし、それはいずれも学術の新しい在り方を解しないものといわざるをえない。

学術は、まず魔術への挑戦から始まった。やがて、いわゆる常識をつぎつぎに改めていった。学術の権威は、幾百年、幾千年にわたる、苦しい戦いの成果である。こうしてきずきあげられた城が、一見して近づきがたいものにうつるのは、そのためである。しかし、学術の権威を、その形の上だけで判断してはならない。その生成のあとをかえりみれば、その根は常に人々の生活の中にあった。学術が大きな力たりうるのはそのためであって、生活をはなれた学術は、どこにもない。

開かれた社会といわれる現代にとって、これはまったく自明である。生活と学術との間に、もし距離があるとすれば、何をおいてもこれを埋めねばならない。もしこの距離が形の上の迷信からきているとすれば、その迷信をうち破らねばならぬ。

学術文庫は、内外の迷信を打破し、学術のために新しい天地をひらく意図をもって生まれた。文庫という小さい形と、学術という壮大な城とが、完全に両立するためには、なおいくらかの時を必要とするであろう。しかし、学術をポケットにした社会が、人間の生活にとってより豊かな社会であることは、たしかである。そうした社会の実現のために、文庫の世界に新しいジャンルを加えることができれば幸いである。

一九七六年六月　　野間省一

秋月龍珉著（解説・竹村牧男）
誤解された仏教
霊魂や輪廻転生、神、死者儀礼等をめぐる問題につき、日本人の仏教に対するさまざまな誤解を龍珉師が喝破。「仏教＝無神論・無霊魂論」の主張を軸に、仏教への正しい理解のあり方を説いた刺激的論考。

1778

佐藤弘夫全訳注
日蓮「立正安国論」
社会の安穏実現をめざし、具体的な改善策を「勘文」として鎌倉幕府に提出された『立正安国論』。国家主義と結びついた問題の書を虚心坦懐に読み、「先ず国家を祈って須らく仏法を立つべし」の真意を探る。

1880

中村　元・三枝充悳著（解説・丘山　新）
バウッダ［佛教］
釈尊の思想を阿含経典に探究し、初期仏教の発生から大乗仏教や密教の展開に至るまでの過程を追い、仏教の壮大な全貌を一望する。思想としての仏教を解明し「仏教」の常識を根底から覆す、真の意味の仏教入門。

1973

M・ボイス著／山本由美子訳
ゾロアスター教　三五〇〇年の歴史
三五〇〇年前に啓示によって誕生したこの宗教は、キリスト教、イスラム教、仏教へと流れ込んだ。火と水の祭儀、善悪二元論、救世主信仰……。謎多き人類最古の世界宗教の信仰内容と歴史を描く本格的入門書。

1980

田上太秀著
仏典のことば　さとりへの十二講
諸行無常、衆縁和合、悉有仏性、南無帰依仏……。人はなぜ迷い、悩むのか。仏教の基本教理を表す十二のことばを通し、無限の広がりを持つ釈尊の教えを平易に解説。さとりへの道を示す現代人必読の仏教入門。

1995

中村　元著
慈悲
呻きや苦しみを知る者のみが持つあらゆる人々への共感、慈悲。仏教の根本、あるいは仏そのものとされる最重要概念を精緻に分析、釈迦の思惟を追う。仏教の真髄と現代的意義を鮮やかに描いた仏教学不朽の書。

2022